NOUVEAUX LUNDIS

CALMANN LÉVY, ÉDITEUR

OUVRAGES

DE

C.-A. SAINTE-BEUVE

DE L'ACADÉMIE FRANÇAISE

Format grand in-18

CHATEAUBRIAND ET SON GROUPE LITTÉRAIRE SOUS L'EMPIRE, nouvelle édition, augmentée de notes de l'auteur..................	2 vol.
CHRONIQUES PARISIENNES..................	1 —
LE CLOU D'OR. — La Pendule, avec une préface de M. Jules Troubat..................	1 —
CORRESPONDANCE..................	2 —
ÉTUDE SUR VIRGILE, suivie d'une étude sur Quintus de Smyrne, nouvelle édition..................	1 —
LE GÉNÉRAL JOMINI, nouvelle édition..................	1 —
LETTRES A LA PRINCESSE, troisième édition..................	1 —
MADAME DESBORDES-VALMORE..................	1 —
MONSIEUR DE TALLEYRAND, nouvelle édition..................	1 —
NOUVEAUX LUNDIS..................	13 —
NOUVELLE CORRESPONDANCE..................	1 —
PORTRAITS CONTEMPORAINS, nouvelle édition, revue et très augmentée..................	5 —
PREMIERS LUNDIS..................	3 —
P.-J. PROUDHON, SA VIE ET SA CORRESPONDANCE, cinquième édition..................	1 —
SOUVENIRS ET INDISCRÉTIONS. — Le dîner du vendredi saint, nouvelle édition..................	1 —
A PROPOS DES BIBLIOTHÈQUES POPULAIRES..................	Broch.
DE LA LIBERTÉ DE L'ENSEIGNEMENT SUPÉRIEUR..................	—
DE LA LOI SUR LA PRESSE..................	—

POÉSIES COMPLÈTES

NOUVELLE ÉDITION REVUE ET TRÈS AUGMENTÉE

Deux beaux volumes in-8°

F. Aureau. — Imprimerie de Lagny

NOUVEAUX LUNDIS

PAR

C.-A. SAINTE-BEUVE

DE L'ACADÉMIE FRANÇAISE

—

QUATRIÈME ÉDITION REVUE

—

TOME HUITIÈME

PARIS
CALMANN LÉVY, ÉDITEUR
ANCIENNE MAISON MICHEL LÉVY FRÈRES
3, RUE AUBER, 3
—
1885
Droits de reproduction et de traduction réservés

NOUVEAUX LUNDIS

Lundi 9 mai 1864.

DON QUICHOTTE.

TRADUCTION DE VIARDOT;

Dessins de Gustave Doré (1).

Tout le monde a loué le *Don Quichotte* de M. Doré, et je viens bien tard pour me joindre à tous ceux qui en ont parlé si pertinemment. « Voilà un beau prometteur, dirait Sancho; il paye ses étrennes à la Saint-Jean; pourquoi pas à la Noël? Confiture après le dessert, c'est quasi autant dire que moutarde après le dîner. Mieux vaut un bon *tiens* que deux *tu l'auras*; mieux vaut un moineau dans la main que la grue qui vole en l'air. » — Mais aussi le même Sancho (car il a deux bâts à son âne) dirait « que mieux vaut tard que jamais; qu'il n'y avait nul péril en la demeure; que

---

(1) Deux magnifiques volumes in-fol., imprimés par Lahure. Les dessins sont gravés par Pisan (librairie Hachette).

bonne espérance, après tout, vaut mieux que chétive possession, et qu'on peut attendre patiemment quand on est déjà si bien loti d'ailleurs et si bien nanti. » Le fait est que la dernière œuvre de M. Doré, son *Don Quichotte* est classé désormais, qu'il est allé rejoindre son *Rabelais* et son *Dante,* et que je ne pourrai que répéter faiblement ce que les juges du genre, ces maîtres du camp, les Gautier et les Saint-Victor en ont écrit avec la vivacité et le relief qui les distinguent. Ce qui me frappe après eux et comme eux dans cette nouvelle et si originale traduction de M. Doré, c'est un côté qui n'avait jamais été accusé, ni même senti et soupçonné des dessinateurs précédents. « J'espère bien, disait un jour Sancho à son maître, en voyant les histoires d'Hélène et de Pâris, d'Énée et de Didon, représentées sur de mauvaises tapisseries d'auberge, j'espère bien et je parierais qu'avant peu de temps d'ici il n'y aura pas de cabaret, d'hôtellerie, de boutique de barbier, où l'on ne trouve en peinture l'histoire de nos prouesses ; mais je voudrais qu'elles fussent dessinées de meilleure main... » Si Sancho, dans son prosaïsme, pensait ainsi, que dirait Don Quichotte ? Il a longtemps attendu un dessinateur digne de lui et à la hauteur de ses rêves ; car il ne s'agissait pas seulement de montrer les choses telles qu'elles étaient, mais de les faire entrevoir aussi parfois telles qu'il les voyait en idée et qu'il se les figurait dans son monde de visions. Il fallait un coin d'enchantement et d'illumination chez le traducteur, une sorte d'émulation dans la fantaisie. J'ai sous les yeux de jolies vignettes sorties du facile et spirituel crayon de Tony Johannot ; c'est le côté comique et gai, uniquement, qui est rendu, mais la dignité du héros, ce sentiment de respect sympathique qu'il inspire jusque dans sa folie, cette imagination hautaine qui n'était que hors de propos, qui eût trouvé sans doute son emploi héroïque en d'autres âges, et, comme on l'a très-bien nommée, « cette grandeur de son esprit et cette chevalerie de son cœur, » qu'il sut conserver à travers ses plus malencontreuses aventures et qu'il rapporta intactes jusque sur son lit de mort, cela manque tout à fait dans cette suite agréable où l'on n'a l'idée que d'une triste et piteuse figure, et c'est au contraire ce que M. Doré semble s'être attaché plus particulièrement à rendre. N'oublions pas que Don Quichotte est le dernier des chevaliers et qu'il n'est le plus ridicule que parce qu'il prétend reprendre les choses de plus haut ; s'il parodie les preux d'un autre temps par sa folie, il les parodie dans la patrie du Cid, et là où hier encore on répétait les chants populaires du *Romancero*. Le *Don Quichotte* de M. Doré est bien celui d'un artiste qui se souvient du Cid de la légende jusque dans la chute et le délire du dernier et du plus lamentable de ses descendants. Don Quichotte n'est déchu que par la raison ; il est entier par le cœur, par la hauteur des visées et des sentiments. Il fallait donc, comme on l'a dit, « lui conserver quelque chose de noble jusque dans le ridicule ; car Don Quichotte, c'est le Cid des petites maisons. » Ajoutez-y le cadre et le fond du tableau, cette Espagne que M. Doré est allé visiter exprès pour en pouvoir reproduire les horizons nus, décharnés, les solitudes ou les âpretés sauvages, comme aussi les plus fraîches oasis et les plus secrets vallons, les hôtelleries délabrées comme les résidences seigneuriales pompeuses et les architectures historiées et fleuries. Ce n'est point en Beauce ou en Brie que le chevalier de la Manche fait ses prouesses; il traverse les gorges de la Sierra; il assiste, dans ses courtes heures de repos, à des récits divers et animés qui varient les scènes et qui transportent le lecteur jusque sous le ciel africain : autant de motifs ou d'ingénieux prétextes pour le crayon. Il ne saurait convenir, enfin, qu'une illustration de *Don Quichotte* fût d'un style qui s'appliquerait indifféremment au *Roman comique* de Scarron; nos platitudes bourgeoises et burlesques n'ont rien à faire là, ou elles sont à l'instant corrigées et relevées par des lignes plus grandioses. Le fier soldat de Lépante a gardé de certaines allures et de certains airs de tête jusque dans ses inventions les plus gaies. M. Doré a donc refait un *Don Quichotte* espagnol : il l'a défrancisé, *déflorianisé* le plus possible, et, en le rendant si neuf, il ravive en nous les sources de fraîcheur, de joie même et de poésie, qui sortent chaque fois de cette incomparable lecture; il nous y convie, en renouvelant les impressions que trop d'habitude émousse; et, pour ne parler que de moi, il me donne envie, en m'aidant de M. Viardot, de M. Mérimée, de M. Ticknor et de tout le monde, de revenir sur ce sujet inépuisable, sur le grand homme auteur du chef-d'œuvre, et qui, dans sa vie misérable et tourmentée, a su être, à force de bonne humeur et de génie facile, un des bienfaiteurs immortels de la race humaine : j'appelle ainsi ces rares esprits qui procurent à l'homme de bons et délicieux moments en toute sécurité et innocence.

I.

Michel Cervantes était issu d'une famille noble et très-ancienne, primitivement originaire de Galice, dont les branches s'étaient répandues par toute l'Espagne et jusqu'en Amérique. Il y eut des Cervantes parmi ceux qui reconquirent Séville sur les Maures, et aussi parmi les conquérants du Nouveau Monde. La branche castillane dont il sortait, et qui, au xve siècle, s'était alliée par un mariage avec les Saavedra, était des plus déchues au xvie, et les parents de Michel vivaient pauvrement à Alcala de Hénarès, petite ville à quatre lieues de Madrid. C'est là qu'il naquit ; il y fut baptisé le 9 octobre 1547 ; il était le dernier de quatre enfants, ayant deux sœurs et un frère.

On sait peu de chose sur ses premières années, et on en est réduit à glaner quelques indications éparses çà et là dans ses ouvrages. Il est à croire qu'il fit ses premières études dans sa ville natale, laquelle était en possession d'une université fondée par le cardinal Ximénès. Il continua ses études à l'Université de Salamanque, et à Madrid même. Il avait un goût vif pour les lettres ; il prit grand plaisir de bonne heure à voir les représentations de celui qu'il appelait « le grand Lope de Rueda, » batteur d'or de son métier, fameux acteur et auteur de pastorales qui se jouaient avec une extrême simplicité sur des tréteaux. On en était encore à Thespis et aux rudiments dramatiques. Le jeune Cervantes était passionné pour la lecture, et dévorait tout ce qui lui tombait sous la main. Un de ses maîtres, Lopez de Hoyos, régent de collége, publiant en 1569 un recueil de vers funéraires, inscriptions, allégories, devises, composées pour les obsèques de la reine Élisabeth, femme de Philippe II, donna plusieurs pièces de la composition de Cervantes qu'il appelait « son cher et bien-aimé disciple. » Cervantes avait alors vingt et un ans. Quelques essais poétiques de lui qui ne se sont pas conservés se rapportent à cet âge.

L'année suivante ou cette année même, il s'attachait à la personne d'Aquaviva, bientôt cardinal, qui avait été envoyé par le pape à Madrid comme légat extraordinaire, et qui apparemment avait du goût pour les lettres et pour ceux qui les cultivent. Cervantes le suivit à Rome et fit partie de sa maison en qualité de chambellan ou valet de chambre; mais cet état de domesticité, réputé honorable, paraît lui avoir peu convenu, et, au lieu de pousser sa fortune près de son patron, de devenir *signor abbate* et le reste, on le voit bientôt engagé soldat au service de la ligue conclue entre le pape, Philippe II et les Vénitiens, dans cette espèce de sainte croisade commandée par Don Juan d'Autriche contre les Turcs. Il paraît y être entré avec tout le feu et l'enthousiasme de la jeunesse et il s'est plu à remarquer dans son tout dernier ouvrage, non sans un retour évident sur lui-même, « qu'il n'est pas de meilleurs soldats que ceux qui sont transportés de la culture des lettres sur les champs de bataille, et qu'aucun homme d'étude n'est devenu homme de guerre sans être un brave et un vaillant (1). »

Pendant quatre années (1571-1575), Cervantes fit un rude apprentissage de la vie militaire ; il eut sa part glorieuse dans la bataille navale de Lépante (7 octobre 1571) ; la galère sur laquelle il servait, *la Marquesa,* fut engagée au plus épais de la mêlée ; chargée d'attaquer *la Capitane* d'Alexandrie, elle y tua des centaines de Turcs et prit l'étendard royal d'Égypte. Cervantes, quoique malade de la fièvre, insista pour combattre et fut placé au poste le plus périlleux avec douze soldats d'élite ; il y déploya un grand courage dont il porta les marques jusqu'à la mort ; car, sans compter deux coups d'arquebuse dans la poitrine, il en reçut un autre qui l'estropia et le priva de l'usage de la main gauche pour le reste de sa vie. Il demeura au service, tout invalide qu'il était. Il ne serait pas exact de dire « qu'il ne reçut aucune récompense de sa bravoure. » On a la preuve que, retenu pendant des mois à l'hôpital de Messine, il lui fut accordé des secours pécuniaires que le généralissime lui fit donner par l'intendance de la flotte. Guéri, enfin, il fut gratifié d'une haute paye de trois écus par mois. On sait

(1) J'aime à suivre pour guide, dans ce résumé de la **Vie de Cervantes**, Ticknor, cet exact et judicieux historien de la littérature espagnole.

les noms des régiments fameux, des vieilles bandes dans lesquelles il servit successivement. Le capitaine de sa compagnie, quand il combattit à Lépante, était Diego de Urbina, et il s'est plu à le nommer dans l'*Histoire du Captif*, qui n'est pas la sienne, mais qui est toute parsemée de ses souvenirs. Maigre pourtant fut sa récompense, et elle ne lui ôta pas le droit d'écrire plus tard : « En Espagne, un soldat se bat sans être payé ; est-ce qu'on paye les soldats en Espagne ? »

Plus de quarante ans après, lorsque Cervantes eut fait la première partie de *Don Quichotte* et qu'un intrus s'avisa de la continuer en voulant lui ravir sa gloire, ce continuateur pseudonyme eut la malheureuse pensée d'insulter non-seulement à la vieillesse du noble et original écrivain, mais encore à son infirmité, à sa blessure, et de dire, en parlant au singulier de *sa* main et avec intention, « qu'il avait plus de langue que de mains. » Sur quoi Cervantes, dans la préface de la seconde partie de *Don Quichotte*, répliqua :

« Ce que n'ai pu m'empêcher de ressentir, c'est qu'il m'appelle injurieusement vieux et manchot, comme s'il avait été en mon pouvoir de retenir le temps, de faire qu'il ne passât point pour moi, ou comme si ma main eût été brisée dans quelque taverne, et non dans la plus éclatante rencontre qu'aient vue les siècles passés et présents, et qu'espèrent voir les siècles à venir. Si mes blessures ne brillent pas glorieusement aux yeux de ceux qui les regardent, elles sont appréciées du moins dans l'estime de ceux qui savent où elles furent reçues, car il sied mieux au soldat d'être mort dans la bataille que libre dans la fuite. Je suis si pénétré de cela, que si l'on me proposait aujourd'hui d'opérer pour moi une chose impossible, j'aimerais mieux m'être trouvé à cette prodigieuse affaire, que de me trouver à présent guéri de mes blessures sans y avoir pris part. Les blessures que le soldat porte sur le visage et sur la poitrine sont des étoiles qui guident les autres au ciel de l'honneur et au désir des nobles louanges (1)... »

Cervantes garda toujours un cher souvenir de cette vie d'honneur et de misère qui est la vie du soldat, et à certain jour il l'a célébrée d'une façon toute noble et sérieuse par la bouche de son Don Quichotte.

Cervantes, soldat, fit encore deux campagnes navales, l'une dans l'Archipel en 1572, et l'année suivante (1573) il fut à l'affaire de la Goulette, à Tunis, sous Don Juan d'Autriche. Le régiment où il servait alors, et dans lequel il avait passé après la bataille de Lépante, était celui de Flandre, qui avait à sa tête Lope de Figueroa, mis deux fois en scène par Calderon.

Après être revenu en Italie et avoir séjourné plus d'une année à Naples, toujours sous les drapeaux, Cervantes pensa à quitter le service, et en 1575 il s'embarquait pour l'Espagne avec son frère aîné, soldat comme lui, et emportant d'honorables lettres de recommandation de ses chefs, le duc de Sesa et Don Juan. C'est dans la traversée qu'il fut capturé après

---

(1) Je me sers, dans tous les passages cités, de la traduction de M. Viardot.

1.

un combat par une escadre algérienne et conduit en captivité à Alger, où il ne demeura pas moins de cinq années. Certes, quand nous nous apitoyons sur ces premières années de campagnes comiques et de caravanes de Molière, parcourant le midi de la France avec sa troupe, et de temps en temps chassé d'une ville, molesté par le magistrat et obligé de porter ailleurs ses tréteaux, il n'est pas de comparaison à faire entre ce genre de tracasserie et de souffrance (si souffrance il y a) et les épreuves auxquelles fut soumise la jeunesse de Cervantes, cet autre inimitable rieur, et un rieur sans amertume.

Les vicissitudes de sa captivité nous mèneraient trop loin, à les raconter en détail ; il passa successivement au service de trois maîtres et se fit considérer en même temps que redouter d'eux par les tentatives réitérées et pleines de hardiesse qu'il fit pour recouvrer sa liberté et la procurer à ses compagnons de chaîne. Il voulait plus : à un certain moment il ne visa à rien moins, dit-on, qu'à organiser une révolte générale des esclaves chrétiens, alors si nombreux dans la Régence, et cette terrible Alger, cette aire d'oiseaux de proie, eût été dès lors purgée, reconquise et faite chrétienne. Quoi qu'il en soit de ce dernier projet qu'on lui a prêté et par où il eût renouvelé Spartacus, il fit preuve, durant cette longue captivité, des plus hautes qualités viriles qui imprimèrent une admiration reconnaissante au cœur de ses compagnons et qui inspirèrent du respect à ses maîtres. Le dey d'Alger disait de lui que « quand il tenait sous bonne garde le manchot espagnol, il tenait en sûreté ses esclaves, ses galères et même toute la ville. » Dans l'*Histoire du Captif*, Cervantes, faisant raconter à ce personnage réel ou fictif bien des choses dont lui-même avait été témoin et les horreurs qui avaient affligé sous ses yeux l'humanité, lui fait dire encore :

« Un seul captif s'en tira bien avec lui (avec le Dey); c'est un soldat espagnol, nommé *un tel* de Saavedra, lequel fit des choses qui resteront de longues années dans la mémoire des gens de ce pays, et toutes pour recouvrer sa liberté. Cependant jamais Hassan-Aga ne lui donna un coup de bâton, ni ne lui en fit donner, ni ne lui adressa une parole injurieuse, tandis qu'à chacune des nombreuses tentatives que faisait ce captif pour s'enfuir, nous craignions tous qu'il ne fût empalé, et lui-même en eut la peur plus d'une fois. Si le temps me le permettait, je vous dirais à présent quelqu'une des choses que fit ce soldat; cela suffirait pour vous intéresser et pour vous surprendre bien plus assurément que le récit de mon histoire. »

C'est dommage que le compagnon n'ait pas cédé à la tentation et ne nous ait pas donné toute l'histoire ; mais, certes, ce n'était pas trop d'orgueil ni de vanité à Cervantes que de jeter ainsi sa signature et de profiler sa silhouette au cœur de son œuvre.

Enfin l'heure libératrice arriva ; son frère, délivré bien avant lui, avait porté de ses nouvelles à sa famille ; si pauvre qu'elle fût, elle se saigna pour la délivrance de ce dernier fils ; de bon religieux, les Pères de la Rédemption, y aidèrent et ajoutèrent à la rançon un complément indispensable pour atteindre le chiffre exigé (19 septembre 1580). Il était temps : le maître de Cervantes, le Dey remplacé à Alger par ordre du Grand Seigneur, repartait pour Constantinople et emmenait avec lui son captif, déjà à bord et enchaîné. Pauvre et si aimable Don Quichotte, à combien peu il a tenu bien des fois qu'on ne te possédât jamais ! Cervantes dut ressentir bien vivement le bonheur d'une liberté si longuement attendue, si chèrement achetée, et il s'en ressouvenait sans doute après tant d'années lorsqu'il faisait dire par Don Quichotte à Sancho, au sortir d'une captivité, toute gracieuse cependant et hospitalière :

« La liberté, Sancho, est un des dons les plus précieux que le Ciel ait fait aux hommes. Rien ne l'égale, ni les trésors que la terre renferme en son sein, ni ceux que la mer recèle en ses abîmes. Pour la liberté aussi bien que pour l'honneur, on peut et l'on doit aventurer la vie. Au contraire, l'esclavage est le plus grand mal qui puisse atteindre les hommes. Je te dis cela, Sancho, parce que tu as bien vu l'abondance et les délices dont nous jouissions dans ce château que nous venons de quitter. Eh bien ! au milieu de ces mets exquis et de ces boissons glacées, il me semblait que j'avais à souffrir les misères de la faim, parce que je n'en jouissais pas avec la même liberté que s'ils m'eussent appartenu ; car l'obligation de reconnaître les bienfaits et les grâces qu'on reçoit sont comme des entraves qui ne laissent pas l'esprit s'exercer librement. Heureux celui à qui le Ciel donne un morceau de pain sans qu'il soit tenu d'en savoir gré à d'autres qu'au Ciel même ! »

Il ne se ressouvenait pas seulement d'Alger quand il écrivait ceci, il se reportait à tant d'autres circonstances qui avaient suivi cette ancienne infortune, et où il lui avait été dur de monter l'escalier et de manger le pain d'autrui ; mais il n'y mettait rien de l'amertume de Dante : génies égaux, mais différents et plutôt contraires ; incompréhensible variété de la nature !

Revenu en Espagne à l'âge de trente-trois ans, Cervantes ne fit que recommencer une série d'épreuves et d'infortunes. Son père était mort, sa famille des plus pauvres, et appauvrie encore par l'effort qu'elle avait dû faire pour sa délivrance. Il reprit le service et rejoignit son frère, probablement dans le même régiment de Flandre qui était alors en Portugal : l'Espagne venait de mettre la main sur ce petit royaume. Il fit, sous le marquis de Santa-Cruz, l'expédition des Açores en 1581 ; il fut avec son frère, en 1583, à la prise de Terceire. Son séjour en Portugal l'initia de près à la connaissance de la littérature portugaise, veuve à peine de son Camoëns et hier encore si florissante ; il y prit goût, et son premier ouvrage, de forme pastorale, la *Galatée,* s'en ressentit (1584). Avant d'être lui-même et de dégager son talent original, Cervantes subit la loi commune ; il adopta les modes des temps et des lieux où il vivait. Il n'aspirait d'abord qu'à prendre rang entre les beaux esprits du jour, et il y réussit.

On croit savoir qu'il n'écrivit cette pastorale de *Galatée* que pour plaire à une beauté dont il était amoureux et même jaloux, la même qu'il épousa en cette année 1584. C'était une demoiselle de bonne famille, mais de peu de fortune, qui habitait Esquivias près de Madrid. Cervantes n'en eut point d'enfants ; mais il éleva et garda près de lui une fille naturelle qu'il avait eue, en Portugal, d'une dame de Lisbonne.

Sa vie littéraire commence à ce moment : il avait trente-sept ans ; marié, sans fortune, homme d'imagination, n'ayant gagné à sa première vie militaire que de l'estime et des blessures, il se dit, après son début de *Galatée,* qu'il y avait à faire de belles choses dans les lettres, et particulièrement à entreprendre pour le théâtre qui était resté comme dans l'enfance.

II.

Dans cette première période de sa vie littéraire, Cervantes se mit donc pendant quelques années à composer bravement des pièces de théâtre, et il les fit représenter avec plus ou moins de succès par les troupes nomades qui desservaient alors les théâtres en plein vent des diverses capitales de l'Espagne (1). De ces pièces aucune ne fut imprimée dans le temps ; mais lui-même nous a donné les noms de neuf d'entre elles, dont deux ont été recouvrées depuis. S'étant remis

---

(1) Voir le *Théâtre de Cervantes,* traduit par M. Alphonse Royer (1 vol. in-18, Michel Lévy). Par les traductions et les analyses dont se compose ce volume, on peut se faire une idée juste de cette face du talent de Cervantes. *Don Quichotte,* hors ligne et incomparable ; en second lieu, les *Nouvelles ;* et le *Théâtre* bien après et en troisième lieu seulement. — Je trouve un bon article critique sur le travail de M. Royer et sur le Cervantes des Comédies dans un récent volume de M. Charles Romey (*Hommes et Choses de divers temps,* chez Dentu).

plus tard à composer des comédies nouvelles et non
représentées, qu'il publia en 1615, il disait dans la
préface en parlant des perfectionnements qu'il avait
introduits autrefois dans l'art dramatique et scénique :

« Il est une vérité que l'on ne pourra contredire (car c'est
ici qu'il faut faire taire ma modestie) : on a vu représenter
sur les théâtres de Madrid *la Vie d'Alger*, de ma composition, *la Destruction de Numance* et *la Bataille navale*, où
je me hasardai à réduire à trois journées au lieu de cinq les
comédies. Je montrai, ou pour mieux dire je fus le premier
à personnifier les imaginations et les pensers cachés au
fond de l'âme, produisant des êtres moraux au théâtre au
grand applaudissement des auditeurs. Je composai dans ce
temps jusqu'à vingt ou trente comédies, qui toutes furent
jouées sans qu'on leur jetât des concombres ou autres pro-
jectiles. Elles firent leur carrière sans sifflets, sans clameurs
et sans confusion. Je trouvai d'autres occupations, je laissai
la plume et les comédies, et parut alors le prodige de nature,
le grand Lope de Vega, qui s'éleva à la monarchie de la
comédie, rangeant sous ses lois tous les acteurs... »

Cervantes est d'une bienveillante et libérale nature
et il ne marchande pas l'éloge à ses rivaux, ni même,
comme on le voit ici, à son vainqueur. Il fit bien, du
reste, de se retirer à temps du théâtre quand Lope de
Vega allait y régner ; il lui arriva un peu à cet égard
la même chose qu'à Walter Scott qui, d'abord poëte, se
retira peu à peu devant l'astre de Byron et se détourna
vers le genre de roman où il fut créateur.

Cependant ce ne fut point au roman tout d'abord
que Cervantes alla demander son dédommagement et
sa revanche. Il dut, pour soutenir sa famille composée

de sa femme, de ses deux sœurs à sa charge et de sa fille naturelle, s'occuper d'avoir un emploi. Il quitta Madrid et se rendit en 1588 à Séville, qui était alors un débouché très-important, l'entrepôt et le grand marché de toutes les richesses arrivant d'Amérique. Cervantes y devint l'un des principaux commis du chef des approvisionnements ou du munitionnaire général pour les armées et flottes des Indes, et, cet emploi cessant, il fut ensuite une espèce d'homme d'affaires qui se chargeait d'administrer des biens, de faire des recouvrements pour des municipalités ou pour des particuliers. Il dut visiter à ce titre bien des points du pays et entrer dans la familiarité de bien des classes; son expérience de la vie s'accroissait ainsi sans qu'il y songeât et de la façon la meilleure, de celle qui ne sent en rien l'étude. En 1590, découragé apparemment ou bien tenté par la fortune, il eut l'idée de s'expatrier et adressa au roi une requête pour obtenir quelque place en Amérique, dans cette contrée qu'il appelle quelque part « le pis aller et le refuge des désespérés d'Espagne. » Il énumérait à l'appui de sa requête ses longs services, ses aventures, ses souffrances en Alger; et cet ensemble de pièces et d'attestations, longtemps enseveli dans des archives, est devenu un document inappréciable pour ses biographes. Il désigna dans ses sollicitations jusqu'à quatre places à sa convenance parmi celles qui vaquaient dans le Nouveau Monde, ce qui eût fait de lui, s'il eût réussi, un payeur de la marine, ou un receveur général, ou un gouverneur de district, ou même un corrégidor. Heureusement pour la postérité et pour ce pauvre *Don Quichotte,* si souvent en péril de ne pas naître, la demande de Cervantes resta sans effet. Cromwell, qui voulut également y aller un jour, ne partit point pour l'Amérique ; Cervantes non plus : l'Angleterre aurait perdu à l'un, — le monde entier à l'autre.

Durant dix ans au moins (1588-1598) Séville fut sa principale résidence ; il y éprouva sur la fin une désagréable affaire quand il se vit emprisonné par ordre du gouvernement pour quelque irrégularité dans l'exercice de son emploi et dans le versement de la recette. Cette poursuite ou menace de poursuite eut des reprises et traîna des années. M. Viardot est entré à ce sujet dans des détails et des explications qui mettent hors de cause la probité de Cervantes en tant que comptable. Tout dans ses œuvres et dans ses écrits annonce et déclare si bien la netteté de la conscience, l'habitude de l'honnête homme en lui, qu'il serait bien surprenant qu'il se fût montré autre dans les actes de sa vie. Mais la probité, chez les gens de lettres, les artistes et les hommes d'imagination, comme chez les anciens soldats (et Cervantes réunissait tous ces titres), est certes compatible avec quelque négligence. On a besoin, il faut bien le dire, de quelque défaut secondaire et d'un travers qu'on ne sait trop où placer, pour s'expliquer le guignon constant de Cervantes. Je le soupçonnerai, si l'on veut, d'avoir eu une ou deux qualités de trop pour la pratique de la vie, trop de franchise, par exemple, d'ouverture ou de hauteur de cœur, trop de confiance en soi ou dans les autres.

On suppose avec vraisemblance que c'est dans ces années de séjour à Séville qu'il commença à écrire quelques-unes de ses *Nouvelles* publiées bien plus tard (1613), et où il devait montrer un talent particulier et tout nouveau, vérité d'observation, vivacité de descriptions, esprit, grâce, et une richesse native d'idiome qui n'a pas été égalée.

En 1587, on perd sa trace à Séville, et en 1603 on le trouve établi à Valladolid. Dans l'intervalle, une tradition généralement répandue le montre employé par le grand prieur de San-Juan à faire des recettes dans la Manche, pour des dîmes arriérées, et y soulevant des animosités locales qui le firent encore une fois emprisonner. Il y a deux ou trois variantes d'historiettes à ce sujet. C'est dans les loisirs de cette prison qu'il aurait commencé son *Don Quichotte,* et il se serait vengé, bien doucement d'ailleurs, des gens du lieu par ces premiers mots du livre immortel : « Dans une bourgade de la Manche, *dont je ne veux pas me rappeler le nom,* vivait il n'y a pas longtemps un hidalgo... »

Établi ensuite avec sa famille à Valladodid, où était alors la Cour, il y vivait si pauvrement que sa sœur doña Andréa aidait à la subsistance commune par le travail de son aiguille ; on a retrouvé la note d'un raccommodage qu'elle fit pour les hardes d'un seigneur. Cervantes, qui était une espèce d'agent d'affaires et qui faisait des écritures pour ceux qui lui en demandaient, éprouve là de nouveau un de ces désagréments qui lui étaient assez familiers : une nuit, dans une querelle engagée près de sa maison, un chevalier, un personnage de la Cour fut frappé et blessé à mort par un inconnu : on arrêta provisoirement tous les témoins et toutes les personnes suspectes jusqu'à plus ample information, et Cervantes fut de ce nombre. Une réflexion m'obsède, et qui sera venue certainement à d'autres que moi : goûtons, bénissons les douceurs de la civilisation acquise, et admirons comme en ces temps-là la condition des plus honnêtes gens n'avait rien de garanti ni d'assuré. C'est par ces faits de l'ordre commun et de l'habitude de la vie relevés à deux ou trois siècles de distance, qu'on peut bien mesurer de combien la civilisation a marché et à quel point le climat social s'est partout adouci.

Mais enfin le mauvais sort, au moins pour quelque temps, allait être conjuré, et la première partie de *Don Quichotte,* menée à bien et terminée au milieu de ces traverses et de ces empêchements de mille sortes, paraissait au jour en 1605 (1). Des êtres nouveaux, des créatures dont on n'avait pas l'idée et qui n'existaient pas la veille, entraient en possession de la vie et allaient courir le monde pour ne plus jamais mourir. Honneur avant tout aux génies inventeurs et féconds, à ceux qui ont réellement enfanté, qui ont augmenté d'un fils ou d'une fille de plus la famille poétique du genre humain ! Mais, bon Dieu ! qu'il fallait donc à ce Cervantes

(1) *Don Quichotte* parut au mois d'avril ; l'incident du meurtre qui amena le dernier emprisonnement de Cervantes n'eut lieu qu'en juin de la même année, et vint faire encore une diversion fâcheuse à la première joie du succès.

âgé pour lors de cinquante-huit ans, touchant au soir de la vie, et dont nous venons d'indiquer, bien légèrement encore, les opiniâtres infortunes, qu'il lui fallait d'imagination puissante et flexible, de ressort de caractère, de bonne humeur toujours prête et inaltérable, d'expérience variée, amassée de toutes parts naïvement et sans calcul, richement diversifiée et abondante, pour savoir ainsi instruire en se jouant et railler sans amertume ! Ce livre, l'un des plus récréatifs et des plus substantiels qui existent, commencé d'abord presque au hasard, ne visant qu'à être une moquerie des romans de chevalerie et d'un faux genre littéraire à bout de vogue est devenu vite en avançant, sous cette plume fertile, au gré de cette intelligence égayée, un miroir complet de la vie humaine et tout un monde. Tout y naît de soi, tout y est amené naturellement et comme fondu sans dessein dans une composition aisée et enjouée; l'humanité y est raillée d'un bout à l'autre, sans être offensée jamais; la foi à la vertu, à la bonté, subsiste au milieu des mécomptes et jusque dans les éclats d'une risée immodérée, toujours innocente : mélange le plus heureusement tempéré que l'on connaisse, comme aussi le plus vivement contrasté, de bon sens et d'imagination, d'expérience et d'hilarité, de maturité et de jeunesse.

Lundi 16 mai 1864.

DON QUICHOTTE.

TRADUCTION DE VIARDOT;

Dessins de Gustave Doré.

—

(SUITE.)

—

I.

Don Quichotte relu tout naturellement; lorsqu'on vient de lire une notice exacte de la vie de l'auteur, ne laisse guère de difficulté dans l'esprit. Cervantes nous dit nettement et clairement ce qu'il a voulu; son livre (il nous explique pourquoi dans la Préface) n'a pas besoin, pour paraître au jour, de tout l'appareil de sonnets laudatifs et de témoignages pompeux qui s'étalent en tête des écrits du temps; il n'a besoin non plus, chemin faisant, d'aucun attirail d'érudition sacrée ou profane, et il peut se passer de ces notes et commentaires de toutes sortes qui encombrent d'ordinaire les marges ou qui chargent la fin des volumes, et qui produisent de si belles listes d'auteurs cités. L'ouvrage n'étant qu'une attaque à fond, une guerre déclarée aux romans de chevalerie dont n'entendirent jamais parler ni Aristote, ni Cicéron, ni saint Basile, il n'est pas plus à propos de venir citer ces grands noms que de s'inquiéter des règles de la rhétorique auxquelles un tel sujet, né si tard et si étranger aux anciens maîtres, échappe naturellement. Il suffit que « tout uniment et avec des paroles claires, honnêtes et bien disposées, dans une période sonore, et par le cours naturel d'un récit amusant, l'auteur peigne ce que son imagination conçoit et qu'il fasse comprendre ses pensées sans les embrouiller ni les obscurcir :

« Tâchez aussi, se fait-il dire par un interlocuteur de ses amis, qu'en lisant votre histoire, le mélancolique s'excite à rire, que le rieur augmente sa gaieté, que le simple ne s'ennuie pas, que l'habile admire l'invention, que le grave ne la méprise point, et que le sage se croie tenu de la louer. Surtout visez continuellement à renverser de fond en comble cette machine mal assurée des livres de chevalerie, réprouvés de tant de gens et vantés d'un bien plus grand nombre. Si vous en venez à bout, vous n'aurez pas fait une mince besogne. »

L'objet et le but étant ainsi indiqués, l'auteur entame son récit et nous déroule son histoire. Y a-t-il rien dans cette histoire qui donne à soupçonner des visées cachées, un double sens, une intention profonde? Faut-il casser l'os, comme dit Rabelais, pour trouver la moelle ? faut-il fendre la tête pour découvrir ce que Pascal appelle la pensée *de derrière* ? A vrai dire, si j'oublie tout ce que la critique a fait de raisonnements et de théories à ce sujet, si je me laisse tout simplement aller à l'impression de ma lecture, je n'aperçois rien de si mystérieux ni de si profond.

Nulle part ce premier et principal dessein qu'a l'auteur de railler les livres de chevalerie, de les décrier et d'en ruiner l'autorité dans le monde et parmi le vulgaire, ne se perd de vue ni ne se laisse oublier ; il est ramené sans cesse. Cervantes n'est pas seulement un génie clair et net, c'est un génie littéraire et qui a fort en souci les résultats de ce genre. Tous ses autres ouvrages montrent à quel point il était un bel esprit ; *Don Quichotte,* en les dépassant si fort, et en leur ressemblant si peu, nous rappelle pourtant, par bien des endroits, qu'il est du même auteur. Cervantes, en effet, n'y perd pas une occasion de remettre sur le tapis sa poétique. Dans les parties sérieuses, lorsqu'il fait parler le chanoine, par exemple, on le voit tenté presque d'entreprendre contre les folles et extravagantes comédies du temps une levée de boucliers du même genre que celle qu'il est en train de mettre à exécution contre les mauvais romans. Il propose de remédier aux excès du théâtre à l'aide d'un censeur d'office ; il souhaiterait ce censeur pour les romans aussi, pour les livres de chevalerie : il est si sérieux en parlant de la sorte, qu'il trace d'après un canevas-modèle le plan d'un roman de chevalerie exemplaire qui aurait les mérites du genre sans les défauts, qui permettrait de personnifier dignement toutes les qualités morales, toutes les vertus, d'introduire dans une trame variée toutes les vicissitudes d'événements, toutes les aventures tragiques ou joyeuses, de décrire toutes les merveilles, y compris celles de la magie, de prendre tous les tons. On croirait qu'il a pensé au poëme du Tasse, s'il n'ajoutait expressément que cette épopée, qui réunirait tant d'avantages et qui atteindrait à la perfection, serait en prose : « car l'épopée, dit-il, peut aussi bien s'écrire en prose qu'en vers. » Cervantes, par la bouche de son chanoine, a proposé là l'idée d'une sorte de *Télémaque* de la chevalerie, et on a quelque raison de croire qu'en composant son dernier ouvrage posthume, celui qui suivit *Don Quichotte,* son *Persilès et Sigismonde,* il s'était flatté de réaliser en grande partie cet idéal.

On ne saurait donc contester que le point de départ et l'objet principal du *Don Quichotte* ne soit une satire littéraire. Mais le bonheur et la vivacité de l'invention y font volontiers négliger, en le lisant, cette intention particulière. Les personnages mis en scène sont si bien venus et si vivants, ils sont nés sous une si heureuse étoile, ils sont d'une physionomie si originale et ont un caractère si marqué (y compris leurs deux montures, inséparables des deux maîtres), qu'on s'attache et qu'on s'affectionne à eux tout d'abord, indépendamment de la moralité finale que l'auteur prétend tirer de leurs actions. On n'a pas besoin de songer à Amadis pour se plaire à Don Quichotte. Ce pauvre Don Quichotte, répétant les exploits des anciens chevaliers

avec une si parfaite bonne foi et une candeur si unique,
donne jour à une telle variété de rencontres et d'aventures, — l'écuyer Sancho, dès la seconde sortie,
accompagne et double si grotesquement son maître,
avec ce perpétuel contraste de demi-bon sens et de
demi-bêtise qui ne feront que s'accroître et se solidifier en avançant, — l'auteur, par des stations ménagées à propos, sait si naturellement entremêler d'autres récits et nous intéresser, chemin faisant, par les
côtés passionnés et romanesques de notre nature, — il
profite si justement et avec une si légitime hardiesse
des instants lucides de son héros qui n'extravague que
sur un point, pour le faire noblement et fermement
discourir des matières que lui-même avait le plus à
cœur de traiter, — tout cet ensemble vit, marche, se
déduit si aisément, d'un cours si large, si abondant,
et avec une telle richesse de développements imprévus
et d'embranchements inépuisables, qu'on est bien réellement en plein monde, en plein spectacle, en plein air
sous le ciel, qu'on nage dans un courant de curiosité
humaine de tous côtés excitée et satisfaite, et que rien
ne sent ni ne rappelle l'application critique et satirique
née dans le cabinet. Il est arrivé en grand à Cervantes
pour son *Don Quichotte,* ce qui est arrivé à La Fontaine
avec ses Fables, entreprises d'abord pour un but particulier : à mesure qu'il avançait, il a insensiblement,
non pas perdu de vue, mais agrandi, étendu et serré
de moins près son premier objet ; il a fait entrer toute
la vie humaine dans son cadre et nous a rendu cette
vaste comédie « aux cents actes divers. »

Le plan de *Don Quichotte* n'a rien d'exact, et il a varié sensiblement dans le cours de l'exécution. Je n'entends point parler ici de maint anachronisme ni des inadvertances de détail qu'on a relevés et qui sont échappés à la plume rapide de l'auteur; je ne parle que de l'ensemble des caractères et de l'action. Le personnage de Don Quichotte n'est complet qu'à sa seconde sortie et lorsqu'il est suivi de Sancho : ce n'est qu'au moyen de cette antithèse perpétuelle et de cette alliance boiteuse que l'action a tout son sens désormais, qu'elle a sa prise et sa portée en toute direction. La première partie du roman, qui parut en 1605, semble d'abord avoir dû être définitive; l'auteur pouvait s'y tenir sans la continuer. Le succès fut si vif que Cervantes se décida à donner une suite; il mit dix ans avant de la faire paraître : Le Sage a bien mis vingt ans à finir le dernier volume de *Gil Blas*. Cette seconde partie de *Don Quichotte,* que l'auteur publia en 1615, à l'âge de soixante-huit ans, avait été devancée par l'œuvre d'un imitateur ou contrefacteur qui avait voulu, comme on dit, lui couper l'herbe sous le pied, lui pousser le coude avant qu'il eût fini de boire. Le premier mouvement de Cervantes, en apprenant cette désagréable nouvelle et en recevant le croc-en-jambe, fut d'être irrité; mais il redoubla aussitôt de courage, il se piqua d'honneur, et la dernière partie de son ouvrage sent l'aiguillon. Cette seconde partie de *Don Quichotte,* qui déroule les faits et gestes du héros depuis sa troisième sortie, et où s'accomplit l'incomparable mystification de Sancho, soi-disant gouverneur de Barataria, est plus méditée, plus réfléchie que la première, et sans prétendre rien ôter à la grâce de celle-ci ni à sa charmante légèreté, elle la fortifie, la mûrit et la couronne admirablement. Sancho gouverneur et homme d'État, jouant au Salomon sans rire, y réussissant presque, est le dernier terme, le plus sérieux comme le plus bouffon, d'une histoire qui a commencé par le combat contre les moulins à vent.

J'ai cru remarquer pourtant que de ces deux parties de *Don Quichotte,* toutes deux si agréables dans leur diversité et qui se complètent si bien, les lecteurs d'un goût difficile et d'un jugement plus froid estiment la seconde supérieure, tandis que les esprits plus poétiques ou qui accordent davantage à la fantaisie, continuent de donner la préférence à la naïveté de la première. D'un côté en effet, c'est bien la folie vraiment folle, qui échappe, qui court les champs à l'aventure et avec laquelle on va de surprise en surprise : de l'autre, c'est la folie connue à l'avance, et dont on a le signalement, une folie mystifiée et surveillée.

Un écrivain de nos jours, homme fort instruit, et particulièrement versé dans la littérature espagnole, M. Germond de Lavigne, s'est avisé (car toute cause trouve à la fin son avocat) de prendre en main la défense du continuateur anonyme de *Don Quichotte,* de celui qui avait essayé, dans l'intervalle des deux parties, de supplanter Cervantes et de se substituer en son lieu et place dans la faveur du public. Il a traduit en français cette continuation (1), déjà connue par

(1) Le *Don Quichotte* de Fernandez Avellaneda, traduit de l'es-

une traduction plus libre de Le Sage, et il s'est attaché à montrer qu'elle n'est ni si mauvaise qu'on l'a dit et répété, ni si indigne de la première partie du *Don Quichotte* à laquelle elle prétendait s'adjoindre et succéder. M. G. de Lavigne a fait plus, il a critiqué la seconde partie du *Don Quichotte* de Cervantes et s'est mis par là en contradiction avec le goût public presque universel. En accordant à M. G. de Lavigne que l'ouvrage du continuateur n'est nullement méprisable et qu'il n'est difficile à lire aujourd'hui que parce que la place est prise et que chaque lecteur a dans l'esprit la suite si agréable de Cervantes, c'est tout ce que vraiment on pourrait faire ; je viens, dans mon désir d'impartialité, d'essayer de lire quelques chapitres de ce *Don Quichotte* d'Avellaneda ; tout ce que j'en ai vu me paraît lent, logique et lourd ; on ne peut s'empêcher de dire à chaque instant : « Ah ! ce n'est plus cela ! » Tout traducteur est admis, je le sais, à faire valoir les bons côtés de son auteur ; mais il y a lieu de s'étonner que l'écrivain français n'ait pas mieux ressenti l'insulte que ce continuateur pseudonyme faisait, dès les premières lignes, à celui dont il allait suivre si pesamment et dont il eût dû baiser les traces, insulte malheureuse qui est la seule chose de lui qui restera pour qualifier son procédé et dénoncer son âme à défaut de son nom. Oui, tandis qu'il aspirait à continuer Cervantes et à monter en croupe derrière lui sur ses poétiques inventions, il l'appelait, pour tout remercîment,

pagnol et annoté par M. A.-G. de Lavigne (1 vol. in-8, à la librairie Didier).

« vieux et manchot. » M. G. de Lavigne a beau vouloir discuter et diminuer l'injure, la mauvaise plaisanterie ou l'allusion (comme il voudra l'appeler), elle a été proférée et elle reste écrite. Et lui-même, M. G. de Lavigne, par une sorte d'émulation fâcheuse, il ne craint pas d'appeler ce charmant Cervantes « un esprit léger, *frivole* et *vagabond.* » Est-ce qu'on parle ainsi des beaux génies et des grandes intelligences ? est-ce que le rôle de défenseur de la partie adverse excuse ces licences? M. G. de Lavigne, qu'il me permette de le lui dire, s'est trompé dans le plaidoyer qu'il a joint à sa traduction estimable ; il a trop présumé de l'effort de sa docte critique après deux siècles et demi de possession. Il eût pu, tout au plus, se faire écouter en plaidant pour son client les circonstances atténuantes. Il est des causes perdues à l'avance auprès de la postérité. *L'affaire est entendue,* comme on dit au Palais. L'avocat voudrait répliquer encore; mais la Cour s'est déjà levée, le public qui a devancé le jugement se disperse et l'on n'y est plus.

II.

La critique a fort raisonné de nos jours et de tout temps sur la pensée fondamentale qui se montre ou se dérobe dans *Don Quichotte,* et il n'en pouvait être autrement; c'était son droit. Que serait la critique si elle ne raisonnait pas? J'y insisterai donc à mon tour ; je voudrais exposer, éclaircir de mon mieux ce point délicat et encore si controversé.

Et d'abord il n'y a nul doute qu'il devait se rencontrer dans *Don Quichotte* quantité d'allusions satiriques et fines que les contemporains saisissaient au passage et qui nous échappent aujourd'hui. Mais ces allusions ne sont qu'accessoires et incidentes, et l'opinion qui irait à soutenir, comme on l'a fait, que Cervantes a voulu dans son ouvrage ridiculiser Charles-Quint ou même le ministre duc de Lerme, ne mériterait pas l'examen. Cervantes n'a rien en lui de cet esprit politique amer et concerté dont Swift a fait preuve en plus d'un chapitre de son *Gulliver*. Le génie du *Don Quichotte* est un génie léger, tout l'opposé de l'ironie âcre et concentrée de Swift et de ce *spleen* à couper au couteau. Le système d'interprétation qui prétendait découvrir et démasquer en *Don Quichotte* une satire historique minutieuse est dès longtemps abandonné.

Mais la critique philosophique, l'esthétique allemande ou genevoise n'a pu s'en tenir à l'impression légère et riante qui résulte de *Don Quichotte*, et elle a cherché à y voir tout autre chose encore. Bouterwek avait commencé, et il attribuait à Cervantes une idée plus haute que celle d'avoir voulu décréditer les mauvais romans de chevalerie, bien qu'il lui reconnût aussi cette dernière intention, mais seulement comme occasionnelle et secondaire ; il la réduisait au point de la subordonner tout à fait à je ne sais quelle vue supérieure :

« On ne saurait supposer, disait-il, que Cervantes ait eu l'absurde pensée de vouloir prouver l'influence fâcheuse des romans sur le public, par la folie d'un individu qui aurait pu tout aussi bien perdre la tête en lisant Platon ou Aristote. Cervantes fut frappé de la richesse que lui offrait l'idée d'un enthousiaste héroïque qui se croit appelé à ressusciter l'ancienne chevalerie : *C'est là le germe de tout son ouvrage.* Il sentit en poëte tout ce qu'on pouvait faire de cette idée... »

Un autre critique distingué par son savoir et ses consciencieuses lectures, mais doué aussi d'une ingénuité de jugement parfois excessive, Sismondi, dans son Cours sur les *littératures du Midi,* professé à Genève devant un auditoire qui riait peu, se chargea de reprendre et de développer la pensée de Bouterwek. Ce livre si divertissant de *Don Quichotte,* du moment qu'on entre dans les vues de l'auteur et dans l'esprit qui l'animait pendant sa composition, change tout à fait d'aspect, selon Sismondi, et ne lui paraît plus fournir qu'un texte à des réflexions sérieuses·

« L'invention fondamentale de *Don Quichotte,* dit-il (et cette explication depuis a fait loi), c'est le contraste éternel entre l'esprit poétique et celui de la prose. L'imagination, la sensibilité, toutes les qualités généreuses, tendent à l'exaltation de Don Quichotte. Les hommes d'une âme élevée se proposent, dans la vie, d'être les défenseurs des faibles, l'appui des opprimés, les champions de la justice et de l'innocence. Comme Don Quichotte, ils retrouvent partout l'image des vertus auxquelles ils rendent un culte... Ce dévouement continuel de l'héroïsme, ces illusions de la vertu, sont ce que l'histoire du genre humain nous présente de plus noble et de plus touchant; c'est le thème de la haute poésie, qui n'est autre chose que le culte des sentiments désintéressés. Mais le même caractère, qui est admirable pris d'un point de vue élevé, est risible, considéré de la terre... L'on sent déjà pourquoi quelques personnes ont considéré *Don Quichotte* comme le livre le plus triste qui ait jamais été écrit; l'idée fondamentale, la morale du livre, est en effet profondément triste... »

Il n'est, on le voit, que manière de prendre les choses. Chaque lecture est comme une liqueur qui se teint de la couleur et s'empreint de la saveur du vase où on la verse. Un jour, Philippe III, du balcon de son palais, voyant un étudiant qui, sur les bords du Mançanarès, lisait un livre et interrompait souvent sa lecture en se frappant de la main le front et en faisant des mouvements extraordinaires de plaisir et de joie : « Cet étudiant est fou, dit le roi, ou il lit *Don Quichotte.* » Les courtisans qui étaient là coururent vérifier le fait, et c'était vrai. Selon Sismondi, cet étudiant aurait dû rire et pleurer en même temps, ou même, pour peu qu'on fasse de lui un Werther, ou un étudiant d'Iéna en 1813, il aurait dû pleurer à chaudes larmes; mais il était trop du siècle de l'auteur pour avoir de ces idées d'après coup.

J'ai sous les yeux une ingénieuse brochure sans nom d'auteur, imprimée à Porto en 1858, écrite en français et qui a pour titre : *Don Quichotte expliqué par Gœtz de Berlichingen.* L'idée de Sismondi y fait un progrès nouveau et y est poussée encore plus à fond. On ne saurait aller plus loin dans cette voie d'attrister et de *mélancoliser* Don Quichotte :

« Le caractère de Gœtz de Berlichingen, nous dit l'auteur, a été évidemment inspiré par celui de Don Quichotte. L'analogic entre ces deux puissantes créations est des plus frappantes, et on ne peut pas admettre que Gœthe, depuis le commencement jusqu'à la fin, ait côtoyé Cervantes à son insu.

« Démontrer que Gœthe s'est inspiré de Cervantes serait déjà un sujet de critique assez piquant, mais c'est une raison plus forte qui me pousse à insister sur la filiation des deux caractères. Notre profonde conviction est que l'œuvre de Cervantes est méconnue dans ce qui en fait la haute portée, en ce sens que généralement on ne lui attribue que l'intention de ridiculiser et la chevalerie et les livres de chevalerie.

« J'espère prouver qu'un but aussi mesquin n'est pas celui que Cervantes se proposa d'atteindre, et que jamais génie ne fut victime d'une injustice pareille à celle dont les trois siècles les plus lettrés des annales humaines se sont rendus coupables envers lui... »

Et l'auteur de la brochure s'attache à dégager l'amertume que recèlent, selon lui, plusieurs passages de *Don Quichotte*; il fait comme ceux qui recherchent dans la misanthropie d'Alceste un coin caché de l'humeur de Molière. Revenant sur le parallèle avec Berlichingen, ce représentant de l'époque féodale, il marque les rapports et les différences; Don Quichotte, selon lui, est bien autre chose; « il ne doit pas seulement représenter une époque, c'est un caractère, c'est *le type de l'idéal à toutes les époques* :

« Dans quelque siècle que vous le placiez, enseigne le livre, l'homme qui asservira sa conduite aux lois d'un idéal absolu ne pourra que contraster, que grimacer avec la réalité, et ce contraste ne manquera pas d'engendrer le comique...

« Et qu'était-ce que Cervantes lui-même, à le bien prendre, se demande le critique, qu'était-il, sinon un Don Quichotte? Soldat, aventurier, esclave algérien, employé de finance, prisonnier, romancier, c'est un Gil Blas, mais un Gil Blas assombri, et qui n'est pas destiné à s'écrier comme l'autre dans sa jolie maison de Lirias : *Inveni portum...* »

C'est étrangement rabaisser Cervantes (toujours d'après notre auteur), que de soutenir qu'il a employé la fleur de son génie à combattre l'influence de quelques romans de mauvais goût, dont le succès retardait sur les mœurs du siècle et n'avait plus aucune racine dans la société d'alors :

« Ce que je crois plutôt, s'écrie le nouveau commentateur qui a lu son *Don Quichotte* comme d'autres leur Bible ou leur Homère, et qui y a tout vu, c'est que le chevaleresque Cervantes, qui s'était précipité dans ce qui, à la fin du xvie siècle, restait de mouvement héroïque, dut se sentir abattre par le désenchantement d'un croyant plein de ferveur qui n'a pas trouvé à fournir carrière pleine, qui dans l'exagération de son idéal s'est heurté et blessé contre les réalités, et qui, après avoir été contraint d'abdiquer l'action, s'est condamné à une retraite douloureuse, s'est réfugié dans ses rêves, et en dernier lieu, dans un testament immortel, lance à son siècle une satire qui n'était pas destinée à être comprise de ce siècle et dont l'avenir seul était chargé de trouver la clé. »

Et nous adjurant à la fin dans un sentiment de tendre admiration, essayant de nous entraîner dans son vœu d'une réhabilitation désirée, l'écrivain, que je regrette de ne pas connaître, élève son paradoxe jusqu'aux accents de l'éloquence :

« Ah ! que réparation soit faite enfin à l'écrivain le plus sympathique ! Reconnaissons enfin, après plus de deux

siècles d'injustice et d'erreur, dans toutes les proportions de
sa gloire un grand homme qui fut un martyr ; qui tout le
temps qu'il traversa cette terre resta étranger au bonheur ;
dont le cœur fut pur de toute tache, à l'abri de ces petitesses
dont souvent ne sont point exempts les grands écrivains ;
dont le chef-d'œuvre porte à un si haut degré l'empreinte
d'une nature si noble, si élevée et si humaine, et qui de
tous les hommes est celui dont l'âme se montrerait le plus
sensible à une réparation pour l'outrage fait à la portée de
son génie. »

Et moi je dis : Ainsi est fait l'esprit humain ; il a soif
d'une légende morale ; il a un besoin perpétuel de refonte et de remaniement pour toutes ses figures. Ce
besoin de transfiguration qui éclate et se consacre
assez visiblement dans la sphère religieuse est le même
que celui qui tend, dans l'ordre poétique, je ne dis pas
à surfaire, mais à surnaturaliser les génies. Nous
voyons là à l'état de symptôme littéraire ce qui a fait
ailleurs les saints et les dieux.

Et toutes ces opinions ainsi énumérées et passées en
revue, je ne puis m'empêcher d'ajouter encore : Une
des plus grandes vanités de la gloire, même de la
gloire littéraire, qui de toutes semble pourtant la plus
authentique, c'est qu'un de ses premiers effets consiste, si elle vous saisit une fois, à vous changer plus
ou moins et à vous défigurer. La haute admiration de
l'avenir n'est qu'à ce prix. Les écrits qui sont là n'y
peuvent rien ; on les interprète, on les alambique, on
les torture. Vous ne vous appartenez plus. On vous
défait et on vous refait sans cesse. Chaque génération
vous frappe et vous refrappe à son image. Si elle a

l'air de vous placer plus haut, ô mânes et fantômes des grands esprits, n'en soyez pas plus fiers ; car ce n'est plus vous, c'est elle-même que la postérité salue en vous. Votre nom n'est plus guère qu'une enseigne et un symbole.

III.

Certes je suis trop critique pour nier les droits de la critique. On peut de loin, à distance, et en envisageant l'ensemble d'une œuvre, en embrassant d'un coup d'œil les conséquences qu'elle a eues, l'influence qu'elle a exercée sur l'esprit humain à travers les siècles, en la rapprochant d'autres œuvres analogues ou contraires, on peut y reconnaître autre chose et plus que l'auteur tout le premier n'était tenté d'y voir, et plus, certainement, qu'il n'a songé à y mettre. L'*Iliade* et l'*Odyssée* signifient et représentent pour nous assurément plus de faits et d'idées à la fois que pour les chantres homériques qui les ont récitées par branches, et pour les populations primitives qui les ont entendues. Mais cette part légitime de pensées et de réflexions qu'ajoute incessamment l'esprit humain aux monuments de son héritage intellectuel, cette *plus-value* croissante qui a pourtant ses limites, doit être soigneusement distinguée de l'œuvre elle-même en soi, bien que celle-ci la porte et en soit le fond. Elle ne doit point surtout être imputée et prêtée à l'auteur primitif par une confusion de vues et une projection illusoire de perspective. Sachons bien que nous devenons, à la longue, des coopérateurs et des demi-créateurs dans ces types consacrés qui, une fois livrés à l'admiration, se traduisent et se transforment incessamment. Sachons que nous y ajoutons, de notre chef, des intentions que l'auteur n'a jamais eues, comme par compensation de toutes celles qu'il a eues en effet, et qui nous échappent.

Don Quichotte a eu le sort du petit nombre de ces livres privilégiés qui, par une singulière fortune, par un accord et un tempérament unique de la réalité individuelle et de la vérité générale, sont devenus le patrimoine du genre humain. Ç'a été un livre d'à-propos, et c'est devenu un livre d'humanité; c'est entré pour jamais dans l'imagination de tous. Tout le monde dès lors y a travaillé à l'envi et y a taillé à sa guise. Il y en a à la fois pour les enfants, il y en a pour les hommes. Cervantes n'y pensait pas, lui, mais nous y pensons, nous. Chacun est Don Quichotte à son jour, et chacun Pança. Il se retrouve, en effet, plus ou moins en chacun de cette alliance boiteuse de l'idéal exalté et du bon sens positif et terre à terre. Ce n'est même chez beaucoup qu'une question d'âge : on s'endort Don Quichotte et on se réveille Pança.

Je fais moi-même comme tous ceux qui ont raisonné à propos et hors de propos, à l'occasion du gai chef-d'œuvre: il me fait naître des idées que Cervantes sans doute n'a jamais eues. Je suis frappé, quand je vois Sancho si fin à la fois et si lourd, si rusé et si dupe, si madré et si bête, discernant très-bien un coin de la folie de son maître en même temps qu'il en accepte et en gobe le gros, je suis frappé, dis-je, de la ressemblance qu'ont avec Sancho la plupart des hommes : ils sont tout à fait comme lui en ce sens qu'ils exercent le plus souvent leur sagacité et leur finesse sur un fonds de bêtise ou de folie à laquelle ils croient. Ils en ôtent un peu çà et là, mais ils y adhèrent au fond. On dirait que leur bon sens s'aiguise sur une base de bêtise ou de folie, comme une lame de couteau sur une pierre à repasser. Le commun des malins, en bien des matières, se contente, comme Sancho, d'admettre un tiers ou un quart de la grosse absurdité, — assez encore pour qu'elle subsiste. Ils y croient on ne sait trop comment, ils y tiennent, surtout si on leur a fait entrevoir quelque intérêt, — quelque île là-bas en perspective.

Faire comme Sancho, en se formant comme lui chaque jour et en se dégrossissant de plus en plus, c'est-à-dire aller d'une plus grosse absurdité à une absurdité moindre, savez-vous que, si l'on était bien ironique, on pourrait soutenir sans trop d'invraisemblance que c'est peut-être là, en certaines branches, tout le progrès possible pour l'humanité ?

Je reviens à la question discutée du plus ou moins de profondeur de *Don Quichotte*. Je trouve dans un livre récent, mélange de lumière et d'ombre, cette page charmante sur Cervantes qui y est classé parmi les premiers génies :

« **L'Idéal** est chez Cervantes comme chez Dante ; mais traité d'Impossible, et raillé. Béatrix est devenue Dulcinée. Railler l'idéal, ce serait là le défaut de Cervantes ; mais ce défaut n'est qu'apparent; regardez bien : ce sourire a une larme; en réalité, Cervantes est pour *Don Quichotte* comme Molière est pour *Alceste*. Il faut savoir lire, particulièrement les livres du xvie siècle; il y a dans presque tous, à cause des menaces pendantes sur la liberté de pensée, un secret qu'il faut ouvrir et dont la clef est souvent perdue : Rabelais a un sous-entendu, Cervantes a un aparté, Machiavel a un double fond, un triple fond peut-être. Quoi qu'il en soit, l'avénement du bon sens est le grand fait de Cervantes... (1). »

Il est très-vrai qu'il faut une clef pour plusieurs livres hardis du xvie siècle; Machiavel et Rabelais ont besoin d'une clef; mais je ne crois pas que le livre de Cervantes en ait besoin dans le même sens. Ce qu'il attaquait de front, c'est-à-dire les mauvais romans de chevalerie, il n'avait besoin d'aucun masque pour le combattre; il n'y avait pour lui nul danger à le faire. La religion et les matières d'État sont absentes de son livre, et tel qu'on le connaît, dans l'habitude de la vie, il ne s'en occupait pas. Il faut donc, au risque de le diminuer dans quelques esprits, lui enlever ce mérite du voile et du mystère. Cervantes a fait un chef-d'œuvre sans obscurité, d'une clarté parfaite, agréable, sensé, où la chimère n'a rien à faire que pour y être raillée, un de ces livres qu'eût goûté Horace comme le goûtait Saint-Évremond, un chef-d'œuvre pourtant sans analogue chez les Anciens, d'une étoffe toute moderne, aussi vif et aussi amusant en son genre que celui de l'Arioste dont il est le vrai pendant. Je ne sais si je vais par

---

(1) *William Shakespeare,* de Victor Hugo, p. 104.

trop le dégrader, mais, lui-même, il n'était qu'un homme du plus aimable génie, de la plus fertile imagination et de la plus belle humeur, dont les heureuses qualités ont jailli jusqu'à la fin, comme par un miracle de nature, du sein de la pauvreté extrême et de l'infortune. Pour rester vrai à son égard, il faut se résigner à essuyer cette larme que depuis quelque temps on veut absolument mêler à son sourire, ou bien alors il faut dire en avertissant le monde : « Cette larme lui sied mieux, selon nous, et c'est nous qui la lui mettons. »

De bons esprits à l'étranger, Hallam et M. Ticknor, M. Mérimée chez nous, ont déjà fait ces remarques essentielles sur le *Don Quichotte* primitif et sincère, tel qu'il est sorti des mains et de l'esprit de l'auteur. J'ai beau y revenir après eux, le relire et l'ouvrir vingt fois au hasard, il m'est impossible de trouver en Cervantes rien de l'amertume d'Alceste dans Molière, rien encore moins (cela va sans dire) de l'ironie de Voltaire dans *Candide,* ni même de cette ironie fine et diffuse de Le Sage, car l'auteur de *Turcaret* perce parfois dans *Gil Blas.* Il n'est pas jusqu'aux censures littéraires sur les livres et les auteurs qu'il condamne qui ne soient très-adoucies chez Cervantes et tempérées encore d'indulgence. Oh! que Molière y va plus rudement que cela quand il daube sur les précieuses ridicules ou sur les femmes savantes!

On a exagéré en divers sens les mérites de Cervantes. Une partie du bonheur des auteurs heureux, c'est qu'on leur prête encore plus d'habileté qu'ils n'en ont eu.

Certes, dans la conduite et les déportements de son Don Quichotte, de ce fou à idée fixe, Cervantes a observé suffisamment le vraisemblable, et on lui accorde, en le lisant, cette singulière et perpétuelle intermittence, chez son héros, cette coexistence bizarre d'hallucination et de raison. C'est une très-ingénieuse idée, assurément, que celle qui préside à la seconde partie du livre et que cette détermination que prend le bachelier Samson Carrasco, de concert avec le curé et le barbier, d'entrer dans la folie de Don Quichotte pour en mieux triompher ensuite et pour le battre sur son propre terrain. Est-ce à dire pourtant que Cervantes, en son livre, se soit montré l'égal des plus savants médecins dans le traitement de la monomanie, dans l'observation de ses différentes phases et périodes, de ses prodromes, accès et déclin, et qu'il mérite de prendre rang comme praticien à côté des Pinel, des Esquirol, des Blanche, avec ce mérite, en sus, de les avoir devancés de deux cents ans (1)? Ce qu'il y a de plus certain en tout ceci, c'est que Cervantes avait beaucoup vu, qu'il avait probablement observé des aliénés, et qu'avec le tact de l'artiste, encore plus qu'avec le tact médical, il a présenté la folie de son héros du côté le plus plausible et le plus acceptable, de manière à entraîner

---

(1) Voir l'*Étude médico-psychologique sur l'Histoire de Don Quichotte*, par M. le docteur Moréjon, traduite et annotée par M. le docteur J.-M. Guardia (une brochure in-8°, 1858, chez Baillière). M. Guardia, dans sa notice, rabat ce qu'il faut de l'enthousiasme médical du docteur Moréjon et de toutes les *beautés de médecine pratique* qu'il croit avoir découvertes en *Don Quichotte*.

son lecteur. — Mais qu'il est donc difficile de garder
la juste mesure dans l'admiration comme dans la critique, et quel ingrat métier que celui qui consiste à
venir sans cesse dire *gare* à tout excès, à vouloir toujours remettre le cavalier d'aplomb sur sa monture!
C'est une folie aussi que ce besoin de justesse. Le
monde en général, même celui des choses de l'esprit,
ne va que par des à peu près.

Lundi 23 mai 1864.

DON QUICHOTTE.

TRADUCTION DE VIARDOT;

Dessins de Gustave Doré.

(SUITE ET FIN.)

I.

Nous avons à reprendre les dernières années de la vie de Cervantes là où nous l'avons laissée, c'est-à-dire depuis la publication de la première partie de *Don Quichotte* (1605). Le prompt succès de cette première partie décida l'auteur à se remettre aux lettres plus résolûment que jamais. En 1606, la Cour étant revenue résider à Madrid, Cervantes, qui suivait en fidèle satellite ses divers mouvements et révolutions, quitta Valladolid et alla s'établir là où était le soleil, un pâle soleil qui ne le réchauffait guère et dont pourtant il ne se plaignait pas trop. Pendant les dix années qu'il vécut encore, il habita dans la capitale ; mais il changea bien des fois de logement, et l'on a noté jusqu'à sept de ses déménagements successifs. En 1609, on le trouve faisant partie d'une confrérie religieuse, celle du Saint-Sacrement ; c'était l'usage alors, et les poëtes les plus distingués du temps en étaient membres. Cervantes, tout philosophe qu'il nous semble, est un Espagnol de sa date et de pure race ; il n'y a pas en lui ombre d'incrédulité. Eh ! comment la foi eût-elle pu se séparer dans sa pensée de son martyre chez les infidèles ? Son railleur favori, le bachelier Samson Carrasco, qu'il introduit dans la dernière partie de son *Don Quichotte* et qui est une invention caractéristique de cette seconde moitié, n'exerce ses doutes et sa moquerie que dans le cercle des choses permises, et l'on sent qu'il n'a aucun effort à faire pour s'y renfermer.

Les publications qu'il multiplia dans ces années montrent à quel point Cervantes, désormais affranchi de tout autre occupation, était redevenu un pur homme de lettres, vidant ses portefeuilles, ouvrant une dernière fois tous ses casiers, tous ses tiroirs, et surtout ceux d'une imagination restée si enjouée et si jeune. Il publiait ses *Nouvelles* en 1613, des *Comédies* et intermèdes en 1615 ; il donnait en 1614 son *Voyage au Parnasse,* satire en vers imitée de l'italien, et qui n'a d'intérêt pour nous qu'au point de vue biographique. A la faveur d'un cadre mythologique déjà bien vieux, l'auteur est amené à dire son avis sur la poésie et à passer en revue les différents poëtes du jour, les bons et les mauvais. Il y parle de lui, de ses titres littéraires qu'il détaille au long et du peu de fruit qu'il en a tiré ; il ne craint pas d'étaler sa pauvreté avec sa bonne humeur ordinaire. On a souvent cité ce passage que je voudrais voir traduit plus exactement qu'on ne le fait d'habitude (1) ; quelqu'un qui s'y connaît me fait remarquer que les vers de Cervantes ne sont pas aisés à traduire ni même toujours à entendre. Introduit dans la Cour d'Apollon et trouvant tous les siéges occupés par les poëtes ses confrères, Cervantes se plaint d'être seul sans place au Parnasse ; Apollon, après quelques lieux communs de morale, lui dit :

« Si tu veux pourtant mettre fin à ta plainte, te contenter et te consoler, plie en deux ton manteau et t'assieds dessus. Quand le sort nous la refuse sans raison, il y a plus d'honneur quelquefois à mériter une place qu'à l'obtenir. » — « Je vois bien, seigneur Apollon, » lui répondis-je, « qu'on ne prend pas garde que je n'ai point de manteau. » — Il répondit : « Quoi qu'il en soit, j'ai du plaisir à te voir ; la vertu est un manteau avec quoi l'indigence peut couvrir sa honte ; elle conserve sa liberté et se garantit de l'envie. » Je baissai la tête en recevant ce conseil ; je restai debout... »

Il faut convenir qu'on ne peut être pauvre diable de meilleure grâce ni plus galamment.

Si estimé pour sa prose, soit dans ses nouvelles, soit dans son incomparable roman, Cervantes, moins goûté du public pour ses vers, eut toujours un faible pour la poésie pure : c'est ainsi que le grand comique Molière

(1) Depuis que je formais ce vœu, *le Voyage au Parnasse* a été traduit en français pour la première fois par le docteur Guardia, si compétent à tous égards (1 vol. in-18, 1864).

avait, on le sait, un penchant tout particulier et assez malheureux pour le genre noble et romanesque. Cervantes, dans le même temps où sa prose enlevait tous les suffrages, ne cessait d'aspirer moins heureusement à la palme du poëte qu'on lui contestait. Il a cependant parlé de la poésie en toute occasion avec bien du charme, mais nulle part avec plus de délicatesse que par la bouche de Don Quichotte, lorsque celui-ci, dans sa dernière sortie, vient à rencontrer l'homme *au gaban vert,* le vertueux hidalgo, qui se plaint à lui de son fils unique, trop adonné à la poésie. Don Quichotte, après avoir écouté tous les détails sur la vocation obstinée du jeune homme, dont le seul crime est de trop aimer Homère et Virgile, et de vouloir converser tout le jour avec Horace, Tibulle et autres Anciens, répond aux craintes du père par un discours d'une merveilleuse sagesse, et qui, pour la grâce comme pour la modération, pourrait être tout entier (sauf quelques mots) d'un de ces aimables vieillards de Térence :

« Les enfants, lui dit-il, sont une portion des entrailles de leurs parents ; il faut donc les aimer, qu'ils soient bons ou mauvais, comme on aime les âmes qui nous donnent la vie. C'est aux parents qu'il appartient de les diriger dès l'enfance dans le sentier de la vertu, de la bonne éducation, des mœurs sages et chrétiennes... Quant à les forcer d'étudier telle science plutôt que telle autre, je ne le trouve ni prudent ni sage, bien que leur donner des conseils sur ce point ne soit pas nuisible. Lorsqu'il ne s'agit pas d'étudier pour gagner sa vie, et si l'étudiant est assez heureux pour que le Ciel lui ait donné des parents qui lui assurent du pain, je serais volontiers d'avis qu'on le laissât suivre la science pour laquelle il se sentirait le plus d'inclination ; et bien que celle de la poésie soit moins utile qu'agréable, du moins elle n'est pas de ces sciences qui déshonorent ceux qui les cultivent. La poésie, seigneur hidalgo, est, à mon avis, comme une jeune fille d'un âge tendre et d'une beauté parfaite, que prennent soin de parer et d'enrichir plusieurs autres jeunes filles, qui sont toutes les autres sciences ; car elle doit se servir de toutes, et toutes doivent se rehausser par elle. Mais cette aimable vierge ne veut pas être maniée, ni traînée dans les rues, ni affichée dans les carrefours, ni publiée aux quatre coins des palais... Il ne faut la vendre en aucune façon... Elle ne doit jamais tomber aux mains des baladins ou du vulgaire ignorant ; et quiconque ne sait rien, fût-il seigneur et prince, doit être mis au rang du vulgaire... La conclusion de mon discours, seigneur hidalgo, c'est que vous laissiez cheminer votre fils par où l'entraîne son étoile... Grondez-le, s'il fait des satires qui nuisent à la réputation d'autrui, punissez-le et mettez son ouvrage en pièces ; mais s'il fait des discours à la manière d'Horace, où il gourmande les vices en général, avec autant d'élégance que l'a fait son devancier, louez-le alors... Si le poëte est chaste dans ses mœurs, il le sera aussi dans ses vers. La plume est la langue de l'âme ; telles pensées engendre l'une, tels écrits trace l'autre. Quand les rois et les princes trouvent la miraculeuse science de la poésie dans des hommes prudents, graves et vertueux, ils les honorent, les estiment, les enrichissent et les couronnent enfin avec les feuilles de l'arbre que la foudre ne frappe jamais, pour annoncer que personne ne doit faire offense à ceux dont le front est paré de telles couronnes. »

Que d'élévation et quelle pureté de sentiments ! Don Quichotte, en ces beaux endroits, n'est que l'organe même de Cervantes.

Je dirai que lorsqu'au bas d'une de ces pages de

Don Quichotte, l'excellent et si méritant traducteur, M. Viardot, met la note que voici, au sujet des récompenses que les rois accordent aux poëtes vertueux : « Il faudrait supposer à Cervantes, pauvre et oublié, je ne dirai pas bien de la charité chrétienne, mais bien de la simplicité ou de la bassesse, pour que cette phrase ne fût pas sous sa plume une sanglante ironie, » je ne puis entrer dans la vivacité de cette remarque et dans ce qu'elle a d'acerbe. Nous sommes trop enclins, je le crois, à nous substituer continuellement à Cervantes, avec nos sentiments et nos impressions d'aujourd'hui ; nous prenons fait et cause en sa faveur plus encore qu'il ne le faisait lui-même, et pour avoir énuméré à la file et mis en ligne de compte toutes ses infortunes, nous oublions trop les interstices et les éclaircies que sa belle humeur et son bon génie savaient s'ouvrir à travers tant de mauvais jours.

Après tout, même dans ses malheurs et ses guignons récents, s'il se reportait en esprit à ses anciennes infortunes et à cette horrible captivité en Alger, Cervantes avait la ressource de se dire comme Ulysse : « Courage, mon cœur, *tu en as vu de pires,* le jour où l'infâme Cyclope te dévorait tous tes braves compagnons, et où, la prudence et l'audace aidant, tu l'échappas belle... » J'ai connu des cœurs philosophes auxquels le souvenir des maux et des périls passés ne laissait pas d'être une consolation dans les ennuis du présent.

Cervantes nous est le meilleur témoin de lui-même et son meilleur peintre au physique comme au moral, quand il veut bien l'être. Dans la préface de ses *Nou-*

velles, supposant qu'un de ses amis aurait bien pu faire graver son portrait pour le placer en tête du livre, il donne de lui-même, et de ce portrait absent, la description suivante, quand il avait soixante-six ans (1613) :

« Celui que vous voyez ici à la mine d'aigle, les cheveux châtains, le front uni et ouvert, les yeux gais, le nez courbé, quoique bien proportionné, la barbe d'argent (il n'y a pas vingt ans qu'elle était d'or), la moustache grande, la bouche petite, les dents pas plus qu'il n'en faut, puisqu'il n'en a que six, et celles-ci en mauvais état et encore plus mal placées, puisqu'elles ne correspondent pas les unes aux autres ; la taille entre les deux, ni grande ni petite, le teint vif, plutôt blanc que brun ; un peu haut des épaules sans en être plus léger des pieds ; celui-là, je dis que c'est l'auteur de la *Galatée,* de *Don Quichotte de la Manche,* le même qui a fait *le Voyage du Parnasse...*, et d'autres ouvrages qui courent le monde de çà de là, peut-être sans le nom de leur maître. On l'appelle communément Miguel de Cervantes Saavedra. »

La seconde partie de *Don Quichotte* qui parut en 1615, comme nous l'avons dit, un an avant la mort de l'auteur, était dédiée au comte de Lemos, vice-roi de Naples, son patron, à qui il avait déjà offert ses *Comédies.* Il disait dans cette dédicace, en se raillant agréablement de sa gêne habituelle et de cette maladie, si connue de ce temps-là et du nôtre, qui s'appelle *faute d'argent* :

« Celui qui a montré le plus grand désir d'avoir le véritable *Don Quichotte* est l'empereur de la Chine. Il y a un mois, il m'écrivit en langue chinoise et m'envoya la lettre par un exprès pour me prier, ou, pour mieux dire, supplier que je le lui envoyasse, parce qu'il avait dessein de fonder un collège où l'on enseignerait la langue castillane, et il voulait que le livre qu'on y lirait fût l'*Histoire de Don Quichotte*. Il ajoutait à cela qu'il me voulait pour recteur de ce collège. Je demandai au messager si Sa Majesté Chinoise lui avait remis quelque chose pour mes frais de voyage. Il me répondit qu'il n'y avait même pas pensé. Eh bien! mon ami, lui répliquai-je, vous pouvez retourner dans votre Chine demain, aujourd'hui, tout à l'heure, et quand il vous plaira. Ma santé n'est pas assez bonne pour entreprendre un si long voyage, sans compter qu'outre que je suis malade je suis fort dépourvu d'argent, et, empereur pour empereur, et monarque pour monarque, j'ai à Naples le grand comte de Lemos qui, sans me parler de tous ces jolis petits titres de collèges et de rectorats, pourvoit à ma subsistance et me fait plus de grâces que je n'ose moi-même en demander. » (1)

Il annonçait, à son noble patron, en finissant, la prochaine publication d'un ouvrage auquel il était en train de mettre la dernière main, son roman de *Persilès et Sigismonde*, « qui doit être, disait-il, ou le plus mauvais ou le meilleur livre qui ait jamais été composé dans notre langue, j'entends de ceux de pur amusement. J'ai dit le meilleur ou le plus mauvais, s'empresse-t-il d'ajouter, mais il ne saurait être le plus mauvais, et je me repens de l'avoir dit ; car, d'après l'opinion de mes amis, il doit atteindre au plus haut degré d'excellence littéraire possible, humainement parlant. »

On voit quelle était l'affection et la prédilection de Cervantes pour ce dernier-né de son intelligence. A un certain endroit de son *Don Quichotte* que nous avons

(1) Traduit par M. Ch. Romey.

relevé en passant, il semblait dire : « Je raille ici les mauvais romans de chevalerie, mais attendez, patience ! je vous en garde un pour la bonne bouche, qui sera le parfait et le superfin dans ce genre d'aventures. » Il ne s'apercevait pas en parlant ainsi, que par son gai succès de *Don Quichotte* il allait rendre son succès sérieux impossible ; il tirait d'avance sur son futur roman, et *Persilès et Sigismonde* n'avait plus lieu de naître. Prenons une comparaison bien sensible pour nous : en faisant justice des *Précieuses ridicules,* en faisant main basse sur leur faux jargon avec sa verve la plus vigoureuse, Molière ne laissait pas à ce qu'on appelait les bonnes précieuses la ressource de se distinguer des autres et de leur survivre. Qu'aurait-on dit de Molière si, au lendemain de sa pièce comique, il avait essayé lui-même de montrer les estimables précieuses sur la scène pour les y faire goûter et applaudir? On ne l'aurait pas écouté. Or, c'est un peu ce que prétendait faire Cervantes dans le genre du roman, tant il y avait de hasard et de bien trouvé dans son génie, lors même qu'il rencontrait le mieux! Il suivait presque indifféremment telle ou telle de ses veines; il ne se rendait nullement compte de la disproportion prodigieuse que mettrait la postérité et que mettaient déjà ses contemporains entre les différentes productions de son esprit. Rien n'est plus commun, au reste, que ce genre d'illusion chez les auteurs comme chez les pères.

Cervantes touchait au terme, et il le savait. La préface de ce dernier roman, que sa veuve publia après lui, contient la preuve de sa fermeté d'âme en prévision de sa fin toute prochaine. Il faut donner cette page entière, monument de sa philosophie et de sa gaieté. Cervantes était allé, pour changer d'air, à la petite ville d'Esquivias, pays de sa femme; mais il revint peu après à Madrid sans avoir trouvé de soulagement et en sentant son mal empiré; ce mal dont on ne dit pas le principe et le siége se traduisait par une hydropisie :

« Il advint, cher lecteur, nous dit Cervantes, que deux de mes amis et moi, sortant d'Esquivias (lieu fameux à tant de titres, pour ses grands hommes et ses vins), nous entendîmes derrière nous quelqu'un qui trottait de grande hâte, comme s'il voulait nous atteindre, ce qu'il prouva bientôt en nous criant de ne pas aller si vite. Nous l'attendîmes; et voilà que survint, monté sur une bourrique, un étudiant tout gris, car il était habillé de gris des pieds à la tête. Il avait des guêtres, des souliers tout ronds, une longue rapière et un rabat sale, attaché par deux bouts de fil. Il est vrai qu'il s'en ressentait, car le rabat lui tombait de côté à tout moment, et il se donnait beaucoup de mal à le rajuster. Arrivé auprès de nous, il s'écria : « Si j'en juge au train dont elles trottent, vos Seigneuries s'en vont, ni plus ni moins, prendre possession de quelque place ou de quelque prébende à la Cour, où sont maintenant Son Éminence de Tolède et Sa Majesté. En vérité, je ne croyais pas que ma bête eût sa pareille pour voyager. » Sur quoi répondit un de mes amis : « La faute en est au roussin du seigneur Miguel Cervantes, qui allonge le pas. » A peine l'étudiant eut-il entendu mon nom, qu'il sauta brusquement à bas de sa monture, jetant d'un côté son coussinet, de l'autre son porte-manteau, car il voyageait avec tout cet appareil. Puis il m'accrocha, et me saisissant le bras gauche, il s'écria : « Oui, oui, le voilà bien, ce glorieux manchot, ce

fameux tout, cet écrivain si gai, ce consolateur des muses! »
Moi qui en si peu de mots m'entendais louer si galamment,
je crus qu'il y aurait peu de courtoisie à ne pas lui répondre
sur le même ton. Le prenant donc par le cou pour l'embrasser, j'achevai d'arracher son rabat, et je lui dis : « Vous
êtes dans l'erreur, monsieur, comme beaucoup d'autres honnêtes gens; je suis bien Cervantes, mais non le consolateur
des muses, et je ne mérite aucun des noms aimables que
Votre Seigneurie veut bien me donner. Tâchez de rattraper
votre bête, et cheminons en causant pendant le peu de chemin qui nous reste à faire. » On vint à parler de ma
maladie, et le bon étudiant me désespéra en me disant :
« C'est une hydropisie, et toute l'eau de la mer océane ne la
guérirait pas, quand même vous la boiriez goutte à goutte.
Ah! seigneur Cervantes, que Votre Seigneurie se règle sur
le boire, sans oublier le manger, et elle se guérira sans autre
remède. » — « Oui, répondis-je, on m'a déjà dit cela bien des
fois; mais je ne puis renoncer à boire quand l'envie m'en
prend, et il me semble que je ne sois né pour faire autre
chose de ma vie. Je m'en vais tout doucement, mon pouls
me le dit : s'il faut l'en croire, c'est dimanche que je quitterai ce monde. Vous êtes venu bien mal à propos pour faire
ma connaissance, car il ne me reste guère de temps pour
vous remercier de l'intérêt que vous me portez. » — Nous
en étions là quand nous arrivâmes au pont de Tolède; je le
passai et lui entra par celui de Ségovie. Je l'embrassai, il
m'offrit ses services, puis il piqua son âne et continua son
voyage, chevauchant d'un air fier et me laissant fort triste et
peu disposé à profiter de l'occasion qu'il m'avait donnée
d'écrire des plaisanteries. — Adieu, mes joyeux amis; je
me meurs, et je désire vous voir bientôt tous contents dans
l'autre vie (1). »

C'est ainsi que pour ce charmant esprit tout servait

(1) Traduit par M. Mérimée.

de texte à gaieté et à raillerie sans amertume. Est-il, je le demande, en tout *Don Quichotte,* un récit plus vif, une page qui soit mieux enlevée que celle-là ? Peut-on mieux se moquer d'un important, d'un pédant, d'un homme content de soi, rien qu'en le montrant et sans le dire ?

Il y a plus d'une manière de voir venir la mort, et nul ne peut savoir avant l'heure comment il l'envisagera lui-même. Très-peu d'hommes du moins osent la considérer en face et se dire : « Ce sera tel jour, sans faute. » Je ne sais si Cervantes se trompa de beaucoup sur la date de dimanche qu'il assignait comme probable ; il mourut un samedi. Je ne connais, parmi les morts littéraires, que celle de Moncrif qui soit dans le goût de celle de Cervantes ou qui mérite d'en être rapprochée. Elle est l'une des plus originales en son genre. Ce spirituel vieillard à qui l'on fit remarquer un matin, tandis qu'on l'habillait, une tache de gangrène sénile à l'une de ses jambes, cacha à ses gens le pronostic qu'il en tirait, n'avertit qu'un ou deux amis intimes à l'oreille, en invita un plus grand nombre, dix ou douze, à venir passer chez lui la soirée pour chacun des jours suivants, vers cinq heures ; il leur promettait des tables de jeu, des échiquiers, des tric-tracs, de quoi faire passer agréablement le temps. Les amis vinrent ; on riait, on causait ; à neuf heures, on servait un souper fin, et au coup de onze heures sans faute, on se retirait. Moncrif, le mieux renté des beaux esprits, ne logeait ni plus ni moins qu'au château des Tuileries, dans les combles, à l'un des deux pavillons de Marsan ou de Flore. Cette petite réunion d'adieux, dont le maître seul, avec un ou deux amis, avait le secret, se renouvela dix jours durant : après quoi il mourut, le onzième, comme à jour fixe. Mais Moncrif était octogénaire et n'a rien, d'ailleurs, qui aille à l'adresse de la postérité, tandis que tout nous intéresse et nous touche à bon droit de la part de Cervantes.

On cite encore de lui la dédicace de ce même roman de *Persilès et Sigismonde* au comte de Lemos, qui avait quitté la vice-royauté de Naples pour venir prendre en Espagne la présidence du Conseil. — Et c'est le cas de pardonner à ce roman qu'on ne lit pas, pour tous ces derniers témoignages qu'il nous a conservés de la fermeté et de la sérénité d'âme de Cervantes :

« A Don Pedro Fernandez de Castro, comte de Lemos.
« Cette ancienne romance, qui fut célèbre dans son temps, et qui commence par : *Déjà le pied à l'étrier*, me revient à la mémoire, hélas! trop naturellement, en écrivant cette lettre; car je puis la commencer à peu près dans les mêmes termes : *Déjà le pied à l'étrier, en agonie mortelle, Seigneur, je t'écris ceci...* Hier, ils m'ont donné l'extrême-onction, et aujourd'hui je vous écris. Le temps est court, l'agonie s'accroît, l'espérance diminue, et avec tout cela je vis, parce que je veux vivre assez de temps pour baiser les pieds de Votre Excellence, et peut-être que la joie de la revoir en bonne santé, de retour en Espagne, me rendrait la vie. Mais s'il est décrété que je doive mourir, la volonté du Ciel s'accomplisse! Que du moins Votre Excellence connaisse mes vœux; qu'elle sache qu'elle perd en moi un serviteur dévoué, qui aurait voulu lui prouver son attachement, même au delà de la mort... »

Ces derniers sentiments exprimés par un mourant

doivent couvrir le comte de Lemos auprès de la postérité ; car il est des biographes qui, plus amis de Cervantes que Cervantes lui-même, ont reproché à ce seigneur (sans savoir aucun détail) d'avoir trop peu fait pour l'illustre infortuné.

Cervantes mourut le 23 avril 1616, dans sa soixante-neuvième année. Ceux qui le font mourir le même jour que Shakespeare oublient la différence des calendriers ; il y a entre ces deux dates quelques jours d'intervalle. Il dut être enterré, selon sa volonté dernière, dans un couvent où sa fille s'était depuis peu retirée et avait fait ses vœux. On n'a pas retrouvé ses cendres ; mais sa renommée habite partout. L'Espagne, aussi fière de lui que de son Cid, de son Christophe Colomb et de son Fernand Cortez, solennise avec pompe l'anniversaire de sa mort. Un aimable écrivain qui, sans se laisser oublier ici, a su depuis quelques années se naturaliser en Espagne, M. Antoine de Latour, dans un chapitre sur Cervantes, nous a fait assister à la messe qui se célèbre chaque année pour le repos de son âme. C'est l'Académie espagnole qui a pris l'initiative de cette fondation. Un évêque, en 1863, prononçait l'oraison funèbre. « En Espagne, la foi couvre tout », dit M. de Latour. Cervantes, malgré toute sa gaieté, a vécu et est mort en bon chrétien et en catholique exemplaire. Le même écrivain français a pris soin de nous traduire une pièce de vers, en grande partie inédite et récemment retrouvée, de Cervantes. Elle a cela de remarquable qu'elle fut écrite par lui pendant sa captivité d'Alger et que, dans son expression poignante, elle porte en quelque sorte la marque des fers : elle est de son époque héroïque et douloureuse (1).

II.

Je n'ai plus qu'à esquisser l'historique du succès de *Don Quichotte* parmi nous, et de sa fortune en deçà des Pyrénées, en France. Pourquoi un livre qui n'a été écrit qu'en vue d'une nation et dans un dessein tout particulier, tout local, devient-il, presque dès sa naissance, le livre des autres nations voisines et l'enfant adoptif de tout le monde? Les diverses raisons qu'on pourrait trouver à ce succès si prompt et si universel de *Don Quichotte* seraient encore insuffisantes, et il faudrait y ajouter je ne sais quelle bonne étoile qui ne s'explique pas. Il n'y a qu'heur et malheur, en cela comme en bien des choses. Le fait est qu'il réussit vite chez nous. La langue espagnole était très en usage alors à la Cour de France. A peine publié en Espagne, on eut le livre à Paris, et il fut vivement goûté. C'était le premier roman qu'on y lisait, à la

(1) Voir à la page 356 des *Études littéraires sur l'histoire contemporaine*, par M. Antoine de Latour (1 vol. in-18, Michel Lévy). — Il y a évidemment une erreur de date lorsque le livre de M. de Latour parle du 274ᵉ anniversaire de la mort de Cervantes; c'est sans doute le 247ᵉ qu'il faut lire. — Autre reproche plus grave : pourquoi cet écrivain, que j'appelle aimable, se fait-il aigre en quelques endroits? pourquoi se croit-il obligé de payer son tribut à une coterie? Je voulais le louer; cela me le gâte. La nature vous a fait indulgent et bon, nullement polémiste ni armé en guerre; ne sortons pas de notre nature. M. Cousin disait un jour de M. Villemain : « Il veut faire la guerre et il n'est pas soldat. »

fois vraisemblable et divertissant. On a souvent raconté l'anecdote suivante : on était en 1615 ; une ambassade française venait d'arriver à Madrid ; le cardinal-archevêque de Tolède rendait sa visite à l'ambassadeur ; dans la conversation qui s'engagea entre les gentilshommes français et les gens de la suite du cardinal, il fut question des livres nouveaux, et le nom de Cervantes fut prononcé. Les Français qui le tenaient en grande estime exprimèrent aussitôt le désir de lui être présentés. Ce n'était pas difficile d'être présenté à Cervantes. Le chapelain du cardinal offrit à ces messieurs de les conduire à sa demeure. Aux questions qu'ils faisaient dans leur curiosité sur cet homme célèbre, le chapelain se vit obligé de répondre que Cervantes était surtout très-pauvre. « Eh quoi ! s'écria l'un des Français, l'Espagne n'a pas fait riche un tel homme ! on ne le nourrit pas aux frais du trésor public ! » Sur quoi un autre de ces gentilshommes répliqua : « Si c'est la nécessité qui l'oblige à écrire, Dieu veuille qu'il n'ait jamais l'abondance, afin que par ses œuvres, tout en restant pauvre, il enrichisse le monde entier ! »

Ce gentilhomme si bel esprit, et qui en parlait si à son aise, raisonnait en cela comme Cervantes lui-même, lequel fait dire à l'un de ses personnages au moment où l'on apprend que Don Quichotte est sur la voie de la guérison :

« O seigneur, Dieu vous pardonne le tort que vous avez fait au monde entier, en voulant rendre à la raison le fou le plus divertissant qui existe ! Ne voyez-vous pas, seigneur, que jamais l'utilité dont pourra être le bon sens de Don Quichotte n'approchera du plaisir qu'il donne avec ses incartades ? »

Don Quichotte fut donc apprécié et lu de bonne heure en France. On n'attendit même pas pour cela les traductions de Rosset et d'Oudin (1618, 1620). Mme de Chevreuse, à qui l'une de ces traductions est dédiée, lisait *Don Quichotte* dans l'original et disait que c'était du castillan le plus pur. Les premières traductions, trop littérales cependant et trop inélégantes, n'avaient pas naturalisé chez nous le chef-d'œuvre. Celle de Filleau de Saint-Martin, en 1678, vint permettre enfin à tout le monde de le lire dans une langue facile et agréable. Le traducteur avait tâché, comme il disait, d'accommoder son texte au génie et au goût de notre nation, sans trop s'éloigner du sujet, et de telle sorte que quelques endroits sentissent encore l'espagnol; car, remarquait-il naïvement, « j'ai cru qu'une traduction doit toujours conserver quelque odeur de son original, et que c'est trop entreprendre que de s'écarter entièrement du caractère de son auteur. »

Cette traduction de Filleau de Saint-Martin, qui est des meilleures dans le goût du XVIIe siècle, et des plus belles comme on disait alors, fut aussi attribuée à M. Arnauld, et j'ai sous les yeux une édition de Hollande où elle est donnée positivement comme l'ouvrage de Lancelot, l'un des maîtres de Port-Royal. Il est possible que Filleau de Saint-Martin, qui était en relation avec ces messieurs, les ait consultés sur quelques parties de son travail.

Le XVIIe siècle lut *Don Quichotte* comme il fallait le lire pour en jouir tout à son aise et en savourer le joyeux et copieux bon sens. Saint-Évremond, qui est avec La Rochefoucauld l'esprit le plus philosophique de son temps, en faisait ses délices. Jugeant en parfaite connaissance de cause les écrivains espagnols, Saint-Évremond disait :

« Il y a peut-être autant d'esprit dans les autres ouvrages des auteurs de cette nation que dans les nôtres; mais c'est un esprit qui ne me satisfait pas, à la réserve de celui de Cervantes en *Don Quichotte,* que je puis lire toute ma vie sans en être dégoûté un seul moment. De tous les livres que j'ai lus, *Don Quichotte* est celui que j'aimerais mieux avoir fait : il n'y en a point, à mon avis, qui puisse contribuer davantage à nous former un bon goût sur toutes choses. J'admire comme, dans la bouche du plus grand fou de la terre, Cervantes a trouvé le moyen de se faire connaître l'homme le plus entendu et le plus grand connaisseur qu'on se puisse imaginer... Quevedo paraît un auteur fort ingénieux; mais je l'estime plus d'avoir voulu brûler tous ses livres quand il lisait *Don Quichotte,* que de les avoir su faire. »

Racine et Boileau lisaient *Don Quichotte* pour se divertir; ils en parlent dans leurs lettres comme d'un sujet qui leur est familier et qui est entré dans la conversation des honnêtes gens. Boileau, pendant un séjour aux eaux de Bourbon, où il cherchait à se guérir d'une extinction de voix, écrivait à Racine (9 août 1687) :

« Je m'efforce de traîner ici ma misérable vie du mieux

que je puis, avec un abbé très-honnête homme qui est trésorier d'une sainte chapelle, mon médecin et mon apothicaire : je passe le temps avec eux à peu près comme Don Quichotte le passait *en un lugar de la Mancha,* avec son curé, son barbier et le bachelier Samson Carrasco; j'ai aussi une servante : il me manque une nièce; mais de tous ces gens-là, celui qui joue le mieux son personnage, c'est moi qui suis presque aussi fou que lui... »

Les poëtes français du grand siècle, en s'écrivant avec une bonhomie qui a certes bien son prix, n'ont aucune vue critique, aucun de ces aperçus littéraires qu'on serait tenté de leur demander. Quoi de plus naturel, en effet, et de plus indiqué, ce semble, que de rapprocher ce succès de *Don Quichotte* en Espagne ou en France du grand succès qu'avait eu *le Cid,* d'opposer l'un à l'autre, de mettre en contraste les points de vue, de voir dans l'une de ces créations une contre-partie de la création rivale, une revanche? Mais alors, fût-on même Boileau et le critique par excellence, on ne s'en avisait pas. On se contentait d'avoir beaucoup de talent dans ses œuvres; pour le reste, et dans le courant de la vie, on économisait les idées.

Le xviiie siècle continua de goûter *Don Quichotte* en ne le prenant que par le côté divertissant. Montesquieu, dans une de ses *Lettres persanes,* a écrit à propos des Espagnols ce mot souvent cité : « Le seul de leurs livres qui soit bon est celui qui a fait voir le ridicule de tous les autres. » C'était le mot définitif de Montesquieu, et il le répétait toutes les fois qu'on parlait de littérature espagnole devant lui. Chacun a fait à son exemple. En France on vit à perpétuité sur ces mots-là qui dispensent d'une plus longue étude.

Ce trait de Montesquieu m'en rappelle un autre qui est également tout à l'honneur de *Don Quichotte*. Un célèbre poëte anglais du temps, Rowe, qui avait un pied dans la politique et qui eût désiré un poste important, reçut un jour de lord Oxford le conseil de se mettre à étudier la langue espagnole. Il prit ce conseil pour une indication utile et en tira une sérieuse espérance. Il se voyait déjà ambassadeur à Madrid. Quelque temps après, il vint dire, tout satisfait, au comte d'Oxford qu'il savait l'espagnol. « Eh bien! monsieur, lui dit le ministre, je vous en fais mon compliment; je vous envie le plaisir de lire *Don Quichotte* dans l'original. » Je ne sais comment le prit l'homme de lettres politique, mais le mot est piquant, et il mérite d'être joint à tant de témoignages de choix sur Cervantes.

Voltaire nomme à peine *Don Quichotte* dans ses écrits. Marmontel, écrivant un *Essai sur les Romans,* lui fait tout au plus la grâce de le mentionner, et d'une manière vague et légère. La Harpe en parle mieux, mais en une demi-page et comme quelqu'un qui ne l'a qu'entrelu. *Don Quichotte* n'était pas encore régulièrement classé à son rang littéraire comme chef-d'œuvre. Oh! qu'on est long à proclamer toute son estime pour les aimables génies qui nous font rire!

Et puis, ne l'oublions pas, le xviiie siècle ne riait pas précisément pour rire. Il appelait volontiers, en courant, *Don Quichotte* un excellent ouvrage, mais il en usait peu. Au xviiie siècle, ils étaient trop occupés à combattre *l'infâme* pour s'amuser à ce fou rire innocent. Le livre n'était pas dans le ton ni dans la note du jour ; ces gens de combat avaient trop à faire autour d'eux ; ils avaient bien d'autres dadas en tête avec leur *Encyclopédie* ou leur *Contrat social* et leur *Émile*. Aujourd'hui la disposition des esprits est autre, et l'inconvénient serait plutôt dans un autre sens. On est dans le calme plat et dans la curiosité pure ; on court risque, en reprenant ces vieux livres toujours jeunes, de raffiner, de renchérir par oisiveté, et d'y chercher véritablement *midi à quatorze heures*.

Florian, dont on parle avec trop de mépris et qui a eu, comme Marmontel, le malheur de donner son nom à un genre faux, contribua du moins à remettre en circulation et en vogue *Don Quichotte*. Toutes les critiques qu'il mérite d'ailleurs, Marie-Joseph Chénier les lui a faites : on lui pardonne volontiers d'avoir abrégé, chez son auteur, les parties poétiques langoureuses ou languissantes ; « mais, par malheur, ce sont souvent les beautés qu'il abrége, c'est le génie qu'il supprime. Il attiédit la verve de Cervantes ; un comique large et franc devient partout mince et discret. » Il fait regretter l'ancien traducteur.

Bernardin de Saint-Pierre, d'un goût bien autrement simple, mais un peu chimérique en ses perspectives, préludant sur *Don Quichotte* aux interprétations modernes, a dit :

« C'en était fait du bonheur des peuples, et même de la

religion, lorsque deux hommes de lettres, Rabelais et Michel Cervantes, s'élevèrent, l'un en France et l'autre en Espagne, et ébranlèrent à la fois le pouvoir monacal et celui de la chevalerie. Pour renverser ces deux colosses, ils n'employèrent d'autres armes que le ridicule, ce contraste naturel de la terreur humaine. Semblables aux enfants, les peuples rirent et se rassurèrent... »

Cela paraît assurément fort exagéré, quoique cette exagération, à propos d'un chef-d'œuvre de l'esprit, ne déplaise pas absolument. Cervantes sans doute coupa court à la mode chevaleresque, mais elle était bien à bout de voie quand il lui donna cette dernière poursuite. La parodie du Moyen-Age date de loin et remonte bien plus haut; son livre, à lui, fut comme la cavalerie qui arrive tout à la fin de la bataille et qui donne à propos : une ou deux charges suffisent pour mettre en pleine déroute ce qui ne tenait déjà plus.

Rabelais eut plus à faire en son temps, et il vint au milieu de la mêlée. Il était révolutionnaire sous le masque; Cervantes ne l'était pas. On a pu faire, en 1791, une brochure sur l'*autorité de Rabelais dans la Révolution présente* et demander des vérités hardies, des armes de circonstance à son Pantagruel et à son Gargantua. Cervantes échappe tout à fait à de telles applications, et son rire sensé reste innocent.

De tous les morceaux de l'ancienne critique, le plus vrai et le plus juste sur les mérites de *Don Quichotte* est peut-être encore certain article de M. de Feletz. — Aujourd'hui tout cela est dépassé, sinon surpassé. Tout un ordre de considérations nouvelles s'ouvre devant

nous et se développe comme à l'infini ; on a élargi de
toutes parts ses horizons ; on ne parle de *Don Quichotte*
qu'au sortir de la lecture de Dante, de la chanson de *Roland*, du poëme du *Cid* et de tant d'autres œuvres poétiques antérieures qui donnent lieu à des comparaisons, à
des contrastes. Plusieurs siècles sont en présence ; il se
reflète inévitablement quelque chose de l'un à l'autre.
L'intelligence du style et de la couleur propre à chaque
temps et à chaque œuvre est une conquête de notre
âge ; ce qui n'empêche pas, dans la multiplicité,
quelque confusion. Cela est vrai pour les peintres
comme pour les critiques. Quand Natoire et Coypel
peignaient pour le château de Compiègne une suite de
scènes de *Don Quichotte*, c'était dans le ton simplement
riant, et leur pinceau spirituel ne pensait qu'au plaisir
des yeux et à la grâce. M. Gustave Doré n'a pu ni dû
échapper à la science moderne plus ambitieuse, et son
crayon en a contracté du caractère. Mais nous tous, critiques ou peintres, en revenant si tard sur le sincère
et gai chef-d'œuvre, n'oublions jamais ce qu'il est à la
source. Ennoblissons-le, traitons-le dignement, comme
il sied et selon le ton primitif ; mais ne le changeons pas
trop, ne le chargeons pas, mêlons-y le moins possible
de pensées étrangères et de ce que le trop de réflexion
serait tenté d'y mettre. Il est d'un si bon naturel !

Lundi 30 mai 1864.

HISTOIRE
DE LA
LITTÉRATURE ANGLAISE
PAR M. TAINE (1).

Je me suis laissé traîner à la remorque pour parler de ce livre important : c'est que, malgré le désir que j'avais de lui rendre toute justice, je sentais mon insuffisance pour en juger pertinemment et en pleine connaissance de cause, pour l'explorer et l'embrasser, comme il le faudrait, dans ses différentes parties. J'en dirai pourtant, après bien des sondes fréquentes et réitérées, ce que j'en ai rapporté de plus certain ou de plus probable. C'est, tout compte fait, un grand livre, et qui, ne dût-il atteindre qu'un quart de son objet,

---

(1) Trois volumes in-8°, librairie Hachette.

avance la question et ne laissera pas les choses, après, ce qu'elles étaient auparavant. La tentative est la plus hardie qu'on ait encore faite dans cet ordre d'histoire littéraire, et l'on ne saurait s'étonner qu'elle ait soulevé tant d'objections et de résistances chez des esprits prévenus et accoutumés à des manières de voir antérieures. On ne déloge pas en un jour les vieux procédés ni les routines. L'auteur eût diminué peut-être le nombre des contradicteurs s'il avait donné au livre son vrai titre : *Histoire de la race et de la civilisation anglaises par la littérature.* Les lecteurs de bonne foi n'auraient eu alors qu'à approuver le plus souvent et à admirer la force et l'ingénieux de la démonstration. La littérature, en effet, n'est pour M. Taine qu'un appareil plus délicat et plus sensible qu'un autre pour mesurer tous les degrés et toutes les variations d'une même civilisation, pour saisir tous les caractères, toutes les qualités et les nuances de l'âme d'un peuple. Mais, en abordant directement et de front l'histoire des œuvres littéraires et des auteurs, sa méthode scientifique non ménagée a effarouché les timides et les a fait trembler. Les rhétoriciens en désarroi se sont réfugiés derrière les philosophes ou soi-disant tels, eux-mêmes ralliés pour plus de sûreté sous le canon de l'orthodoxie ; ils ont tous vu dans la méthode de l'auteur je ne sais quelle menace apportée à la morale, au libre arbitre, à la responsabilité humaine, et ils ont poussé les hauts cris.

Il n'est pas douteux pourtant que, quoi que l'homme veuille faire, penser ou *écrire* (puisqu'il s'agit ici de littérature), il dépend d'une manière plus ou moins prochaîné de la *race* dont il est issu et qui lui a donné son fonds de nature ; qu'il ne dépend pas moins du *milieu* de société et de civilisation où il s'est nourri et formé, et aussi du *moment* ou des circonstances et des événements fortuits qui surviennent journellement dans le cours de la vie. Cela est si vrai que l'aveu nous en échappe à nous tous involontairement en nos heures de philosophie et de raison, ou par l'effet du simple bon sens. Lamennais, le fougueux, le personnel, l'obstiné, celui qui croyait que la volonté de l'individu suffit à tout, ne pouvait s'empêcher à certain jour d'écrire : « Plus je vais, plus je m'émerveille de voir à quel point les opinions qui ont en nous les plus profondes racines dépendent du temps où nous avons vécu, de la société où nous sommes nés, et de mille circonstances également passagères. Songez seulement à ce que seraient les nôtres si nous étions venus au monde dix siècles plus tôt, ou, dans le même siècle, à Téhéran, à Bénarès, à Taïti. » C'est si évident, qu'il semblerait vraiment ridicule de dire le contraire. Hippocrate, le premier, dans son immortel *Traité des Airs, des Eaux et des Lieux,* a touché à grands traits cette influence du milieu et du climat sur les caractères des hommes et des nations. Montesquieu l'a imité et suivi, mais de trop haut et comme un philosophe qui n'est pas assez médecin de son métier ni assez naturaliste. Or, M. Taine n'a fait autre chose qu'essayer d'étudier méthodiquement ces différences profondes qu'apportent les races, les milieux, les moments, dans la composition des esprits, dans la forme et la direction des talents. —

Mais il n'y réussit pas suffisamment, dira-t-on ; il a beau décrire à merveille la race dans ses traits généraux et ses lignes fondamentales, il a beau caractériser et mettre en relief dans ses peintures puissantes les révolutions des temps et l'atmosphère morale qui règne à de certaines saisons historiques, il a beau démêler avec adresse la complication d'événements et d'aventures particulières dans lesquelles la vie d'un individu est engagée et comme engrenée, il lui échappe encore quelque chose, il lui échappe le plus vif de l'homme, ce qui fait que de vingt hommes ou de cent, ou de mille, soumis en apparence presque aux mêmes conditions intrinsèques ou extérieures, pas un ne se ressemble (1), et qu'il en est un seul entre tous qui excelle avec originalité. Enfin l'étincelle même du génie en ce qu'elle a d'essentiel, il ne l'a pas atteinte, et il ne nous la montre pas dans son analyse ; il n'a fait que nous étaler et nous déduire brin à brin, fibre à fibre, cellule par cellule, l'étoffe, l'organisme, le parenchyme (comme vous voudrez l'appeler) dans lequel cette âme, cette vie, cette étincelle, une fois qu'elle y est entrée, se joue, se diversifie librement (ou comme

---

(1) Il semble que Théophraste, l'auteur des *Caractères,* ait devancé l'objection, lorsqu'il dit tout au commencement de son livre : « J'ai admiré souvent, et j'avoue que je ne puis encore comprendre, quelque sérieuse réflexion que je fasse, pourquoi toute la Grèce étant placée sous un même ciel, et les Grecs nourris et élevés de la même manière, il se trouve néanmoins si peu de ressemblance dans leurs mœurs. » C'est cette différence d'homme à homme dans une même nation, et jusque dans une même famille, qui est le point précis de la difficulté.

librement) et triomphe. — N'ai-je pas bien rendu l'objection, et reconnaissez-vous là l'argument des plus sages adversaires? Eh bien! qu'est-ce que cela prouve? C'est que le problème est difficile, qu'il est insoluble peut-être dans sa précision dernière. Mais n'est-ce donc rien, demanderai-je à mon tour, que de poser le problème comme le fait l'auteur, de le serrer de si près, de le cerner de toutes parts, de le réduire à sa seule expression finale la plus simple, de permettre d'en mieux peser et calculer toutes les données? Tout compte fait, toute part faite aux éléments généraux ou particuliers et aux circonstances, il reste encore assez de place et d'espace autour des hommes de talent pour qu'ils aient toute liberté de se mouvoir et de se retourner. Et d'ailleurs, le cercle tracé autour de chacun fût-il très-étroit, chaque talent, chaque génie, par cela même qu'il est à quelque degré un magicien et un enchanteur, a un secret qui n'est qu'à lui pour opérer des prodiges dans ce cercle et y faire éclore des merveilles. Je ne vois pas que M. Taine, s'il a trop l'air de la négliger, conteste et nie absolument cette puissance : il la limite, et, en la limitant, il nous permet en maint cas de la mieux définir qu'on ne faisait. Certes, quoi qu'en disent ceux qui se contenteraient volontiers de l'état vague antérieur, M. Taine aura fait avancer grandement l'analyse littéraire, et celui qui après lui étudiera un grand écrivain étranger, ne s'y prendra plus désormais de la même manière ni aussi à son aise qu'il l'aurait fait à la veille de son livre.

I.

J'aimerais à pouvoir lui appliquer sa propre méthode à lui-même, pour le présenter et l'expliquer de mon mieux à nos lecteurs.

Taine est né à Vouziers, dans les Ardennes, en 1828. — Et tout d'abord je voudrais être peintre et paysagiste comme lui pour savoir décrire les Ardennes et ce qu'il a pu devoir de sensations d'enfance, continues et profondes, à ce grand paysage des forêts. Ces Ardennes, en effet, puissantes et vastes, ce grand lambeau subsistant des antiques forêts primitives, ces collines et ces vallées boisées qui recommencent sans cesse et où l'on ne redescend que pour remonter ensuite comme perdu dans l'uniformité de leurs plis, ces grands aspects mornes, tristes, pleins d'une vigueur majestueuse, ont-ils contribué en effet à remplir, à meubler de bonne heure l'imagination du jeune et grave enfant? Ce qui est certain, c'est qu'il y a dans son talent des masses un peu fortes, des suites un peu compactes et continues, et où l'éclat et la magnificence même n'épargnent pas la fatigue. On admire cette drue végétation, cette séve verdoyante, inépuisable, moelle d'une terre généreuse ; mais on lui voudrait parfois plus d'ouvertures et plus d'éclaircies dans ses riches Ardennes.

Son milieu de famille fut simple, moral, affectueux, d'une culture modeste et saine. Son grand-père était sous-préfet à Rocroi, en 1814-1815, sous la première

Restauration ; son père, avoué de profession, aimait par goût les études ; il fut le premier maître de son fils et lui apprit le latin : un oncle revenu d'Amérique lui apprenait l'anglais en le tenant tout enfant sur ses genoux. Il perdit son père âgé de quarante et un ans et quand lui-même n'en avait que douze. Sa mère, cousine de son père, est une personne d'une grande bonté, et elle est tout l'amour de son fils ; il a deux sœurs mariées. Cet esprit si fort de pensée, si ferme et si rigoureux de doctrine, se trouve être l'âme la plus douce et la plus tendre dans le cercle du foyer.

Venu à Paris vers 1842 avec sa mère, il fit ses études depuis la troisième au collége Bourbon, c'est-à-dire en externe. Il eut au concours le prix d'honneur en rhétorique, et les deux seconds prix en philosophie. Il entra à l'École normale en 1848, le premier de sa promotion ; M. Edmond About était de cette même année. M. Prevost-Paradol fut de la promotion suivante, comme M. Weiss avait été de la précédente. Tous ces noms se pressaient et se rencontrèrent un moment dans le cercle des trois années d'études que comprend l'École. M. Taine pourrait seul raconter tout ce que lui et ses amis trouvèrent moyen de faire tenir en ces trois ans. On jouissait alors, à l'École, d'une grande liberté pour l'ordre et le détail des exercices, à tel point qu'avec son extrême facilité M. Taine faisait le travail de cinq ou six semaines en une seule, et les quatre ou cinq semaines restantes pouvaient être ainsi consacrées à des travaux personnels, à des lectures. Il y lut tout ce qu'on pouvait lire en philosophie depuis Thalès jusqu'à Schelling; en théologie et en patrologie, depuis Hermas jusqu'à saint Augustin. Un pareil régime absorbant, dévorant, produisait son effet naturel sur de jeunes et vigoureux cerveaux; on vivait dans une excitation perpétuelle et dans une discussion ardente. Pour que rien ne manquât au contraste et à l'antagonisme, il y avait quelques élèves catholiques fervents qui sont entrés depuis à l'Oratoire; c'était donc une lutte de chaque jour, une dispute acharnée, le pêle-mêle politique, esthétique, philosophique, le plus violent. Les maîtres très-larges d'esprit, ou très-indulgents, laissaient volontiers courir devant eux bride abattue toutes ces intelligences émules ou rivales, et n'apportaient aucun obstacle, aucun *veto* aux questions controversées. On avait là, à côté de M. Dubois (de la Loire-Inférieure), directeur en chef et administrateur de l'École, M. Vacherot, directeur plus spécial des études; on avait M. Havet, M. Jules Simon, M. Géruzez, M. Berger, maîtres de conférences. Ces messieurs, fidèles à leur titre, faisaient assez peu de leçons proprement dites, mais ils en faisaient faire aux élèves et les corrigeaient ensuite : on *conférait* véritablement. Le maître assistait à la leçon de l'élève en manière d'arbitre et de juge du camp. Tel professeur de nos amis, à l'œil mi-clos et au fin sourire, un demi-Gaulois homme de goût (1), trouvait moyen de la sorte d'être à la fois légèrement paresseux et avec cela excitateur. Ce que nous connaissons de plus d'un de ces élèves, depuis lors célèbres,

(1) On a reconnu M. Géruzez.

peut donner idée du piquant et de l'animation qu'offraient ces joutes véritables. Figurez-vous M. Edmond About faisant une leçon sur la politique de Bossuet devant des catholiques sincères qui s'en irritaient, mais qui prenaient leur revanche en parlant à leur tour dans la conférence suivante. M. Taine eut à faire une leçon, entre autres, sur le mysticisme de Bossuet. Le professeur en était quitte, toutes plaidoiries entendues, pour donner un résumé des débats, comme fait au Palais le président.

Ce résumé, on peut le croire, ne terminait rien : la cohue d'opinions subsistait; il y avait en ces jeunes têtes si doctes, si enivrées de leurs idées et si armées de la parole, excès d'intolérance, d'outrecuidance, c'était inévitable; on s'injuriait, mais on ne se détestait pas; les récréations, avec leur besoin de mouvement et d'exubérance physique, raccommodaient tout, et quelquefois le soir on dansait tous ensemble tandis que l'un d'eux jouait du violoncelle et un autre de la flûte.

C'étaient, somme toute, de bonnes et inappréciables années, et l'on conçoit que tous ceux qui y ont passé en aient gardé, avec la marque à l'esprit, la reconnaissance au cœur. Les avantages d'une telle palestre savante, d'un tel séminaire intellectuel, sont au delà de ce qu'on peut dire, et c'est ainsi qu'en doivent juger surtout ceux qui ont été privés de cette haute culture privilégiée, de cette gymnastique incomparable, ceux qui, guerriers ordinaires, sont entrés dans la mêlée sans avoir été nourris de la moelle des lions et trempés dans le Styx. A côté du bien et de l'excellent, quelques inconvénients sautent aux yeux et se font aussitôt sentir : on n'est pas impunément élevé dans les cris de l'École ; on y prend le goût de l'hyperbole, comme disait Boileau. On contractait nécessairement, dans cette vie que j'ai décrite, un peu de violence ou de superbe intellectuelle, trop de confiance aux livres, à ce qui est écrit, trop d'assurance en la plume et en ce qui en sort. Si l'on connaissait bien les Anciens, on accordait trop aussi à certains auteurs modernes, à ceux dont on s'exagérait de loin le prestige à travers les grilles ; on prenait trop au sérieux et au pied de la lettre des ouvrages qui mêlaient à l'esprit et au talent bien des prétentions et de petits charlatanismes ; on leur prêtait de sa bonne foi, de son sérieux, de sa profondeur ; il en reste encore quelque chose aujourd'hui après des années, même dans les jugements plus mûrs.

Légers inconvénients! les avantages l'emportaient de beaucoup, et l'on sait quelle forte et brillante élite est sortie de cette éducation féconde, orageuse, toute française. Nul, en s'émancipant, n'y est resté plus fidèle que M. Taine et ne fait plus d'honneur à la sévérité de ses origines. Lorsqu'il sortit de l'École, en 1851, de grands changements pourtant, et qui étaient devenus nécessaires, s'accomplissaient; mais on était passé, selon l'usage, d'un excès à l'autre; on entrait en pleine réaction. Un honorable directeur de l'École, M. Michelle, était occupé à apaiser, à éteindre de tout son froid ce que le foyer des intelligences et des âmes mis en contact avec le souffle du dehors avait allumé au dedans d'ardeurs et d'incendies. Après avoir trop poussé et trop laissé faire, voilà qu'on se mettait à tout mortifier à plaisir (1). Il y eut dispersion, tout aussitôt, de la jeune génération brillante. Edmond About, plus avisé, s'en alla en Grèce et prolongea un stage animé, élargi et d'une variété amusante autant qu'instructive. Plusieurs allèrent en province; d'autres donnèrent leur démission. M. Taine, pour toute faveur et après des interventions sans nombre, obtint d'être envoyé à Nevers d'abord, comme suppléant de philosophie, — il y resta quatre mois, — et ensuite à Poitiers, comme suppléant de rhétorique; il y resta quatre autres mois. Les ennuis, les misères, les petites tracasseries, on les supprime. Revenu à Paris et comptant sur une classe de troisième en province (ce qui n'était certes pas une ambition bien excessive), il se vit nommé *chargé de cours* de *sixième* à Besançon. Il n'y alla pas et demanda à être mis en disponibilité. Est-ce la peine, pourrait-on dire, de fabriquer et de nourrir à grands frais de jeunes géants, pour les occuper ensuite, non pas à fendre des chênes, mais à faire des fagots? M. Taine aima donc mieux rester à Paris étudiant; mais quel étudiant! Il se mit aux mathématiques, aux sciences,

(1) On n'y réussit d'abord qu'incomplètement, et l'on pourrait citer plus d'une exception heureuse, plus d'un élève distingué qui, par son tour et son ressort d'esprit, déjoua le régime mortifiant de ces froides années, — l'israélite Bréal, l'ingénieux mythologue de l'école de Renan; le protestant Georges Perrot, savant archéologue et voyageur; le spirituel voltairien Goumy, et bien d'autres encore. — (Voir à l'*Appendice*, à la fin du volume, une lettre d'un ancien élève sur l'École normale de ce temps; j'aime à noter et à recueillir ces témoignages directs.)

surtout à la physiologie. Il avait conçu, pendant son séjour à Nevers, toute une psychologie nouvelle, une description exacte et approfondie des facultés de l'homme et des formes de l'esprit. Il comprit bientôt qu'on ne saurait être un vrai philosophe psychologue sans savoir d'une part la langue des mathématiques, cette logique la plus déliée, la plus pénétrante de toutes, et de l'autre l'histoire naturelle, cette base commune de la vie ; une double source de connaissances qui a manqué à tous les demi-savants, si distingués d'ailleurs, de l'école éclectique. Il se mit donc, durant trois années, à pousser l'analyse mathématique (moins pourtant qu'il n'aurait voulu), et à suivre assidûment les cours de l'École de médecine, en y joignant ceux du Muséum [1]. A ce rude métier, il devint ce qu'il est surtout et au fond, un savant, l'homme d'une conception générale, d'un système exact, catégorique, enchaîné, qu'il applique à tout et qui le dirige jusque dans ses plus lointaines excursions littéraires. Tout y relève d'une idée première et s'y rattache ; rien n'est donné au hasard, à la fantaisie, ni, comme chez nous autres frivoles, à l'aménité pure.

Sa thèse sur La Fontaine, en 1853, fut très-remarquée : la forme, le fond, tout y était original et jus-

---

(1) M. Taine m'écrit à ce sujet que je l'ai fait trop savant en ce qui est des mathématiques : « J'ai à peine touché les mathématiques ; je n'ai fait qu'effleurer l'analyse : j'en entends l'idée et la marche, voilà tout. » Ses études se sont presque toutes concentrées autour de la psychologie, et c'est pourquoi il dut s'appliquer principalement à la physiologie humaine et comparée.

qu'à paraître singulier; il l'a retouchée depuis, et fort perfectionnée, montrant par là combien il est docile aux critiques, à celles du moins qui concernent la forme et qui n'atteignent pas trop le fond et l'essence de la pensée. Vers le même temps, il préparait pour l'Académie française son travail sur Tite-Live qui fut couronné en 1855. Souffrant d'excès de travail, il dut faire une promenade aux Pyrénées, et ce fut l'occasion de ce *Voyage* écrit par lui, illustré par Doré, et où il se montrait lui-même un paysagiste du premier ordre. Il a, depuis lors, tout entier récrit et refondu ce *Voyage*; comme il avait fait pour sa thèse de La Fontaine. Cet homme qu'on croirait si absolu quand on le lit est le plus doux, le plus aimable et le plus tolérant dans les rapports de la vie, même de la vie littéraire, celui de tous les auteurs qui accepte le mieux la contradiction directe et à bout portant, je parle de celle qui est loyale et non hypocrite.

Il écrivait dès lors dans les revues et dans les journaux : à la *Revue des Deux Mondes,* un article sur la philosophie de Jean Reynaud, *Ciel et Terre,* signala son début; à la *Revue de l'Instruction publique,* il débutait par un article sur La Bruyère; au *Journal des Débats,* par trois articles sur Saint-Simon.

Sa place partout était faite. Il ne modifie nullement sa manière selon les lieux et les milieux; il lui est presque indifférent d'écrire ici ou là : c'est la même philosophie, ce sont les applications diverses, les divers aspects d'une même pensée, ce sont les fragments d'un même tout qu'il distribue toujours.

Il se juge lui-même admirablement et avec une modestie charmante, et je résumerai presque ses pensées autant que les miennes, en disant :

D'une génération formée par la solitude, par les livres, par les sciences, il n'a pas reçu (comme nous autres plus faibles, mais plus croisés, plus mélangés), la tradition successive. Eux, ils ont dû tout retrouver, tout recommencer pour leur compte à nouveau. Cette habitude insensible des comparaisons, des combinaisons conciliantes, des accroissements par rencontre et par relation de société, leur a manqué ; les nuances, les correctifs ne sont pas entrés dans leur première manière : ils sont tranchés et crus. La pensée est sortie un jour de leur cerveau tout armée comme Minerve, et d'un coup de hache comme elle. Par M. Guizot pourtant, qu'il a eu l'avantage de voir d'assez bonne heure, par M. Dubois aussi, M. Taine a reçu quelque chose de ces informations contemporaines qui redressent ou qui abrégent ; mais cela n'a pas été fréquent ni assez habituel. Il est d'une génération qui n'a pas perdu assez de temps à aller dans le monde, à vaguer çà et là et à écouter. S'il a interrogé (et il aime à le faire), ç'a été d'une manière pressée, avec suite et dans un but, pour répondre à la pensée qu'il avait déjà. Il a causé, disserté, avec des amis de son âge, avec des artistes, des médecins ; il a échangé, dans de longues conversations à deux, des vues infinies sur le fond des choses, sur les problèmes qui saisissent et occupent de jeunes et hautes intelligences : il n'a pas assez vu les hommes eux-mêmes des diverses générations, des diverses écoles et des régimes contraires, et ne s'est pas rendu compte, avant tout, du rapport et de la distance des livres ou des idées aux personnes vivantes et aux auteurs tout les premiers. Cela ne se fait pas en un jour, ni en quelques séances, mais au fur et à mesure, et comme au hasard : souvent le mot décisif qui éclaire pour nous une nature d'homme, qui la juge et la définit, n'échappe qu'à la dixième ou à la vingtième rencontre. La science, la campagne et la nature solitaire ont, en revanche, agi puissamment sur lui, et il leur a dû ses sensations les plus contrastées, les plus vives. Lorsqu'au sortir de cette fournaise intellectuelle de l'École normale il retournait dans ses Ardennes en automne, quelle brusque, profonde et renouvelante impression il en recevait! quel bain d'air libre et de salubrité sauvage! Il a souvent exprimé l'âme et le génie de tels paysages naturels avec des couleurs et une saveur d'une âpreté vivifiante. Au point de vue moral complet et de l'expérience, ce qui peut sembler surtout avoir fait défaut à ces existences si méritantes, si austères, et ce qui, par son absence, a nui un peu à l'équilibre, ç'a été de toutes les sociétés la plus douce, celle qui fait perdre le plus de temps et le plus agréablement du monde, la société des femmes, cette sorte d'idéal plus ou moins romanesque qu'on caresse avec lenteur et qui nous le rend en mille grâces insensibles : ces laborieux, ces éloquents et ces empressés dévoreurs de livres n'ont pas été à même de cultiver de bonne heure cet art de plaire et de s'insinuer qui apprend aussi plus d'un secret utile pour la pratique et la philosophie de la vie.

Ils ont gagné du moins à cette abstinence de ne point s'amollir et se briser, comme d'autres, en leurs plus vertes années. Une grande et solide partie des jours ne s'est point passée pour eux, comme pour ceux des générations antérieures, dans les regrets stériles, dans les vagues désirs de l'attente, dans les mélancolies et les langueurs qui suivent le plaisir. Leur force active cérébrale est restée intègre. Ils avaient tout d'abord un grand poids à soulever; ils s'y sont mis tout entiers et y ont réussi; le poids soulevé, ils ont pu se croire vieux de cœur et se sentir lassés; le duvet de la jeunesse s'était envolé déjà; le pli était pris; c'est le pli de la force et de l'austère virilité; on l'a payé de quelques sacrifices. M. Taine, quand on a le plaisir de le connaître personnellement après l'avoir lu, a un charme à lui, particulier, qui le distingue entre ces jeunes stoïciens de l'étude et de la pensée : à toutes ses maturités précoces, il a su joindre une vraie candeur de cœur, une certaine innocence morale conservée. Il m'offre en lui l'image toute contraire à celle du poëte qui parle « d'un fruit déjà mûr sur une tige toute jeune et tendre; » ici, c'est une fleur tendre et délicate sur une branche un peu rude.

II.

Il me faut pourtant dire un mot de sa méthode et y revenir; je ne vise en ce moment qu'à le faire mieux connaître dans son ensemble et à discourir sur lui dans tous les sens. Une fois il lui est arrivé (car le

talent prend tous les tons) de tracer un portrait d'une
délicatesse infinie, un portrait de femme, celui de
Mme de La Fayette ou plutôt celui de la princesse de
Clèves, l'héroïne du roman le plus poli du xviie siècle :
il s'y est surpassé ; il a allégé sa méthode, tout en
continuant de l'appliquer. Sa pensée générale, qui est
fort juste, est qu'un tel roman ne pouvait éclore et
fleurir qu'au xviie siècle, au sein de cette société choisie, la seule capable de goûter toutes les noblesses, les
finesses et les pudeurs des sentiments et du style, et
que rien de tel ne saurait plus se refaire désormais.

Je l'accorde volontiers et, en général, quand je lis
M. Taine, je suis si entièrement d'accord avec lui sur
le fond et le principal, que je me sens vraiment embarrassé à marquer l'endroit précis où commence mon
doute et ma dissidence. Je demande donc qu'il me
soit permis de le faire dans ce cas particulier, qui est
un des plus agréables de sa manière, et à poser avec
précision ma limite, puisque je me trouve y avoir dès
longtemps pensé à part moi et pour mon seul plaisir.
Nous en viendrons ensuite à l'ouvrage considérable qui
doit nous occuper ; mais si, sur un point, je parviens à
faire sentir ce que je concède pleinement à M. Taine et
aussi ce que je désire de lui en plus et ce que je lui
demande de nous accorder, j'aurai abrégé le jugement
à tirer, qui ne serait guère partout que le même, à
varier plus ou moins selon les exemples.

Après avoir montré avec beaucoup d'art et de finesse
en quoi le langage employé dans *la Princesse de Clèves*
est parfaitement délicat et comment il ressemble fort

peu à ce qui, chez des poëtes ou des romanciers spirituels de nos jours, a été salué de la même louange; après avoir reconnu l'accord et l'harmonie des sentiments et des émotions avec la manière de les exprimer, et avoir donné plus d'un exemple des scrupules et des exquises générosités de l'héroïne jusque dans la passion, M. Taine ajoute en concluant :

« Ce style et ces sentiments sont si éloignés des nôtres, que nous avons peine à les comprendre. Ils sont comme des parfums trop fins : nous ne les sentons plus; tant de délicatesse nous semble de la froideur ou de la fadeur. La société transformée a transformé l'âme. L'homme, comme toute chose vivante, change avec l'air qui le nourrit. Il en est ainsi d'un bout à l'autre de l'histoire; chaque siècle, avec des circonstances qui lui sont propres, produit des sentiments et des beautés qui lui sont propres; et à mesure que la race humaine avance, elle laisse derrière elle des formes de société et des sortes de perfection qu'elle ne rencontre plus. Aucun âge n'a le droit d'imposer sa beauté aux âges qui succèdent; aucun âge n'a le devoir d'emprunter sa beauté aux âges qui précèdent. Il ne faut ni dénigrer ni imiter, mais inventer et comprendre. Il faut que l'histoire soit respectueuse et que l'art soit original. Il faut admirer ce que nous avons et ce qui nous manque; il faut faire autrement que nos ancêtres et louer ce que nos ancêtres ont fait. »

Et après quelques exemples saillants empruntés à l'art du Moyen-Age et à celui de la Renaissance, si originaux chacun dans son genre et si caractérisés, passant à l'art tout littéraire et spirituel du XVIIe siècle, il continue en ces termes :

« Ouvrez maintenant un volume de Racine ou cette *Prin-*

cesse de Clèves, et vous y verrez la noblesse, la mesure, la délicatesse charmante, la simplicité et la perfection du style qu'une littérature naissante pouvait seule avoir, et que la vie de salon, les mœurs de Cour et les sentiments aristocratiques pouvaient seuls donner. Ni l'extase du Moyen-Age, ni le paganisme ardent du XVIe siècle, ni la délicatesse et la langue de la Cour de Louis XIV ne peuvent renaître. L'esprit humain coule avec les événements comme un fleuve. De cent lieues en cent lieues le terrain change : ici, des montagnes brisées et toute la poésie de la nature sauvage ; plus loin, de longues colonnades d'arbres puissants qui enfoncent leur pied dans l'eau violente ; là-bas, de grandes plaines régulières et de nobles horizons disposés comme pour le plaisir des yeux ; ici la fourmilière bruyante des villes pressées, avec la beauté du travail fructueux et des arts utiles. Le voyageur qui glisse sur cette eau changeante a tort de regretter ou de mépriser les spectacles qu'il quitte, et doit s'attendre à voir disparaître en quelques heures ceux qui passent en ce moment sous ses yeux. »

Admirable et agréable page! mais il y manque quelque chose. Pardon, dirai-je à l'auteur, votre conclusion est excessive, ou du moins elle ne dit pas tout ; critique, vous avez raison dans ces éloges si bien déduits et motivés, tirés des circonstances générales de la société à ses divers moments ; mais vous avez tort, selon moi, de ne voir absolument, dans les délicatesses que vous admirez et que vous semblez si bien goûter, qu'un résultat et un produit de ces circonstances. Il y a eu, il y aura toujours, espérons-le, des âmes délicates ; et, favorisées ou non par ce qui les entoure, ces âmes sauront chercher leur monde idéal, leur expression choisie. Et si elles ont reçu le don en naissant, si elles sont douées de quelque talent d'imagination, elles sauront créer des êtres à leur image.

Je parle, bien entendu, dans la supposition, qui est la vraie, que le cadre de la civilisation ne sera pas entièrement changé, que la tradition ne sera pas brisée tout entière, et qu'il y aura lieu, même dans des sociétés assez différentes, aux mêmes formes essentielles des esprits.

Si vous nous transportez en idée dans des régimes entièrement différents, je ne sais plus que dire, bien que je croie toujours à la permanence d'une certaine délicatesse, une fois acquise, dans l'âme humaine, dans l'esprit des hommes ou des femmes.

Critique, il ne faut pas, pour un simple passage d'un siècle à l'autre, prendre si vite son parti de la perte de la délicatesse.

Ainsi vous nommez, à propos de *la Princesse de Clèves,* un roman de Balzac, *le Lys dans la vallée,* et vous convenez qu'on le trouve « grossier et médical » auprès de l'autre. Mais laissez-moi vous dire que vous supposez trop aisément que ces romans tout modernes, ces passages de dialogue cités par vous, sont acceptés ou l'ont été à leur naissance comme des types de délicatesse actuelle. Pour moi, j'avoue n'avoir vécu dans ma jeunesse qu'avec des gens que cela choquait, quoiqu'ils rendissent justice d'ailleurs aux auteurs en d'autres parties de leur talent. Je puis vous assurer que ces endroits, qui ne vous semblent indélicats que par comparaison avec *la Princesse de Clèves,* paraissaient, de mon temps, à la plupart des lecteurs, tout à fait indélicats en eux-mêmes. Nos balances, même en ce xix⁰ siècle si différent des autres, étaient moins grossières que vous ne le supposez. Il est vrai que la bonne critique sincère et véridique ne se faisait et ne se fait peut-être encore qu'en causant : on n'écrit que les éloges. Cela prouverait seulement qu'il faut beaucoup rabattre des écrits, et que lorsqu'on dit et qu'on répète que la littérature est l'expression de la société, il convient de ne l'entendre qu'avec bien des précautions et des réserves.

« L'esprit humain, dites-vous, coule avec les événements comme un fleuve. » Je répondrai *oui* et *non*. Mais je dirai hardiment *non* en ce sens qu'à la différence d'un fleuve l'esprit humain n'est point composé d'une quantité de gouttes *semblables*. Il y a distinction de qualité dans bien des gouttes. En un mot, il n'y avait qu'une âme au xvii⁰ siècle pour faire *la Princesse de Clèves :* autrement il en serait sorti des quantités.

Et en général, il n'est qu'une âme, une forme particulière d'esprit pour faire tel ou tel chef-d'œuvre. Quand il s'agit de témoins historiques, je conçois des équivalents : je n'en connais pas en matière de goût. Supposez un grand talent de moins, supposez le moule ou mieux le miroir magique d'un seul vrai poëte brisé dans le berceau à sa naissance, il ne s'en rencontrera plus jamais un autre qui soit exactement le même ni qui en tienne lieu. Il n'y a de chaque vrai poëte qu'un exemplaire.

Je prends un autre exemple de cette spécialité unique du talent. *Paul et Virginie* porte certainement des traces de son époque ; mais, si *Paul et Virginie* n'avait pas été fait, on pourrait soutenir par toutes sortes de raisonnements spécieux et plausibles qu'il était impossible à un livre de cette qualité virginale de naître dans la corruption du xviiie siècle : Bernardin de Saint-Pierre seul l'a pu faire. C'est qu'il n'y a rien, je le répète, de plus imprévu que le talent, et il ne serait pas le talent s'il n'était imprévu, s'il n'était un seul entre plusieurs, un seul entre tous.

Je ne sais si je m'explique bien : c'est là le point vif que la méthode et le procédé de M. Taine n'atteint pas, quelle que soit son habileté à s'en servir. Il reste toujours en dehors, jusqu'ici, échappant à toutes les mailles du filet, si bien tissé qu'il soit, cette chose qui s'appelle l'individualité du talent, du génie. Le savant critique l'attaque et l'investit, comme ferait un ingénieur; il la cerne, la presse et la resserre, sous prétexte de l'environner de toutes les conditions extérieures indispensables : ces conditions servent, en effet, l'individualité et l'originalité personnelle, la provoquent, la sollicitent, la mettent plus ou moins à même d'agir ou de réagir, mais sans la créer. Cette parcelle qu'Horace appelle divine (*divinæ particulam auræ*), et qui l'est du moins dans le sens primitif et naturel, ne s'est pas encore rendue à la science, et elle reste inexpliquée. Ce n'est pas une raison pour que la science désarme et renonce à son entreprise courageuse. Le siége de Troie a duré dix ans; il est des problèmes qui dureront peut-être autant que la vie de l'humanité même.

Nous tous, partisans de la méthode naturelle en littérature et qui l'appliquons chacun selon notre mesure à des degrés différents [1], nous tous, artisans et serviteurs d'une même science que nous cherchons à rendre aussi exacte que possible, sans nous payer de notions vagues et de vains mots, continuons donc d'observer sans relâche, d'étudier et de pénétrer les conditions des œuvres diversement remarquables et l'infinie variété des formes de talent; forçons-les de nous rendre raison et de nous dire comment et pourquoi elles sont de telle ou telle façon et qualité plutôt que d'une autre, dussions-nous ne jamais tout expliquer et dût-il rester, après tout notre effort, un dernier point et comme une dernière citadelle irréductible.

Nous arriverons la prochaine fois à parler du grand ouvrage (l'*Histoire de la Littérature anglaise*) qui partage en ce moment les esprits, qui a tenté d'abord et puis qui a fait reculer l'Académie française. M. Taine avait quelque chose de plus simple à faire, c'était de ne pas le lui soumettre. Les hommes de sa force ne sont pas des lauréats, ce sont des juges.

[1] Je songe, en parlant ainsi, au livre spirituel et plein de faits que vient de publier M. Émile Deschanel, sous le titre de *Physiologie des Écrivains et des Artistes, ou Essai de Critique naturelle* (1 vol. in-18, librairie Hachette); il mérite un examen tout particulier.

Lundi 6 juin 1864.

HISTOIRE

DE LA

LITTÉRATURE ANGLAISE

PAR M. TAINE

(SUITE)

I.

L'*Histoire de la Littérature anglaise* est un livre qui se tient d'un bout à l'autre : il a été conçu, construit, exécuté d'ensemble; les premiers et les derniers chapitres se répondent. Cette barbarie, cette demi-civilisation saxonne, croisée d'habileté et de finesse normande, le tout enfermé, tassé dans son île, travaillé, trituré, pétri et mûri durant des siècles, selon ce que l'auteur nous a si bien fait voir, se retrouve, dans la conclusion, à l'état de la plus forte, de la plus solide, de la plus sensée, de la mieux tenue, de la mieux pondérée, de la plus positive et de la plus poétique des nations libres. Tous les grands monuments littéraires, toutes les œuvres significatives qui témoignent des diverses étapes et des progrès de cette civilisation, ont été interrogés et décrits dans l'intervalle depuis le premier chantre barbare et déjà biblique, le joueur de harpe Cœdmon, jusqu'à lord Byron.

On n'a que des témoignages abrupts et fragmentaires jusqu'après la conquête normande et jusqu'à l'époque de formation de la nouvelle langue. La conquête de l'Angleterre par les Normands (1066) est la dernière en date des grandes invasions territoriales qui ont précédé partout le Moyen-Age, et le Moyen-Age était déjà commencé partout ailleurs quand elle eut lieu ; la langue, et partant la littérature anglaise qui en devait sortir, se trouva ainsi en retard sur les autres littératures du continent, particulièrement sur la française : elle s'inspira, elle s'imprégna d'abord de celle-ci, et elle n'acquit qu'avec le temps son juste tempérament, sa saveur propre. Chaucer, le premier en date des poëtes et conteurs anglais, est un disciple des trouvères et auteurs de fabliaux : il y joint pourtant, dans le tour et la façon, quelque chose de bien à lui ; il a déjà de ce qu'on appellera *l'humour* et une grande vivacité naturelle de description : on l'a heureusement comparé à une riante et précoce matinée de printemps. Ce qui est à remarquer de bonne heure dans les plus anciennes productions de nos voisins, c'est comme le caractère saxon tient ferme et résiste en matière de langue et de littérature, de même que pour la Constitution politique ; il conserve ses goûts, ses traditions, son accent et son vocabulaire sous les couches brillantes superficielles. Comparant les ballades de Robin Hood à nos fabliaux et les opposant à ce qui est d'origine française, M. Taine fait bien sentir la différence des deux esprits, des deux races que la conquête normande n'a nullement confondues :

« Qu'est-ce qui amuse le peuple en France? Les fabliaux, les malins tours de *Renart,* l'art de duper le seigneur Ysengrin, de lui prendre sa femme, de lui escroquer son dîner, de le faire rosser sans danger pour soi et par autrui, bref le triomphe de la pauvreté jointe à l'esprit, sur la puissance jointe à la sottise ; le héros populaire est déjà le plébéien rusé, gouailleur et gai, qui s'achèvera plus tard dans Panurge et Figaro... »

Au lieu de cela, au lieu de ces tours d'écoliers qui remontent si haut, de ces friponneries de Villon et de Patelin, qui font tant rire chez nous le vilain et le populaire, qu'est-ce qui réjouit le peuple anglais et le distrait de tout, même du sermon? C'est le joyeux forestier en révolte et le roi des braconniers Robin Hood, le vaillant compère, qui n'est jamais plus en gaieté, ni plus d'humeur à jouer de l'épée ou du bâton que quand le taillis est brillant et que l'herbe est haute :

« Robin Hood, c'est le héros national ; saxon d'abord et armé en guerre contre les gens de loi, « contre les évêques et archevêques ; »... généreux de plus, et donnant à un pauvre chevalier ruiné des habits, un cheval et de l'argent pour racheter sa terre engagée à un abbé rapace; compatissant d'ailleurs et bon envers le pauvre monde, recommandant à ses gens de ne pas faire de mal aux yeomen ni aux laboureurs; mais par-dessus tout hasardeux, hardi, fier, allant tirer de l'arc sous les yeux du shérif et à sa barbe, et prompt aux coups, soit pour les embourser, soit pour les rendre. »

Partout, d'un bout à l'autre, dans tout ce livre de M. Taine respire le sentiment de ce qu'il y a là-bas de robuste, de solide, de gaillard, de gai, de succulent, de loyal et d'honnête jusque dans la violence et l'excès de la force. Cela est et sera vrai en Angleterre depuis Robin Hood jusqu'à lord Chatham, jusqu'à Junius, et même lorsqu'il y aura élégance et belles manières de salon au XVIIIe siècle, quand il y aura assaut, de nous à eux, de conversations et de mots piquants, nos beaux esprits en renom, nos Nivernais, nos Boufflers leur paraîtront bien minces, bien émoussés, éreintés et fades, auprès de leurs joyeux vivants à saillies éclatantes et à haute verve (*high spirits*) : demandez plutôt à ce juge équitable et qui savait si bien les deux sociétés, à Horace Walpole.

Pope, que je goûte plus que ne fait M. Taine, parce que je ne l'étudie pas simplement au point de vue de la race, distinguait les diverses époques de la poésie anglaise par quatre noms, quatre fanaux lumineux : Chaucer, Spenser, Milton et Dryden. Entre Spenser et Milton, il faut placer Shakespeare à la tête de sa puissante pléiade dramatique. Pope lui-même mériterait de donner le nom à une sixième époque, et la septième, l'époque moderne, proclame Byron le premier entre tant d'autres par l'éclat et par l'essor. Mais ce n'est plus avec des noms et des individus qu'on écrit maintenant l'histoire des poésies et des littératures ; l'individu brillant et de génie n'est que le porte-étendard et le porte-voix, l'assembleur d'une quantité de sentiments et de pensées qui flottaient et circulaient vaguement autour de lui. Je ne dirai pas avec un poëte de nos jours et des plus originaux : « Qu'est-ce qu'un grand poëte ? C'est un corridor où le vent passe. » Non, le poëte n'est pas une chose si simple, ce n'est pas une résultante ni même un simple foyer réflecteur : il a son miroir à lui, sa *monade* individuelle unique. Il a son nœud et son organe à travers lequel tout ce qui passe se transforme et qui, en renvoyant, combine et crée ; mais le poëte ne crée qu'avec ce qu'il reçoit. C'est en ce point, je pense, que je redeviens tout à fait d'accord avec M. Taine.

Son livre, dans sa composition, a l'avantage de mettre surtout en lumière les parties les plus difficiles et les plus ardues, les hautes époques antérieures de la littérature anglaise : la Renaissance y est admirablement traitée. La Renaissance, en Angleterre, ne se comporta point comme chez nous ; elle ne mit pas fin brusquement au Moyen-Age ; elle ne produisit point un *sens-dessus-dessous* dans l'art, dans la poésie, dans le drame, une inondation destructive ; elle trouva un fonds riche, solide, résistant comme toujours : elle le recouvrit par places et s'y mêla en se combinant. M. Taine nous fait comprendre et presque aimer, à la façon éprise et enivrée dont il en parle, les premiers moteurs et les héros de cette Renaissance littéraire anglaise : en prose, Philippe Sidney, ce d'Urfé antérieur au nôtre; en poésie, Spenser, le féerique, qu'il admire au delà de tout. A le décrire et à le dépeindre comme il fait, il semble nager en plein lac et voguer comme un cygne dans son élément. Il aime, en effet, la force jusque dans la grâce ; il ne hait pas la surabondance et l'excès. Il pourra étonner les Anglais eux-mêmes par cette vivacité d'impression qui se confie résolûment en sa propre lecture. M. Taine a tout le courage de ses jugements. Il n'élude rien, il ne se soucie de rien que de son objet. Il se porte à l'auteur qu'il lit, directement, avec toute sa vigueur d'esprit, et y puise une impression nette et ferme, de première main, de première vue (*facie ad faciem*); il en tire une conclusion qui jaillit de source, qui bouillonne et déborde. Cela le mène en certains cas à dépasser les jugements convenus, à en briser de consacrés ou à en introduire de neufs, au risque de surprendre et de heurter ; peu lui importe ! il va son droit chemin et ne prend pas garde. Il abaisse ou il élève, selon ce qu'il a senti : il méprisera Butler pour son *Hudibras* si vanté; il exaltera Bunyan le fanatique pour son *Voyage du pèlerin*. Quand je dis qu'il l'exalte, je vais trop loin : il le décrit lui et son œuvre, mais il les décrit de telle sorte que sa parole rend le tableau à vous en faire venir l'impression au vif et jusqu'à la peau.

Dans ses descriptions ou analyses pittoresques, son style serré, pressé, procédant par séries, par rangées et enfilades, à coups denses et répétés, par phrases et comme par hachures courtes, aiguës, qui récidivent, a fait dire à un critique de l'ancienne école qu'il lui semblait entendre la grêle **rude et** drue tombant et sautant sur les toits :

Tam multa in tectis crepitans salit horrida grando.

Ce style produit sur l'esprit, à la longue, une impression certaine, inévitable, qui va quelquefois jusqu'aux nerfs. Ici, l'homme de science et l'homme de verve ont à se garder de donner quelque fatigue à l'homme de goût.

Je le sais, la doctrine du trop, de l'exagération dite légitime, de la monstruosité même, prise pour marque du génie, est à l'ordre du jour : je demande à n'en être que sous toute réserve; j'habite volontiers en deçà, et j'ai gardé de mes vieilles habitudes littéraires le besoin de ne pas me fatiguer et même le désir de me plaire à ce que j'admire.

Lui, la force et la grandeur lui vont, et il s'y attache avec une visible complaisance. Il a excellé à nous rendre le théâtre anglais du XVIe siècle, cette scène et cet auditoire tumultueux, mélangés, faits l'un pour l'autre, cette pléiade de vigoureux dramaturges dont Shakespeare n'a été que le plus grand et qui compte les Marlowe, les Massinger, les Ford, les Webster et autres. Objet de récentes études chez nous et d'une louable émulation de travaux (1), ils n'ont nulle part été expliqués et

---

(1) Voir les *Prédécesseurs et Contemporains de Shakespeare,* par M. A. Mézières (1 vol. in-8°, librairie Charpentier, 1863); et

exprimés aussi énergiquement que chez M. Taine : il les remet sur pied et comme vivants, en pleine action. Ses traductions qui font corps avec son texte sont le suc même des originaux, la chair et le sang de leurs drames.

Je livre aux admirateurs-connaisseurs de Shakespeare son explication particulière de ce génie et de la faculté maîtresse qu'il lui reconnaît, « l'imagination ou la passion pure ». Pour moi, je l'avouerai, ces sortes d'explications sur de grands génies pris dorénavant comme types absolus et symboles, non pas précisément surfaits, mais généralisés de plus en plus et comme élevés en idée au-dessus de leur œuvre, si forte et si grande déjà qu'elle soit en elle-même, ces considérations chères à la haute critique moderne restent à mes yeux nécessairement conjecturales ; ce sont d'éternels problèmes qui demeurent au concours et où l'on revient s'essayer de temps à autre : chacun, à son tour, y brise une lance. Il est bon, en effet, que chaque critique qui s'applique de près à l'un de ces maîtres-génies et qui aspire à l'étreindre dise son mot en toute franchise, se juge lui-même en jugeant, et que toute explication sorte et s'épanouisse. A vrai dire, ce sont moins encore des explications que des épreuves : c'est du moins la plus noble et la plus généreuse des disputes pour la race future, un tournoi perpétuel autour des grands esprits.

Les prosateurs de la Renaissance, dont Bacon est le

aussi les *Contemporains de Shakespeare,* à commencer par *Ben Jonson,* traduits par M. Ernest Lafond (2 vol. in-8°, Hetzel, 1863).

plus célèbre, mais dont quelques autres ont repris depuis peu faveur et ont obtenu un riche regain de renommée, trouvent une juste place dans le livre de M. Taine et s'y encadrent avec saillie. Robert Burton, auteur de *l'Anatomie de la Mélancolie,* Thomas Browne, un érudit non moins bizarre, chercheur encyclopédique et poétique, nous sont définis de manière à ne plus être oubliés. Ce dernier, Browne, en même temps qu'il est moderne et encourageant par certaines de ses vues, a des retours d'une belle tristesse et d'un profond scepticisme sur les naufrages du passé :

« L'injuste oubli, dit-il, secoue à l'aveugle ses pavots, et traite la mémoire des hommes sans distinguer entre leurs droits à l'immortalité. Qui n'a pitié du fondateur des Pyramides ? Érostrate vit pour avoir détruit le temple de Delphes, et celui-là qui l'a bâti est presque perdu. Le temps a épargné l'épitaphe du cheval d'Adrien, et anéanti la sienne... Tout est folie, vanité nourrie de vent. Les momies égyptiennes, que Cambyse et le temps ont épargnées, sont maintenant la proie de mains rapaces. Mizraïm guérit les blessures, et Pharaon est vendu pour fabriquer du baume... Le plus grand nombre doit se contenter d'être comme s'il n'avait pas été et de subsister dans le livre de Dieu, non dans la mémoire des hommes. Vingt-sept noms font toute l'histoire des temps avant le Déluge, et tous les noms conservés jusqu'aujourd'hui ne font pas ensemble un seul siècle de vivants... »

Pensée mémorable et qu'il faut répéter, même en présence du légitime orgueil de la science, reconquérant par lambeaux le passé, mais par lambeaux seulement. Oui, même en sortant de lire, hier encore, l'intéressant et lumineux rapport de M. de Rougé sur les antiquités égyptiennes et sur ces quelques noms de plus arrachés à l'oubli, je ne pouvais m'empêcher de me redire cette parole. Que de lacunes, en effet, hors de toute proportion avec ce qu'on sait et ce qu'on saura jamais ! que de trouées immenses, irréparables ! Hasard, Hasard, si l'on veut rester vrai, on ne fera jamais ta part assez grande, ni l'on ne donnera jamais les coups de canif assez profonds dans toute philosophie de l'histoire.

II.

Le plus beau et le plus compliqué génie poétique de l'Angleterre, Milton, est apprécié et développé par M. Taine comme, à ma connaissance, il ne l'avait pas été encore : il n'apparaît qu'à son moment et après un tableau caractérisé de la Renaissance chrétienne, de ce puritanisme dont il est la fleur suave et douce et la couronne sublime, bien qu'un peu bizarre. Sa complexité morale, son unité, les contradictions qu'il assemble et qu'il coordonne en lui, sa stabilité d'âme et de génie, tout cela est peint, analysé, reproduit en plus de cent pages qui sont des plus belles par la pensée comme par le ton, et tout à fait à la hauteur de leur objet ; j'en détache quelques traits décisifs :

« La science immense, la logique serrée et la passion grandiose, voilà son fond. Il a l'esprit lucide et l'imagination limitée. Il est incapable de trouble, et il est incapable de métamorphoses. Il conçoit la plus haute des beautés idéales, mais il n'en conçoit qu'une. Il n'est pas né pour le drame, mais pour l'ode. Il ne crée pas des âmes, mais il construit des raisonnements et ressent des émotions. Émotions et raisonnements, toutes les forces et toutes les actions de son âme se rassemblent et s'ordonnent sous un sentiment unique, celui du sublime, et l'ample fleuve de la poésie lyrique coule hors de lui, impétueux, uni, splendide comme une nappe d'or...

« Il a été nourri dans la lecture de Spenser, de Drayton, de Shakespeare, de Beaumont, de tous les plus éclatants poëtes, et le flot d'or de l'âge précédent, quoique appauvri tout alentour et ralenti en lui-même, s'est élargi comme un lac en s'arrêtant dans son cœur...

« Tout jeune encore et au sortir de Cambridge il se portait vers le magnifique et le grandiose; il avait besoin du grand vers roulant, de la strophe ample et sonnante, des périodes immenses de quatorze et de vingt-quatre vers. Il ne considérait point les objets face à face, et de plain-pied, en mortel, mais de haut comme les archanges... Ce n'était point la *vie* qu'il sentait, comme les maîtres de la Renaissance, mais la *grandeur,* à la façon d'Eschyle et des prophètes hébreux, esprits virils et lyriques comme le sien, qui, nourris comme lui dans les émotions religieuses et dans l'enthousiasme continu, ont étalé comme lui la pompe et la majesté sacerdotales. Pour exprimer un pareil sentiment, ce n'était pas assez des images et de la poésie qui ne s'adresse qu'aux yeux; il fallait encore des sons, et cette poésie plus intime qui, purgée de représentations corporelles, va toucher l'âme : il était musicien et artiste; ses hymnes s'avançaient avec la lenteur d'une mélopée et la gravité d'une déclamation...

« Il fait comprendre ce mot de Platon, son maître, que les mélodies vertueuses enseignent la vertu... »

Et ce mot encore : « Les paysages de Milton sont une école de vertu. »

La vertu de Milton s'était accommodée de Cromwell. On se demande comment ? Je tâcherai d'y répondre.

C'est que Cromwell n'était pas, ne fut d'abord ni jamais ce que nous sommes habitués à le voir à travers Bossuet et d'après nos pensées de réaction monarchique, que nous gardons pour les autres, lors même que nous les avons secouées pour nous. Cromwell fut longtemps le rempart de tout ce qu'il y avait d'énergique, de vertueux, de religieux, d'intègre, de radicalement anglais dans la nation.

Milton, qui de loin nous paraît isolé, ne fut pas le seul poëte de son bord qui le célébra, et en y regardant bien, on verrait aussi que, s'il n'y eut pas pléiade autour de Milton comme autour de Shakespeare, à cause de l'orage des temps, il y eut pourtant d'autres poëtes énergiques, ses émules et ses rivaux.

Il existe une ode d'Andrew Marwell (1) qui appartient au même mouvement de renaissance chrétienne et patriotique. Elle est dans la forme et presque dans le rhythme des odes d'Horace lorsqu'il célèbre Auguste au retour de quelque victoire : elle a pour sujet et pour thème le retour de Cromwell de son expédition d'Irlande en cette mémorable année 1649, qui fut le 93 de l'Angleterre ; elle prédit les exploits de l'année suivante et nous montre Cromwell empressé d'accomplir son destin, bien qu'encore soumis aux lois. Jamais le feu de l'enthousiasme pour la chose publique, jamais la

(1) Elle était restée longtemps inconnue des Anglais eux-mêmes ; elle se trouve à la page 50 d'un charmant petit livre, *Trésor des meilleures chansons et poëmes lyriques* (The golden Treasury...), recueilli par M. Francis Turner Palgrave, et publié en 1861, à Cambridge. Ce petit recueil est tout un trésor, en effet, de forte ou suave poésie.

grandeur et la terreur qu'inspirent ces grands sauveurs révolutionnaires, hommes de glaive et d'épée, ne trouvèrent de plus vibrants et de plus vrais accents s'échappant à flots pressés d'une poitrine sincère :

« C'est folie, s'écrie le poëte, de braver ou d'accuser l'éclair et la foudre du Ciel irrité: et, à parler franc, beaucoup est dû à cet homme qui, de l'enclos de ses vergers domestiques, où il vivait retiré et austère comme si son plus profond dessein eût été de planter ses poiriers et de greffer sa bergamote, a su par son industrieuse valeur gravir et s'élever jusqu'à ruiner l'œuvre antique des temps et à jeter ces vieux royaumes dans un nouveau moule. »

On sent ici comme la réalité anglaise et la franchise du ton se contiennent mal sous l'imitation classique, comme elles percent et crèvent en quelque sorte l'enveloppe d'Horace.

Le poëte compare Cromwell encore modeste, selon lui, et fier seulement d'obéir à la République et aux Communes, au généreux oiseau de proie, docile au chasseur, et qui n'ensanglante les airs que pour lui : « Ainsi, quand le faucon s'abat pesamment des hauteurs du ciel, une fois sa proie mise à mort, il ne pense plus qu'à percher sur la branche verte voisine où, au premier appel, le fauconnier est sûr de le trouver. » Ainsi la République est sûre de son Cromwell. — Rapprochez cette ode du généreux et fervent sonnet que Milton adressait à Cromwell vers le même temps :

« Cromwell, notre chef d'hommes, qui, à travers un nuage non-seulement de guerre, mais de détractions violentes et de calomnies, guidé par la foi et par une fortitude incomparable, as enfoncé ton glorieux sillon vers la paix et la vérité !... de nouveaux ennemis s'élèvent, menaçant de lier nos âmes avec des chaînes séculaires ; aide-nous à sauver notre libre conscience des ongles des loups mercenaires qui pour tout Évangile ont leur panse. »

C'est le même sentiment que chez Marwell, plus héroïque et plus martial chez celui-ci, plus purement chrétien chez Milton. Cromwell, je le répète, était, en eff.., le boulevard et le bouclier de tous les hommes de conscience et de libre foi. On ne juge pas incidemment un tel homme : c'est un des plus compliqués et des plus complets en son genre, le plus complet peut-être et le plus carré par la base qu'il y ait eu. Chateaubriand a dit de lui « qu'il avait du prêtre, du tyran, du grand homme » : il ajoute « qu'il ruina les institutions qu'il rencontra ou qu'il voulut donner, comme Michel-Ange brisait le marbre sous son ciseau ». Cromwell ne brisa pas le caractère de la nation ; il le pétrit, il le cimenta et le consolida. C'est encore mieux qu'un code et qu'une législation qu'on lui dut; il a fondé une politique. Il a préparé les éléments d'une révolution glorieuse et définitive (1688) ; seul il a rendu possible, à l'heure dite, le triomphe régulier des patriotes de cette époque. Plus qu'aucun roi de ce royaume, *Mylord protecteur* a contribué à faire passer le caractère hautain de la nation dans sa politique extérieure, à faire d'elle ce qu'elle se vanta d'être si longtemps, l'arbitre et la modératrice des tempêtes, la souveraine des mers (*celsa sedet Æolus arce*). Il a porté le défi au monde, non-seulement comme régicide, mais comme Anglais. Son caractère sombre, triste ou grossièrement gai, la teinte de fanatique et de visionnaire dont il s'est revêtu et qui recouvre le noyau solide, qui dissimule à des yeux superficiels le bon sens le plus sain et le mieux équilibré, tout le sépare des figures héroïques qui sont de nature à séduire le génie français : il n'en est que plus foncièrement d'accord avec le génie de sa race ; il en est comme l'incarnation énergique. Nul ne s'est incrusté plus profondément dans la grandeur anglaise. C'est assez et trop parler de lui pour le moment, mais Milton est mon excuse ; Milton fut son poëte.

Après Milton, Dryden, le multiple, le fécond, le flexible, l'inégal, l'homme de transition et d'entre-deux, le premier en date des classiques, mais large encore et puissant, n'a pas trop à se plaindre de M. Taine : le critique nous fait bien comprendre cette vie mélangée, besoigneuse, et ce talent qui va un peu au hasard comme la vie, mais ample, abondant, imaginatif, et qu'une séve vigoureuse anime, qu'une veine de copieuse poésie nourrit et arrose.

C'est plutôt le grand poëte de l'âge suivant, c'est le classique dans toute sa correction et sa concise élégance, c'est Pope qui n'a pas à se louer de M. Taine ; et puisqu'il faut bien, sous peine de monotonie, varier la louange par quelque chicane, je me permettrai de venir le contrarier un peu sur ce point.

III.

Non pas que ce soit l'élégance même et la politesse qui déplaisent à M. Taine dans la personne et dans le talent de Pope; car nul n'apprécie mieux que lui Addison, le premier type de l'urbanité anglaise, en tant qu'il y a urbanité : il juge excellemment Addison et son genre moyen, discret, moral, bienséant, ce *Quod decet* que le premier il enseigna à ses compatriotes; il rend toute justice aux divers personnages si bien esquissés dans son *Spectateur,* et qui sont si anglais toujours de physionomie. Mais, en ce qui est de Pope, M. Taine ne fait pas cet effort qu'il convient à l'historien littéraire d'exercer au besoin sur lui-même et contre lui-même, et il nous présente, avec une défaveur et une déplaisance marquées, ce poëte réputé si longtemps le plus parfait de sa nation et que Byron saluait comme tel encore.

Il n'y a rien de plus aisé que de faire de Pope une caricature ; mais rien n'est plus injuste que de prendre d'excellents esprits par leurs défauts uniquement et par les petits côtés ou les côtés faibles de leur nature. Ne faut-il voir d'abord dans Pope « qu'un nabot, haut de quatre pieds, tortu, bossu, maigre, valétudinaire, et qui, arrivé à l'âge mûr, ne semble plus capable de vivre? » Convient-il d'abuser tout aussitôt contre son esprit charmant de ses infirmités corporelles et de dire : « Il ne peut se lever ; c'est une femme qui l'habille; on lui enfile trois paires de bas les unes par-dessus les autres, tant ses jambes sont grêles; puis on lui lace la taille dans un corset de toile roide, afin qu'il puisse se tenir droit, et par-dessus on lui fait endosser un gilet de flanelle... » Ce n'est pas moi qui blâmerai un critique de nous indiquer, même avec détail, la physiologie de son auteur et son degré de bonne ou mauvaise santé, influant certainement sur son moral et sur son talent; le fait est que Pope n'écrivait point avec ses muscles et ne se servait que de son pur esprit. Je ne suis choqué, dans la description que j'ai citée et que j'abrége, que du choix des mots, de la façon rude, désobligeante, dont on le traite, et qui tend à le ridiculiser dans l'esprit du lecteur. Laissons cette manière à ceux qui ne tiennent qu'à amuser en écrivant ou qui se livrent à leurs antipathies sans y prendre garde. Si l'on avait connu Horace, il eût été possible, je le crois, de faire de lui quelque caricature; car il était très-petit de taille, et, vers la fin, replet à outrance. Encore une fois, revenons au vrai, et à ce vrai littéraire qui n'oublie jamais l'humanité, et qui implique une sorte de sympathie pour tout ce qui en est digne; si nous sommes justes pour l'ex-chaudronnier Bunyan qui, dans ses visions fanatiques, a fait preuve de force et d'imagination, n'écrasons point d'autre part cette gentille et spirituelle créature, cette quintessence d'âme, cette goutte de vif esprit dans du coton, Pope. Ne le rudoyons pas et, en le prenant par la main pour le faire asseoir dans notre fauteuil médical et quasi anatomique, ayons attention (s'il vivait encore) à ne pas le faire crier. J'aimerais en littérature à proportionner toujours notre méthode à notre sujet et à entourer de soins tout particuliers celui qui les appelle et qui les mérite.

L'histoire naturelle de Pope est bien simple : les délicats, a-t-on dit, sont malheureux, et lui il était deux fois délicat, délicat d'esprit, délicat et infirme de corps; il était deux fois irritable. Mais que de grâce, que de goût, quelle promptitude à sentir, quelle justesse et quelle perfection en exprimant!

Il est vrai qu'il fut précoce : est-ce un crime? Tout enfant, doué d'un doux regard, doué surtout de la plus douce voix, on l'appelait « le petit rossignol ». Ses premiers maîtres furent insignifiants; ce fut lui qui s'éleva lui-même; à douze ans il apprenait le latin et le grec, concurremment, et presque sans maître; à quinze, il résolut d'aller à Londres, d'y apprendre le français et l'italien, de manière à lire les auteurs. Sa famille, retirée du commerce et catholique, habitait, à ce moment, une propriété dans la forêt de Windsor. On prit cette envie de sa part pour un caprice bizarre, car sa santé dès lors ne lui permettait guère de se déplacer. Il persista et il vint à bout de son projet; il apprit presque tout ainsi de lui-même, allant à son gré à travers les auteurs, se faisant tout seul sa grammaire, et son plaisir était de traduire en vers les plus beaux passages qu'il rencontrait chez les poëtes grecs ou latins. Vers l'âge de seize ans son goût était formé, disait-il, autant qu'il le fut plus tard.

Je ne vois rien à tout cela de ridicule ni qui ne fasse

honneur à ce jeune et fertile esprit. S'il existe telle chose que le tempérament littéraire, il ne se dessina jamais chez personne d'une manière plus caractérisée et plus nettement définie que chez Pope. On est ordinairement classique par le fait de la discipline et de l'éducation : lui, il le fut par vocation, pour ainsi dire, et par une naturelle originalité. En même temps que les poëtes, il lisait les meilleurs d'entre les critiques et se préparait à dire son mot après eux. Il eut de bonne heure du goût pour Homère et le lisait dans l'original ; après Virgile, c'était Stace entre les Latins qu'il aimait le mieux. Il préférait dès lors le Tasse à l'Arioste, préférence qu'il garda toujours.

Il dut à sa condition de papiste de n'être point élevé dans les universités et de ne point passer par la voie commune et par les méthodes ordinaires.

Sa précocité comme auteur le mit en rapport dès l'adolescence avec des poëtes et des personnages en renom. Il ne fit pourtant que voir Dryden : celui-ci mourut en mai 1701, quand Pope allait avoir douze ans. Mais le merveilleux enfant avait pris de lui, en le lisant, une si haute et si chère idée, qu'il obtint de quelques amis qu'on le menât dans le café que fréquentait Dryden, et il revint tout heureux de l'avoir vu. Il put se dire comme Ovide : *Virgilium vidi tantum...* Il ne parlait jamais de cet illustre devancier, sans une entière révérence et en se défendant de toute idée de rivalité. « J'ai appris, disait-il, tout l'art des vers de la seule lecture des œuvres de Dryden, et, lui-même, il eût sans doute mené cet art à sa dernière perfection, s'il avait été moins commandé par la nécessité. » Pope avait ce signe caractéristique des natures littéraires, le culte fidèle du génie.

S'il haïssait trop les sots auteurs et les méchants poëtes, il n'en admirait que mieux les bons et les grands. Il avait du Malherbe et du Boileau réunis en lui ; importation hardie, transplantation toute nouvelle en si libre terre.

Exposé à bien des périls dans son enfance et plus d'une fois en danger de mort par accident ou par suite de sa fragilité de complexion et de nature, on a conservé des preuves touchantes de sa tendre et durable reconnaissance pour ceux qui lui avaient porté intérêt ou qui avaient contribué à le sauver. Quoi qu'on ait pu dire de son irritabilité de critique et des excès regrettables où elle le porta, il avait une âme humaine et faite pour l'amitié. Quelques faits qu'on a essayé de produire après sa mort, pour le noircir, ont été depuis expliqués à son honneur : l'ensemble de son œuvre parle pour lui.

Averti de bonne heure par un ami, le poëte Walsh, qu'il connut vers l'âge de quinze ans, il se dit qu'après tout ce qui avait été fait en poésie il n'y avait plus qu'une voie qui lui était laissée pour exceller. « Il y a eu plusieurs grands génies jusqu'ici, lui disait Walsh, mais nous n'avons pas eu encore un grand poëte qui fût à la fois correct ! soyez ce poëte-là. » Pope suivit le conseil, et toute sa vie, qui dura cinquante-six ans, fut consacrée à cette étude et à ce noble but qu'il sut atteindre et remplir.

Les soins qu'il prenait pour cela et pour se rendre capable, avec sa santé chétive, de cette tâche difficile et immortelle, peut-on lui en faire un reproche et un tort? Oui, il était attentif à tout, même dans la conversation; oui, quand une pensée, une expression heureuse, délicate ou vive, passait devant lui ou lui venait à l'esprit, il était empressé à la recueillir : toujours inquiet du mieux et de l'excellent, il l'amassait goutte à goutte et n'en laissait volontairement distraire aucune parcelle; il s'y consumait, il se relevait la nuit quand il le fallait, et, comme il ne pouvait se servir seul, il faisait relever son monde, même en hiver, pour écrire une pensée qu'il craignait de perdre, et qui lui aurait échappé au réveil; car plus d'une de nos pensées, et des meilleures, sont souvent noyées et englouties à jamais entre deux sommeils, comme les Égyptiens dans la mer Rouge. Sourions, je le veux bien, de ces soins excessifs, de cette curiosité fébrile et parcimonieuse, mais sourions-en avec indulgence et comme il sied à des esprits humanisés aux Lettres et qui en ont connu eux-mêmes la douce manie. N'ayons pas deux poids et deux mesures.

Vous admirez Balzac; vous le citez plus d'une fois, vous l'introduisez volontiers au milieu de ces auteurs anglais, et même là où il n'a que faire : je le prends donc comme un exemple, à vous familier. Je me rappelle d'intéressantes révélations que j'entendais faire un jour sur sa préoccupation étrange et son égoïsme d'auteur en composant. Combien de fois, au milieu de la nuit, Balzac n'arriva-t-il pas au lit de Jules Sandeau endormi et qui vivait alors sous le même toit! Il le réveillait sans pitié, en sursaut, pour lui montrer et lui lire *dare dare* ce qu'il venait de produire tout chaud encore et tout fumant. Car il habitait dans son œuvre comme dans un antre de Vulcain, où il forgeait et frappait à coups redoublés sur l'enclume; et, durant tout ce temps-là, le monde extérieur n'existait pas pour lui. Vous lui parliez de votre mère, de votre sœur, de votre maîtresse : « Allons, disait-il, c'est très-bien, mais revenons à la réalité... Que ferons-nous de Nucingen, de la duchesse de Langeais?... » Il avait retourné la vie; la réalité pour lui était le rêve. Un jour que Jules Sandeau revenait de son pays natal où il avait assisté à une perte cruelle, à la mort d'une sœur, Balzac le revoyant et après les premières questions sur sa famille, lui dit tout à coup comme en se ravisant : « Allons, assez de raisonnement comme cela, revenons aux choses sérieuses. » Il s'agissait de se remettre au travail et, je le crois, au *Père Goriot.*

On trouvera cela beau peut-être au point de vue de l'inspiration et de la verve; c'est original du moins, et on y doit admirer une faculté de transposition singulière et puissante. Eh bien! en sortant de l'ordre de création, de cette création aveugle et un peu fumeuse, en daignant entrer dans la sphère sereine et tempérée des idées morales, des pensées justes, lucides, des réflexions élevées ou fines qui sont proprement l'objet et, comme dirait Montaigne, le gibier des philosophes et des sages, ne raillons pas trop ce curieux et aimable Pope d'avoir écouté si soigneusement la voix de son démon à lui et de son génie, d'avoir prêté l'oreille aux inspirations purement abstraites et spirituelles qui s'élèvent dans la solitude du cabinet ou dans l'entretien à deux quand on se promène en quelque allée de Tibur ou de Tusculum ; et quand l'esprit, tout en restant calme, se sent excité par l'émulation ou la douce contradiction d'un ami, ne nous scandalisons pas si lui-même, venant avec une sorte d'ingénuité nous initier à sa préoccupation littéraire constante, il nous fait la confidence que voici :

« Une fois que Swift et moi nous étions ensemble à la campagne pour quelque temps, il m'arriva un jour de lui dire que si l'on prenait note des pensées qui viennent à l'esprit, à l'improviste, quand on se promène dans les champs ou qu'on flâne dans son cabinet, il y en aurait peut-être quelques-unes qui vaudraient bien celles qui ont été le plus méditées. Et là-dessus, ajoute-t-il, nous convînmes de jeter sur le papier toutes les réflexions spontanées qui nous passeraient ainsi par la tête, tout le temps que nous serions ensemble. Nous le fîmes, et c'est ce qui donna matière aux maximes publiées ensuite dans nos mélanges ; celles de la fin d'un des volumes sont de moi, celles de l'autre volume sont du docteur Swift. »

Ce sont là des passe-temps ingénieux, des jeux de gens d'esprit et de gens de lettres ; on est loin de Shakespeare sans doute et même de Milton ; mais je ne vois rien en tout cela qui prête si fort au ridicule, et dans une Histoire de la littérature, la partie littéraire proprement dite, même en ce qu'elle offre d'un peu calculé et d'artificiel, a droit, ce semble, de trouver place et grâce. C'est ainsi, à la rigueur, que Pline le

Jeune et Tacite, se trouvant pour quelque temps ensemble dans la villa du lac de Côme ou en cette maison de Laurentinum qui nous a été si bien décrite, auraient pu, pendant quelques semaines, faire assaut et gageure de philosophie et de morale. La grande époque d'inspiration est passée : l'époque rassise et de déclin laisse lieu à bien des agréments encore, et même (Tacite et Swift l'ont prouvé) à de la véritable éloquence.

J'ai encore plus d'une chose à dire, et que je crois utile, à propos de Pope. Ce nom qui représente la poésie morale, la poésie correcte et ornée dans tout son fini et dans tout son charme de diction, est pour moi un prétexte et une occasion favorable, on le sent bien, pour maintenir un certain côté trop menacé et qu'on méprise trop aujourd'hui, après lui avoir tout accordé autrefois. La vue historique a tout envahi dans les Lettres : elle domine désormais toute étude, elle préside à toute lecture. Le livre de M. Taine n'est point en ceci combattu par moi : c'est plutôt un supplément que je lui demande et quelques correctifs pour l'avenir. Ce livre d'une critique originale et hardie est comme un arbre venu en pleine terre et qui pousse tous ses rameaux dans le sens et au profit de la séve anglo-saxonne. A ce point de vue, il est sûr que la poésie de Pope doit paraître comme un rameau avorté : c'est la moins anglo-saxonne des poésies anglaises. Ce n'est pas une raison pour la sacrifier en elle-même.

Et en général je dirai : combinons nos efforts, ne les opposons pas et ne détruisons rien. Vous nous invitez, vous nous obligez, à force de talent, à marcher avec vous vers le grand, le fort, le difficile, vers ce que nous n'aurions pas abordé à ce degré sans vous ; mais aussi ne nous supprimez pas nos points de vue habituels et agréables, nos paysages de Windsor et nos jardins de Twickenham. Agrandissons-nous du côté des hautes vallées et des hautes terres, mais gardons aussi nos riants domaines.

En un mot, n'allez pas donner raison à ce pessimiste qui me disait pas plus tard qu'hier encore : « Le moment n'est pas bon pour Pope, et il commence à devenir mauvais pour Horace. »

Lundi 13 juin 1864.

HISTOIRE

DE LA

LITTÉRATURE ANGLAISE

PAR M. TAINE

(SUITE ET FIN.)

I.

Il est bien entendu qu'en insistant à dessein et par manière d'exemple sur les mérites de Pope, je ne fais à l'ouvrage de M. Taine qu'un reproche indirect. Tous les mérites en effet, tous les caractères distinctifs de ce beau talent, il les a reconnus, et on pourrait même lui emprunter des phrases pour les définir ; mais il ne se comporte pas avec lui comme avec les autres grands poëtes qu'il a rencontrés jusque-là, il ne se complaît pas à le replacer dans son milieu ; il le déprime plutôt dans l'ensemble, il le réduit, et quand il est forcé de lui reconnaître une qualité, il ne la met pas dans son plus beau jour.

J'insiste donc parce que le danger aujourd'hui est dans le sacrifice des littérateurs et poëtes que j'appellerai modérés : longtemps ils ont eu l'avantage et tous les honneurs ; on plaidait pour Shakespeare, pour Milton, pour Dante, pour Homère même; on ne plaidait pas pour Virgile, pour Horace, pour Boileau, Racine, Voltaire, Pope, le Tasse, admis et reconnus de tous. Aujourd'hui partie complète est gagnée pour les premiers, et les choses sont retournées du tout au tout: les plus grands et les primitifs règnent et triomphent; les seconds même en invention après eux, mais naïfs et originaux encore de pensée et d'expression, les Regnier, les Lucrèce, sont remis à leur juste rang, et ce sont les modérés, les cultivés, les polis, les anciens classiques, qu'on tend à subordonner et qu'on est disposé, si l'on n'y prend garde, à traiter un peu trop sous jambe : une sorte de dédain et de mépris (relativement parlant) est bien près de les atteindre. Il me semble qu'il y a lieu de tout maintenir, de ne rien sacrifier, et en rendant plein hommage et entière révérence aux grandes forces humaines qui, semblables aux puissances naturelles, éclatent comme elles avec quelque étrangeté et quelque rudesse, de ne cesser d'honorer ces autres forces plus contenues qui, dans leur expression moins semblable à une explosion, se revêtent d'élégance et de douceur.

Le jour où viendrait un critique qui aurait le profond sentiment historique et vital des lettres comme l'a M. Taine, qui plongerait comme lui ses racines jusqu'aux sources, en poussant d'autre part ses verts rameaux sous le soleil, et en même temps qui ne supprimerait point, — que dis-je ? qui continuerait de respecter et de respirer la fleur sobre, au fin parfum, des Pope, des Boileau, des Fontanes, ce jour-là le critique complet serait trouvé ; la réconciliation entre les deux écoles serait faite. Mais je demande l'impossible: on voit bien que c'est un rêve.

Pope, en attendant, reste un vrai poëte et, sous ses défauts physiques, une des plus fines et des plus belles organisations littéraires proprement dites qui se soient encore vues. Il est difficile, je le sais, de l'aborder autrement aujourd'hui qu'avec bien des objections. Et d'abord il a traduit Homère : il l'a travesti, dit-on ; et là-dessus on l'écrase, on le compare à La Motte ; prenant le texte original en deux ou trois endroits, on se donne l'honneur d'une facile victoire. Remarquez que cette victoire, on est sûr d'avance de l'obtenir indistinctement sur tout traducteur, quel qu'il soit, d'Homère. Pour être juste, il faudrait commencer par dire que Pope a parfaitement bien senti et bien admiré Homère ; que sa préface est d'une excellente critique pour le temps, et bonne encore à lire aujourd'hui ; que la grandeur, l'invention, la fertilité de l'original, cette vaste universalité première d'où chaque genre ensuite a découlé, sont admirablement comprises. Quant à sa méthode de traduction en vers rimés et à la façon dont il l'a suivie, elle est d'une suprême élégance, ce qui est déjà une infidélité. La rime l'a conduit à des oppositions, à des redoublements d'antithèses dans des tours de phrases limités, ce qui est son fort à lui, mais ce qui est contraire à la large manière homérique et à ce plein fleuve naturel, courant à toutes ondes, continu, épandu et sonore. Il paraît bien, au reste, que William Cowper, avec ses vers sans rime et qui tiennent de la manière un peu forcée de Milton, n'a pas mieux réussi de son côté à rendre, non plus la continuité, mais la rapidité du fleuve homérique (1). Ce qu'il faut dire, c'est qu'Homère est intraduisible en vers. Il est donc tout simple qu'en voyant l'*Iliade* de Pope, Bentley ait dit : « Il ne fallait pas intituler cela Homère. » L'ouvrage de Pope n'en est pas moins un merveilleux travail en soi, et celui qui l'a exécuté mérite qu'on parle de lui, même à cette occasion, avec tous égards et une belle part d'éloges. Pope s'est montré trop artificiel en traduisant Homère, mais ce qui n'était pas artificiel, c'était son émotion sincère en le lisant. Il disait un jour à un ami : « J'ai toujours été particulièrement frappé de ce passage d'Homère où il nous représente Priam transporté de douleur pour la perte d'Hector, au point d'éclater en reproches et en invectives contre les serviteurs qui l'environnent et contre ses fils. Il me serait toujours impossible de lire cet endroit sans pleurer sur les malheurs du vieux monarque infortuné. » Et alors il prit le livre, et il essaya en effet de lire à

---

(1) J'emprunte ces jugements à l'un des plus fins et des plus exacts critiques anglais. — Voir *trois Leçons* données à Oxford *sur la manière de traduire Homère*, par M. Matthew Arnold. On y trouvera sur la traduction de Pope le dernier mot du goût.

7.

haute voix le passage : « Allez-vous-en, misérables; opprobre de ma vie... » Mais il fut interrompu par ses larmes.

Nul exemple ne nous prouve mieux que le sien combien la faculté de critique émue, délicate, est une faculté active. On ne sent pas, on ne perçoit pas de la sorte quand on n'a rien à rendre. Ce goût, cette sensibilité si éveillée, si soudaine, suppose bien de l'imagination derrière. On raconte que Shelley, la première fois qu'il entendit réciter le poëme de *Christabel,* à un certain passage magnifique et terrible, prit effroi et tout d'un coup s'évanouit. Il y avait déjà dans cet évanouissement tout le poëme d'*Alastor.* Pope, non moins sensible en son genre, ne pouvait aller jusqu'au bout de ce passage de l'*Iliade* sans fondre en larmes. Quand on est critique à ce degré, c'est qu'on est poëte (1).

Il l'a bien prouvé dans cet *Essai sur la Critique,* qu'il composa à vingt et un ans, qu'il garda sous clef pendant plusieurs années, et qui vaut bien, ce me semble, l'*Épître aux Pisons,* ce qu'on appelle l'*Art poétique* d'Horace, et celui de Boileau. Mais, à propos de Boileau, puis-je donc accepter ce jugement étrange d'un homme d'esprit, cette opinion méprisante que M. Taine, en la citant, prend à son compte et ne craint pas d'endosser en passant : « Il y a deux sortes de vers dans Boileau, les plus nombreux qui semblent d'un bon

(1) Je profite, en ce moment, d'une intéressante dissertation que je reçois de Dublin, *Considérations sur l'esprit critique en littérature,* par Edward Dowden.

élève de troisième, les moins nombreux qui semblent d'un bon élève de rhétorique ? » L'homme d'esprit qui parle ainsi (M. Guillaume Guizot) ne sent pas Boileau poëte, et j'irai plus loin, il ne doit sentir aucun poëte en tant que poëte. Je conçois qu'on ne mette pas toute la poésie dans le métier ; mais je ne conçois pas du tout que, quand il s'agit d'un art, on ne tienne nul compte de l'art lui-même, et qu'on déprécie à ce point les parfaits ouvriers qui y excellent. Supprimez d'un seul coup toute la poésie en vers, ce sera plus expéditif ; sinon, parlez avec estime de ceux qui en ont possédé les secrets. Boileau était du petit nombre de ceux-là ; Pope également. Que de judicieuses et fines remarques, éternellement vraies, je recueille en le lisant, et comme elles sont exprimées dans une forme brève, concise, élégante, et une fois pour toutes ! J'en indiquerai quelques-unes qu'il faudrait citer dans l'original :

« De même que chez les poëtes un vrai génie n'est jamais que rare, de même le vrai goût est rarement le lot des critiques ; les uns et les autres également ne tirent que du Ciel leur lumière, les uns nés pour juger comme les autres pour produire. »

« Quelques-uns ont d'abord passé pour beaux esprits, ensuite pour poëtes ; puis, ils se sont faits critiques, et ils se sont montrés tout uniment des sots sous toutes les formes ! »

Cela est d'avance une réponse a ces artistes orgueilleux et vains, impatients de toute observation, comme nous en avons connu, et qui, confondant tout, ne savaient donner qu'une seule définition du critique : « Qu'est-ce qu'un critique ? C'est un impuissant qui n'a pu être artiste. » Tout artiste présomptueux avait trop intérêt à cette définition du critique : il s'en est suivi, pendant des années, la pleine licence et comme l'orgie des talents.

Parlant d'Homère et de son rapport avec Virgile, Pope établit la vraie ligne et la vraie voie pour les talents classiques et qui restent dans l'ordre de la tradition :

« Lisez, dit-il, et relisez Homère dans le texte, en le comparant sans cesse à lui-même, et pour votre commentaire prenez la muse de Mantoue. Il y eut peut-être un moment où Virgile jeune, dans l'orgueil de ses vastes pensées, méditant une œuvre plus immortelle que Rome elle-même, se croyait au-dessus des lois de la critique et dédaignait de rien puiser qu'à la source directe de la nature; mais quand il eut tout bien examiné des deux parts, il trouva que la nature et Homère, ce n'était qu'un. »

Certes la poésie des seconds âges, des âges polis et adoucis, n'a jamais été mieux exprimée par un exemple. Le poëte critique attribue même un peu trop à Homère quand, se souvenant à son sujet d'un mot d'Horace pour le réfuter, il dit que là où nous voyons une faute et une négligence, il n'y a peut-être qu'une ruse et un stratagème de l'art : « Ce n'est point Homère qui s'endort, comme on le croit, c'est nous qui rêvons. »

Le beau rôle du vrai critique, Pope l'a défini et retracé en divers endroits pleins de noblesse et de feu, et que je rougis de n'offrir ici que dépolis et dévernis en quelque sorte, dépouillés de leur nette et juste élégance :

« Un juge parfait lira chaque œuvre de talent avec le même esprit dans lequel l'auteur l'a composée : il embrassera le tout et ne cherchera pas à trouver de légères fautes là où la nature s'émeut, où le cœur est ravi et transporté : il ne perdra point, pour la sotte jouissance de dénigrer, le généreux plaisir d'être charmé par l'esprit. »

Et ce beau portrait, l'idéal du genre, et que chaque critique de profession devrait avoir encadré dans son cabinet :

« Mais où est-il Celui qui peut donner un conseil, toujours heureux d'instruire et jamais enorgueilli de son savoir; que n'influencent ni la faveur ni la rancune; qui ne se laisse point sottement prévenir, et ne va point tout droit en aveugle; savant à la fois et bien élevé, et quoique bien élevé, sincère; modeste jusque dans sa hardiesse, et humainement sévère; qui est capable de montrer librement à un ami ses fautes, et de louer avec plaisir le mérite d'un ennemi; doué d'un goût exact et large à la fois, de la double connaissance des livres et des hommes; d'un généreux commerce ; une âme exempte d'orgueil, et qui se plaît à louer, avec la raison de son côté? »

Pour être un bon et parfait critique, Pope le savait bien, il ne suffit pas de cultiver et d'étendre son intelligence, il faut encore purger à tout instant son esprit de toute passion mauvaise, de tout sentiment équivoque ; il faut tenir son âme en bon et loyal état.

On ne sent pas le beau à ce degré de vivacité et de délicatesse, sans être terriblement choqué du mauvais et du laid. Il faut payer la jouissance exquise. Quand on a l'âme si ouverte et si tendre aux beautés, et jusqu'à en pleurer comme Popé, on l'a également sensible aux défauts jusqu'à s'en piquer et s'en irriter. Celui qui jouit le plus vivement du parfum de la rose sera le premier offensé des méchantes odeurs. Aussi personne peut-être n'a-t-il eu, à un aussi haut degré que Pope, le sentiment et la souffrance de la sottise littéraire. Que faire cependant en présence des méchants auteurs, de ceux que de nos jours on n'ose plus appeler tout simplement les sots, et qui en effet sont la plupart si bien frottés de l'esprit de tout le monde que ce ne sont plus que des *demi-sots?* Pope qui, comme tant de moralistes, n'a pas assez observé ses propres maximes, nous en donne à ce sujet d'excellentes dans son *Essai;* il nous dit que le mieux est souvent de retenir sa critique, de laisser le sot s'espacer et s'épanouir tout à son aise : « Votre silence, en ce cas, est mieux que votre colère : car qui peut railler aussi longtemps qu'un sot est capable d'écrire? » Avis à nous autres impatients et susceptibles, quand nous nous attaquons en chemin à quelqu'une de ces plumes insipides, infatuées, intarissables, que nous ne voulons plus même nommer !

Pope nous résume toute sa théorie, qui est celle des Virgile, des Racine, des Raphaël, de tous ceux qui, dans l'art, ne sont pas pour la réalité pure, pour la franchise à tout prix, fût-ce la crudité! pour la force à tout prix, fût-ce la violence !

« Le véritable esprit (ou talent), c'est la nature, — la nature mise à son avantage; ce qui a été souvent pensé, mais ce qui n'avait jamais été encore exprimé si bien; quelque chose dont la vérité nous trouve convaincus déjà à première vue, qui nous rend une certaine image que nous avions dans l'esprit. »

Il est pour le choix, il n'est pas pour le trop, pas même pour le trop d'esprit ou de talent : « Une œuvre peut pécher par le trop d'esprit, comme le corps peut périr par excès de sang (1). »

Toutes ces vérités délicates sont rendues chez Pope en vers élégants et en bien moins de mots que je n'en mets ici ; car autant que de Malherbe on peut dire de lui :

D'un mot mis en sa place enseigna le pouvoir.

Mais il a sur Malherbe, comme sur Boileau, l'avantage d'écrire dans une langue très-riche en monosyllabes ; à la manière dont il use de ces mots si courts, il se montre encore très-anglais de style, et je crois pouvoir

---

(1) Il est curieux de se dire, en regard de Pope et par opposition à sa poétique, ce que nous sommes devenus. Des talents puissants n'ont pas hésité à faire de l'exagération une vertu (voir dans le *Shakespeare* de Victor Hugo, pages 122-124, toute une théorie sur les *génies outrés*). C'était aussi la théorie déclarée de Balzac qui n'admettait pas que Pascal pût demander à l'âme des grands hommes l'équilibre et l'*entre-deux* entre deux vertus ou qualités extrêmes et contraires. Hier un violent disciple de Balzac souffletait Vauvenargues (lisez La Rochefoucauld) pour avoir dit que ce n'est pas assez d'avoir de grandes facultés, qu'il faut en avoir l'*économie* : et remarquez qu'*économie* ne veut dire là qu'*ordonnance, distribution, bon emploi*, et non *épargne*. Mais on n'y regarde plus de si près, chacun prêche ouvertement pour son saint, pour sa qualité ou son défaut, pour son tempérament. On me dira que les Pope, les Horace, les Joubert, ne font pas autre chose dans leur genre : mais convenez que l'esprit trouve mieux son compte avec eux.

dire, sans m'aventurer, que son vocabulaire, quoique plus composé de mots abstraits que chez d'autres poëtes, est du meilleur et du plus pur fonds indigène. Il savait bien, au reste, que c'était chose nouvelle, inusitée et longtemps inouïe dans sa nation, que cette tentative de régularité et cette exacte codification du goût : « En France, disait-il, la nation y est accoutumée, on obéit, on se soumet; mais nous, braves Bretons (1), nous méprisons les lois étrangères, et non conquis, non civilisés, défenseurs hardis et féroces des libertés du talent, nous défions toujours les Romains comme autrefois. » Cela était vrai du moins la veille encore et avant Dryden. Il termine modestement en disant que « sa muse sera contente, si elle aide les ignorants à voir ce qui leur manque, et les hommes instruits à réfléchir sur ce qu'ils savaient déjà » ; ce qui a été rendu d'après lui en un seul vers latin excellent qu'on croirait d'Horace :

Indocti discant, et ament meminisse periti.

J'ai omis, dans cet *Essai* d'art critique et poétique, de charmants modèles de versification et de poésie

---

(1) André Chénier, lorsqu'il a dit dans une Épître, parlant de son art composite et de ce métal de Corinthe auquel il compare son style :

> Tout ce que *des Bretons la muse inculte et brave*,
> Tout ce que des Toscans la voix fière et suave
> . . . .
> M'offraient d'or et de soie est passé dans mes vers,

se souvenait probablement de ce passage de Pope.

imitative que l'auteur a su joindre aux leçons, si bien que le précepte porte avec lui l'exemple. Il y a entre autres un passage célèbre et le plus parfait peut-être qui existe en son genre chez les modernes; Addison l'a cité avec éloge dans le 253ᵉ numéro de son *Spectateur* :

« Ce n'est pas assez de n'offenser par aucune rudesse : le son doit sembler n'être que l'écho du sens. Doux est le courant du vers quand Zéphyr souffle avec grâce, et l'humide ruisseau coule avec plus de mollesse encore ; mais quand les fortes lames fouettent la côte retentissante, le vers rude et rauque devra rugir comme un torrent. Quand Ajax (*dans Homère*) s'efforce de lancer quelque énorme quartier de rocher, le vers aussi travaille et les mots marchent pesamment : autre chose, quand la légère Camille (*chez Virgile*) rase la plaine, vole sans les courber sur la tête des épis, ou effleure la cime des vagues. »

De tels morceaux, on le conçoit, sont intraduisibles; et quand Delille, avec sa grande habileté, imitant ce passage au quatrième livre de *l'Homme des Champs,* vient nous dire :

Peignez en vers légers l'amant léger de Flore;
Qu'un doux ruisseau murmure en vers plus doux encore...,

il manque tout d'abord à la précision et à la sobriété de Pope qui dit *Zéphyr* tout court et non pas *l'amant de Flore*. Il faut lire cela dans l'original pour estimer Pope à son prix. On ne doit pas plus confondre Pope avec Delille que Gresset avec Dorat. C'est comme pour les vins : il y a bouquet et bouquet; ce bouquet en soi est peu de chose, mais au goût il est tout.

II.

Je n'ai pas dessein, on le pense bien, de parcourir les principaux ouvrages de Pope. Ce que je tiens à marquer (après Campbell), c'est que s'il n'est pas un poëte universel dans le sens qui frappe le plus aujourd'hui, il n'est pas moins véritablement poëte, quoique dans un ordre moins orageux, moins passionné, moins éclatant, dans un mode orné, juste et pur. Il est fort supérieur à Boileau pour l'étendue des idées, et aussi par le goût du pittoresque; mais on lui a fait quelques-uns des mêmes reproches que nous-même nous avons adressés à Boileau à nos débuts et dans notre première impertinence. Un poëte, qui a cru devoir donner une édition de Pope ou qui du moins y a mis une préface, le révérend M. Bowles, un des précurseurs du mouvement romantique anglais, a fait à son auteur bien des querelles et lui a reproché bien des infériorités : « Le vrai poëte, disait Bowles, doit avoir un œil attentif et familier à chaque changement de saison, à chaque variation de lumière et d'ombre dans la nature, à chaque rocher, à chaque arbre, — que dis-je? à chaque feuille sur sa branche la plus secrète. Celui qui n'a pas l'œil fait pour observer toutes ces choses, et qui ne peut d'un seul regard distinguer chaque nuance et chaque teinte dans sa variété, sera d'autant insuffisant par là même dans une des plus essentielles qualités du poëte. » Pope n'est certes pas dénué de pittoresque; il sentait la nature, il l'a aimée et décrite dans sa forêt de Windsor ; condamné par sa santé à une vie sédentaire et ne pouvant voyager vers les grands sites, il avait le goût de la nature champêtre, telle qu'elle s'offrait riante et fraîche autour de lui : il dessinait même et peignait le paysage, il avait pris des leçons, pendant une année et demie, de son ami Jervas ; et comme on lui demandait un jour : « Lequel des deux arts vous donne le plus de plaisir, la poésie ou la peinture ? » — « Je ne saurais réellement le dire au juste, répondit-il : tous deux ont extrêmement de charme. » Il est certain, toutefois, qu'il était loin de remplir le programme détaillé que Bowles propose au poëte et les conditions pittoresques qu'il exige ; Wordsworth seul, depuis, a pu y suffire. Bowles lui-même a fait en ce sens des sonnets délicieux, d'une nuance infinie, et il n'a pas pris garde qu'il érigeait son goût et son talent personnel en loi et en théorie générale ; il se prenait pour type, comme il arrive souvent.

Ne confondons point les genres et les natures ; ne demandons pas à une organisation ce qui est le fruit d'une autre ; appliquons à Pope son propre et si équitable précepte : « En chaque ouvrage considérez le but de l'écrivain, car on ne peut y trouver plus et autre chose qu'il n'a voulu y mettre. »

Ami de Bolingbroke, de Swift, Pope ne les suit pas jusqu'au bout de leur philosophie et de leurs audaces. En mettant en vers les idées de Bolingbroke, en les combinant avec celles de Leibniz, il n'allait pas au delà d'un déisme bienveillant et intelligent : l'*Essai sur l'Homme,* tel qu'il est sorti de sa pensée et de sa main, dans sa mesure honorable et incomplète, dans sa gravité ornée, est acquis depuis longtemps à la littérature française et nous est présent par la traduction de Fontanes et par la belle préface qu'il y a mise. Que de justes définitions, que de vers proverbes en sont sortis! Mais ce n'est point ce que je préfère de Pope; là où il a excellé avec originalité et sans dépasser le champ d'observation qui était véritablement le sien, c'est dans l'Épître morale, et M. Taine a signalé avec raison celle, entre autres, où il traite des *caractères* et de la *maîtresse-passion* des hommes. Pope, à la façon de La Bruyère, et avec la difficulté comme avec l'agrément de la rime en plus, y a resserré constamment « le plus de pensée dans le moindre espace : » c'est le principe de sa manière.

Cette Épître nous montre par une suite d'exemples ou de remarques habilement choisies que pour qui veut connaître à fond un seul homme, un individu, tout trompe, tout est sujet à méprise, et l'apparence et l'habitude, et les opinions et le langage, et les actions même qui souvent sont en sens inverse de leur mobile : il n'y a qu'une chose qui ne trompe pas, c'est quand on a pu saisir une fois le secret ressort d'un chacun, sa passion maîtresse et dominante *(the ruling passion)*, dans le cas où chez lui une telle passion existe. Oh! alors, on a la clef de tout. Et il nous montre, dans une série d'exemples, chaque homme resté de plus en plus fidèle en vieillissant à cette forme secrète qui survit à tout et se démasque avec les années, qui s'éteint la dernière en nous et qui met comme son cachet à notre dernier soupir: « Le temps, qui pose sur toutes choses sa main adoucissante, n'apprivoise point cette passion : elle se colle à nous jusqu'au dernier grain du sablier. Consistante dans nos folies et dans nos fautes, la nature, honnête en cela et sincère, finit comme elle a commencé. » Et je traduirai à ma manière les exemples qu'il varie agréablement, et qui seraient moins familiers pour nous.

L'avare, jusqu'au dernier moment, refuse de dire : *Je donne.* Le géomètre-machine, qui ne répond plus à rien dans son agonie, si vous lui demandez à l'oreille quel est le carré de *douze,* répondra encore comme par un ressort mécanique: *Cent quarante-quatre.* Le poëte raffole d'immortalité et pense à ses vers; le héros revoit en délire ses trophées d'armes et ses compagnons dans les nuages. L'écrivain meurt en corrigeant ses épreuves; le soldat s'enveloppe dans son drapeau; Paillet demande sa robe d'avocat pour dernier linceul. Un jockey, renversé dans une course et roulant à demi mort sur l'arène, remuait encore les doigts en murmurant entre ses dents : *My whip !* (mon fouet !) — Picard, l'aimable auteur comique, à l'article de la mort, visité à Tivoli où il était par un spirituel docteur de ses amis, et celui-ci lui disant pour lui faire illusion : « Allons, vous vous en tirerez; nous mangerons encore ensemble des côtelettes d'agneau aux pointes d'asperges », Picard répondit ces deux mots à peine articulés : « Deux primeurs! » — Le prince Toufiakine expirant dit pour dernière parole : « Mlle Plunkett danse-t-elle ce soir? » — Chez Balzac, le baron Hulot en enfance dit à sa cuisinière pour la séduire : « Agathe, tu seras baronne ! » et il vivra assez pour tenir sa parole. Chacun meurt dans son élément.

Veut-on un plus noble exemple? Le cardinal de Richelieu, pour réconforter le Père Joseph moribond, ce capucin comme il y en a peu, qui était son bras droit et un politique patriote, imagine de lui crier à l'oreille : « Père Joseph, Brisach est pris ! » On venait d'apprendre cette glorieuse nouvelle. Et le Père Joseph, du sein de son apoplexie, a un tressaillement suprême. Voilà une belle fin. — Le grand ministre William Pitt, mourant en pleine lutte contre Napoléon, a pour dernier cri : « O mon pays ! »

Je n'ai fait en tout ceci que paraphraser l'Épître de Pope à la française, et la rendre pour nous plus parlante (1).

La politique de Pope était froide et assez indifférente, mais souverainement décente et très-littéraire. Mêlé aux hommes de parti, aux tories, aux whigs, très-lié avec les premiers, il n'épousa vivement aucune querelle ; il a exprimé sa doctrine dans des vers célèbres : « Laisse les fous se disputer pour les formes de gouvernement : l'État le mieux administré est le meilleur. » C'est ainsi que, plus tard, Hume le sceptique dira en appliquant des vers de Claudien :

... Nunquam libertas gratior exstat
Quam sub rege pio..............

(1) Et encore, Madame Louise, fille de Louis XV, qui s'était faite carmélite à Saint-Denis, redevenue princesse dans son délire sans

« La meilleure des républiques, c'est encore un bon prince. » — Pope a parlé de Cromwell comme d'un criminel illustre *condamné à l'immortalité*. La sphère d'idées où il vivait agréablement dans sa grotte et sur sa colline est tout à l'opposite de la région lumineuse et fervente où habitait Milton solitaire comme un prophète sur les hauts lieux. Mais l'historien littéraire, voyageur infatigable et toujours prêt pour les hospitalités les plus diverses, prend les grands hommes, les hommes distingués du passé, comme ils se présentent à lui, chacun chez soi; il sait qu'il y a plus d'un climat et plus d'une demeure pour les grands ou les beaux esprits.

Pope était bien le poëte de son moment, d'une heure brillante et tempérée, d'une époque mémorable où la société anglaise, sans s'abjurer elle-même, comme sous Charles II, entra en commerce réglé avec le continent et se prêta, pour les formes et pour les idées, à un utile et noble échange. Pope est ce qu'on appelle un esprit éclairé. Il était fait pour les amitiés de choix, et elles ne lui firent point défaut. On voit dans ses œuvres quel soin et quelle élégance il apportait à ses divers commerces épistolaires; il adaptait le tour et le ton de ses lettres à ceux à qui il écrivait. Sa Correspondance ne me paraît pas avoir encore été recueillie et publiée comme elle le mérite. S'il était l'homme des nobles intimités, il n'avait rien du personnage public; il a dit quelque part en s'appliquant un mot de Sénèque sur

---

cesser d'être nonne, et croyant toujours donner des ordres à son écuyer, laissa échapper ces dernières paroles : « *Au paradis, vite, vite, au grand galop !* »

les hommes d'une extrême timidité : « *Tam umbratiles sunt, ut putent in turbido esse quidquid in luce est.* Il y en a qui aiment la vie à l'ombre, au point de croire que c'est une même chose d'être à la lumière ou dans le tourbillon. Certains hommes, ajoute-t-il, comme certains tableaux, sont plus faits pour garder un coin que pour se montrer dans un plein jour. » Il se comptait lui-même de ce nombre ; charmant dans la conversation privée, pas plus que Nicole ou que M. de La Rochefoucauld il n'aurait pu aborder le discours public. Il se sentait incapable, disait-il, de faire devant douze amis (si la chose avait été d'avance concertée) le même récit qu'il aurait fait à merveille devant les mêmes, pris trois à trois indifféremment. Appelé un jour comme témoin dans un célèbre procès, il ne put prononcer les dix mots qu'il avait à dire sans se reprendre deux ou trois fois. Mais, dans l'intimité, c'était la grâce et la justesse même. Ses jugements sur les auteurs, ses propos sur tous sujets, particulièrement sur les matières littéraires, sont d'une vérité exquise. Chaucer, Spenser, Cowley, Milton, Shakespeare même, il parle d'eux tous à ravir, et il touche le point vif de chaque talent avec goût et impartialité. Pour apprécier le Pope de la causerie et de l'intimité, c'est Spence et ses *Anecdotes* qu'il faut lire.

J'ai seulement voulu montrer en tout ceci qu'on pouvait parler de Pope avec amitié et sympathie ; mais, avant de prendre congé de M. Taine comme il convient, j'ai besoin d'ajouter encore quelques remarques et une réflexion.

III.

Son troisième volume en appelle et en fait désirer un quatrième et dernier (1); la littérature anglaise moderne, celle du xixᵉ siècle, n'y tient pas en effet toute la place qu'elle a droit d'exiger. Quelques parties de son xviiiᵉ siècle lui-même-eussent demandé plus de développement. Très-juste dans ce qu'il dit sur les principaux noms de poëtes qu'il rencontre, le critique préoccupé de l'unité de son plan semble trop pressé d'arriver et de conclure. Gray le mélancolique, le délicat, si original, est trop étranglé; il n'y a nul rapport entre Gray et Lamartine, pas plus qu'entre une perle et un lac. Collins est confondu avec une dizaine d'autres; il valait la peine d'être distingué. Goldsmith poëte, de même, méritait bien une légère visite à domicile pour son village d'Auburn. Si l'Écossais Robert Burns est fortement senti et dignement classé, William Cowper n'obtient pas, ce me semble, une part suffisante et proportionnée dans cette renaissance du goût naturel, de l'expression réelle et poétique. Les Lakistes aussi sont trop à l'étroit. Walter Scott est sévèrement traité, et nullement au gré de nos souvenirs. M. Taine ne le met point comme romancier, au rang auquel il a droit. En général, c'est la proportion qui manque à cette fin. Le critique philosophe, ayant porté toutes ses forces sur les

(1) Ce volume a paru depuis.

parties difficiles et comme sur les hauts plateaux, descend un peu vite ces pentes agréables, si riches toutefois en accidents heureux et en replis ; il dédaigne de s'y arrêter, oubliant trop que c'eût été pour nous, lecteurs français, la partie la plus accessible et une suite d'étapes des plus intéressantes par le rapprochement continuel avec nos propres points de vue. Ce défaut, si l'auteur le veut, est aisément réparable. Dans tous les cas, l'ouvrage de M. Taine, tel qu'il s'offre dans cette première forme une et entière, subsistera comme une des œuvres les plus originales de notre temps.

Enfin, je ne saurais quitter un semblable ouvrage et un auteur de ce mérite sans dire quelque chose de l'incident académique qui a fait bruit. Ce livre, il est bon de le rappeler, soumis à une Commission et lu par chacun des membres qui la composaient, avait paru d'abord, et à l'unanimité, digne d'un de ces prix que l'Académie française a pour charge spéciale de décerner. Notez que le prix dont il s'agit, dans les termes posés par le testateur, n'implique que des conditions de science et de talent. C'est cette proposition, votée à l'unanimité (je le répète) par sa Commission, que l'Académie, réunie en nombre, et après un long débat, a cru devoir repousser, en se fondant sur des principes d'orthodoxie philosophique qui lui semblaient enfreints et violés par le système de l'auteur. Je ne m'étonne pas plus qu'il ne le faut de ce résultat auquel ont concouru d'illustres confrères de tous les bords, les uns éclectiques, les autres voltairiens, d'autres gallicans, plusieurs enfin purement catholiques, lesquels réunis tous ensemble et coalisés, la plupart déclarant qu'ils n'avaient pas lu l'ouvrage, se sont crus pourtant autorisés et obligés à le repousser en conscience sur le simple exposé des objections. Retenu et empêché ici par mon travail, je n'ai pu prendre part à la discussion ; s'il m'avait été permis d'y assister, loin de désavouer en partie M. Taine, comme ont paru le faire ceux même qui le défendaient le mieux, j'aurais essayé, en le prenant tel qu'il s'offre, de présenter et de faire valoir, moins encore en sa faveur que dans l'intérêt de l'illustre Compagnie, une seule considération que je crois digne d'être méditée.

Un progrès moral reste à faire en notre xixe siècle qui se vante d'être un siècle de tolérance, et qui ne l'est encore qu'à demi. Qu'on se figure le temps où une religion dominante interdisait toute dissidence dogmatique ou philosophique ; où tout hérétique ou schismatique ou mécréant était écrasé. Lors même qu'on en vint à tolérer tant bien que mal les diverses communions chrétiennes, il y avait les Juifs que l'on continuait de honnir, que l'on vexait en chaque rencontre ou que l'on flétrissait à plaisir dans l'opinion. Au siècle dernier, il y a cent ans, c'était un crime encore (légalement parlant), une tache et un sujet de répulsion d'être déiste comme Rousseau dans l'*Émile* ou comme Marmontel dans *Bélisaire* (je ne rapproche que la doctrine, non les talents). Aujourd'hui le déisme, le mosaïsme, sont fort bien portés, et on les salue avec respect là où on les rencontre. Reste l'accusation de spinosisme : ici chacun se signe ou se voile la face. Ne serait-il pas temps, hommes éclairés et qui êtes à la tête des intelligences, de faire un effort de plus et de donner à tous un exemple? Oui, il existe, en effet, une classe bien peu nombreuse de philosophes sages, sobres, vivant de peu, sans intrigue, occupés, — comme ce Woepke mort récemment et dont M. Taine nous entretenait l'autre jour (1), — occupés, dis-je, à rechercher uniquement et scrupuleusement la vérité dans de vieux livres, dans des textes ingrats ou par des expériences difficiles; des hommes qui voués à la culture de leur entendement, se sevrant de toute autre passion, attentifs aux lois générales du monde et de l'univers, et puisque dans cet univers la nature est vivante aussi bien que l'histoire, attentifs nécessairement dès lors à écouter et à étudier dans les parties par où elle se manifeste à eux la pensée et l'*âme* du monde; des hommes qui sont stoïciens par le cœur, qui cherchent à pratiquer le bien, à faire et à penser le mieux et le plus exactement qu'ils peuvent, même sans l'attrait futur d'une récompense individuelle, mais qui se trouvent satisfaits et contents de se sentir en règle avec eux-mêmes, en accord et en harmonie avec l'ordre général, comme l'a si bien exprimé le divin Marc-Aurèle en son temps et comme le sentait Spinosa aussi; — ces hommes-là, je vous le demande (et en dehors de tout symbole particulier, de toute profession de foi philosophique), convient-il donc de les flétrir au préalable d'une appellation odieuse, de les écarter à ce titre, ou du moins de ne les tolérer que comme on tolère et l'on amnistie par grâce des

---

(1) Voir le *Journal des Débats* du 14 mai 1864.

errants et des coupables reconnus; n'ont-ils pas enfin gagné chez nous leur place et leur coin au soleil; n'ont-ils pas droit, ô généreux Éclectiques que je me plais à comparer avec eux, vous dont tout le monde sait le parfait désintéressement moral habituel et la perpétuelle grandeur d'âme sous l'œil de Dieu, d'être traités au moins sur le même pied que vous et honorés à l'égal des vôtres pour la pureté de leur doctrine, pour la droiture de leurs intentions et l'innocence de leur vie? C'est ce progrès final et digne du XIXe siècle que je voudrais voir s'accomplir.

Lundi 20 juin 1864.

JEAN-BON SAINT-ANDRÉ.

SA VIE ET SES ÉCRITS

PAR M. MICHEL NICOLAS (1).

L'idée que je voudrais développer ici sous forme historique et biographique est une idée plutôt morale que littéraire. Elle m'est venue, il y a quelques années déjà, en lisant le volume de M. Michel Nicolas sur Jean-Bon Saint-André, d'abord pasteur protestant, puis conventionnel montagnard, membre du Comité de salut public, en mission auprès des armées navales; puis dénoncé, mis en arrestation; puis consul de France à l'étranger, captif en Orient, éprouvé par la persécution et le malheur; puis enfin, à sa rentrée en France et

(1) 1 vol. in-18, à Montauban, 1848.

pendant douze années, excellent préfet de Mayence sous le Consulat et sous l'Empire, un administrateur modèle, mort à son poste, au champ d'honneur, en décembre 1813, sous le coup de nos désastres, cerné par la guerre, les maladies, par tous les fléaux qu'amènent avec elles les défaites, et lui-même atteint et frappé du typhus qui sévissait dans ces contrées des bords du Rhin. Nul exemple ne me paraît plus propre à montrer à quel point des hommes, même énergiques de trempe et de volonté, sont assujettis et soumis au milieu où ils vivent, dépendant des circonstances, changeant de face sans changer de caractère; combien il est juste, même après des excès et des torts, de ne pas désespérer de ceux qui ont une valeur réelle et un vertueux principe d'énergie; comment le malheur éprouve et épure, même à leur insu, certaines natures restées saines au fond; et ce que peuvent devenir d'honorable et d'utile pour la société et pour la patrie ceux qui, hors des cadres réguliers et durant l'orage des interrègnes, dans la convulsion des mouvements révolutionnaires, cherchaient vainement leur niveau et leur emploi. Insuffisants et impuissants aux premiers rôles où le hasard des événements les avait portés, on les retrouve, à peu d'années d'intervalle, aux seconds rangs, devenus de bons, de fermes, d'intègres et infatigables serviteurs du pays. Le premier Consul, avec son coup d'œil et sa parfaite connaissance des hommes, sut démêler dès le premier jour, dans les débris des anciens partis, tous les matériaux vivants, toutes les pierres ouvrières, si j'ose dire, qui pouvaient servir à l'œuvre de reconstruction sociale qu'il entreprenait. Il s'adressa dans sa haute et froide impartialité à toutes les nuances, à toutes les couleurs d'opinions qui s'étaient dessinées depuis 1789 jusqu'au 18 brumaire, sans en exclure aucune, au côté droit comme au côté gauche des diverses Assemblées qui s'étaient succédé : il convenait pourtant que les Constituants lui donnaient plus de mal que d'autres à réduire et à employer; les Conventionnels lui en donnèrent moins : ils avaient été amenés à comprendre mieux que les premiers que la liberté n'est pas tout, que le salut public doit passer même avant les principes, et que dans la vie des nations il y a telle chose qu'on ne saurait supprimer, le gouvernement avec ses nécessités à certaines heures. Il prit donc parmi eux des ministres, des préfets surtout; et dans les choix qu'il fit il n'en est pas un peut-être qui ait mieux répondu à ses vues que Jean-Bon, celui que désigna bientôt l'inévitable calembour populaire « Jean-Bon de Mayence ». Cette figure sévère et probe m'a paru à moi-même pouvoir offrir, dans son entière précision, le type de cette race d'hommes violents, emportés, chimériques, incomplets du moins, foncièrement honnêtes toutefois à l'état révolutionnaire, et devenus à la fin des instruments exacts, sûrs et pratiques sous une main habile, dans un Empire organisé. Il a cela de tout à fait honorable et de particulier, d'avoir été dans ses divers rôles sans arrière-pensée ni calcul et avec une entière franchise.

Je ne me suis pas contenté de lire le volume fort bien fait de M. Michel Nicolas, je me suis adressé à lui-même pour avoir les moyens, à mon tour, de remonter directement aux sources ; j'ai questionné par lettres des membres de la famille de Jean-Bon qui avaient gardé des récits de tradition orale ; j'ai reçu, de Montauban, la communication de pièces originales et rares, difficiles à retrouver (1). J'ai obtenu enfin du savant et aimable directeur des Archives de l'Empire, M. le comte de Laborde, l'autorisation de faire dépouiller la correspondance administrative du préfet du Mont-Tonnerre (c'était le titre de la préfecture de Jean-Bon). Voilà, va-t-on dire, bien de l'appareil et des préparations pour de simples articles ; mais quand une idée nous a une fois saisis, nous autres gens de pensée et de caprice, elle nous mène plus loin souvent que nous ne voudrions ; elle nous tient et nous obsède jusqu'à ce que nous l'ayons conduite à bonne fin et mise au jour.

I.

Jean-Bon, né à Montauban le 25 février 1749, était d'une bonne famille de foulonniers ou fabricants de draps, protestante de religion. Son père, tenant à lui donner une éducation libérale, le mit bien jeune au collége des Jésuites ; mais l'enfant ne voulait pas apprendre. Un jour, le père le prit par la main, et le conduisit au chef de son atelier auquel il dit : « Je

(1) Je les dois à l'obligeance de M. Forestié neveu, imprimeur de la préfecture à Montauban, éditeur et l'un des collaborateurs de la *Biographie de Tarn-et-Garonne*.

t'amène mon fils; tu lui feras carder la laine comme un simple ouvrier, et, s'il ne travaille pas comme il faut, voici un fouet avec lequel tu le châtieras. » On dit que depuis ce moment l'enfant ne se plaignit plus du travail du collège. Il fit de bonnes études, et au sortir de là son inclination eût été d'embrasser la profession d'avocat. Mais, pour avoir droit de l'exercer, il aurait fallu dissimuler sa qualité de protestant; car les odieux Édits étaient encore en vigueur. Il se tourna alors vers le commerce et pensa à entrer dans la marine marchande. Il étudia le pilotage à Bordeaux et fit quelques voyages sur mer, d'abord comme lieutenant, ensuite comme capitaine. Mais ayant fait deux fois naufrage et ayant perdu en dernier lieu, à son retour de Saint-Domingue, tout le fruit de ses économies, il se dégoûta de la mer et conçut l'idée de se consacrer au ministère évangélique.

C'était s'embarquer sur une autre mer encore périlleuse. Le temps, bien que les rigueurs se fussent un peu adoucies, n'était pas bon pour les Églises protestantes. On peut voir dans le livre éloquent de M. Napoléon Peyrat et dans l'*Histoire des Protestants de France* de M. de Félice quelle était alors la condition de ceux qu'on appelait les *Pasteurs du Désert*. Aussi le père de Jean-Bon s'opposa-t-il au désir de son fils; mais celui-ci, doué d'une grande volonté, persévéra dans son projet, et, après avoir mis sa mère dans le secret, il partit, laissant sur le bureau de son père une lettre dans laquelle il lui ouvrait son cœur et lui expliquait ses sentiments. Une telle lettre, si on l'avait conservée, donnerait la clef de cette âme ardente et droite à son point de départ. Jean-Bon se rendit à Lausanne pour étudier dans le séminaire qu'y avait fondé Antoine Court, père du célèbre Gébelin ; c'est de là que sont sortis tous les pasteurs protestants de France jusqu'au règne de Napoléon. En vingt-six mois ses études furent terminées, et il reçut la consécration. Il fut d'abord nommé pasteur à Castres où il se maria. C'est alors qu'il prit le nom de *Saint-André* sous lequel il resta connu. Les pasteurs protestants français prenaient ainsi, à leur entrée en fonction, un nom nouveau qui déguisait celui de famille ; c'était leur nom du désert. Jean-Bon se fit une réputation de prédicateur ; il fut appelé comme pasteur à Montauban, en 1788. « Une personne qui l'avait entendu me disait, il y a vingt-cinq ans (je cite un des témoins que j'ai interrogés), qu'il avait un genre différent de M. Adolphe Monod, mais qu'il était aussi éloquent que lui. » C'eût été dans ce cas un grand orateur, ce qui ne s'est pas vérifié plus tard à la Convention, où il se montra un homme d'action plutôt encore que de tribune. Ce qui paraît vrai, c'est qu'il avait surtout une facilité étonnante. Un jour son collègue s'étant trouvé mal en chaire après son exorde, Jean-Bon prit sa place immédiatement, et sur le plan même que le collègue venait de tracer, il fit un discours des mieux accueillis. On raconte le même tour de force de l'archevêque M. de Harlay.

On a de lui quelques sermons imprimés ; cela avait besoin du débit ; son expression manque d'originalité et de caractère. Il serait puéril aujourd'hui de venir rechercher minutieusement, dans ces discours de profession ou de circonstance, des contrastes ou de lointains rapports avec le langage qu'il tint depuis lors comme conventionnel et représentant du peuple. On voit bien percer çà et là quelques-unes des idées radicales qui sortirent plus tard à la chaleur de la fournaise ; mais ce ne sont que de faibles indices et qui, à eux seuls, ne prouveraient rien. Jean-Bon fut comme la plupart des hommes de cette époque : son esprit qui était ferme et net, et non supérieur, s'excitant et s'enflammant au foyer du cœur et au souffle de la passion, marcha avec les événements sans les devancer de beaucoup, et il est de ceux qui auraient pu dire en toute vérité avec le moraliste : « Les occasions nous font connaître aux autres, et encore plus à nous-mêmes. »

Le 30 avril 1789, à l'occasion de l'Édit de Louis XVI en faveur des Protestants et en vertu duquel il leur était permis de s'avouer tels désormais sans péril et sans crainte, de pratiquer leur culte, de contracter mariage selon les lois et de jouir des avantages et des droits de citoyens, Jean-Bon prononçait à titre et en qualité de pasteur, « devant quelques vrais serviteurs de Dieu et divers citoyens amis de la religion, de la tolérance, de la patrie et de l'humanité, » un discours ou sermon où il se montrait pénétré de reconnaissance envers « le bienfaisant monarque », et d'une sensibilité autant que d'une modération qu'il n'a que trop tôt démenties :

« Mais peut-on se le dissimuler ? disait-il en prévenant les objections ; quelque précieux que soit à nos yeux l'état civil que nous venons d'obtenir et qui influe à divers égards sur notre état religieux, nos temples restent encore ensevelis sous leurs ruines. Pleins de confiance en la bonté paternelle de notre monarque et rassurés par sa parole royale, nous devons attendre avec soumission l'abrogation de ces lois rigoureuses qui nous menacent encore... Ah! ne soyons pas injustes! si les circonstances n'ont pas permis au Gouvernement de guérir entièrement les plaies de la nation qui saignent encore, bien loin de l'en blâmer, c'est à nous de louer sa profonde sagesse qui ne met des bornes à ses bienfaits que pour nous en assurer la jouissance. Pour nous placer où nous sommes, que de préjugés n'a-t-il pas fallu dissiper! que d'obstacles n'a-t-il pas fallu surmonter! La prudence est encore plus nécessaire aux princes qu'aux simples particuliers... »

Et il parlait avec sensibilité de la prochaine réunion des États Généraux, exhortant chacun de ceux qui y étaient appelés à faire effort pour le bien dans sa ligne et dans sa mesure, à concourir au règlement de la chose publique, au rétablissement de l'ordre dans les diverses parties de l'administration, « afin de redonner à notre bon roi, disait-il, la tranquillité et le bonheur qu'il a perdus et dont il est si digne. » Celui qui lui aurait prédit alors, et ce jour-là, que trois ans et demi après, nommé membre d'une Convention avec mandat de juger ce même roi, il aurait hâte d'en finir au plus tôt avec lui et de faire le plus sommairement tomber sa tête, — celui qui lui aurait prédit que son premier discours à cette Convention nationale serait non plus pour louer ce bon roi, mais pour célébrer « le bon peuple » qui l'y avait porté et qui venait de lui conférer à ses collègues et à lui une mission terrible, souveraine, une mission de nivellement estimée par lui légitime, irrésistible et régénératrice, l'aurait certainement bien étonné.

Un second discours ou sermon « sur la vocation à la liberté et sur les obligations qu'elle impose, » prononcé à Montauban le dimanche 9 octobre 1791, jour où la Constitution y fut proclamée, un vrai sermon encore, commençant par *Mes frères,* et finissant par *Amen,* nous le montre également dans l'exercice de son ministère pastoral ; et il serait difficile de deviner, en le lisant, ce qui devait éclater le lendemain, ce qui s'était déjà passé la veille.

Bien des violences avaient déjà eu lieu en effet, desquelles il paraît par ce discours avoir sincèrement désiré l'effacement et l'oubli. Pour se rendre compte des sentiments qui bouillonnaient alors dans son âme et dans bien des âmes autour de lui, il faut se reporter à sa situation particulière, à celle de ses compatriotes et coreligionnaires du Midi.

Jean-Bon n'avait pas été de ceux que les électeurs envoyèrent tout d'abord à l'Assemblée constituante ; il est possible que s'il avait été membre de cette première Assemblée comme le fut son collègue dans le ministère pastoral, l'estimable Rabaut Saint-Étienne, et s'il avait vu les choses de plus près, il se fût mûri, assagi, et que, son premier feu jeté, il eût bientôt jugé les événements d'un autre œil. Au lieu de cela, il resta dans sa province, à la tête du parti du mouvement, le chef de la Société populaire de Montauban, qu'il chauffait en se chauffant lui-même, et se maintenant dans un état d'incandescence que tout, à l'entour, favorisait.

Le conflit au sein d'une seule ville était extrême, la lutte incessante et comme forcenée. Notez que les adversaires étaient violents et les plus forts ; les protestants à peine émancipés, les patriotes eurent d'abord le dessous. Une conspiration royaliste et religieuse organisée contre les décrets de la Constituante embrassait ces ardentes contrées du Midi, de Montauban à Toulouse, de Toulouse à Nîmes. Le principal foyer était à Montauban même, où plusieurs patriotes, et surtout des protestants, avaient été massacrés dans une émeute ; quarante autres, presque tous négociants et de la religion réformée, étaient emprisonnés et menacés d'être sacrifiés aux fureurs du parti contre-révolutionnaire. Cet événement avait soulevé d'indignation la ville de Bordeaux dont la garde nationale avait pris les armes et s'était portée sur Montauban.

Qui dit cela ? C'est Mathieu Dumas qui, à l'occasion d'une mission militaire dont il fut chargé en 1790, a exposé dans ses Mémoires l'état de ces villes du Midi, les haines civiles, religieuses, partout aux prises et exaspérées. Après cela, peut-on s'étonner que Jean-Bon Saint-André, menacé à cette date par la rage des réactionnaires, forcé de quitter Montauban et se trouvant à Toulouse, nous soit signalé comme agitateur, comme excitant par ses prédications les gardes nationaux de cette ville, et qu'il lui soit échappé de dire à Mathieu Dumas, en le sommant de prendre quelques mesures dans un intérêt patriotique : « C'est le jour de la vengeance, et nous l'attendons depuis plus de cent ans? » Paroles malheureuses, s'il les a prononcées telles en effet, deux fois malheureuses dans la bouche d'un pasteur qui avait dû prononcer si souvent des paroles contraires de conciliation et de charité! Le révolutionnaire tuait en lui le chrétien. Mais il y avait en effet des siècles de persécution amassés dans ces âmes-là. Elles faisaient tout pour se contraindre et se tenaient à quatre aux heures de trêve, en répétant les conseils du divin Maître; le lendemain, la lutte se rengageant de plus belle, elles ne pouvaient s'empêcher d'éclater. Le vieux levain remuait, remontait à la surface et aigrissait tout. C'était une double et triple guerre de religion, de classe et de caste, le tout mêlé et confondu. Ces *out-law* de la veille arrivaient à leur délivrance triomphante avec une force de détente et d'impulsion dont ils n'étaient pas maîtres, et proportionnée à la résistance, à la longue oppression qui avait pesé sur eux. Encore une fois, peut-on s'en étonner?

Le récit émoussé et assez vague de l'honnête Mathieu Dumas nous a ouvert un jour sur les circonstances locales qui enflammaient et attisaient les passions. La suite des événements, de 1789 à 1792, dans ces villes du Midi, nous échappe et s'est déjà effacée. Les biographes du pays sont forcés eux-mêmes de glisser là-dessus. On en sait assez du moins pour voir qu'il entrait nécessairement bien du salpêtre et de la colère dans la composition de ces âmes.

Ce n'est point avec la froideur des années apaisées et régulières qu'il convient de juger les hommes et les produits d'une époque toute volcanique. La mesure qu'on voudrait leur appliquer serait fausse autant qu'injuste. Il ne s'agit ni de les grandir et de les diviniser, ni de les dégrader et de les démolir ; un de ces excès appelle l'autre : il est mieux de se les bien expliquer et de les comprendre. Je m'y efforce dans cet exemple nettement circonscrit et défini, qui me paraît prêter à une démonstration parfaite. Jean-Bon Saint-André, quinze ans après environ, et déjà préfet de Mayence, ayant à prononcer un discours pour la première séance publique de la *Société des Sciences et Arts* dont on l'avait nommé membre (1804), y disait dans un sentiment de vérité et de modestie qu'il nous faut tout d'abord invoquer à sa décharge :

« Citoyens, en paraissant pour la première fois au milieu de vous, étonné de la place que vos bontés m'ont assignée, je me demande à moi-même quels sont mes titres pour l'occuper. Homme obscur, ignoré dans la république des lettres ; jeté, *par cette force invisible qui maîtrise nos destinées,* dans les agitations d'une vie errante et toujours malheureuse ; *appelé, par un concours de circonstances extraordinaires, à des emplois redoutables, où le moment de la réflexion était sans cesse absorbé par la nécessité d'agir ;* remplissant encore aujourd'hui des fonctions administratives, bien plus par l'amour de la justice et l'instinct du devoir que par la connaissance approfondie des principes sur lesquels nos grands maîtres ont établi l'art si difficile de l'administration publique ; demeuré, par une captivité longue et douloureuse, presque entièrement étranger aux nouveaux progrès que des savants recommandables ont fait faire à la science, mon premier devoir, Citoyens, est de faire ici l'aveu public de mon insuffisance, et de vous déclarer que tout ce que je puis offrir à cette Société respectable est l'hommage sincère, mais sans doute impuissant, de ma bonne volonté... »

Et se voyant amené, par l'ordre des idées qu'il développait dans ce discours, à parler de la Révolution française, explosion et couronnement du xviiie siècle, de « cette Révolution à jamais étonnante qui, déplaçant tout, renversant tout, après des essais pénibles, souvent infructueux, quelquefois opposés, avait fini par tout remettre à sa véritable place, » il s'écriait, cette fois avec le plein sentiment de son sujet et avec une véritable éloquence :

« La Révolution ! quel mot ai-je prononcé ? Qui peut se flatter d'avoir une idée nette et précise de la série de ces événements tour à tour glorieux et déplorables, fruits du génie et de l'audace, des vertus les plus sublimes et des vices les plus bas, de la droiture la plus respectable et de l'iniquité la plus perverse, qui ont ébranlé le globe entier ? Assez d'écrivains, pressés de donner, comme les récits de la vérité, les rêveries de leur esprit ou les préventions de leur cœur, ont publié des ouvrages, prétendus historiques, de cette grande crise politique. Mais que celui qui, pendant la durée de l'orage, n'a été froissé par aucune secousse douloureuse, qui n'a sacrifié à aucune passion, n'a épousé aucun parti, n'a éprouvé aucun sentiment de haine ou de ressentiment, dont l'opinion a toujours été calme, l'esprit toujours froid, le jugement toujours impartial ; que celui qui peut dire avec Tacite, non dans une épigraphe pompeusement inscrite sur le frontispice de son livre, mais dans l'intérieur de sa conscience : *Mihi Galba, Otho, Vitellius, nec amicitia, nec odio cogniti,* que celui-là écrive pour nos contemporains l'histoire de la Révolution. Cette histoire appartient à nos neveux... »

Nous sommes de ces neveux ; répondons à son appel : soyons justes enfin, tâchons, s'il est possible, de nous montrer impartiaux et équitables, sans revenir à notre tour passionner et renflammer l'histoire à l'égal de la réalité. Jean-Bon Saint-André, porté et véritablement bombardé à la Convention par un parti longtemps combattu et qui avait comme enlevé sa nomination de vive force en demandant et en obligeant de faire l'élection *à haute voix,* y arrivait plein d'idées absolues, de rêves de progrès et d'amélioration immédiate. Il s'étonna bientôt de se trouver au milieu de partis divisés, irrités et aux prises sur des questions personnelles. Les Girondins, avec lesquels il était lié au début, ne le satisfirent pas. Ces hommes de talent et d'ambition qui, la plupart, depuis l'Assemblée législative avaient déjà tâté de la vie politique et étaient chaque jour en scène, avaient des engagements pris, des liaisons, des antipathies vives, des amis et des ennemis déclarés : lui, il arrivait sur le grand théâtre, à l'état abstrait, pour ainsi dire, neuf, pur du moins de toute prévention personnelle, et l'on peut dire qu'à cet égard il offrait table rase. Les souvenirs et les antécédents de la Constituante et de la Législative ne l'embarrassaient pas. C'était et ç'allait être un franc conventionnel, ayant purement et simplement l'esprit qu'il croyait devoir être celui de cette grande Assemblée. Il se considérait comme nommé par le peuple pour faire des choses radicales, extraordinaires, égalitaires, et pour les faire vite en fauchant les résistances. Retenant quelque chose de son ancien langage de prédicateur, il eût été homme à dire : « Il nous faut un nouveau Ciel, un nouveau peuple, une nouvelle terre. » Cela le conduisit tout d'abord à siéger à la Montagne.

II.

Les illusions théoriques dont il était nourri se montrent et s'étalent avec naïveté dans une *Opinion sur l'Éducation nationale* qui fut imprimée par ordre de la Convention. Il s'attache à y faire une distinction continuelle entre l'*instruction* et l'*éducation,* ajournant l'une et la dépréciant même, tandis qu'il insiste sur la nécessité absolue et la priorité naturelle de l'autre. Comme la plupart des régénérateurs de son temps, il paraissait croire, moyennant méthode, à une refonte complète possible de la constitution morale, intellectuelle et physique de l'homme : « La société a besoin, disait-il, que chacun de ses membres ait une constitution vigoureuse, un esprit éclairé et un cœur droit. » Prêchant l'excellence de l'éducation, il est en garde à tout instant contre l'instruction proprement dite, et semble demander qu'il n'y en ait pas trop, absolument comme Jean Reynaud parut le dire un jour dans sa fameuse circulaire. « Il est à remarquer, disait Jean-Bon, que les deux hommes qui ont le moins estimé les sciences soient précisément ceux qui ont le mieux senti le prix de l'éducation, Socrate et Jean-Jacques Rousseau. » Et, s'emparant de l'exemple de Socrate, dont la méthode était celle de la nature; qui favorisait le développement des facultés morales et ne le forçait pas, et qui n'était, selon sa propre définition, qu'un accoucheur des esprits :

« Eh bien! s'écriait Jean-Bon, ce sont des écoles formées sur ce modèle qu'il nous faut. Il nous faut des maîtres plus sensibles qu'instruits, plus raisonnables que savants, qui dans un lieu vaste et commode, hors des villes, hors de l'infection de l'air qu'on y respire et de la dépravation des mœurs qui s'introduit par tous les pores, soient les égaux, les amis, les compagnons de leurs élèves; que toute la peine, que tout le travail de l'instruction soit pour le maître, et que les enfants ne se doutent même pas qu'ils sont à l'école; que dans des conversations familières, en présence de la nature et sous cette voûte sacrée dont le brillant éclat excite l'étonnement et l'admiration, leur âme s'ouvre aux sentiments les plus purs; qu'ils ne fassent pas un seul pas qui ne soit une leçon; que le jour, la nuit, aux heures qui seront jugées les plus convenables, des courses plus ou moins longues dans les bois, sur les montagnes, sur les bords des rivières, des ruisseaux ou de la mer, leur fournissent l'occasion et les moyens de recevoir des instructions aussi variées que la nature elle-même, et qu'on s'attache moins à classer les idées dans leur tête qu'à les y faire arriver sans mélange d'erreur ou de confusion. »

Vous voyez d'ici le tableau idéal et enchanteur de toutes ces écoles primaires et rurales de la République française, où chaque enfant serait traité comme Montaigne, Rabelais ou Jean-Jacques ont rêvé de former et de cultiver leur unique élève.

On raconte que dans les premiers mois où il siégeait à la Convention, Jean-Bon, au milieu de tous les soins et soucis que lui donnait la chose publique, trouvait encore le temps de diriger de loin l'instruction du fils de sa sœur, le jeune Belluc (1), et que chaque courrier apportait à l'enfant ses devoirs *corrigés*. Quelle que fût sa théorie, en pratique il ne négligeait donc pas l'instruction, tout en donnant le pas à l'éducation.

Sa spécialité, son titre, comme membre de la Convention, n'est pas dans ces exposés de théories : il fut un homme de vigueur et d'action. Et d'abord, nous n'avons nulle envie de le dissimuler, il se montra sans pitié, sans scrupule dans le procès de Louis XVI, et se prononça contre tout délai et atermoiement. Il souffrait (ce qui vaut mieux) des débats irritants, des récriminations violentes qui remettaient toujours en avant les noms de Marat et de Robespierre; il accusait les Girondins et surtout le ministre Roland d'avoir perdu bien du temps à des querelles jalouses : il avait hâte qu'on prît les grandes et décisives mesures pour la défense du territoire. Nommé du Comité de Salut public lors

(1) J'ai sous les yeux une lettre de Jean-Bon, datée de Castres, du 17 mai 1787, dans laquelle, s'adressant à sa sœur et à son beau-frère, il leur parle de ce jeune enfant, et en toute cordialité : « Tu sais combien j'ai été enchanté de ton petit bonhomme; je « me nourris de l'espoir de lui être un jour utile, et de contribuer « peut-être à en faire un honnête homme. Mais, mes chers amis, « faites tout ce qui dépendra de vous pour que les impressions « qu'il va recevoir ne lui nuisent point; travaillez à nourrir sa « sensibilité. S'il ne la perd point, il aura de l'honneur, et par « l'honneur nous pourrons le conduire à toute sorte de bien. Vous « avez vu jusqu'à quel point ma femme s'était emparée de l'es- « prit et des volontés de cet enfant; personne ne le caressait plus « qu'elle, et personne ne s'en faisait mieux obéir qu'elle. C'est « parce qu'elle lui avait inspiré le désir d'être aimé, et cette « petite adresse réussira toujours... »

du renouvellement en juillet 1793, il en devint aussitôt un des membres les plus actifs et les plus employés. Ayant navigué autrefois, il prit pour son département la marine et s'en tira, somme toute, avec honneur. La question de guerre primait tout à ses yeux ; il la voulait active, brûlante, offensive, conforme au génie français. Chargé avec Prieur (de la Marne) d'une mission aux armées du Nord en août 1793, après la capitulation de Valenciennes, il se prononça vivement contre Custine et ce qu'il appelait le *Custinisme,* c'est-à-dire le système prudent et défensif. Jean-Bon a l'instinct d'un autre système de guerre, mais il n'en indique pas les moyens. Il se confiait aux bruits populaires, à la voix du soldat. Il en est aux déclamations du temps : « J'ai vu les braves gardes nationaux, disait-il, et je l'atteste parce que je l'ai vu, chacun de ces volontaires est un héros. » Pendant vingt-deux mois de Convention il vécut dans une fièvre ardente.

Envoyé bientôt à Brest avec le même Prieur (septembre 1793), il y prend le rôle qu'il ne quittera plus qu'à de rares instants, celui de délégué de la Convention auprès des armées navales, et chargé par elle de les réorganiser. La marine traversait alors sa crise la plus périlleuse et qui en compromettait toute l'existence. Le port et l'escadre même de Toulon venaient d'être livrés aux Anglais ; la flotte de l'Océan était en proie à de séditieux désordres. La plupart des officiers, ou nobles ou partisans de l'aristocratie, avaient émigré ou quitté le service; plusieurs de ceux qui restaient étaient suspects. Si on n'improvise pas des généraux et des officiers pour les armées de terre, à plus forte raison cela est-il vrai pour le service naval qui exige tant de connaissances et une si longue pratique. Jean-Bon, malgré sa méthode expéditive de suppléer à l'instruction par le patriotisme, s'en aperçut assez. Il essaya plus tard de subvenir aux vides des cadres de la ci-devant marine royale à l'aide des recrues de la marine marchande. Ce fut tout un système, aventureux, hasardé et commandé comme les systèmes d'alors. Ce qu'il fit de mieux, ce fut de pourvoir aux nécessités immédiates. Il y avait eu révolte des équipages contre leurs chefs dans la rade de Quiberon; on dut donner en partie raison à la clameur militaire et à l'émeute. On parvint toutefois à rétablir la discipline et à refaire une escadre respectable. Ces mois passés à Brest dans un travail incessant sont l'honneur de la carrière conventionnelle de Jean-Bon. Il leur dut aussi d'échapper à quelques-unes des luttes intestines de la Convention et de servir la patrie sans trop entrer dans ces discordes sanglantes. Une journée à jamais illustre dans les fastes de la Révolution couronna son effort; un grand convoi de grains était signalé arrivant d'Amérique (mai 1794). La famine qui sévissait chez nous le rendait deux fois précieux. Le convoi était escorté par le contre-amiral Vanstabel (1), trop faible pour lutter contre les croisières anglaises : il fut décidé que la flotte française sor-

---

(1) Jomini écrit ainsi le nom (*Histoire critique et militaire des Guerres de la Révolution*, tome V, page 284); Jean-Bon, dans ses comptes rendus des opérations, écrit également Vanstabel : M. Michel Nicolas l'appelle *Wenstabel*.

tirait de Brest commandée par Villaret-Joyeuse, irait au-devant du convoi attendu et combattrait au besoin les forces anglaises pour protéger son entrée. Jean-Bon Saint-André, fidèle à sa mission, voulut être à bord, et il monta le vaisseau *la Montagne,* de 130 canons, sur lequel le pavillon amiral fut arboré.

Lord Howe croisait sur les côtes de Bretagne et de Normandie avec une flotte de trente-trois vaisseaux et douze frégates. Sept de ces vaisseaux étaient pour le moment rentrés à Portsmouth sous les ordres de l'amiral Montagu ; il en restait vingt-six avec les douze frégates dans les eaux de Brest. « C'était une tâche pénible, a dit Jomini, d'aller à la rencontre de ces vétérans de l'Europe avec une escadre novice et à laquelle il fallait apprendre en voguant les manœuvres nautiques. »

On n'avait pas encore aperçu le convoi lorsqu'on rencontra lord Howe ; on résolut par honneur de le combattre. Jean-Bon Saint-André décida qu'il en serait ainsi. Trois jours se passèrent en manœuvres et en attaques incomplètes à travers la brume. Enfin le soleil du 1er juin (13 prairial), « jour à jamais mémorable, » se leva et éclaira sur une mer houleuse un engagement terrible. Il y eut des fautes, il y eut de l'inexpérience ; mais l'héroïsme des équipages et des hommes couvrit tout. Les deux vaisseaux amiraux furent longtemps aux prises. Jean-Bon, si ardent à l'attaque, fut accusé d'avoir ordonné trop tôt la retraite sur Bertheaume et de s'être opposé ensuite à une seconde sortie. On n'est pas très-bon juge à distance de ces sortes de reproches. Ayant pris sur lui d'ordonner le combat, il n'avait pas tardé à comprendre à son tour qu'à la guerre le patriotisme ne suffit pas à tout, et qu'il y a parfois nécessité de se contenir ou de reculer.

Au total, l'effet de cette journée, pourtant, fut des plus glorieux, et elle eut ses résultats. Le convoi attendu arrivant peu après, trouva la voie ouverte, la mer jonchée de débris et gagna le port sans dommage. Les Anglais vainqueurs reconnurent qu'ils avaient rencontré sur cet élément des adversaires et une nation. Ce qui importait le plus ce jour-là, c'était moins encore le gain ou la perte de la bataille que l'énergie constatée de la lutte et de la résistance. De notre côté, l'enthousiasme patriotique se sentit rehaussé comme après une victoire. La tribune par l'organe de Barère, la poésie par l'organe de Le Brun, célébrèrent l'héroïsme du vaisseau *le Vengeur* dont on avait cru tout l'équipage englouti dans son désastre. Jean-Bon Saint-André, quels que soient les reproches de conduite ou de tactique qu'on lui peut faire ainsi qu'à l'amiral, eut l'honneur de rester durant le combat sur le pont du vaisseau *la Montagne,* exposé à tous les feux, et il fut même légèrement blessé à la main.

Il a ce que bien peu obtiendront, il a par là sa journée marquée dans l'histoire; il a sa place parmi ces représentants plus généreux qu'expérimentés, prodigues d'eux-mêmes et des autres, qui durent tout improviser, tout organiser, et la victoire et jusqu'à la défaite, cette fois glorieuse; dont les uns moururent en chargeant l'ennemi, comme Fabre; dont les autres, comme Merlin de Thionville, figurent en artilleurs sur la brèche dans des défenses mémorables. Lui aussi il apparaît à son poste dans l'histoire, debout sur le tillac balayé de feux, et lançant la foudre, du vaisseau *la Montagne*.

J'ai sous les yeux copie du portrait de Jean-Bon par David, à cet âge de quarante-cinq ans environ. Il n'est pas en représentant ni en délégué; il lui manque les insignes, le panache et l'écharpe; il est en bourgeois, la tête couverte d'un chapeau ordinaire et commun, aux larges bords, les bras croisés, les cheveux longs, flottants, avec la queue derrière, dans l'attitude de l'observation sévère, ardente, pénétrante; le profil est grave, attentif; l'œil à moitié dans l'ombre lance un regard perçant : tout dans cette physionomie veut dire sévérité, vigilance, fermeté.

Jean-Bon ne prit point de part directe au 9 thermidor, et il en approuva le résultat. Il était absent et occupé dès lors à une autre mission dans le Midi, à Toulon qui, repris sur les Anglais et découronné de son nom, s'appelait *le Port de la Montagne*. Il y fit preuve, à défaut de génie spécial, du même zèle qu'à Brest, d'une faculté de labeur infatigable, et, dans quelques-uns de ses projets, d'instincts vastes et généreux. Les vues qui lui tenaient à cœur, plus grandioses que pratiques, et qui dans leur exagération embrassaient toute la Méditerranée, allaient à contrecarrer les plans autrement positifs du jeune général qui avait tant contribué à la prise de Toulon, et les propositions détaillées qu'il faisait dans le même temps pour la défense et l'armement des côtes; les deux systèmes durent être, un instant, en présence et en balance. Quoi qu'il en soit des erreurs, et par l'impulsion qu'il donna, Jean-Bon, pendant ces deux années de 93, 94, fut véritablement, et à son degré, le second de Carnot et, peu s'en faut, son semblable pour la marine.

Mais la réaction thermidorienne devait bientôt l'atteindre. De retour de sa mission, ayant repris place dans la Convention soi-disant restaurée et si partagée encore, restant fidèle à sa ligne, il se vit dénoncé, recherché pour ses actes et mis un moment en arrestation. Il se justifia et fut couvert par l'amnistie finale. Ses amis, toutefois, jugèrent prudent de l'éloigner, et on le fit nommer consul de France à Alger en 1795.

Ici commence une toute nouvelle partie de sa vie qui, pour moins de ressemblance encore avec la première, va en être séparée par un intervalle de captivité. d'épreuves et de souffrance. Le vieil homme aura ainsi tout le temps de se calmer et de s'apaiser : le nouvel homme aura tout le temps de se former et de naître.

Lundi 27 juin 1864.

JEAN-BON SAINT-ANDRÉ.

SA VIE ET SES ÉCRITS
PAR M. MICHEL NICOLAS.

(SUITE ET FIN.)

La vérité est difficile à bien établir et à fixer en tout, et particulièrement en histoire. On y recommence sans cesse des procès vidés ; on y refait des objections réfutées déjà et qu'on exhume; si l'on y répond, ce n'est qu'imparfaitement et sans user de tous les moyens de démonstration qu'on pourrait avoir : on n'a presque jamais toutes les pièces sous la main à la fois. Rarement le même esprit a présentes au même instant toutes les circonstances et les preuves relatives au fait débattu. Rarement il se rencontre un rapporteur complétement informé et définitif.

Je faisais ces réflexions en repassant depuis lundi

dernier quelques-unes des versions qui ont été données de la glorieuse bataille du 1ᵉʳ juin 1794, et je me prenais à désirer que parmi les compatriotes montalbanais de Jean-Bon qui ont déjà tant fait pour sa biographie, il y en eût un qui prît soin de former et de réimprimer un dossier complet des pièces qui peuvent mettre en pleine lumière ce point éclatant dans l'histoire de la Révolution et capital dans la vie du vaillant conventionnel. L'excellente discussion de M. Michel-Nicolas ne me suffit pas, et je voudrais voir rassemblées les pièces mêmes qui sont éparses, et dont quelques-unes peuvent se perdre. Aucune analyse ne supplée aux originaux.

M. Louis Blanc qui, vivant à Londres, se trouvait à la source pour contrôler les rapports français par ceux de la marine anglaise, et qui a pour habitude d'user de tous ses moyens d'information en historien consciencieux, a raconté ce grand combat naval et l'a discuté dans le tome XI de son *Histoire de la Révolution française* : il a fait justice du récit qui se lit dans le recueil de *Victoires et Conquêtes* et qui, plein d'emphase sur tout le reste, est empreint d'une malveillance outrageuse à l'égard du délégué de la Convention. M. Louis Blanc a également relevé l'invraisemblance et le peu d'authenticité d'un propos attribué à l'amiral Villaret-Joyeuse sur son collègue, et qu'il aurait tenu à un capitaine anglais. Quelque chose manque toutefois à ces réfutations partielles, même aux plus solides; elles n'embrassent pas tout l'ensemble des preuves, et, si attentif que soit l'historien, il lui arrive presque inévitablement d'en négliger quelques-unes. J'aimerais donc que dans un travail spécial, à la suite d'une dissertation sur cette journée ou cette suite de journées sanglantes et glorieuses, on recueillît, pour ne parler que de ce qui compte, le récit de Jomini (1820), celui de M. Thiers, celui de Louis Blanc, et les rapports mêmes à la Convention, soit de Jean-Bon, soit de Barère, mais surtout une pièce qui est plus simple, moins officielle et dès lors plus probante, le *Journal sommaire de la croisière de la flotte de la République commandée par le contre-amiral Villaret, tenu jour par jour par le représentant du peuple Jean-Bon Saint-André, embarqué sur le vaisseau* LA MONTAGNE. C'est là le document français capital et qui émane de Jean-Bon lui-même. On n'y remarque aucune jactance, ni l'envie de se faire valoir, ni le besoin de s'excuser. C'est, comme le titre l'indique, un journal, une espèce de livre de bord, exactement tenu par un homme du métier (Jean-Bon avait été marin), par un homme de bon sens, et qui rend compte jour par jour de tous les mouvements, des ordres donnés et plus ou moins bien — et souvent fort mal — exécutés, depuis la sortie de la flotte de la rade de Brest le 16 mai au soir, jusqu'à sa rentrée dans cette rade le 11 juin suivant. On ferait ressortir, d'après les simples faits et dates relatés dans ce Journal, les inexactitudes matérielles des autres récits ; on n'oublierait pas d'y joindre la lettre écrite par Jean-Bon à sa femme, qui était à Montauban et qui partageait avec ardeur ses sentiments patriotiques. Cette lettre qu'on lit dans une emphatique proclamation de la Société populaire de Montauban, mais qui s'en distingue par le ton, est datée du 25 prairial (13 juin), peu après l'arrivée du grand convoi de grains devant la rade de Brest :

« Ce jour, ma chère amie, est pour moi un jour de joie, et je me hâte de te la faire partager. Nous nous sommes battus pour sauver le convoi chargé de subsistances pour la République, et nous l'avons sauvé ; il est mouillé en dehors de la rade de Brest, composé de cent seize navires chargés à couler bas ; il a passé à vingt-cinq lieues de nous, le jour même où nous nous battions, et c'est la précaution que nous avons eue d'attirer l'ennemi loin de la route qu'il devait suivre, qui lui a permis de la parcourir en sûreté. Ainsi notre combat est une victoire, et la plus belle que nous puissions remporter, puisqu'elle assure la subsistance du peuple... »

Ce n'était une victoire que dans ce sens-là : autrement la défaite, bien que des plus disputées, était trop réelle ; mais il s'agissait de maintenir le moral de la nation à la hauteur nécessaire. — Dans la Réponse qu'il fit à la dénonciation venue de Brest en mai 1795, et où on l'accusait d'en avoir imposé à la France dans son Rapport sur le combat du 13 prairial, Jean-Bon n'opposait sur ce point que deux mots dignes et nets qui sentent l'homme vrai, sûr de lui-même ; on ne devrait pas omettre non plus cette partie de la Réponse dans les pièces du procès. — Le petit recueil que nous réclamons, avec un résumé sensé et simple, sans exagération ni faveur, aurait pour avantage, toutes dépositions entendues, de clore le débat sur une question déjà bien avancée ; le fait de la glorieuse bataille du

1ᵉʳ juin et de la part honorable qu'y prit Jean-Bon se présenterait désormais aussi entouré d'explications et aussi appuyé de témoignages qu'un fait de guerre peut l'être (1). C'est le devoir de quiconque touche sur quelque point à l'histoire de s'appliquer à dégager des mauvais actes, des mauvaises paroles, des emportements et des égarements de passion ou des erreurs de système, les services rendus à cette chose durable et sacrée qui s'appelle la Patrie ou l'État. S il y a un jour

---

(1) Je dois à l'obligeance de M. P. Margry, historiographe adjoint de la Marine, de pouvoir ajouter ici quelques extraits des rapports du temps qui viennent à l'appui de nos conclusions sur le rôle de Jean-Bon Saint-André dans les combats de prairial.

« Brest, 27 floréal an II de la République impérissable (16 mai 1794).

« Je m'empresse de t'apprendre l'heureuse sortie de l'escadre aux ordres du contre-amiral Villaret, composée de 25 vaisseaux, 8 frégates et 8 corvettes. Elle a fait voile entre 4 et 6 heures du soir par un bon vent.

« C'était un beau spectacle que cette sortie et bien différente de la rentrée de l'escadre de Quiberon. — Point d'embarras ni de lenteur dans l'appareillement. *La Montagne,* surtout, a appareillé comme si c'eût été une corvette. Saint-André est sur ce beau vaisseau, mais s'il y a une affaire, il passera sur l'excellente frégate *la Gentille,* capitaine Canon, bon et brave b......, avec le général.

« Salut, santé, fraternité et surtout reconnaissance,

« Duras, *secrétaire de la Commission des Représentants.* »

— Extrait du rapport du contre-amiral Villaret-Joyeuse à la Commission de Marine sur le combat du 9 prairial, an II (28 mai 1794).

« Les armes de la République triomphèrent sur mer et sur terre. — Je dégageai mes vaisseaux. — L'ennemi, en désordre, fut écrasé et obligé de tenir les vents que j'avais perdus pour aller couvrir *l'Indomptable* et *le Tyrannicide.* — Ce combat, commencé à dix

du Jugement dernier dans l'histoire, voilà ce qui rachète et ce qui compte. — Je reviens à la biographie curieuse qui nous occupe.

I.

Jean-Bon, nommé par le Directoire commissaire ou consul de France à Alger (novembre 1795), y resta deux ans et demi, et de là il fut envoyé au même titre à Smyrne (1798). Il venait à peine de prendre possession

heures du matin, finit à sept heures du soir. Ma conduite a mérité les éloges les plus flatteurs de Jean-Bon Saint-André. *Le suffrage de ce représentant a d'autant plus de prix à mes yeux qu'il a de grandes connaissances de ce métier, et que son aperçu en marine est aussi juste que celui qu'il a constamment déployé dans toutes les affaires qu'il a traitées.* »

— Extrait du rapport du contre-amiral Villaret-Joyeuse à la Commission de Marine sur les journées des 10, 11, 12, 13 prairial (29, 30, 31 mai et 1er juin).

« Citoyens,

« La fortune de l'armée navale française a bien changé depuis ma lettre du 11...

« Je ne connais pas au vrai ma perte. J'en traîne cinq (de vaisseaux) totalement démâtés, et j'en ai laissé douze à treize dans le même état sur le champ de bataille. L'ennemi n'a certainement pas, dans ce moment-ci, six vaisseaux en état de combattre. Le vent seul lui a donné l'avantage. Voilà, Citoyens, le récit le plus vrai de cette malheureuse journée.

« Je crois avoir fait mon devoir comme général et comme soldat. Je ne me reproche pas la plus légère faute. Le feu de *la Montagne* et le nombre de morts et de blessés, parmi lesquels je déplore la perte de mon capitaine de pavillon, de l'agent comptable maritime et de la moitié de mes officiers et trois cents hommes enfin de ce nouveau poste plus avantageux, lorsque la Porte, rompant avec la France et nous déclarant la guerre, le fit arrêter comme otage. C'était le temps de l'expédition d'Égypte ; il en payait pour sa part les frais et la rançon. Sa captivité à Kérasonde, sur les bords de la mer Noire, ne dura pas moins de trois ans, et il en a fait le récit. « Je fus trois ans prisonnier ou plutôt esclave en Turquie, » disait-il. Il ne fut rendu à la liberté que le 15 septembre 1801. En débarquant à Marseille, il trouva une tout autre France que celle qu'il

de mon équipage, tant tués que blessés, prouveront à la République entière que les événements seuls ont causé le résultat malheureux de cette journée.

« Si quelque chose pouvait me consoler de ce désastre, c'est (que) dans un combat aussi sanglant, et tel que l'histoire de la marine n' (en) offre nul exemple, *le représentant Jean-Bon Saint-André, tantôt à mes côtés, tantôt dans les batteries, encourageant et excitant l'ardeur des canonniers et des équipages, et voyant tomber à ses pieds nombre de ces malheureux, en a été quitte pour une légère égratignure à la main droite.*

« J'ai donné ordre, ce matin, à *la Précieuse,* d'aller encore croiser pendant huit jours dans les parages où j'attendais Vanstabel.

« Signé : Villaret-Joyeuse. »

Il est plus que prouvé, d'après ces extraits officiels, que le suffrage de Villaret-Joyeuse est irrévocablement acquis à Jean-Bon Saint-André et que le rôle du représentant à bord a bien été tel que nous l'avons montré. — M. Jal, dans l'article *Saint-André* de son très-utile *Dictionnaire critique de Biographie et d'Histoire* (1867), essaye de tout remettre en question, ne veut voir dans ces passages des rapports de Villaret relatifs à Jean-Bon que de la *courtoisie de langage,* et ne peut, sur le fond du procès, se résoudre à dire *oui,* ni se décider non plus à dire *non :* heureusement les hommes qui sauvèrent la France coûte que coûte en 93 étaient plus prompts à prendre un parti.

avait laissée six ans auparavant : on était aux plus beaux jours du Consulat. Présenté au premier Consul, il lui agréa aussitôt : sa captivité, les souvenirs de ses services militaires et maritimes parlaient pour lui et lui créaient des titres; sa personne les justifia, et le 20 décembre 1801 il fut nommé commissaire général dans les quatre départements de la rive gauche du Rhin. Ces fonctions extraordinaires ayant cessé l'année suivante par l'organisation régulière et l'entière annexion de ces nouveaux départements, il fut et resta préfet de l'un d'eux, de celui du Mont-Tonnerre, qu'il administra jusqu'à sa mort. Le premier Consul retrouvant l'homme de Toulon, de Brest, le délégué énergique de la Convention, l'estima plus propre qu'un autre à faire un préfet d'avant-garde et de frontière.

Jean-Bon, dans sa carrière publique, entre tous les hommes de son temps et de sa génération, présente cette singularité unique : il fut toujours d'un régime franc, et il ne trempa dans aucun des régimes bâtards et douteux, intermédiaires. Il arriva à la Convention tout neuf, je l'ai dit, tout chaud et sincère, sans avoir passé par les épreuves et les manœuvres de la Législative. Sorti de cette Convention dont il avait respiré le feu d'enfer et dont il exhalait avec exaltation l'esprit et la flamme, il se vit transplanté tout aussitôt hors de France, en Orient, et il ne prit aucune part aux intrigues et à la dissolution du Directoire. Soustrait aux influences diverses et contraires, les miasmes de cette époque malsaine ne l'atteignirent pas. Il eut tout le temps de se refroidir sans altérer son caractère (1). Au sortir de la crise violente, son tempérament se rassit de lui-même et se rectifia. Il rentra en France neuf encore, sous un régime déjà tranché, et il le servit loyalement, sans arrière-pensée, sans retour en arrière, et avec un dévouement sans réserve ; il mourut avant la chute de ce régime, en plein exercice de son activité, en pleine pratique de ses devoirs. Son intégrité, dans les deux temps de sa vie publique, est parfaite et au-dessus du soupçon. Son portrait à mes yeux, c'est un médaillon à double face, à double effigie, le conventionnel d'une part, le préfet de l'autre, des deux côtés un profil net, taillé dans le bronze, sans bavure. L'inscription qu'on y pourrait graver et qui se rapporte bien aux deux moitiés de sa carrière, qui les rejoint et les relie entre elles, c'est ce mot qu'il prononçait à la Convention dans les derniers temps : « Le mal en France, — un mal contagieux, — c'est que tout le monde veut gouverner et que personne ne veut obéir. » Quand on a si fort le sentiment de cette vérité sous la République, on est fait pour être un homme de gouvernement sous le Consulat et sous l'Empire.

Que se passa-t-il pour lui de 1795 à la fin de 1801, et surtout dans les trois dernières années de séquestration et de captivité ? A quelles pensées et à quelles réflexions fut-il livré dans cet intervalle, durant cette

---

(1) Le refroidissement avait commencé peu avant son départ de France. Il disait en juin 1795, désavouant en partie la rigueur de ses premières opinions : « Je voyais alors la France sous un point de vue différent de celui où je la vois aujourd'hui. »

solution de continuité de son existence politique ? Nous l'apprenons en détail par son récit. Chose singulière ! Si en lisant la Relation de Jean-Bon on ne savait d'avance qui l'a écrite et qu'elle est de l'ancien conventionnel, on ne s'en douterait pas, tant les souvenirs et le ton de cette époque antérieure y sont étrangers et y ont laissé peu de trace ! Il semble qu'un rideau y soit tiré sur tout le passé. J'en juge du moins d'après ce qui a été publié par M. Michel Nicolas. On suit le captif depuis le moment de son arrestation à Smyrne, où on l'envoya prendre pour l'amener à Constantinople et l'enfermer d'abord aux Sept-Tours, où il se flattait de rester. Le consul de France avait compté qu'on le traiterait sur le pied des anciens ambassadeurs en disgrâce ; il se méprenait de beaucoup. Le ton du récit est naturel et conforme aux divers moments de la situation ; le narrateur, comme ne prévoyant pas l'avenir, se permet d'abord une sorte d'enjouement au début, à la sortie de Smyrne :

« Il était cinq heures du soir, le 25 fructidor (11 septembre 1798), lorsque nous montâmes à cheval. On m'assura que l'aga avait fort bien fait les choses et que, d'après la manière des Turcs, il y avait quelque dignité dans notre caravane. Eh bien ! j'avais été obligé d'acheter une mauvaise selle et une bride à l'européenne ; j'étais monté sur un triste bidet gris qui n'avait ni jambes, ni allure, ni figure. Tous mes compagnons étaient plus mal montés encore : des chevaux accoutumés à porter le bât, de mauvaises bardes recouvertes de tapis qui tombaient en lambeaux, des licols dont la corde était passée dans la bouche de l'animal pour tenir lieu de bride, tel était le noble appareil avec lequel la Sublime-

Porte me faisait voyager. Une escorte de vingt-cinq Turcs nous accompagnait, et la beauté de leurs montures et de leurs harnais n'effaçait sûrement pas celle des nôtres.

« Nous traversâmes toute la ville de Smyrne au milieu d'une foule immense de peuple, qui ne se permit aucune espèce d'injures ni d'apostrophes contre nous. Quelques femmes françaises nous regardaient à travers leurs croisées entr'ouvertes et pleuraient... »

Arrivé à Constantinople, les illusions du prisonnier continuent : il persiste à se croire en pays civilisé ou du moins non entièrement barbare ; une captivité politique ne l'effrayait pas :

« Quelque fâcheux qu'il fût pour moi de me voir prisonnier, je regardais d'abord comme très-consolant d'être réuni à d'autres Français dont la société pouvait me procurer quelques douceurs. Parler ensemble de la patrie, faire des vœux pour la prospérité de ses armes, se pénétrer réciproquement de l'honneur qu'il y a d'être martyr du zèle qu'on a mis à la servir, devancer par la pensée ses triomphes et sa gloire, telles étaient les idées que je me formais des moments que j'allais passer aux Sept-Tours jusqu'à l'époque de notre délivrance commune. »

Il arrangeait sa persécution à souhait et se faisait en idée un martyre commode. Le mécompte est grand lorsqu'à quelques jours de là il apprend qu'il va être retiré des Sept-Tours. Il ne l'est pas seul : lui et d'autres compagnons d'infortune sont transportés par mer et déposés successivement sur certains points et en de misérables châteaux distants d'espace en espace le long de la mer Noire. Les détails pénibles, les circonstances odieuses ou dégoûtantes de la traversée et des diverses stations nous sont exposés avec vérité, sans exagération comme sans voile. Lui-même, Jean-Bon, est destiné avec quelques-uns de ses compagnons désignés au hasard pour être relégué au dernier et au plus éloigné de ces lieux de détention et d'exil, à Kérasonde, l'ancienne *Cérasus,* d'où Lucullus envoya en Europe l'arbre du cerisier, mais qui, malgré ce souvenir aimable, n'était plus qu'une résidence misérable, et pour tout dire, immonde.

Jean-Bon raconte simplement ce que lui et ses compagnons ont souffert et ce dont il a été témoin ou victime pendant près de trois années. Soumis à des vexations et des avanies journalières, il eut tout le temps de rapprendre l'humanité, la justice, s'il avait pu précédemment les oublier. Il y voit à nu et y éprouve la bassesse, la cupidité humaine, les plus viles passions, telles qu'elles se montrent sans pudeur et sans honte lorsqu'elles ne sont corrigées et averties par rien, ni par l'honneur, ni par les lois. Le fanatisme le plus hostile et le plus stupide trouvait moyen de se diversifier encore à ses yeux et de lui permettre d'y mesurer des degrés :

« Nous nous trouvions transplantés dans un pays barbare; et par la bizarrerie de notre destinée, ce pays, habité par deux espèces d'hommes animés les uns contre les autres d'une haine mortelle, ne nous offrait dans tous que des ennemis également furieux contre nous. Les Turcs nous voyaient de mauvais œil, parce que nous étions en guerre avec eux, et surtout parce qu'ils nous confondaient avec les Russes qu'ils détestent. Les Grecs nous haïssaient comme ennemis de ces mêmes Russes qu'ils vénèrent presque jusqu'à l'idolâtrie; d'ailleurs ils étaient révoltés de ce que nous ne fréquentions pas leur église, que nous n'observions pas leurs fêtes et leurs jeûnes; ils nous traitaient à cause de cela d'excommuniés, ce qui est parmi eux le comble de toutes les insultes.

« Les effets de l'antipathie qu'on avait pour nous se firent sentir par les outrages de la soldatesque, les criailleries des femmes, les poursuites des enfants. Sortions-nous pour aller au marché ou en quelque autre lieu où nos besoins nous appelaient, nous étions assaillis d'une grêle de pierres, ordinairement précédée d'un torrent d'injures. Les femmes, même celles de l'aga, se mettaient aux fenêtres pour nous lapider à notre passage. Plusieurs de nous furent blessés plus ou moins grièvement. Nous portions nos plaintes; on ne nous répondait point. Nous faisions entendre qu'en notre qualité d'otages l'aga devait veiller à notre sûreté et qu'il était responsable de notre conservation; ces représentations produisaient si peu d'effet qu'un jour que le citoyen Majastre se présenta à lui la tête ensanglantée d'une pierre qu'il venait de recevoir à côté de l'œil et qui lui avait fait une blessure large et profonde, il n'en obtint pas un signe d'intérêt.

« La circonspection et la prudence nous devenaient de plus en plus indispensables. Nous crûmes qu'en nous renfermant dans notre triste cimetière, nous pourrions être à l'abri de tant d'outrages; nous nous trompâmes. Les soldats turcs venaient nous relancer jusque dans notre humble cabane et nous effrayer par leurs menaces. Des enfants grecs nous lapidaient chez nous comme dans la rue. Partout le préjugé, la brutalité, la rage, nous poursuivaient. Je dois dire néanmoins que parmi les Turcs quelques hommes paisibles, propriétaires ou marins, désapprouvaient ces indignités. Parmi les Grecs, à peine ai-je trouvé un homme qui en fût révolté, et les prêtres, dont le fanatisme égale l'ignorance, se montraient nos plus grands ennemis. »

A un moment où l'on apprend qu'ils ont reçu de leurs amis de Constantinople quelque somme d'argent, on semble changer de procédés à leur égard, ou plutôt la vexation se déplace; les croyant riches, au lieu de les charger de pierres on les poursuit, on les agonise de demandes exigeantes ; c'est à qui mendiera près d'eux et leur arrachera quelques pièces de monnaie. L'aga du lieu s'en mêle et les pressure ouvertement : à son exemple, les insultes du peuple, les outrages et les menaces recommencent. L'homme est naturellement cruel à l'homme tant que la civilisation ne l'a pas adouci : Jean-Bon le sentait par une dure et cruelle expérience.

Dans ce simple récit, il se montre, sans y songer, tout à son avantage. Il pense aux misères des autres et s'en préoccupe ; tout malheureux qu'il est, il se souvient qu'il en est de plus maltraités encore que lui. Écrivant pour se distraire ces pages mêmes que nous lisons, se livrant à la culture d'un petit jardin, il regrette de ne pouvoir observer le pays, les côtes, et il recueille tout ce qu'il peut apprendre en fait d'informations positives. Il garde, sans faste aucun, de sa dignité d'homme public et se refuse pour son compte à toucher et à réclamer la somme de cinq *parats* par jour (quatre sous environ) que la Porte avait alloués à chaque prisonnier et qu'elle ne payait pas.

Dans un fort bon livre, écrit avec beaucoup de soin et de science par MM. Haag, *la France protestante*, à l'article *Jean-Bon Saint-André*, je trouve cette remarque sur la Relation qu'il a donnée de sa captivité : « Elle

« n'est pas sans intérêt, y est-il dit; elle renferme des
« détails curieux sur le caractère et les mœurs des
« Turcs; mais il nous semble qu'un homme tel que
« Jean-Bon, qui avait traversé sans sourciller le règne
« de la Terreur, aurait dû être plus endurci aux con-
« trariétés et aux privations. Combien d'autres par son
« ordre avaient dû supporter des fers plus lourds! »
Je suis étonné moi-même de cette remarque. Eh bien!
non; la misère est toujours la misère; l'homme, même
celui qui fut violent ou impérieux un jour, s'il a du bon
et du naturel, redevient homme aisément, c'est-à-dire
faible et sensible dès qu'il souffre. Mettez-le dans le
malheur, et il aura la plainte. Ne la lui contestez
pas! c'est par là qu'il rentre en lui-même et qu'il se bo-
nifie, qu'il redevient compatissant : *Non ignara mali...*
Très-certainement l'ancien Jacobin, sans le dire, dut
faire quelques retours sur lui-même et sur son passé,
et je ne doute pas qu'il n'en ait fait. Je ne réponds point
toutefois qu'il soit allé jusqu'au bout dans cet examen de
conscience, car rien ne l'indique, et le cœur humain est
bizarre et peu logique en soi; il a des habiletés et des
adresses sans pareilles pour oublier ou pour sembler
ignorer ce qui l'importune. Je ne répondrais donc point
que Jean-Bon soit allé, par exemple, jusqu'à se demander, au milieu de ces détentions atroces et immondes
qu'il nous décrit et qui le révoltent, si la Convention
dont il était solidaire avait bien eu le droit elle-même
d'infliger, — je ne dis plus à Louis XVI, ni à la reine,
— mais à leur malheureux fils, mourant au Temple,
une telle peine à mauvaise fin et de lui faire subir une

détention également horrible, la plus pourrissante et la plus dégradante de toutes... Je m'arrête, nous sommes ici au seuil le plus secret des consciences. Le mieux est de les laisser parler tout bas et toutes seules. Le fait est que Jean-Bon sortit de cette rude et longue épreuve non énervé, non détrempé, mais certainement sage, modéré, humain, juste. Si je pouvais, à l'égard d'un homme si peu mystique et qui, même sous sa forme religieuse première, acceptait si peu la chose, si j'osais pourtant employer le terme qui s'offre le plus naturellement, je dirais qu'il avait fait là son purgatoire.

II.

Il est rare, et heureusement il n'est pas nécessaire qu'il faille tant de préparations et d'épreuves pour devenir un bon préfet. Quoique j'aie pris soin de faire dépouiller, comme je l'ai dit, la Correspondance administrative de Jean-Bon, préfet de Mayence, on n'attend pas que j'en donne ici des extraits bien nombreux. Je me contenterai de définir l'esprit et le caractère de son administration. Ces départements d'annexion nouvelle demandaient des ménagements tout particuliers et une conduite appropriée, ferme et prudente. Jean-Bon sut remplir toutes les conditions de ce poste difficile. Il écrivait au ministre de l'intérieur, Chaptal, le 26 fructidor an X (12 septembre 1802), déterminant lui-même le sens dans lequel il entendait l'accomplissement de ses devoirs :

« Citoyen ministre,

« Votre lettre du 19 de ce mois me rappelle l'époque fixée, par les Consuls pour la cessation des fonctions du commissaire général dans ces départements, et me trace la marche que je devrai suivre dans l'exercice de celles de préfet du Mont-Tonnerre.

« Obéir aux ordres du Gouvernement est le premier devoir des fonctionnaires auxquels il a confié une portion quelconque de son autorité. Vos vues, Citoyen ministre, seront remplies, vos instructions seront suivies avec toute l'exactitude de la bonne volonté, et dans la place de préfet, comme dans celle de commissaire, je n'aurai qu'un but, celui de coopérer au bonheur de mes administrés et de mériter, avec le suffrage des chefs de l'État, l'approbation d'une conscience sans reproche.

« La promesse que vous daignez me faire, Citoyen ministre, du concours de votre autorité et de vos lumières pour aplanir la route où je dois marcher, excite toute ma reconnaissance. Je compterai sur votre indulgence, je la réclamerai souvent, parce que j'en aurai souvent besoin; mais je me flatte que, dans les erreurs même qui m'échapperont, vous distinguerez facilement un homme dont le caractère n'est peut-être pas indigne de quelque estime, et qui s'applaudira quand vous ne la lui refuserez pas. »

Quelques jours après (19 septembre 1802), le ministre Chaptal lui écrivait :

« L'exécution de l'arrêté des Consuls du 11 messidor dernier va faire cesser, Citoyen commissaire général, les rapports qu'en cette qualité vous avez entretenus jusqu'ici avec l'administration générale, et je ne laisserai point échapper cette nouvelle occasion de vous faire connaître ma satisfaction de la sagesse qui a dirigé votre surveillance et vos actes dans cette importante partie de la République.

« Je me félicite de pouvoir conserver avec vous à un autre titre des relations que votre zèle et vos lumières me rendent précieuses, et je ne doute point que lorsque je vais mettre sous les yeux des Consuls le compte rendu de votre gestion jusqu'au 1ᵉʳ vendémiaire prochain, je ne doute point qu'ils ne m'autorisent à confirmer ce témoignage de confiance et d'estime. »

Tel fut le point de départ des nouveaux services que Jean-Bon était appelé à rendre et des approbations qu'il allait continuer de mériter dans un exercice de plus de dix années. Les ministres qui se succédèrent à l'intérieur, M. Cretet, M. de Montalivet, auraient certainement rendu de lui le même témoignage.

Pendant tout ce temps, on ne le voit demander que deux congés, le premier en septembre 1802, et une seconde fois en août 1807 pour revoir sa ville natale et sa famille, et pour vaquer à ses affaires domestiques en souffrance (1). Dans ce poste de Mayence si capital et si central pour les opérations de guerre, il se serait fait une délicatesse de demander à s'absenter pendant toute la durée des grands mouvements militaires qui donnaient à l'administration civile des devoirs extraordinaires à remplir.

Il avait gardé sous sa forme de préfet quelque chose du commissaire général, et il eut à sortir plus d'une fois de sa circonscription de territoire. D'effrayantes dégradations tolérées par les autorités locales, et sur lesquelles elles fermaient l'œil, étaient commises dans

---

(1) La fortune de Jean-Bon, d'après les cadres de renseignements, ne montait qu'à 70,000 fr., placés sur des particuliers.

de grandes forêts communales au nombre de cinq, dites les *Géraïdes,* dans la partie surtout voisine de Landau. C'était le pillage organisé sur la plus vaste échelle et régulièrement exploité. Les habitants de Landau ne pouvant aller chercher eux-mêmes le bois dans la forêt dont leur commune était copropriétaire, trouvaient commode que ce bois fût coupé en tout temps et fût apporté dans leur ville par les maraudeurs qui le vendaient à vil prix, au grand bénéfice des acheteurs. En une seule semaine, par exemple, on comptait jusqu'à 220 voitures de bois vert de cette provenance, vendues en plein marché. Jean-Bon, qui n'était pas préfet de Landau, ne put que constater dans ses tournées l'état des choses, l'étendue des ravages, et en bien indiquer la cause qui tenait à la connivence entre les maires, les uns intéressés et les autres intimidés. Il concerta, là où il put, des mesures de vigueur qui réussirent à arrêter les dégâts.

Une grande difficulté pour administrer dans ces départements de population allemande était le choix des maires. Personne ne voulait l'être; il en fallait qui ne fussent pas hostiles à la France; il en fallait qui sussent le français. Les employés les plus capables s'étaient retirés devant la conquête. Pour trouver un maire qui réunît les conditions voulues, il était indispensable de faire des infractions aux règlements administratifs et de réunir, contrairement à ce qui se pratique ailleurs, plusieurs communes rurales sous un seul maire. On n'en trouvait pas pour les villes elles-mêmes;

« La mairie de Worms, écrivait confidentiellement Jean-Bon (23 septembre 1812), est celle qui me donne le plus d'inquiétude. Personne n'en veut, et pourtant cette ville, la seconde du département, est en elle-même très-importante. La difficulté d'y trouver un maire tient à plusieurs causes : d'abord à ce qu'ici comme partout ailleurs les anciens fonctionnaires capables d'administrer ont passé en Allemagne, à la suite de la conquête ; — en second lieu, parce que Worms est une ville de plaisir, où, hors les affaires personnelles de commerce ou de propriété, on se soucie fort peu de se donner d'autres occupations ; — en troisième lieu, parce que les idées et même les prétentions de l'ancienne ville *libre et impériale* y existent encore, avec plus ou moins de force, dans l'esprit et le cœur de ses habitants ; — 4°, parce que les soins d'un maire sur cette frontière sont pénibles et même dispendieux pour un homme qui a de l'honnêteté, et qui pourtant a un peu de cette avarice, laquelle est aussi un des principaux traits du caractère des habitants... »

A Spire, c'était bien pis ; en 1813, le maire qu'on avait cru bon était décidément hostile à la France ; ses sentiments équivoques commencèrent à se démasquer avec nos revers :

« Un reste de pudeur, écrivait Jean-Bon (28 mars 1813), lui fait sans doute garder encore une sorte de réserve, mais seulement ce qu'il en faut pour ne pouvoir pas être convaincu légalement de son aversion pour le gouvernement qui l'a cru digne de sa confiance. Mais ce voile est trop léger pour que, moralement, on puisse se méprendre sur ses dispositions secrètes. La manière dont il traite les soldats blessés ou infirmes rentrant d'Allemagne suffit d'ailleurs pour le juger. Malgré les ordres réitérés du sous-préfet, au lieu de les séparer par petit nombre dans divers locaux convenables où ils jouiraient d'un peu d'aisance, comme leur état l'exige et l'humanité le commande, il les entasse dans un seul et même local comme des prisonniers de guerre, leur faisant fournir par les particuliers la soupe et la *paille*. »

On entrevoit quel genre de difficultés Jean-Bon rencontra en tout temps, difficultés inhérentes à la nature même des choses, mais qui depuis la fin de 1812 s'accroissaient à proportion des chances défavorables et sous la menace des événements. Il se montre dans toute cette Correspondance prudent, avisé, vigilant, mais sans vouloir hâter la marche des réformes et demandant le secours du temps. Il indique surtout la langue comme le grand et perpétuel obstacle; répandre et propager dans ces contrées la langue du Gouvernement est, à ses yeux, le premier et l'essentiel moyen d'assimilation. Soumettant au ministre, M. de Montalivet, en septembre 1812, c'est-à-dire à l'apogée de la domination française, un travail sur le renouvellement quinquennal des maires, il disait modestement:

« J'ai fait beaucoup de changements. Cela prouve que je n'étais pas bien. Serai-je mieux? Je l'espère, et surtout je le désire. Mais encore une fois le grand instrument nous manque, la langue; et le vrai moyen de perfectionner l'administration municipale, c'est de travailler à la rendre populaire. Ceci, Monseigneur, rattache la question aux grandes vues de l'enseignement public, et nul doute que Votre Excellence, qui sûrement sait mieux que moi toute l'importance de ce rapprochement, ne trouve dans ses lumières les moyens de l'opérer. »

Oh! quelle différence il y a du ton et de l'esprit du préfet de Mayence à celui du délégué de la Convention!

Le niveleur a disparu : il n'est plus de ceux qui fauchent, il est de ceux qui essayent de fonder et qui sentent combien toute fondation est difficile !

La vigueur, pourtant, de l'ancien membre et délégué de la Convention se trahissait-elle encore parfois et se laissait-elle deviner? Si je m'en rapporte au récit de M. Michel Nicolas, d'ordinaire bien informé, Jean-Bon, dans les premiers temps qu'il était commissaire général, aurait pris sur lui de faire commencer sans ordres la route riveraine de Mayence à Coblentz et d'y appliquer un reliquat de fonds disponibles qui était dans les caisses et qu'on voulait enlever au département. Pour cela il fit diligence ; il fallait tailler en partie la route dans le roc : le commissaire général ordonna les travaux, mit lui-même le feu à la première mine, amorça la route et ne prévint qu'alors le ministre, qui fut deux jours sans oser en parler au premier Consul. Après une première explosion de mécontentement, le premier Consul aurait dit : « Jean-Bon Saint-André a voulu faire son petit Simplon. »

Le récit est piquant, mais je dois dire que ce mode de procédé sommaire et d'initiative dictatoriale, emprunté à d'autres temps, ne paraît en rien conforme à tout ce que j'ai vu de la Correspondance administrative de Jean-Bon : il n'y a pas trace de coup de tête. M. Michel Nicolas ajoute que le Gouvernement trouva moyen de le punir de ce trop de zèle en le réduisant de commissaire général de quatre départements à n'être que préfet d'un seul. La lettre du ministre Chaptal que j'ai citée, et qui annonce à Jean-Bon Saint-André cette mutation, ne contient pourtant rien de tel, et n'implique, on l'a vu, aucun mécontentement : tout au contraire, il n'y est question que de lumières et de sagesse ; aussi j'incline à croire qu'il y a quelque exagération dans le récit. Il est certain d'ailleurs que, plus d'une fois, en présence de l'autorité militaire, impérieuse et volontiers sans gêne envers le civil, Jean-Bon sut maintenir avec fermeté les droits et la dignité du magistrat. On raconte (et feu le chancelier Pasquier faisait ce récit fort vivement) qu'un jour, à une entrée de troupes, vers 1808, il y eut dans un faubourg de Mayence un grave désordre ; le préfet envoya aussitôt au maréchal Victor, commandant le corps d'armée, pour se plaindre et demander justice des soldats qui avaient vexé et violenté les habitants. La plainte fut reçue plus que légèrement. La journée se passa ; le préfet ne vit pas le maréchal. Mais le soir au théâtre, le rencontrant et l'allant saluer dans sa loge, il n'y resta qu'un instant et parut vouloir sortir ; le maréchal lui demandant pourquoi il partait si tôt : « J'ai mon rapport à faire et à envoyer cette nuit même à Paris, » répondit Jean-Bon. Le maréchal comprit et changea de ton. — J'ai suivi en ceci la version de M. Pasquier. Ces sortes d'anecdotes sont pleines de variantes.

Au point de vue administratif, je signalerai dans la Correspondance deux lettres, entre autres, contenant la substance et le résumé de conversations avec l'Empereur, lequel, passant par Mayence, s'entretint avec le préfet de divers projets importants ; l'une de ces lettres est du 16 octobre 1808 ; l'autre, du 2 août 1813. La première se rapporte à l'époque la plus florissante de l'Empire, peu après le moment où Napoléon écrivait à M. Cretet, en lui développant son programme de travaux et d'améliorations de tout genre à l'intérieur : « J'ai fait consister la gloire de mon règne à changer « la face du territoire de mon Empire. L'exécution de « ces grands travaux est aussi nécessaire à l'intérêt de « mes peuples qu'à ma propre satisfaction... Les fonds « ne manquent pas; mais il me semble que tout cela « marche lentement, et cependant les années se pas-« sent. Il ne faut point passer sur cette terre sans y « laisser des traces qui recommandent notre mémoire « à la postérité... » La seconde lettre se rapporte à un court intervalle entre des événements déjà bien sombres; elle est écrite pendant l'armistice qui interrompit la campagne de 1813. On y voit pourtant, par le détail même dans lequel il entre sur les travaux et les embellissements de Mayence, à quel point Napoléon, à ce milieu d'une année qui devait se terminer si fatalement, croyait encore gagner la partie et comptait sur un lendemain prospère.

La campagne recommençant, les événements se précipitèrent : on eut la retraite de Leipsick presque aussi désastreuse que celle de Moscou; le typhus éclata et atteignit nombre de ceux que la bataille avait épargnés. Mayence, une des bouches par lesquelles défilaient nécessairement cet immense amas de troupes en partie désorganisées et cette multitude de blessés ou de traînards, était encombrée, engorgée, et l'infection s'y déclara. Une lettre de Jean-Bon au ministre de l'intérieur exprime au vrai sa situation de premier magistrat civil en présence de tant de difficultés accumulées et d'embarras insurmontables. Cette lettre est à joindre aux pages du maréchal Marmont, qui commandait les troupes sur ce point et qui rend compte des mêmes misères : la voici :

« 10 novembre 1813.

« Monseigneur,

« L'ennemi a forcé hier la position de Hochheim. Il a attaqué à trois heures, et à cinq heures nos troupes se repliaient sur Costheim (?). L'artillerie a parfaitement fait son devoir. On m'a dit que l'infanterie s'était faiblement battue.

« Nous nous trouvons resserrés de plus en plus. Les approvisionnements que je comptais tirer de l'arrondissement de Spire et dont partie était déjà chargée sur le Rhin auront de la peine à passer. La consommation journalière dans les cantonnements est énorme. M. le duc de Raguse annonce l'intention d'y mettre de l'ordre : avant qu'il n'ait effectué son projet, il y aura bien eu du gaspillage.

« Ma position devient de plus en plus critique et embarrassante. Des maladies contagieuses commencent à se manifester dans les villages; Votre Excellence en aura les rapports détaillés. Mes moyens sont insuffisants ou même nuls. Moi-même personnellement je me trouve, avec des dépenses exagérées, sans fonds. Mon abonnement est épuisé pour les mois antérieurs, et je n'ai pas de crédit pour le mois courant. Je ne sais comment faire face aux besoins généraux et particuliers.

« Je supplie Votre Excellence de me donner d'ailleurs vos instructions sur la question de savoir jusqu'à quel point ma présence dans la place sera nécessaire. Je ne quitterai point mon poste tant que j'y serai utile, et je redouble chaque jour d'efforts, parce que chaque jour les demandes qu'on me fait s'accumulent et deviennent plus urgentes. Son Exc. le ministre directeur aurait facilité les mesures si les crédits qu'il annonce chaque jour arrivaient ou étaient disponibles.

« Je prie Votre Excellence d'agréer, etc. »

C'est dans ces circonstances, sous le poids de ces fatigues et de ces anxiétés, aggravées encore par un conflit avec un sot commissaire des guerres, que le préfet fut atteint, à son tour, de la maladie régnante, dans les derniers jours de novembre. Le chiffre de la mortalité à Mayence en ce mois de novembre avait été de 465 habitants et de 3,514 militaires, en tout près de 4,000 personnes. Le conseiller de préfecture Mossdorff écrivait le 4 décembre au ministre de l'intérieur :

« Monseigneur,

« Par ma lettre du 30 du mois passé, j'ai eu l'honneur d'informer Votre Excellence de la maladie de M. le baron de Saint-André (1), préfet de ce département. C'est décidément la fièvre épidémique qui règne en ville, dont il est attaqué. Son état a empiré aujourd'hui ; hier au soir il avait perdu les esprits, et dans ce moment il n'est point encore revenu à lui. Cependant les médecins ne désespèrent pas encore de le sauver. La maladie de ce digne magistrat affecte on ne peut pas

---

(1) Le *baron* de Saint-André. — On voit que Jean-Bon avait reçu le titre qui était ordinairement attaché à celui de préfet de l'Empire. Il ne put échapper à l'anoblissement officiel. Je dirai là-dessus toute ma pensée. Autant il serait puéril à un homme qui a concouru au nivellement et à l'abolition des classes privilégiées de rechercher ensuite des titres de distinction honorifique et de noblesse, autant et plus encore il serait puéril à l'homme public qui est en charge et occupé à rendre des services utiles, d'y renoncer et de se désister pour se soustraire à un titre qui devient l'accompagnement presque obligé de la fonction et qui fait comme partie de l'uniforme. C'est ce que Carnot lui-même comprit en 1815.

plus péniblement tous ses administrés, qui le chérissent comme un père et oublient un moment leurs propres malheurs dans la crainte de perdre un préfet qui s'est tout entier consacré au bonheur du département... »

Jean-Bon Saint-André rendit le dernier soupir le 10 décembre 1813. Ce fut le premier et le dernier préfet de Mayence, qui allait cesser d'être française ; en redevenant allemande, la vieille cité a gardé de lui un bon souvenir.

Jean-Bon est mort à la peine, à soixante-quatre ans, en vaillant et dévoué serviteur du pays. En mourant, il a échappé au sentiment prolongé des malheurs publics et aux douleurs patriotiques qu'il ressentait si vivement déjà ; il n'a pas moins échappé à la persécution individuelle, à la proscription *par catégorie* qui l'aurait immanquablement atteint sous les Bourbons, à des tentations peut-être aussi de fautes ou de faiblesses en 1815, avant et depuis. S'il avait vécu quelques années encore, il eût été très-probablement amené, par les attaques et les dénonciations dont il se serait vu l'objet, à écrire son apologie, sa défense, et, comme la plupart des hommes de la Révolution qui étaient dans le même cas, à rédiger ses Mémoires. Le temps, l'occasion, lui ont manqué. Il n'a laissé que des actes, dont quelques-uns énormes, d'autres controversés, d'autres enfin d'un mérite et d'une utilité incontestables. J'ai essayé de les apprécier équitablement, d'y saisir et de faire toucher le lien qui les unit à distance, de dégager l'unité de l'homme à travers les disparates de la vie, et, bien que sans aucun goût (tant s'en faut !) pour le groupe montagnard auquel il appartint, de faire en lui la part de l'exaltation et celle de l'honnêteté; car Jean-Bon, pour parler sans rhétorique, m'a semblé, malgré ses erreurs, malgré son emportement révolutionnaire, constituer un bon Français et, en définitive, ce qu'on peut appeler un brave homme dans sa nature foncière, dans son intime et dernière forme. Cette justice que nous lui rendons, qu'on ne la refuse pas, en revanche, à de plus irréprochables et à de plus modérés que lui ! C'est notre vœu (1).

(1) J'ai été heureux, en lisant les intéressants *Mémoires* du comte Beugnot, de trouver mon jugement confirmé, et d'une manière aussi pratique qu'éclatante, sous la plume d'un homme qu'on peut dire adversaire. Beugnot, en effet, était d'une tout autre origine politique que Jean-Bon, et d'inclinations primitivement royalistes; mais il faut voir en quels termes francs et nets il parle de l'homme qu'il eut l'occasion de connaître personnellement à Mayence pendant l'armistice de 1813 : « Il s'y montrait « sous beaucoup de rapports, dit-il, le préfet modèle. Mettant à « l'écart la représentation dont la nécessité ne lui était pas démon-« trée, et le respect de certaines convenances dont il n'avait même « pas l'idée, Jean-Bon, du reste, ne laissait rien à désirer : travail-« leur infatigable, administrateur toujours prêt, sévèrement juste « sans acception de parti, il comblait les vœux du département que « d'abord il avait effrayé. Le mobilier de son cabinet consistait « dans un bureau formé de quatre planches de sapin solidement « unies, de six chaises de bois et de la lampe devant laquelle il « passait souvent des nuits. Les autres appartements de l'hôtel « respiraient la même modestie, et la table était parfaitement « assortie au reste. On retrouvait dans le préfet de Mayence le « vieux conventionnel du Comité de salut public, avec sa frugalité « et sa *laboriosité* toute républicaine. » Au dîner de l'Empereur où le préfet était invité et en attendant que le maître eût paru, il faut entendre Jean-Bon sous son costume de préfet le plus modeste possible, et, sauf l'habit, tout en noir, bas noirs, cravate noire,

rendre raillerie pour raillerie à la troupe dorée qui souriait de sa tenue et de son peu de cérémonie. Le discours que lui prête Beugnot est tout à fait républicain d'esprit et de ton, et ressent son vieux jacobinisme patriotique qu'il se plaisait à rappeler, bien loin d'en rougir. A certains mots hardis que Jean-Bon profère en des moments où il n'est qu'à deux pas de l'Empereur (par exemple, dans la scène du bateau sur le Rhin), on dirait que Beugnot, en les rapportant, s'amuse à les mettre en saillie pour mieux faire ressortir ses propres frayeurs à lui-même, frayeurs dont il avait pris le parti de rire, ne pouvant les maîtriser. Bref, il convient de lire tout ce vivant et fin portrait, à côté duquel celui que j'ai tracé ne peut plus guère paraître qu'un ensemble de pièces à l'appui. (*Mémoires* du comte Beugnot, tome II, pages 8-21, 32.)

Lundi 4 juillet 1864.

MÉMOIRES
DE
MADAME ROLAND

PUBLIÉS D'APRÈS LES MANUSCRITS.

ÉTUDE SUR LA MÊME
Par M. DAUBAN (1).

> « Les œuvres de Mme Roland excitèrent mon admiration. L'apparition de pareils talents et de pareils caractères sera peut-être le principal avantage que des temps malheureux auront procuré à la postérité. Ce sont ces caractères qui donnent une si haute valeur aux jours les plus abominables de l'histoire du monde. »
>
> GŒTHE (*Annales*, 1820).

On pouvait croire que tout était dit sur Mme Roland : toutes les opinions s'étaient produites, et toutes les révélations semblaient faites à son sujet. Après ses Mémoires plusieurs fois publiés et accompagnés d'éclair-

(1) Deux volumes in-8°, avec portrait, fac-simile; chez Henri Plon, 8, rue Garancière.

cissements — par Bosc d'abord (1795), — puis par Champagneux (1800), — puis par M. Barrière (1820), — on avait retrouvé et donné des séries de sa Correspondance privée, ses Lettres à Bancal des Issarts (1835), — d'autres Lettres de sa première jeunesse, adressées aux demoiselles Cannet (1841). Nos célèbres historiens, Thiers, Lamartine, Michelet, Louis Blanc, avaient tour à tour parlé d'elle et fait entendre les accents de la patrie, de la poésie et de l'histoire. L'espèce d'insurrection montagnarde qui s'était tout à coup réveillée et soulevée contre elle avec fureur, grâce à je ne sais quel appel insensé (je ne puis trouver un autre mot) et à je ne sais quelle aberration d'auteurs d'ailleurs estimables, MM. Buchez et Roux, dans leur *Histoire parlementaire de la Révolution française,* était de nouveau apaisée, vaincue et mise à la raison. Ces esprits prévenus, en s'avisant de contester contre toute évidence l'authenticité des Mémoires de Mme Roland, n'avaient persuadé personne et n'avaient réussi qu'à faire douter d'eux-mêmes et de leur sens critique. Les doux et sensibles montagnards comme Esquiros semblaient, par un mouvement de sympathie meilleure, accepter et amnistier Mme Roland. Cette noble figure n'avait contre elle que les casse-cou de l'histoire et les invectives qui honorent. En un mot, toutes les nuances possibles d'opinion, comprises dans une admiration commune pour le caractère et la destinée d'une pure et illustre victime, étaient sorties au grand jour et se maintenaient en présence. Qu'arrive-t-il donc d'imprévu aujourd'hui? que se passe-t-il? Voilà des études nouvelles qui s'annoncent, des éditions de ses Mémoires qui se font concurrence et qui se vantent d'effacer et d'anéantir toutes les précédentes. M. Dauban nous en donne une, et avec luxe, avec magnificence ; M. Faugère nous en promet une autre, et cet homme exact ne fait rien à demi. M. Dauban joint à la sienne une Étude détaillée avec des lettres inédites et neuves. C'est une suite de coups de trompette ; c'est à qui arrivera le premier. On s'enflamme comme pour une découverte, comme pour une primeur de vérité. Examinons un peu de sang-froid ce qui en est et l'état de la question.

I.

Mme Roland avait péri le 9 novembre 1793 : Robespierre tombait le 9 thermidor (27 juillet 1794); moins d'un an après, dans l'été de 1795, parurent les Mémoires de Mme Roland ; ils avaient pour titre : *Appel à l'impartiale Postérité par la citoyenne Roland, femme du ministre de l'intérieur ; ou Recueil des écrits qu'elle a rédigés pendant sa détention aux prisons de l'Abbaye et de Sainte-Pélagie ; imprimé au profit de sa fille unique, privée de la fortune de ses père et mère, dont les biens sont toujours séquestrés.* L'ouvrage ne parut d'abord que par parties; il se vendait chez Louvet, l'un des Girondins échappés à la mort et qui, rentré à la Convention, s'était établi, avec sa Lodoïska, libraire dans la galerie de Bois, au Palais-Royal, autrement dit Maison-Égalité. C'était Bosc, le fidèle ami de Mme Roland, qui se hâtait de donner cette première édition, accueillie avidement par le sentiment public. On était alors dans le plein torrent du mouvement thermidorien, et tout ce qui était dans ce sens en faveur des proscrits de la veille, avait la vogue et faisait fureur. Transportons-nous un peu en idée à ce moment-là et demandons-nous quelles étaient les conditions d'une publication pareille. Bosc dut nécessairement faire quelques retranchements au manuscrit : et lesquels ? On les indiquerait d'ici presque à coup sûr, rien qu'en y ressongeant. Il dut retrancher, s'il y en avait, quelques passages trop naturels, trop véridiques, sur des accidents de jeune fille, des confidences trop vives ou trop nues. Convenait-il qu'un livre, publié au profit de la fille de l'auteur, et d'une fille d'un âge si tendre, contînt de semblables passages ? S'il y avait trace aussi et aveu de quelque passion d'âge mûr, de quelque mystère de cœur, opposé au sentiment parfait d'une épouse fidèle, convenait-il de laisser de tels endroits et de découvrir le sein au défaut de la cuirasse ? L'éditeur dut également retrancher ces endroits et faire de son mieux pour les dissimuler. Remarquez que Mme Roland, quand elle écrivait ainsi ses confidences et qu'elle notait ses souvenirs, ne pouvait prévoir le moment exact où on les publierait ; elle pouvait juger ce moment beaucoup plus éloigné qu'il ne devait l'être en effet. Ce qu'il y a de certain, c'est qu'au gré des amis de l'auteur, Bosc ne prit point encore assez de précautions ; car, au milieu de remerciements et d'éloges mérités, on lui reprocha non-seulement d'avoir laissé « des redites qu'il eût été aussi facile

que nécessaire d'éviter, » mais encore de n'avoir pas
émoussé ou retiré certains traits cruels et injustes. La
Décade, organe des plus purs amis de Mme Roland,
s'exprimait en ces termes par la plume de Ginguené :

« Dans les *portraits,* il y a quelquefois de la justesse, quelquefois des peintures hasardées et même fausses, et souvent
une exagération soit en bien, soit en mal, qui peut mécon-
tenter les amis de ceux que l'auteur loue, presque autant que
les amis de ceux qu'elle censure. Quelques adoucissements,
quelques suppressions étaient de la prudence et peut-être du
devoir de l'éditeur. L'idée récente encore et, pour ainsi
dire, présente de son amie était si grande et si honorable,
son image empreinte dans l'âme de tous les amis de la patrie
et de l'humanité était si noble et si touchante, qu'il fallait,
en quelque sorte, avoir pour elle un respect religieux et ne
rien laisser paraître sous son nom qui pût mêler une idée de
malignité d'esprit, de préventions et de petitesses féminines,
à celle d'un si beau caractère, d'une telle virilité d'âme et
d'un si auguste malheur. »

Tel était le sentiment des contemporains immédiats,
et il ne faut jamais le perdre de vue dans nos appréciations à distance. C'est un sentiment analogue qui,
le lendemain de la mort de Pascal et lorsque ses amis
avaient à publier ses Pensées qui ne sont pour la plupart que les extraits de ses informes petits papiers, les
porta presque unanimement à atténuer ou à éclaircir
plus d'un passage, à sauver plus d'une hardiesse, à
adoucir plus d'une témérité. Encore une fois, mettons-
nous à la place de ces premiers éditeurs : il n'est pas
un seul d'entre nous qui, chargé au lendemain de la
mort d'un ami célèbre de mettre en ordre ses papiers

et d'en tirer la matière d'une publication réclamée et
opportune, ne prenne garde, n'hésite plus d'une fois
en vue même d'une mémoire respectée, ne conçoive des
scrupules et n'estime quelques retranchements nécessaires, provisoirement du moins. Les plus rigoureux
partisans de l'entière fidélité seraient eux-mêmes de cet
avis assurément, s'ils avaient affaire à des reliques non
refroidies. M. Cousin, qui a poussé à fond l'application
de sa doctrine à propos des papiers de Pascal et qui
l'a proclamée sur tous les tons jusqu'à en faire une
sorte d'article de foi littéraire, a-t-il trouvé mauvais,
par exemple, que dans la publication du Journal intime de Maine de Biran, on ait retranché tous les passages où lui, M. Cousin, était montré au naturel et qui
lui eussent été désagréables? En supprimant ces endroits, on a fait un sacrifice à la convenance et peut-
être à la justice, puisque M. Cousin s'était toujours posé
en défenseur et admirateur de Maine de Biran; une
entière fidélité eût ressemblé ici à de l'ingratitude.
M. Dauban, l'éditeur actuel des Mémoires de Mme Roland et qui arrive à sa date, 71 ans après la mort de
cette femme illustre, a beau jeu pour venir nous développer aujourd'hui sa doctrine austère; il est bon,
toutefois, de l'entendre à ce sujet. Nous avons vu de
quelle nature étaient les reproches adressés par la *Décade*
et par les contemporains amis au premier éditeur :
écoutons le dernier éditeur maintenant, et admirons la
contrariété des points de vue :

« Nous avons poussé le scrupule, dit M. Dauban, jusqu'à
reproduire non-seulement ce qui avait été précédemment

omis, mais ce que d'autres mains que celle de Mᵐᵉ Roland ont effacé. A cet égard, nous ferons avec une entière franchise notre déclaration de principes. Toute altération d'un manuscrit de Mémoires, quelle que soit l'intention qui l'a inspirée, lorsqu'elle modifie la donnée fournie par l'auteur, la base de l'étude du *moi* humain, nous paraît un abus de confiance soit envers le mort qui ne peut protester, soit envers le public qui se trouve abusé. Nul n'a le droit de dénaturer le sujet qui se met sur la table de dissection pour l'enseignement du genre humain. Vous voulez défendre contre lui-même, dites-vous, le souvenir d'un mort illustre? Mais ne voyez-vous pas que c'est aux dépens de la société, qui a intérêt à ce que, devant ses contemporains comme devant la postérité, chacun soit jugé selon ses œuvres, estimé à son prix, et qui peut tirer un immense profit de la sincérité de l'expérience dont on lui a transmis les résultats? Vous voulez faire prendre un morceau d'alliage pour de l'or; vous fraudez. Vous supprimez des *Confessions* l'histoire du ruban et de Mᵐᵉ de Warens; vous ne voulez pas que je sache que Rousseau a mis ses enfants à l'hospice, qu'il a laissé accuser un innocent du vol dont il était l'auteur; et cependant Rousseau avait voulu que ces choses fussent connues. Ces renseignements, qui à certains égards me mettent en défiance contre les séductions de ce grand esprit, vous les faites disparaître. De quel droit, je vous le demande? Qui vous permet de mutiler la créature de Dieu, de cacher l'infirmité, le défaut, le vice, la difformité, le malheur qu'a fait naître ou développer en lui telle passion, telle doctrine, telle habitude, tel milieu social?... Ce détail est cynique, dites-vous? Eh bien, il caractérise la personne ou l'époque; laissez-le... »

Cela est juste à la rigueur, mais cela est dit d'un ton bien solennel et vraiment un peu déclamatoire. On ne le prendrait pas de plus haut s'il s'agissait de la Déclaration des Droits de l'Homme. *Mutiler la créature de*

Dieu! est-ce bien la peine de faire intervenir Dieu et de prendre à témoin la société tout entière, la postérité et le genre humain, pour se donner le droit de rétablir, au profit d'une édition plus complète et qu'on veut autoriser, quatre ou cinq passages, quelques-uns lestes en effet et assez indécents, qu'un peu de réflexion ou un bon conseil eussent très-probablement fait retrancher à l'auteur, s'il avait eu le temps de consulter ou de se relire? Mais enfin je reconnais que la doctrine exprimée par M. Dauban est bonne dans son ensemble et doit être suivie dans la généralité de l'usage, à la condition toutefois qu'on y mettra un correctif : c'est que lorsqu'on est appelé à publier les écrits inédits d'un auteur mort d'hier, les considérations les plus respectables peuvent déterminer celui qui en est l'éditeur non pas à altérer (il ne le faut jamais), mais à affaiblir ou mieux à ajourner en quelque point l'expression entière des pensées ou des jugements.

C'était précisément le cas au lendemain de la mort de Mme Roland, et quand ses Mémoires furent publiés pour la première fois; c'était le cas encore tant que vécut sa fille, à laquelle il eût été pénible de laisser percer dans les écrits de sa mère un sentiment dont son père aurait rougi et dont il avait souffert. Je le demande à tous ceux qui ont le sentiment et le culte de la famille : Mme Roland avoue qu'elle aima à la fin un autre homme que son mari, qu'elle l'aima en tout bien, tout honneur, mais enfin qu'elle l'aima d'amour et de passion; elle confesse que son mari, à qui elle crut en devoir faire l'aveu, en souffrit, comme c'était bien naturel, et en ressentit de la jalousie. Le premier éditeur, Bosc, qui est le tuteur ou comme le tuteur de l'orpheline Eudora, supprime ces passages : était-ce à M. Champagneux, le beau-père de cette même Eudora qui avait épousé l'un de ses fils, était-ce plus tard à Mme Champagneux elle-même, cette fille pieuse, d'introduire et de laisser rétablir de tels passages dans les éditions qui ont suivi? Nous pouvons le faire, nous, aujourd'hui ; nous le devons même, je l'admets avec M. Dauban ; mais est-ce la peine de tant se targuer de sa rigidité de doctrine? Elle est bien facile à appliquer présentement, cette doctrine : il s'agit d'aller à la Bibliothèque impériale où le manuscrit est déposé, de bien lire et de copier exactement.

II.

Les passages, rétablis avec beaucoup de soin d'ailleurs et d'exactitude par M. Dauban (1), sont de plus d'un genre et de plus d'une nature ; je les énumérerai eu peu de mots.

1º Ce sont des passages qui touchent la pudeur ou la décence. Il en est un entre autres, de quatre grandes pages, qui est rétabli dans l'édition de M. Dauban (pages 21-26) ; c'est l'histoire d'une tentative de séduc-

(1) Je me permets pourtant de lui signaler une faute évidente de transcription, page 377 ; il faut lire : « Rabaut, que l'on croit à Nîmes à répandre la vérité, végète obscurément dans un coin de Paris ; » et non pas : « Rabaut, que l'on croit à Nîmes, *a répandu la vérité.* »

tion exercée sur la jeune Phlipon par un jeune apprenti qui travaillait dans l'atelier de son père. « Je « suis un peu embarrassée, » dit Mme Roland lorsqu'elle en vient à cette histoire, « de ce que j'ai à raconter « ici; car je veux que mon écrit soit chaste, puisque « ma personne n'a pas cessé de l'être, et pourtant ce « que je dois dire ne l'est pas trop. » Et en finissant ce récit, de tout point fort circonstancié, elle ajoute :

« L'impression de ce qui s'était passé demeura si forte chez moi que, même dans l'âge des lumières et de la raison, je ne me le rappelais qu'avec peine; que je n'en ai jamais ouvert la bouche à une intime amie qui eut toute ma confiance; que je l'ai constamment tu à mon mari, à qui je ne cèle pas grand'chose, et qu'il m'a fallu faire dans ce moment même autant d'efforts pour l'écrire que Rousseau en fit pour consigner l'histoire de son ruban volé, avec laquelle la mienne n'a pourtant pas de comparaison. »

Je sais bien d'autres histoires des *Confessions* avec lesquelles celle-ci a plus de ressemblance qu'avec *le ruban volé*, et ce sont les plus laides; il suffit, je ne les indiquerai pas avec plus de précision. Eh bien! franchement, si ami que je sois de la réalité, je regrette que Mme Roland n'ait pas obéi jusqu'à la fin au sentiment de répulsion instinctive qui lui avait fait ensevelir en elle ce triste détail, et qu'elle ait cru devoir consigner si au long un incident plus que désagréable; pour l'excuser, pour m'expliquer cette franchise que personne au monde ne lui demandait à ce degré, j'ai besoin de me représenter l'autorité suprême et l'ascendant prestigieux que l'exemple de Rousseau avait pris

sur elle et sur les personnes de sa génération. Nous y avons tous cédé plus ou moins dans nos propres confessions aussi, en vers ou en prose; mais elle, elle était femme et devait s'en souvenir; elle pouvait, si elle le voulait absolument, indiquer le fait en glissant un peu; il y a manière de tout faire comprendre et de tout dire; mais cette confidence de sang-froid, sous la plume d'une belle personne restée honnête et qui s'appesantit sur une sale image, est tout à fait déplaisante. Ajoutez qu'elle part de là tout aussitôt pour prêcher et moraliser : « Arrêtons-nous ici un moment, dit-elle, et
« que les mères considèrent avec effroi l'étendue de la
« vigilance qui leur est imposée; tout conspire contre
« les tendres dépôts qui leur sont confiés, et la conser-
« vation de leur intégrité n'appartient qu'à une rare
« prudence... » Et voilà toute une leçon de vertu qui commence; il est bien temps! Comme si, en consignant ce vilain détail dans ses Mémoires, — un de ces détails pour lesquels le président d'un tribunal ordonne le huis-clos, — elle n'avait pas commis par là même un acte immortel d'impudeur et n'avait pas donné jour à un récit que désormais les mères ne seraient pas seules à y chercher et que les jeunes filles, en ouvrant le volume, pourraient également y lire. C'est une faute, et plus qu'une faute; c'est un manque de tact de la part d'une femme qui en avait cependant beaucoup. En ceci le ton de la Révolution et l'imitation de Jean-Jacques l'ont égarée.

Je dis *imitation*, car avec son talent d'écrire Mme Roland n'est pas originale. Il y a, je le maintiens, dans cette vilaine page, de la mauvaise imitation de Rousseau, et de la pire. C'est le cynisme du philosophe que la femme pure s'est crue obligée de suivre à la trace, même quand elle le faisait avec dégoût. On dirait vraiment qu'elle y a mis de la conscience comme pour un devoir pénible. Ah! que Mme de Staël, disciple également de Jean-Jacques, mais disciple plus libre dès ses débuts et bien autrement originale que Mme Roland par le tour d'esprit et la manière de dire, ah! que Mme de Staël ne commettait point de ces fautes-là! Et puis Mme de Staël savait la vie, le grand monde, les vraies fautes, et par cela même était plus contenue et plus chaste en paroles. Mme Roland a ici l'impudeur d'une honnête femme qui fait la forte. Quelqu'un me dit, après avoir lu ce récit : « C'est le dévergondage de la vertu. »

Je n'aime pas à prédire, et je désire me tromper; mais soyez sûr que la page déshonnête, inutile, et qu'un coup de ciseau filial aurait bien fait de couper, va prendre désormais une place disproportionnée dans les Mémoires restaurés de Mme Roland. Oh! la belle arme aux mains des ennemis! Quel triomphe pour tous ceux qui lui contestent la délicatesse!

D'autres passages, relatifs à l'époque de la puberté, déjà donnés, puis ôtés, puis remis tour à tour par les précédents éditeurs, se trouvent entièrement rétablis par M. Dauban, avec une jolie phrase en sus et dont la grâce vive est, après tout, sans inconvénient (page 66).

Une autre phrase plus que risquée, à propos de Tacite (p. 181), et qui aurait bien pu sans dommage rester au bout de sa plume, prouverait tout au plus que Mme Roland, lorsqu'elle écrivait, n'était pas moins gaillarde que Mme de Sévigné. Mais, à la différence de Mme de Sévigné, les gaillardises de Mme Roland ne viennent pas de tempérament ni de nature; elles ne rappellent de près ni de loin le Rabelais ni le Molière; elles sont, de parti pris, philosophiques, et on sent trop que l'auteur ne se les permet que d'après le ton d'alentour et comme pour être soi-même à la hauteur. Aussi elles déplaisent et détonnent. La gaudriole ni l'extrême gaieté ne sont pas le fait de cette noble et sensible nature qui avait de l'égalité, et dont la sphère habituelle et coutumière était le sérieux varié d'enjouement. Mme Roland peut, par instants, faire la gaillarde; elle ne l'est pas.

2° Quelques rectifications et additions ont un sens politique ou personnel. Bosc avait eu d'abord à prendre garde de blesser bien des vivants qui n'étaient pas du groupe pur des Girondins et qui appartenaient à d'autres fractions moins tranchées de la Convention. A un endroit, par exemple, Mme Roland avait englobé tous les prêtres, mêlés à la Révolution, de quelque communion qu'ils fussent, dans une même accusation d'hypocrisie, dans un seul et même anathème. Cette page inique et faite pour offenser indistinctement ceux qui étaient nommés comme ceux qui ne l'étaient pas, et les Grégoire, et les Sieyès, et les Daunou, cette page outrageuse pour des morts et des victimes de la veille comme Rabaut et Fauchet, avait été biffée, et avec grande raison. Quoiqu'on ait reproché à Bosc d'avoir laissé subsister trop de personnalités blessantes, il avait adouci ou écourté quelques jugements.

3° Une suppression singulière et qui, selon la remarque de M. Dauban, devient pour nous un symptôme significatif de l'esprit du temps où l'ouvrage fut d'abord publié, est celle-ci. A la fin des *Mémoires particuliers* qui traitent de son enfance et de sa jeunesse, antérieurement à la vie publique, Mme Roland, dans une apostrophe ardente, s'écriait : *Nature, ouvre ton sein ! Dieu juste, reçois-moi !* Cela fait un vers. Or Bosc avait jugé à propos de ne laisser que le premier hémistiche, la moitié du cri et du vœu exprimé : *Nature, ouvre ton sein !* Le *Dieu juste* avait disparu, et la suppression avait été maintenue depuis par Champagneux, en 1800. Mme Roland était pourtant déiste, de la religion philosophique de Jean-Jacques ; c'est notoire. Mais, apparemment, il avait semblé aux éditeurs plus sûr et de meilleur goût de supprimer cette partie de l'invocation. L'idée de Dieu était fort à la baisse en l'an III ; il semblait que Robespierre l'eût compromise en la proclamant.

4° La plupart des additions et des rectifications de texte, dans l'édition présente, portent sur la passion secrète que nourrissait Mme Roland, et qui avait pour objet Buzot : elle n'en avait pas fait mystère à son mari ; elle ne crut pas non plus devoir la dissimuler par-devant le public et la postérité. Ces passages assez nombreux, réintroduits dans le texte, donnent un sens particulier à bien des pages et achèvent de nous révéler cette âme généreuse et combattue. C'est là véritablement une conquête biographique et psychologique importante, que les Lettres inédites à Buzot viennent compléter et couronner.

En ce qui est de cette veine de sentiments secrets éprouvés par Mme Roland et seulement soupçonnés jusqu'ici, on avait passé par des suppositions successives et des tâtonnements qu'il n'est pas inutile de rappeler.

III.

Mme Roland, jeune, belle, spirituelle, mariée à vingt-cinq ans à un mari de vingt ans au moins plus âgé qu'elle, dut avoir bien des occasions et des tentations d'aimer ailleurs et à côté. C'est ce qu'on s'était dit, et, n'admettant pas qu'elle pût avoir placé tous ses trésors de cœur sur l'ami respectable qu'elle avait agréé, on a cherché quel pouvait être pour elle l'objet d'une affection plus vive et plus tendre. Quelques mots qu'on avait oublié de rayer dans ses Mémoires donnaient le droit de s'en enquérir. Il était évident, toutefois, pour quiconque étudiait de près Mme Roland avec l'intérêt et l'attention qu'elle mérite, que pendant des années, — durant les dix premières années de son mariage, — elle avait été tout entière occupée et absorbée par les soins maternels, les devoirs domestiques, le désir de cultiver son esprit et d'accroître ses connaissances; l'amour près d'elle avait eu tort; elle n'avait ni cherché ni rencontré. Plusieurs s'étaient offerts; ils n'avaient trouvé en elle qu'une femme bonne, charmante, affectueuse, toute à ses devoirs, indulgente et enjouée avec ses amis. « Faire, disait-elle, le bonheur d'un seul et le lien de beaucoup par tous les charmes de l'amitié, de la décence, je n'imagine pas un sort plus beau que celui-là. » Elle disait encore en ces années dans une lettre à Bosc, l'un de ses jeunes amis, — et dans ce tableau d'une de ses journées elle offrait l'image de toutes les autres :

« Vous me demandez ce que je fais, et vous ne me croyez pas les mêmes occupations qu'à Amiens (*elle venait de s'établir à Villefranche*); j'ai véritablement moins de loisir pour m'y livrer ou pour les entremêler d'études agréables. Je suis maintenant femme de ménage avant tout... Voici comme mon temps s'emploie. En sortant de mon lit, je m'occupe de mon enfant et de mon mari ; je fais lire l'un, je donne à déjeuner à tous deux, puis je les laisse ensemble au cabinet, ou seulement la petite avec la bonne quand le papa est absent, et je vais examiner les affaires de ménage, de la cave au grenier ; les fruits, le vin, le linge et autres détails fournissent chaque jour à quelque sollicitude ; s'il me reste du temps avant le dîner (et notez qu'on dîne à midi, et qu'il faut être alors un peu débarbouillée, parce qu'on est exposé à avoir du monde que la maman aime à inviter), je le passe au cabinet, aux travaux que j'ai toujours partagés avec mon bon ami. Après dîner, nous demeurons quelque temps tous ensemble ; et moi assez constamment avec ma belle-mère, jusqu'à ce qu'elle ait compagnie : je travaille de l'aiguille durant cet intervalle. Dès que je suis libre, je remonte au cabinet commencer ou continuer d'écrire ; mais, quand le soir arrive, le bon frère nous rejoint ; on lit des journaux ou quelque chose de meilleur ; il vient parfois quelques hommes ; si ce n'est pas moi qui fasse la lecture, je couds modestement en l'écoutant, et j'ai soin que l'enfant ne l'interrompe pas, car il ne nous quitte jamais, si ce n'est lors de quelque repas de cérémonie : comme je ne veux point qu'il embarrasse personne ni qu'il occupe de lui, il demeure à son appartement ou il va promener avec sa bonne et ne paraît qu'à la fin du dessert. Je ne fais de visites que celles d'une absolue nécessité ; je sors quelquefois, mais ç'a été rare jusqu'à présent, pour me promener un peu l'après-dîner avec mon ami et Eudora. A ces nuances près, chaque jour voit répéter la même marche, parcourir le même cercle. L'anglais, l'italien, la ravissante musique, tout cela demeure loin derrière ; ce sont des goûts, des connaissances qui demeurent sous la cendre, où je les retrouverai pour les insinuer à mon Eudora, à mesure qu'elle se développera. L'ordre et la paix dans tout ce qui m'environne, dans les objets qui me sont confiés, parmi les personnes à qui je tiens ; les intérêts de mon enfant toujours envisagés dans mes différentes sollicitudes, voilà mes affaires et mes plaisirs. Ce genre de vie serait très-austère, si mon mari n'était pas un homme de beaucoup de mérite que j'aime infiniment ; mais, avec cette donnée, c'est une vie délicieuse dont la tendre amitié, la douce confiance, marquent tous les instants ; où elles tiennent compte de tout et donnent à tout un prix bien grand. C'est la vie la plus favorable à la pratique de la vertu, au soutien de tous les penchants, de tous les goûts qui assurent le bonheur social et le bonheur individuel dans cet état de société ; je sens ce qu'elle vaut, je m'applaudis d'en jouir... »

Voilà la vie de Mme Roland pendant des années et son intérieur moral, calme, contenu, sain et purifiant ; voilà les tableaux dignes de sa première vie, ceux qu'on ne saurait trop rappeler à son sujet et que je regretterais de voir ternir ; car ils donnent l'expression vraie et fidèle. A un moment, un ami s'était joint à eux, Lanthenas, une de ces âmes tendres et de ces têtes peu sûres d'elles-mêmes qui ont besoin de s'appuyer et de se donner. Il s'était donné en effet (c'était le mot) aux époux Roland, et il était, jusqu'au sein du foyer conjugal, un de ces amoureux discrets, silencieux, obéissants, dormant sous la cendre, qui désirent moins qu'ils ne le croient, qui espèrent peu et ne demandent rien, un Ballanche (moins la haute intelligence), un de ces êtres dévoués et doux, tels que les femmes honnêtes pourraient en garder près d'elles sans inconvénient pendant une éternité.

Mais la Révolution vint ; le cadre s'élargit, la scène s'embrasa, tous les souffles se déchaînèrent ; le milieu favorable aux passions était trouvé. Roland, de plus, avait vieilli, et de son côté Mme Roland était arrivée à cet âge de trente-cinq ans environ où la pudeur diminue, même aux plus honnêtes, et où la plus sage a fort à se défier des désirs qui, dans leur dernier réveil, et avec tout un arriéré formidable, sentent qu'ils n'ont plus qu'un jour, une heure, une suprême saison.

Il était difficile, on en conviendra, et à peu près impossible que dans ce groupe brillant, éloquent, qui l'entourait et dont elle était l'âme, Mme Roland ne fît pas un choix ; qu'elle n'eût pas une préférence secrète, un faible. Pour qui était-il ? C'était seulement la question.

Un moment, à la veille et à l'entrée de la politique, elle noua une espèce de lien de cœur, elle fila une espèce de petit roman sentimental avec Bancal des Issarts. Mais ce n'était qu'un sentiment, non une passion, — non la passion véritable contre laquelle elle avait eu à lutter et dont elle parle en ses Mémoires comme d'une chose actuelle, disant de l'orage où elle vit et où elle se sent comme enveloppée qu'elle a besoin de toute la *vigueur d'un athlète* pour *sauver à peine l'âge mûr.* Ce mot d'elle si énergique, si frémissant, et qu'on avait laissé par mégarde, donnait la note et ne permettait pas de s'y méprendre. Aussi, ayant eu à écrire l'Introduction au volume des Lettres par elle adressées à Bancal des Issarts, je m'attachai à bien marquer la nuance et à montrer que, dans son goût assez vif pour ce personnage peu connu, il y avait eu plus d'imagination et de désœuvrement de cœur que de sérieux entraînement.

M. Michelet, au tome III de son *Histoire de la Révolution,* m'a fait l'honneur de me reprocher, en des termes d'ailleurs d'une extrême bienveillance, de n'avoir point assez indiqué et de m'être plutôt efforcé d'atténuer le *caractère passionné* de cette liaison; il doit reconnaître aujourd'hui que l'orage était effectivement ailleurs et que ce n'était là qu'un faible prélude. Il doit reconnaître aussi qu'il n'était point déraisonnable ni absurde de chercher dans quelques phrases, et d'après les seules traces qu'on eût laissées subsister dans les Mémoires, les indices d'un autre amour plus brûlant, plus tumultueux. Nos conjectures d'alors se trouvent pleinement justifiées aujourd'hui.

Mais pour qui cet autre amour? Le préjugé vulgaire nommait Barbaroux, — « Barbaroux dont les peintres ne dédaigneraient pas de prendre les traits pour une tête d'Antinoüs!... » C'étaient les premiers mots du portrait célèbre qu'elle lui avait consacré. Il n'en fallait pas davantage pour la croire éprise de lui. C'est ainsi que juge le peuple des lecteurs : une femme déclare qu'un homme est beau, donc elle l'aime. Mais c'est précisément parce qu'elle le déclarait si beau et qu'elle le disait sans plus de façon, qu'il y aurait eu à gager qu'elle n'en était pas éprise. Mme Roland n'était guère femme à aimer par les yeux et à se laisser prendre à la beauté physique. Fille de Corneille comme Pauline, elle devait être séduite par l'intellectuel avant tout, par un mérite grave et un peu sombre.

On nommait tout bas Buzot. C'était le nom qu'on se disait à l'oreille quand on causait de Mme Roland entre admirateurs et amis bien informés, comme il en était un certain nombre alors. Mais les preuves manquaient : elles sortent aujourd'hui, elles se produisent; et c'est ici véritablement un trait essentiel, caractéristique, qu'on est heureux de ressaisir et de voir se dessiner avec éclat.

Elle est explicite là-dessus dans ses Mémoires tels qu'on nous les rend aujourd'hui; elle se vante et s'honore de cette passion tardive et profonde, elle s'y rattache en toute rencontre avec orgueil, avec élévation; et je dirai nettement que dans tout cet inédit dont on fait tant de bruit, il n'y a que cela de bien et qui en vaille la peine; il n'y avait que cela qui méritât véritablement de nous être donné. Que ce soit agréable ou non à lire, ce n'est pas la question; que l'effet de ces nouveaux passages doive être très-favorable et ajouter en bien à l'idée qu'on a pu se faire de Mme Roland, surtout pour l'agrément, pour la grâce, je n'en réponds pas du tout; mais c'est très-remarquable et infiniment curieux. Ainsi, en un endroit :

« J'honore, je chéris mon mari comme une fille sensible adore son père vertueux, à qui elle sacrifierait même son amant; mais j'ai trouvé l'homme qui pouvait être cet amant, et, demeurant fidèle à mes devoirs, mon ingénuité n'a pas su cacher les sentiments que je leur soumettais. Mon mari, excessivement sensible et d'affection et d'amour-propre, n'a pu supporter l'idée de la moindre altération dans son empire; son imagination s'est noircie, sa jalousie m'a irritée; le bonheur a fui loin de nous; il m'adorait, je m'immolais à lui, et nous étions malheureux. Si j'étais libre, je suivrais partout ses pas pour adoucir ses chagrins et consoler sa vieillesse; une âme comme la mienne ne laisse jamais les sacrifices imparfaits; mais Roland s'aigrit à l'idée d'un sacrifice, et la connaissance une fois acquise que j'en fais un pour lui renverse sa félicité; il souffre de le recevoir, et ne peut s'en passer. »

Roland avait raison, et tous les hommes à sa place auraient souffert comme lui. O Vertu, que tu es cruelle! tu tiens à la main un poignard, et tu l'enfonces sans ménagement dans le sein que tu respectes le plus. Pour moi, j'en sais qui pensent que Mme Roland aurait mieux fait de ne rien dire du tout à M. Roland, de lui épargner ce chagrin, de le tromper plutôt s'il le fallait. Avertir ce digne homme qu'elle ne l'aime plus, mais qu'elle lui restera fidèle à son corps défendant, c'est dur, c'est impitoyable; c'est par trop se faire valoir soi-même et trop peu accorder à la sensibilité des autres. Une moins ingénue qu'elle aurait mieux trouvé en pareil cas et aurait agi plus humainement; je n'ose dire, plus moralement. Une vertu plus brisée aurait eu plus d'adresse et moins de rudesse. Et Lanthenas donc! le pauvre amoureux, le *patito* qui s'était donné aux époux Roland et qui, depuis des années, brûlait à petit feu sans le dire, il n'avait pas tort non plus de se fâcher et de se révolter comme il fit. Dès qu'il vit Buzot plus en pied que lui et plus favorisé, il s'irrita, s'ulcéra et prit la fuite :

« C'était un bon et tendre frère, nous dit Mme Roland, parlant de Lanthenas; mais il ne pouvait être autre pour mon cœur, et ce sentiment me rendait d'autant plus libre et franche dans l'intimité établie entre nous trois. Lanthenas, apparemment comme le vulgaire, content de ce qu'il a lorsque d'autres n'obtiennent pas davantage, s'aperçut que je ne demeurais point insensible, en devint malheureux et jaloux; rien ne rend si maussade et même injuste : je le sentis, et j'étais trop fière pour l'épargner : il s'éloigna d'autant plus furieux, imaginant le pis; ses opinions même prirent une nouvelle teinte; son cœur l'empêchait d'être féroce comme les montagnards, mais il ne voulut plus voir comme moi, et bien moins comme celui qu'il me voyait chérir; il prétendit se mettre entre le Côté droit dont il blâmait les passions, et le Côté gauche dont il ne pouvait approuver les excès; il fut moins que rien, et se fit mépriser des deux parts. »

C'est bien dur et bien écrasant pour Lanthenas, qui avait souffert pour elle, qui ne s'éloignait qu'à cause d'elle, et qui était dans le vrai en étant jaloux. Naturellement elle aurait dû le plaindre; mais la passion de Mme Roland, doublée et cuirassée de cette vertu dont elle se montre si fière, et encore exaltée par les orages d'alentour, ne songe qu'à l'héroïsme et sort tout à fait de la gamme naturelle. Dans les pages d'adieux intitulées *Mes dernières Pensées,* et qu'elle écrivit à un moment où elle avait pris le parti de ne point attendre l'échafaud et de se donner la mort, après une apostrophe à son mari, à sa fille, elle continuait ainsi, à l'adresse de Buzot fugitif et persécuté :

« Et toi que je n'ose nommer ! toi que l'on connaîtra mieux un jour en plaignant nos communs malheurs, toi que la plus terrible des passions n'empêche pas de respecter les barrières de la vertu, t'affligerais-tu de me voir te précéder aux lieux où nous pourrons nous aimer sans crime, où rien ne nous empêchera d'être unis ? — Là se taisent les préjugés funestes, les exclusions arbitraires, les passions haineuses et toutes les espèces de tyrannies ! Je vais t'y attendre et m'y reposer; reste encore ici-bas, s'il est un asile ouvert à l'honnêteté; demeure pour accuser l'injustice qui t'a proscrit. Mais si l'infortune opiniâtre attache à tes pas quelque ennemi, ne souffre point qu'une main mercenaire se lève sur toi ; meurs libre comme tu sus vivre, et que ce généreux courage qui fait ma justification l'achève par ton dernier acte. »

Mme Roland dans sa prison lisait beaucoup Tacite et cherchait à se pénétrer de sa forme : on s'en aperçoit à la condensation et à l'obscurité de la dernière phrase. — Cette apostrophe à la Caton, cette tirade à la Sénèque ou à la Lucain, très-raturée dans le manuscrit, a été reconquise par le présent éditeur. Voilà des résultats; ils sont peu de chose encore au prix des quatre lettres adressées par Mme Roland à Buzot et qui rentrent dans ce même ton tout cornélien, qui rappellent également le tour et la façon de Mme de Wolmar. Quelle singularité pourtant, dans l'ordre littéraire et moral, que ces sortes de pastiches si visiblement empruntés et si parfaitement sincères! Quoi qu'on en pense, et dût-on n'y voir qu'un noble travers, c'est une veine ouverte à l'étude, et nous ne saurions la négliger.

Lundi 11 juillet 1864.

MÉMOIRES

DE

MADAME ROLAND

PUBLIÉS D'APRÈS LES MANUSCRITS.

ÉTUDE SUR LA MÊME

PAR M. DAUBAN.

—

(SUITE.)

—

Évidemment ce qu'on a retrouvé et ce qu'on publie aujourd'hui doit déranger et contrarier un peu les anciens amis et admirateurs de Mme Roland, ceux du moins qui étaient restés à son égard dans la ligne correcte et pure, dans la ligne girondine étroite. En présence des jugements passionnés et contradictoires, les historiens eux-mêmes, — je parle des historiens amis, — se sont comportés comme des avocats dans un procès. On sait quel est le devoir d'un bon avocat : il est des points sur lesquels il ne cède que lorsqu'il se voit forcé et vaincu par l'évidence : jusque-là il plaide, pour plus de sûreté, la parfaite innocence de son client, et il nie. Il n'y avait pas ici de crime ni de faute à celer; mais il y a des faits compliqués et sujets à commentaires ou même à calomnie : on s'est efforcé, tant qu'on l'a pu, de les recouvrir et de les supprimer. L'éditeur des *Mémoires* de Buzot en 1823, M. Guadet, écrivant la Vie de ce girondin, et se trouvant en face de la difficulté, c'est-à-dire de la tendre liaison présumée entre Mme Roland et Buzot, s'en tirait d'une manière évasive et sauvait la situation dans les termes suivants :

« On a dit que des relations d'un autre genre avaient existé entre Buzot et Mme Roland. Mme Roland parle souvent de Buzot dans ses *Mémoires,* mais la manière même dont elle en parle me semble repousser cette idée. (*Je le crois bien, on avait supprimé les passages où elle avoue son sentiment et où elle s'en fait gloire.*) Buzot nous parle à son tour de ses relations d'amitié avec Roland, et ce n'était pas un homme à jouer avec l'un et avec l'autre deux rôles aussi opposés. Je sais bien que lorsque Buzot apprit à Saint-Émilion la mort de Mme Roland, il en perdit l'esprit pendant quelques jours; mais l'intimité dans laquelle il vécut avec elle, l'estime qu'il eut pour ses talents, peuvent facilement expliquer cette circonstance, de la part d'une âme ardente. »

Honorable héritier du nom et des sentiments de l'un des hommes les plus purs de l'ancienne Gironde, ce même M. Guadet qui, à quarante ans de distance, dans deux volumes consciencieux assez récemment publiés (1), a discuté et contrôlé les récits et les dires des nouveaux historiens de la Révolution, n'a pu ni voulu se dépouiller de ce rôle d'avocat, et il le revendique hautement au contraire. Qu'est-il arrivé? Lorsqu'il a eu à parler de Mme Roland, comme s'il s'agissait avant tout de la disculper et de la défendre, il a essayé de diminuer son rôle actif auprès de son mari et sa part virile d'influence : il s'est refusé également à admettre qu'il se fût logé dans ce cœur de femme aucun sentiment autre que le conjugal et le légitime, ni aucune passion romanesque :

« Écoutez-les, disait-il hier encore, en s'adressant par la pensée aux différents historiens ses prédécesseurs et en les indiquant du geste tour à tour : ceux-là, soit admiration sincère pour le mérite de Mme Roland, soit désir de rabaisser celui des hommes qui l'entouraient, voient dans la femme du ministre la tête qui dirige et son mari et les législateurs qui le fréquentent, et répétant un mot célèbre : *Mme Roland, disent-ils, est l'homme du parti de la Gironde;* — ceux-ci, habitués à se laisser aller à l'imagination du romancier ou du poëte, transforment l'être qu'ils ont créé en nouvelle Armide, fascinant du charme de ses paroles ou de la douceur de son sourire ceux qu'elle réunit dans ses salons ou qu'elle convie à sa table; — d'autres enfin, scrutateurs indiscrets de la vie privée, se placeront entre la jeune femme et son vieux mari, commenteront de cent façons un mot jeté au hasard par cette femme, chercheront à pénétrer jusqu'aux plus secrets sentiments de son âme, compteront les pulsations de son cœur agité, selon que telle ou telle image, tel ou tel souvenir l'im-

---

(1) *Les Girondins, leur vie privée, leur vie publique, leur proscription et leur mort,* par M. J. Guadet, neveu du représentant (2 volumes in-8°, chez Didier, 1861).

pressionne, et montreront sous un voile transparent l'être vers lequel s'élancent sa pensée et ses soupirs; car à leur roman il faut de l'amour. »

Et il ajoute, plein de confiance dans le témoignage qu'il invoque : « Mme Roland a raconté elle-même avec une simplicité charmante ce qu'elle a pensé, ce qu'elle a senti, ce qu'elle a dit, ce qu'elle a fait. » Eh bien! oui, elle l'a raconté, et c'est précisément cette vérité et cette franchise d'aveux qui, à votre tour, avocat excellent et honnête, va vous forcer à en rabattre et vous donne tort aujourd'hui. Ce n'est pas que je veuille dire que ces aveux qu'elle fait accusent Mme Roland. La vérité morale et humaine est plus large que nous ne pensons.

I.

Mais il est un point que j'ai à cœur moi-même de maintenir, nonobstant les critiques que j'ai été ou que je serai amené à faire à l'occasion des passages réintroduits dans le texte ou des lettres retrouvées : c'est la grâce de la femme chez Mme Roland. Elle n'était ni une pédante, ni une précieuse et un bas bleu, pas le moins du monde; et bien qu'il y ait dans ce qu'elle a écrit et ce qu'on a sous les yeux des pages qui, à distance et avec un peu de mauvaise volonté, permettraient de juger d'elle autrement, je reste persuadé et je soutiens que ces taches ou ces roideurs ne sont pas essentielles, qu'elles n'allaient pas en elle jusqu'à affecter et gâter la femme vivante; c'est de la littérature écrite imitée, un pli de la mode, rien de plus. Mme Roland, en personne, était et paraissait avant tout fort aimable.

Pour me confirmer dans cette idée et dans cette bonne opinion, j'ai consulté dès longtemps et j'invoquerai le témoignage de tous ceux qui l'ont connue ou rencontrée. Les amis politiques (c'est tout simple) disent du bien d'elle, et ils jetteraient au besoin un voile sur les défauts; mais les hommes d'un autre parti, les adversaires ou ceux qui ne la voyaient pas sans prévention, s'ils sont d'honnêtes gens, parlent aussi en sa faveur et à son avantage ; ils sont tous d'accord sur le charme et la grâce : nous n'avons qu'à les écouter. M. Beugnot, tout le premier, parlant de l'arrivée de Mme Roland à la Conciergerie où il était détenu lui-même, s'exprime ainsi :

« Mme Roland était âgée de trente-cinq à quarante ans. Elle avait la figure non pas régulièrement belle, mais très-agréable, de beaux cheveux *blonds*, les yeux *bleus* et bien ouverts. Sa taille se dessinait avec grâce, et elle avait la main parfaitement faite. Son regard était expressif, et même dans le repos sa figure avait quelque chose de noble et d'insinuant. Elle n'avait pas besoin de parler pour qu'on lui soupçonnât de l'esprit, mais aucune femme que j'aie entendue ne parlait avec plus de pureté et d'élégance. Elle avait dû à l'habitude de la langue italienne le talent de donner à la langue française un rhythme, une cadence véritablement neuve. Elle relevait encore l'harmonie de sa voix par des gestes pleins de grâce et de vérité, par l'expression de ses yeux qui s'animaient avec le discours, et j'éprouvais chaque jour un charme nouveau à l'entendre, moins par ce qu'elle disait que par la magie de son débit. Elle réunissait à ces dons, déjà si rares, beaucoup d'esprit naturel, des connaissances étendues en littérature et en économie politique. C'est ainsi que j'ai vu Mme Roland, et j'avouerai que je la voyais avec une prévention défavorable. »

Une remarque de M. Prosper Faugère (car je reçois à l'instant et j'ai sous les yeux les bonnes feuilles de son édition des *Mémoires de Mme Roland* qui va paraître) m'avertit que les souvenirs de M. Beugnot sont ici en défaut sur un point : Mme Roland n'était pas blonde, elle avait les cheveux et les yeux noirs, comme elle le dit elle-même ; mais, sauf cette légère inadvertance, l'impression charmante et morale qui ressortait de toute sa personne est vivement et fidèlement rendue par M. Beugnot, et plus encore dans les pages qui suivent, et auxquelles je ne puis que renvoyer (1). On aura remarqué cette élocution nombreuse et pure qui découlait de ses lèvres, cette accentuation plus prononcée qu'elle ne l'est d'ordinaire dans la conversation, et que M. Beugnot attribue à l'usage de la langue italienne. Lemontey, qui était de Lyon et qui y avait vu Mme Roland avant que la Révolution l'eût transformée, a dit également avec la finesse et la curiosité de nuance où s'aiguisait la plume de cet écrivain maniéré, mais distingué :

« J'ai vu quelquefois Mme Roland avant 1789 ; ses yeux, sa tête et sa chevelure étaient d'une beauté remarquable. Son

(1) Voir à la page ccxxxvi de l'*Étude* de M. Dauban. Mais le mieux est de chercher le morceau entier dans *la Revue française* du mois d'octobre 1838. (Les *Mémoires* du comte Beugnot ont été depuis publiés par son petit-fils, 2 vol., 1866.)

teint délicat avait une fraîcheur et un coloris qui, joints à son air de réserve et de candeur, la rajeunissaient singulièrement. Je ne lui trouvai point l'élégance aisée d'une Parisienne qu'elle s'attribue dans ses *Mémoires ;* je ne veux point dire qu'elle eût de la gaucherie, parce que ce qui est simple et naturel ne saurait manquer de grâce. Je me souviens que la première fois que je la vis, elle réalisa l'idée que je m'étais faite de la petite fille de Vévay qui a tourné tant de têtes, de la Julie de J.-J. Rousseau : et, quand je l'entendis, l'illusion fut encore plus complète. Mme Roland parlait bien, trop bien. L'amour-propre aurait bien voulu trouver de l'apprêt dans ce qu'elle disait, mais il n'y avait pas moyen : c'était simplement une nature trop parfaite. Esprit, bon sens, propriété d'expression, raison piquante, grâce naïve, tout cela coulait sans étude entre des dents d'ivoire et des lèvres rosées : force était de s'y résigner. »

Le portrait est brillanté, mais convenez qu'il est des plus jolis. On ne peut mieux nous donner l'idée de cette grâce correcte et parfaite, non pas affectée ni étudiée, et dans laquelle la nature et l'art semblaient ne faire qu'un. L'observation est applicable à plus d'une de ces femmes distinguées qui se sont faites elles-mêmes, qui ont tout appris toutes seules, et qui ont eu à se travailler dès l'enfance. L'énergie, le soin et la vigilance dont elles ont eu besoin pour se former et s'élever, pour conquérir l'éducation et la perfection du bien penser et du bien dire, laissent des marques et passent à l'état d'habitude, lors même qu'il n'y a plus d'effort à faire : que vous dirai-je? elles ont quelque chose de trop accompli. Il n'est donné qu'à une Caylus, née et nourrie dans les élégances de Cour et dans la politesse de Saint-Cyr, de se jouer ensuite dans l'urbanité légère et de se permettre les grâces négligées.

Un homme qui n'est pas suspect quand il s'agit de juger les femmes célèbres, qui ne les aimait ni savantes, ni politiques, ni philosophes, et qui n'a jamais pu pardonner à Mme de Staël une certaine affectation de sentimentalité et une teinte de métaphysique, Fontanes, ennemi d'ailleurs de la Révolution et des révolutionnaires, écrivait dans un journal, *le Mémorial,* à l'occasion d'une *Histoire du Siége de Lyon* qui venait de paraître (1797) :

« L'auteur dévoile très-bien les intrigues assez basses du ministre Roland qui réunissait à quelques connaissances un orgueil sans bornes et un pédantisme insupportable ; mais il paraît injuste envers Mme Roland. J'ai eu occasion de passer quelques jours avec elle en 1791 ; cette femme, il faut en convenir, joignait un esprit supérieur à toutes les grâces de son sexe ; elle avait tout l'art nécessaire pour faire croire que tout chez elle était l'ouvrage de la nature. On voyait seulement qu'elle ne pardonnait pas à la société la place inférieure qu'elle y avait longtemps occupée. C'est l'histoire de Jean-Jacques et de tant d'autres qui valaient moins que lui. »

Voilà ce que j'appelle des jugements irréfragables, de première main, et qui tous concourent dans une même impression. Mme Roland, malgré les qualités viriles dont elle a fait preuve, n'avait rien de masculin dans tout son aspect ni dans son ensemble ; elle était femme et très-femme. Je joindrai encore ici le témoignage d'un écrivain adversaire, Mallet du Pan, qui rédigeait à Londres le *Mercure britannique,* en 1798. Dans un admirable article sur les difficultés qu'il y aurait, pour plus d'un demi-siècle encore, à composer une véritable histoire de la Révolution française, parlant des Mémoires nombreux qui commençaient à paraître et dans lesquels chacun plaidait pour son parti et pour son saint et ne présentait que « la portion de vérité qui pouvait servir le mieux à noircir l'adversaire, » l'éminent publiciste indiquait, à l'appui de sa pensée, les deux exemples le plus en vue :

« Beaucoup de gens, disait-il, écrivent leurs Mémoires pour faire l'histoire personnelle de leurs talents, de leur mérite et de leur conduite. Dans les temps de troubles et de factions, ces écrits intéressés doivent être très-suspects. J'aurais plus de confiance dans les *Mémoires* de Dumouriez si, à chaque page, je n'y lisais l'éloge de ses démarches, de ses avis, de ses variations, de sa politique, et la condamnation de tous ceux qui lui refusèrent confiance. En lisant les *Mémoires* de M*me* Roland, on aperçoit l'actrice qui travaille pour la scène et qui noie dans une foule de puérilités l'apologie de ses amis et la satire de ses ennemis : toutes les figures y sont peintes en buste et le plus souvent par le pinceau des passions. J'ai connu personnellement cette femme dont la mort héroïque a expié l'égarement; dont l'âme ardente et la tête ambitieuse eussent mérité un cloître ou une principauté; dont l'esprit fin et turbulent était aussi propre à diriger des intrigues qu'incapable d'écrire avec fidélité les scènes d'horreur où elle n'avait pas craint de jouer un rôle. »

Ce jugement est sévère, et je ne le donne qu'à raison de l'autorité que j'accorde aux paroles de Mallet du Pan. On y voudrait plus de développement et quelques explications. Il avait connu M*me* Roland. Elle avait été liée d'assez bonne heure avec Linguet, le maître de

Mallet, et avec bien des Genevois de sa connaissance ; il l'avait vue à Paris à l'œuvre, sur le théâtre de l'action, et il eût été curieux de l'entendre motiver ce jugement si plein, mais trop sommaire.

Dumont de Genève, dans ses *Souvenirs* sur la Révolution, a parlé d'elle très-pertinemment aussi, avec bien de la discrétion et une incontestable justesse ; il regrettait de l'avoir moins connue qu'il ne l'aurait pu, et il nous en dit la raison :

« Mme Roland, à tous les agréments personnels, joignait tout le mérite du caractère et de l'esprit. Ses amis en parlaient avec respect : c'était une Romaine, une Cornélie, et si elle avait eu des fils, ils auraient été élevés comme les Gracques. J'ai vu chez elle plusieurs comités de ministres et des principaux *Girondistes*. Une femme paraissait là un peu déplacée ; mais elle ne se mêlait point des discussions ; elle se tenait le plus souvent à son bureau, écrivait des lettres, et semblait ordinairement occupée d'autre chose, quoiqu'elle ne perdît pas un mot. Sa modeste parure n'ôtait rien à ses grâces, et quoique ses travaux fussent d'un homme, elle ornait son mérite de tous les charmes extérieurs de son sexe. Je me reproche de n'avoir pas connu toute l'étendue de ses qualités ; j'avais un peu de prévention contre les femmes politiques, et je lui trouvais trop de cette disposition défiante qui tient à l'ignorance du monde. »

Cette ignorance du monde, — une ignorance relative, — a été l'un des malheurs de Mme Roland au moment de son entrée dans la politique. Quelque distingué que fût le groupe des Girondins, il ne s'y trouvait aucun homme réellement supérieur par le coup d'œil, et, comme Dumont l'a également remarqué, elle en fut réduite à s'exalter et à se monter la tête pour des esprits qui ne la valaient pas :

« Il a manqué à son développement intellectuel (c'est encore Dumont qui parle) une plus grande connaissance du monde, et des liaisons avec des hommes d'un jugement plus fort que le sien. Roland avait peu d'étendue dans l'esprit; tous ceux qui la fréquentaient ne s'élevaient point au-dessus des préjugés vulgaires. »

Il aurait fallu à M*me* Roland quatre ou cinq années de plus de cette scène publique, pour atteindre à tout son développement et à sa maturité sous sa seconde forme, pour sortir de ses vues de coterie, de ses préventions exclusives et de son intolérance contre tout ce qui s'écartait d'un premier type voulu, pour comparer entre eux les hommes, apprécier chacun à sa valeur et se dégoûter des médiocres de son bord qu'elle surfaisait. En un mot, il lui aurait fallu cette grande foire humaine et à marché ouvert qu'on appelle le Directoire; toutes les ambitions, toutes les compétitions, toutes les cupidités à nu; et les plaisirs à l'avenant : une Régence. Ces quatre ou cinq années de plus lui ont manqué pour entière et dernière école : elle y a suppléé, et amplement, par une mort sublime; l'héroïsme l'a dispensée et exemptée de trop d'expérience. Un ancien poëte aurait dit d'elle : « Ils sont favorisés des Dieux ceux qui meurent ainsi. »

II.

Un autre point sur lequel je dois revenir, un trait qui est essentiel chez Mme Roland, c'est celui qu'a accusé Fontanes et qu'elle-même a marqué dans ses *Mémoires,* le sentiment de la place inférieure qu'elle avait longtemps occupée dans la société et dont elle avait souffert. Si elle n'en souffrit plus depuis son mariage, qui l'avait si honorablement classée dans une bourgeoisie plus que moyenne, elle ne cessa d'y penser, de mesurer les distances sociales, de sentir sur elle les prérogatives des rangs et d'aspirer sourdement à son niveau. M. de Lamartine a là-dessus une fort belle page (1) : c'est au point de départ de la jeune fille et à l'époque où Manon Phlipon voyait encore le monde et ses horizons lointains de sa fenêtre du quai de l'Horloge :

« Du fond de cette vie retirée, elle apercevait quelquefois le monde supérieur qui brillait au-dessus d'elle ; les éclairs qui lui découvraient la haute société offensaient ses regards plus qu'ils ne l'éblouissaient. L'orgueil de ce monde aristocratique qui la voyait, sans la compter, pesait sur son âme. Une société où elle n'avait pas son rang lui semblait mal faite. C'était moins de l'envie que de la justice révoltée en elle. Les êtres supérieurs ont leur place marquée par leur nature, et tout ce qui les en écarte leur semble une usurpation... »

M. Louis Blanc, de son côté, a scruté ce sentiment qui fit d'elle une républicaine et s'en est rendu compte

---

(1) *Histoire des Girondins,* tome II, page 14, première édition.

par une analyse précise (1). Il la considère comme la personnification la plus brillante de la classe moyenne bourgeoise, étouffée, et de cette élite intellectuelle qui aspirait à prendre son rang par son mérite. En même temps qu'il la voit disciple de Rousseau et modelant en partie ses *Mémoires* sur les *Confessions,* il cherche à l'en distinguer par un caractère fondamental : il ne découvre dans ses écrits, dit-il, « ni la tragique sollicitude de Rousseau pour les âmes simples et ignorantes, ni la douloureuse anxiété avec laquelle celui-ci remue et sonde les bas-fonds de la société, ni sa haine contre l'inégalité, même quand ce n'est pas sur le talent qu'elle pèse, ni les cris vengeurs que lui arrache la vue du paysan opprimé par un publicain barbare ou celle de l'homme du peuple étouffant dans les étreintes de la misère. Voilà, s'écrie M. Louis Blanc, ce qu'on ne trouve pas chez elle ; le sort de la classe la plus nombreuse et la plus pauvre ne paraît pas occuper beaucoup de place dans ses préoccupations ; du moins, il n'en tient guère dans son livre.. » La remarque est fine ; je la crois juste, bien que trop généralisée. Je trouve, en effet, dans le *Voyage en Angleterre* de Mme Roland, voyage instructif et très-consciencieux qu'elle fit en 1784 avec son mari, un passage sur la différence des moyens de fondation en France et en Angleterre, la puissance de l'association suffisant là-bas à de magnifiques établissements qui ne se font chez nous que par voie d'autorité :

---

(1) *Histoire de la Révolution française,* tome VI, page 150.

« Nous avons, dit-elle, de belles choses en France, mais toutes faites par le prince aux dépens de ses sujets arbitrairement imposés et pleurant au fond des provinces le bien auquel ils ne participent que par leurs sueurs et leurs souffrances. »

Voilà précisément la note dont M. Louis Blanc regrettait l'absence. Il est vrai qu'elle est plus rare chez Mme Roland que chez Rousseau. Confinée au cercle domestique et n'ayant pas mené, comme l'illustre vagabond de Genève, une vie errante et souvent pédestre, elle ne pouvait qu'entrevoir, sans les sonder, les misères profondes : elle était digne de les sentir.

M. Louis Blanc a dit encore en parlant du groupe de la Gironde et pour le définir : « Ce furent des artistes égarés dans la politique. » Artistes, je l'accorde ; mais il convient encore de se bien entendre sur le mot ; ils l'étaient peut-être (l'un d'entre eux du moins, Vergniaud), par l'éloquence ; comme écrivains, ils n'étaient artistes nullement. Il n'y a rien de plus terne que leurs Mémoires, de plus déclamatoire dans les termes, de plus farci de Rome et de Sparte. S'ils furent des artistes, ils ne furent en rien des artistes originaux, et Mme Roland, supérieure à la plupart, et je dirais hardiment, à tous s'il n'y avait Vergniaud, n'échappe point en cela à la condition commune.

J'ai eu par devers moi une preuve piquante et particulière de cette absence totale d'originalité chez les Girondins ; j'ai pu lire, grâce à l'obligeance de M. Guadet, une tragédie manuscrite en cinq actes et en vers, *Charlotte Corday*, composée par Salles, député à la Convention, l'un des Girondins proscrits, et qui l'écrivait pendant sa proscription même, sous le coup de la mort (1). Aberration du goût! cet homme qui a vécu en pleine tourmente, au milieu des Jacobins, qui a entendu tous les jours Danton, Robespierre, les fait parler dans le style élégamment délayé de la tragédie classique du troisième ordre : c'est une troisième décoction de Campistron. Danton parle comme un traître de tragédie (passe encore si c'était Barère); il harangue en ces termes ses complices Robespierre, Barère, Hérault-Séchelles, etc. : c'est à Barère effrayé et qui vient de tracer de la situation un tableau très-sombre, qu'il répond :

> Avant de m'expliquer sur ces grands intérêts,
> Je dois de ce récit adoucir quelques traits.
> Le jour de crise, amis, sans doute est difficile;
> Le peuple est agité, mais l'armée est tranquille.
> Le soldat, chaque jour au combat occupé,
> Sur nos divisions est aisément trompé.
> Plus heureux dans les camps, l'on nous croit : leur entrée
> Aux plaintes des proscrits n'a point été livrée...

Ainsi ces Girondins, qui osaient combattre les Jacobins et mourir, n'osaient sortir de la phraséologie fade et plate en poésie. Il fallut près de soixante ans encore pour que Ponsard, dans sa *Charlotte Corday,* produisant ces hommes sur la scène, leur fît tenir un mâle langage et revînt par la tradition cornélienne à une sorte de vérité révolutionnaire.

(1) Cette tragédie de Salles a été publiée depuis par les soins de M. Georges Moreau-Chaslon (in-4°, Miard, 1864).

Mme Roland, qui rimait aussi comme Salles et qui faisait avec facilité des vers quelconques, écrivait bien en prose, d'une plume gracieuse et virile, avec nombre, fermeté, élégance ; mais l'originalité également fait un peu défaut, et cela est sensible surtout lorsqu'elle s'applique et qu'elle veut s'élever. Elle choisit noblement ses modèles, mais elle a toujours des modèles sur lesquels elle tâche expressément de se former. Dans son admiration enthousiaste pour Rome, ainsi que toute l'école à laquelle elle appartient, elle se vante et s'enorgueillit de tout ce qui sera un calque direct. Sa plus grande ambition littéraire (et ce n'en est pas une petite en effet) eût été de s'exprimer à l'imitation de Tacite ; elle revient à cette idée à plus d'une reprise dans sa prison, et avec des alternatives de regret ou d'espérance : « Si j'échappe à la ruine universelle, » écrit-elle à un ami, « j'aimerai à m'occuper de l'his-
« toire du temps ; ramassez de votre côté les matériaux
« que vous pourrez. J'ai pris pour Tacite une sorte de
« passion ; je le lis pour la quatrième fois de ma vie
« avec un goût tout nouveau, je le saurai par cœur ; je
« ne puis me coucher sans en avoir savouré quelques
« pages. » Et elle redit la même chose dans ses *Mémoires :* « Il me semble que nous voyons de même
« (Tacite et moi), et avec le temps, sur un sujet égale-
« ment riche, il n'aurait pas été impossible que je
« m'exprimasse à son imitation. » Mais pourquoi imiter Tacite ? On y parvient pendant quelques pages ; il y a un tour, un procédé, une entorse vigoureuse de pensée qu'il s'agit de saisir ; mais, à la longue, cela devient

bien lassant. Daunou a essayé dans ce style une *Histoire de la Convention*, et il n'est pas allé au delà du premier chapitre. Laissons Tacite avec sa manière à lui et son génie. Les hommes ne sont pas faits généralement pour être ainsi frappés en médaille d'un coup et coulés en bronze. De tout temps ils sont chose ondoyante et diverse : dans le cours d'une révolution, ils sont encore plus sujets à changement et à métamorphose. Pour les réfléchir et les montrer fidèlement, l'histoire ne saurait trop ressembler à un grand fleuve. Moins de talent, moins d'art, et plus de largeur et d'impersonnalité : c'est là aussi une belle manière de talent.

Mme Roland est parfois originale ou bien près de l'être. Savez-vous quand ? C'est quand elle y songe le moins et là où elle est le plus naturelle ; c'est dans ses lettres à ses amis, particulièrement dans les lettres à Bosc pour lesquelles j'ai un faible. En maint endroit de cette libre et charmante Correspondance elle a des gaietés, des élans et des entrains à ravir, — quand elle parle de la vie des champs, de ses occupations au Clos, de ses différentes manières d'être à Villefranche, à Lyon, à la campagne : « A la campagne, je pardonne tout..., à Lyon, je me moque de tout..., à Villefranche, je pèse tout... » La campagne surtout l'inspire : « Pends-toi, friand Crillon, nous faisons des confitures, du raisiné et du vin cuit, des poires tapées et du bonbon, et tu n'es pas ici pour les goûter !... » Elle a de ces débuts de lettres d'automne qui respirent en plein la vendange et qui sentent leur fruit ; ceci encore, par exemple :

« Eh! bonjour donc, notre ami. Il y a bien longtemps que
je ne vous ai écrit ; mais aussi je ne touche guère la plume
depuis un mois, et je crois que je prends quelques-unes des
inclinations de la bête dont le lait me restaure : j'*asine* à force
et m'occupe de tous les petits soins de la vie *cochonne* de la
campagne. Je fais des poires tapées qui seront délicieuses ;
nous séchons des raisins et des prunes ; on fait des lessives,
on travaille au linge ; on déjeune avec du vin blanc, on se
couche sur l'herbe pour le cuver ; on suit les vendangeurs,
on se repose au bois ou dans les prés ; on abat les noix, on a
cueilli tous les fruits d'hiver, on les étend dans les greniers.
Nous faisons travailler le docteur, Dieu sait ! Vous, vous le
faites embrasser ; par ma foi, vous êtes un drôle de corps. »

Dans tous ces endroits, elle est naturelle, pleine de
verve et d'abondance ; elle n'est plus tout à fait cette
dame parfaite que Lemontey a vue à Lyon ; elle se livre ;
elle a du jet ; elle est ce qu'il faut, selon les lieux et
les moments ; elle est ce qu'elle veut être, familière et
vive quand le cœur lui en dit ; la plume alors prend le
galop, et court à bride abattue : nous avons une Sévigné
de la bourgeoisie, et mieux que cela, une Sévigné
George Sand.

III.

Venons-en à ce qui semblera un peu moins naturel,
à ses lettres d'amour, à cette passion des derniers
temps à laquelle l'enhardit la Révolution et dont elle a
dit avec justesse : « J'ai connu ces sentiments généreux
« et terribles qui ne s'enflamment jamais davantage
« que dans les bouleversements politiques et la con-

« fusion de tous les rapports sociaux. » Elle avait de bonne heure trop réfléchi à l'amour pour le ressentir dans toute sa naïveté. Jamais elle n'avait connu ce premier attrait invincible, le plus simple, le plus éternel de tous, celui dans lequel les sens jouent leur rôle, même à leur insu, l'amour de Chloé pour Daphnis, ou même celui de Virginie pour Paul. On a d'elle, lorsqu'elle était encore jeune fille, c'est-à-dire avant son mariage, à l'âge de vingt-deux ou vingt-trois ans, un Essai moral, une espèce de dissertation *sur l'amour,* qui commence ainsi : « Je pense à l'amour et je prends la
« plume... Que prétends-je faire? Je le connais à peine ;
« de quelles idées puis-je m'entretenir moi-même sur
« un pareil sujet? » Après quelques raisonnements d'une banalité un peu novice, elle en vient à se peindre elle-même sous le nom de *Chloé;* elle semble y faire allusion à son goût de jeune fille pour La Blancherie. Chloé nous est présentée comme une personne d'une raison précoce, « d'un naturel docile mais pénétrant, cultivé par une éducation aisée et prudente, d'un esprit juste mais gai, » d'une humeur enjouée et vive, sur qui les amorces qui s'adressent à la vanité ne prennent pas, mais dont le cœur peut se laisser gagner au vrai mérite et au charme d'un entretien spirituel et instructif ; une conversation « gaiement sensée ou finement badine » a des chances de lui plaire. Ce La Blancherie, qui la préoccupa d'abord plus qu'elle n'a voulu le dire, n'avait que le vernis de l'agréable, rien de solide ; elle s'en aperçut assez vite. Roland plus tard, le vertueux Roland, n'eut que le solide et le sérieux sans

rien d'aimable : elle finit aussi par s'en trop apercevoir à la longue. Les conditions qu'elle eût désiré trouver associées et réunies, elle ne les rencontrait que séparées. Il lui fallut longtemps attendre. Elle n'y comptait probablement plus lorsque tout d'un coup, un beau jour, dans l'agitation des tempêtes publiques, et avec le rehaussement des vertus de citoyen, elle crut avoir trouvé son premier idéal agrandi en la personne de Buzot. Il était, ne l'oublions pas, de six ans plus jeune qu'elle, ce qui, de la part de la femme, favorise l'illusion et la tendresse, — marié lui-même à une femme estimable, mais peu distinguée ; on pouvait l'aimer sans aller sur les brisées d'aucune rivale. Elle s'éprit de lui ; elle se monta la tête et s'enflamma le cœur (car bien hardi qui tranche en pareil cas !) pour son mérite renfermé et un peu sombre. Elle lui prêtait de son rayon, et, en l'aimant, elle restait fidèle encore à son programme de jeune fille : « Dans les âmes honnêtes et délicates, l'amour ne se présente jamais que sous le voile de l'estime. »

Je viens de relire les *Mémoires* de Buzot ou ce qu'on appelle ainsi, les pages d'apologie écrites par lui au milieu de sa proscription : elles sont assez véhémentes et animées d'une vertueuse indignation, mais ternes, sans intérêt pour nous aujourd'hui, sans un éclair. Quelques portraits à peine, tels que celui de Garat, s'y détachent. Victime lui-même de la persécution et de la calomnie, Buzot se montre d'une extrême injustice pour tous ses adversaires et les confond dans une commune et banale injure : ce sont d'inévitables représailles ; et il serait encore plus élevé d'intelligence que de cœur, celui qui saurait s'en abstenir. Formé par la double lecture de Plutarque et de Jean-Jacques, admirant également Montesquieu et Mably et les mettant sur la même ligne, Buzot a tous les nobles préjugés, toutes les lumières incomplètes de son époque : il est, lui aussi, de Rome et de Sparte plutôt qu'un législateur moderne ; mais de près, dans la familiarité sérieuse, il pouvait avoir un certain charme contenu et voilé, et Mme Roland le subit. Dans les lettres récemment retrouvées, elle lui écrit d'abord de la prison de l'Abbaye, à la date du 22 juin 1793 ; elle venait de recevoir des lettres de lui où il lui annonçait qu'il était avec quelques-uns de leurs amis en sûreté dans le Calvados :

« Combien je les relis ! s'écrie-t-elle ; je les presse sur mon cœur, je les couvre de mes baisers ; je n'espérais plus d'en recevoir !... J'ai fait inutilement chercher des nouvelles de Mme Ch... ; j'avais écrit une fois à M. Le Tellier, à E. (*Évreux*), pour que tu eusses de moi un signe de vie ; mais la poste est violée ; je ne voulus rien t'adresser, persuadée que ton nom ferait intercepter la lettre et que je t'aurais compromis. Je suis venue ici, fière et tranquille, formant des vœux et gardant encore quelque espoir pour les défenseurs de la Liberté ; lorsque j'ai appris le décret d'arrestation contre les vingt-deux ; je me suis écriée : *Mon pays est perdu !* — J'ai été dans les plus cruelles angoisses jusqu'à ce que j'aie été assurée de ton évasion ; elles ont été renouvelées par le décret d'accusation qui te concerne : ils devaient bien cette atrocité à ton courage ! Mais, dès que je t'ai su au Calvados, j'ai repris ma tranquillité. Continue, mon ami, tes généreux efforts, Brutus désespéra trop tôt du salut de Rome aux champs de Philippes... »

Voilà notre défaut tout cru. Il y a loin de Caen aux champs de Philippes. On rougit presque, dans une situation pareille, de venir relever des fautes de goût; mais à quoi serions-nous bon sans cela? Des délicatesses d'ailleurs, propres à elle seule, les rachètent bientôt. Elle confesse à Buzot qu'elle n'a pas été très-fâchée d'être arrêtée, puisque Roland est parvenu à se dérober aux poursuites; mais il faut l'entendre ici dans un langage qui est bien le sien et qu'elle n'emprunte à personne, pas plus que le sentiment compliqué et très-élevé qui l'inspire :

« Ils en seront moins furieux, moins ardents contre Roland, me disais-je; s'ils tentent quelque procès, je saurai le soutenir d'une manière qui sera utile à sa gloire; il me semblait que je m'acquittais ainsi envers lui d'une indemnité due à ses chagrins : mais ne vois-tu pas aussi qu'en me trouvant seule, c'est avec toi que je demeure? — Ainsi, par la captivité, je me sacrifie à mon époux, je me conserve à mon ami, et je dois à mes bourreaux de concilier le devoir et l'amour : ne me plains pas! — Les autres admirent mon courage, mais ils ne connaissent pas mes jouissances; toi, qui dois les sentir, conserve-leur tout leur charme par la constance de ton courage. »

Faut-il insister sur ce tutoiement perpétuel qui aura certainement frappé et peut-être étonné quelques lecteurs? il est en partie cornélien, en partie révolutionnaire. Tutoyer ainsi un homme à qui on n'a pas appartenu, à qui on ne s'est pas donnée, est un peu rude. Le Père Rapin, autrefois, dissertant sur le *tu* et sur le *toi* qui sont d'usage en notre poésie, en recherchait les

raisons, et il ajoutait qu'une des principales était qu'on ne s'en servait pas en prose, même dans le commerce de l'amour. Sur quoi Bussy-Rabutin lui répondait assez agréablement : « En amour il n'est pas vrai, mon Ré-
« vérend Père, qu'on ne tutoie jamais sa maîtresse ;
« mais vous n'êtes pas obligé de savoir cela. » Ici c'est la femme qui aime, qui tutoie son ami, et elle n'est pas sa maîtresse. C'est un cas singulier. Cela me paraît guindé et tendu encore plus que familier et tendre. Prenons garde toutefois de trop porter de nos habitudes de société dans nos jugements. Qui sait ? peut-être ce qui nous déplaît, à nous, paraîtra-t-il charmant à d'autres.

Dans une seconde lettre de Buzot, du 3 juillet, Mme Roland revient sur la même idée d'un contentement austère au sein de la captivité, et elle l'exprime avec une rare noblesse :

« Mon ami, ne nous égarons pas jusqu'à frapper le sein de notre mère en disant du mal de cette vertu qu'on achète, il est vrai, par de cruels sacrifices, mais qui les paye, à son tour, par des dédommagements d'un si grand prix. Dis-moi, connais-tu des moments plus doux que ceux passés dans l'innocence et le charme d'une affection que la nature avoue et que règle la délicatesse, qui fait hommage au devoir des privations qu'il lui impose, et se nourrit de la force même de les supporter ?... Les méchants croient m'accabler en me donnant des fers. Les insensés! que m'importe d'habiter ici ou là? ne vais-je pas partout avec mon cœur, et me resserrer dans une prison, n'est-ce pas me livrer à lui sans partage? »

Vous l'entendez : se peut-il plus nobles accents ? C'est

là son thème favori et sur lequel elle se plaît à appuyer, le thème d'amante où se complairait aussi une héroïne de Corneille. Deux choses l'enhardissent et lui délient la langue dans la prison, deux pensées l'absolvent à ses yeux : la considération du danger présent et de la mort, et la conscience qu'elle a de faire honneur bientôt à Roland en le suppléant de sa personne devant le tribunal inique et de lui payer ainsi en monnaie historique son *indemnité* de mari. Le mot est d'elle. Il n'y a pas moyen, même en admirant, de ne pas sourire. La passion a de ces biais uniques. Supposez Porcie infidèle de cœur à Brutus, elle ne parlerait pas autrement. — Mais je ne puis tout dire cette fois, et mieux vaut remettre que d'écourter une si riche matière. Le sujet est noble et beau : il mérite qu'on y insiste et qu'on y séjourne. J'ai d'ailleurs à parler de l'édition de M. Faugère, qui a ses avantages particuliers et qui est rehaussée d'une Introduction écrite avec vigueur et précision, avec élévation d'âme. Il y a aussi, à l'occasion de Mme Roland, à dire quelque chose de la femme moderne, de celle de la société présente et à venir ; car elle est un des chefs du cortége, un des guides de la procession future.

Lundi 18 juillet 1864.

MADAME ROLAND

SES LETTRES A BUZOT
Publiées par M. DAUBAN (1).

Ses Mémoires. — Édition de M. FAUGÈRE (2).

(SUITE ET FIN.)

I.

Il y a une littérature contemporaine et congénère de l'art de David ; elle fut très-courte de durée et très-mélangée : tout marchait si vite alors ! Si, hier encore, on ne savait trop où la prendre dans quelque exemple net et distinct, les Lettres de Mme Roland à Buzot nous en offrent aujourd'hui l'expression la plus haute et la plus pure.

(1) A la suite de l'*Étude sur Mme Roland.*
(2) Deux vol. in-18, librairie Hachette.

En France, depuis l'ouverture de notre grand siècle littéraire, nous avons toujours eu de l'imitation et des réminiscences jusque dans l'originalité : c'est ce qu'on appelle être classique. Sauf un ou deux cas d'exception, — Pascal, Bossuet, — on reconnaît et l'on peut toujours nommer quelque ancien derrière un moderne il eût semblé autrement que la caution, la marque de garantie lui manquait. Malherbe s'était modelé sur la lyre d'Horace ; Corneille se forma sur l'idée du *Romain* et sur les beautés de Lucain et de Stace ; Racine eut tour à tour en vue Euripide et la Bible adoucie et francisée par Le Maistre de Saci. Pellisson, plaidant pour Fouquet devant Louis XIV du fond d'une prison, s'applique à rivaliser avec Cicéron plaidant pour Ligarius devant César. Nos plus libres auteurs comme Molière et La Fontaine imitent beaucoup eux-mêmes ; le principal, aux yeux de ce dernier, et tout le fin de l'art consiste à savoir rendre *sien* cet *air d'Antiquité*. Au xviiie siècle, il faut le dire en son honneur, en ce second siècle dont on s'empresse volontiers de médire quand on le compare au précédent, il y a moins d'imitation des Anciens : les uns l'en blâment ; moi, je suis tenté plutôt de l'en louer. La Bruyère, qui ne prend de Théophraste que le nom et qui serre de si près les mœurs de son temps, est en cela déjà un écrivain du xviiie siècle. Voltaire a trop de rapidité et d'à-propos pour s'astreindre à un modèle ; il passe outre et sert hardiment, et sous toutes les formes, les lumières, les idées et les passions de son temps. Montesquieu a son moule à lui, comme sa pensée, et si ses *Lettres persanes* doivent quelque chose à un devancier, c'est à l'un de ces devanciers de la veille qui bientôt ne comptent plus et qui sont annulés par leur supérieur .J.-J. Rousseau est le plus grand original et qui ne se modèle sur personne, qui ne s'inspire que de lui : aussi deviendra-t-il vite un modèle, et il mordra d'autant plus au vif sur la fibre humaine moderne qu'il est un pur moderne lui-même. Ainsi des autres. Le tour d'esprit d'un Fontenelle n'est qu'à lui ; Diderot, non plus, n'imite personne : c'est tout une nature en action et en éruption. Si la littérature est vraiment ou doit être l'expression de la société, la littérature du xvIII^e siècle est plus voisine de la société de son temps que la littérature du xvII^e ne l'était de la société sa contemporaine. Si l'on prétendait juger du xvII^e siècle par sa littérature, on se tromperait fort et l'on serait loin du compte ; celle du siècle suivant, moins haute et plus étendue, représente plus fidèlement les mœurs ; elle sent davantage son fruit. Elle ressemble en cela à la peinture même de son temps, qui est plutôt une peinture de genre que d'histoire, ce qui ne veut pas dire du tout qu'elle soit à mépriser. Mais, avec David, il se fit une réaction en peinture, un retour au *style* proprement dit, un effort vers Rome et vers une Grèce de convention. De même, dans l'ordre politique et littéraire, on suivrait à la trace un retour presque parallèle. Ce n'est point pourtant dans les *Mémoires* de Mme Roland que je trouverais précisément ce rapport de ressemblance entre l'art et la littérature ; ils sont trop courants, trop naturels, trop vivants ; si l'on excepte deux ou trois traits, elle s'y montre plus fille de Jean-Jacques encore que des vieux Romains. Ce rapport que je cherche m'apparaît frappant, au contraire, dans ces quatre Lettres d'un tour si fier et d'une attitude magnanime. La dernière exposition de l'Académie de peinture en 1791 avait offert les trois grandes productions classiques de David, *les Horaces, Brutus,* et *la Mort de Socrate,* avec le dessin du *Serment du Jeu de Paume.* La contre-partie et le pendant de ces fortes œuvres dans les écrits et les harangues d'alentour ne se trouveraient qu'épars. Il y a dans les discours de Mirabeau des allusions, des citations heureuses de l'Antiquité, mais ce ne sont que des mots rapides; je n'en rappellerai qu'un, entre autres, des plus retentissants, et dont l'écho remplit encore notre oreille. « Lorsque périt le dernier des Gracques de la main des patriciens, atteint du coup mortel, il lança de la poussière vers le ciel en attestant les dieux vengeurs, et de cette poussière naquit Marius. » Mais cette admirable et menaçante parole, digne du serment du Jeu de Paume, n'est qu'un éclair, et je dirai qu'elle est plus voisine de Shakspeare que des Romains de David. David dessine plus correctement son idée et n'a rien de ce vague orageux et fécond. Si j'avais donc à citer aujourd'hui dans la littérature de la Révolution un exemple pur et net de sentiments et d'accents romains en une âme française, je serais assez embarrassé de rien produire, ou ce seraient les quatre Lettres à Buzot que je proposerais. Cornélie, Porcie, Arrie, ces nobles dames transportées dans la situation, les eussent pu écrire à quelques égards; elles sont d'un stoïcisme légèrement attendri, et la Française non plus, la républicaine un peu étonnée de l'être, n'y est pas absente; le ton une fois admis, il y respire un sentiment vrai et comme de la douceur :

« Puisse cette lettre te parvenir bientôt, te porter un nouveau témoignage de mes sentiments inaltérables, te communiquer la tranquillité que je goûte, et joindre à tout ce que tu peux éprouver et faire de généreux et d'utile le charme inexprimable des affections que les tyrans ne connurent jamais, des affections qui servent à la fois d'épreuves et de récompenses à la vertu, des affections qui donnent du prix à la vie et rendent supérieur à tous les maux ! »

C'est ainsi que se termine la seconde lettre. La troisième écrite peu de jours après (et toutes les quatre l'ont été dans l'intervalle de quinze jours, du 22 juin au 7 juillet) roule en partie sur un projet d'évasion qu'on lui avait proposé déjà et que Buzot renouvelait : Mme Roland s'y refuse, et elle affecte, à cet effet, plus de sécurité qu'elle n'en avait certainement sur l'issue de sa détention. Elle perdrait tout à une tentative d'évasion manquée; que gagnerait-elle à une fuite heureuse?

« Rien ne m'arrêterait, dit-elle, si j'avais à les braver seule (les dangers) pour aller te rejoindre; mais exposer nos amis et sortir des fers dont la persécution des méchants m'honore, pour en reprendre d'autres que personne ne voit et qui ne peuvent me manquer, cela ne presse nullement. Je sens toute la générosité de tes soins, la pureté de tes vœux, et plus je les apprécie, plus j'aime ma captivité présente. Il (Roland) est à R. (Rouen), bien près de toi, comme tu vois, chez de vieilles amies et parfaitement ignoré, bien doucement, bien choyé, tel qu'il faut qu'il soit pour que je n'aie point à m'inquiéter, mais dans un état moral si triste, si accablant, que je ne puis sortir d'ici que pour me rendre à ses côtés. »

C'est en ce sens qu'elle entend les *fers* qu'il lui faudrait *reprendre* et dont elle ne ferait que changer, — les chaînes du devoir! En attendant, pour consoler ses regards, elle s'est fait apporter ce qu'elle appelle *this dear picture,* un médaillon contenant le portrait de Buzot en miniature que, par une sorte de superstition, dit-elle, elle n'avait point voulu mettre d'abord dans sa prison :

« Mais pourquoi se refuser cette douce image, faible et précieux dédommagement de la privation de l'objet? Elle est sur mon cœur, cachée à tous les yeux, sentie à tous les moments et souvent baignée de mes larmes. Va, je suis pénétrée de ton courage, honorée de ton attachement et glorieuse de tout ce que l'un et l'autre peuvent inspirer à ton âme fière et sensible. Je ne puis croire que le Ciel ne réserve que des épreuves à des sentiments si purs et si dignes de sa faveur Cette sorte de confiance me fait soutenir la vie et envisager la mort avec calme. Jouissons avec reconnaissance des biens qui nous sont donnés. Quiconque sait aimer comme nous porte avec soi le principe des plus grandes et des meilleures actions, le prix des sacrifices les plus pénibles, le dédommagement de tous les maux. »

Enfin, dans une dernière lettre du 7 juillet, elle se livre à quelques pensées d'avenir et d'espérance. Elle jouit d'une rare éclaircie et d'un rayon de soleil à travers ses barreaux; elle est heureuse, elle le dit du moins;

elle tâche de se persuader qu'elle l'est. Elle essaye de décrire « le charme d'une prison » où l'on est délivré de tout soin importun, de toute distraction fâcheuse, « où l'on ne doit compte qu'à son propre cœur de l'emploi de tous les moments. » Elle trouve, pour exprimer ce sentiment particulier de quiétude, des paroles qui eussent fait honneur aux anciens sages :

« Rendu à soi-même, à la vérité, sans avoir d'obstacles à vaincre, de combats à soutenir, on peut, sans blesser les droits ou les affections de qui que ce soit, abandonner son âme à sa propre rectitude, retrouver son indépendance morale au sein d'une apparente captivité, et l'exercer avec une plénitude que les rapports sociaux altèrent presque toujours. »

Elle se plaît à revenir sur cette idée, si chère à sa passion, qu'elle est présentement dispensée de toute lutte, à l'endroit qui lui est le plus sensible, et qu'elle peut s'abandonner sans scrupule et sans danger à une effusion innocente. Dans la sphère morale où elle habite en esprit, elle se dit et se répète avec une sorte de satisfaction délicieuse que si elle est privée de la vue de son ami, c'est par la force des choses et sans que ce soit elle qui le sacrifie : elle est à son égard dans une situation où elle n'a à se faire ni reproche, ni violence. Les amoureux sont aisément crédules ; elle est tentée de voir là-dedans un signe et une intention de la Providence :

« Je ne veux point pénétrer les desseins du Ciel, je ne me permettrai pas de former de coupables vœux ; mais je le remercie d'avoir substitué mes chaînes présentes à celles que je portais auparavant, et ce changement me paraît un commencement de faveur. »

Elle est extrêmement attendrie ce jour-là (7 juillet); les épanchements de la journée ne lui ont pas suffi ; elle s'y remet dans la soirée encore ; son âme déborde; elle laisse échapper l'hymne intérieur comme dans un couplet mélodieux; elle a beaucoup lu Thompson, elle l'imite ; elle a de sa prosodie scandée, elle a de la simplicité avec pompe :

« Douce occupation, communication touchante du cœur et de la pensée, abandon charmant, libre expression des sentiments inaltérables et de l'idée fugitive, remplissez mes heures solitaires! Vous embellissez le plus triste séjour, vous faites régner au fond des cachots un bonheur *après lequel soupire quelquefois vainement l'habitant des palais.* »

Oh ! ici je l'arrête. Quoi ! un brin de déclamation encore! quoi! un trait contre *l'habitant des palais!* Mais cet *habitant des palais,* où est-il? C'était bon à dire du temps de *Paul et Virginie* et de Fénelon; mais qu'en avez-vous fait, vous et les vôtres, ô Girondins turbulents, imprévoyants, vous dont le beau rôle ne commence véritablement que du jour où vous entrez dans la résistance et où vous devenez, à votre tour, vaincus et victimes ? *L'habitant des palais!* mais avez-vous donc oublié qu'à cette heure où Louis XVI avait péri, il n'y avait plus que deux ou trois habitants de ces ci-devant palais, des femmes comme vous, prisonnières comme vous, enfermées au Temple comme vous à Sainte-Pélagie, destinées à plus d'insultes, à plus d'outrages que vous n'en subîtes jamais ; — l'une surtout, une reine redevenue auguste par le courage et le malheur, une victime comme vous allez l'être, et que vous suivrez à trois semaines de distance sur le fatal échafaud ; celle même dont les pages secrètes retrouvées aujourd'hui viennent faire concurrence aux vôtres et avertir les cœurs généreux de ne rien maudire, de ne rien commettre d'inexpiable, et de réunir dans un même culte de justice et d'humanité tout ce qui a régné par la noblesse du sang, le charme de la bonté, par l'esprit, par le caractère, tout ce qui a lutté, combattu, souffert et grandi dans la souffrance, tout ce que le malheur a sacré !

Il eût suffi, en cet endroit, d'un goût littéraire plus sévère et plus *vrai* pour empêcher Mme Roland de se laisser aller à une phrase, à une simple inadvertance déclamatoire, qui ressemble à un manque de tact moral. En fait de délicatesse aussi, toutes les vérités se tiennent.

A ce mot près, il n'y a rien que de parfaitement simple et touchant dans cette dernière lettre de Mme Roland à Buzot. Elle lui conseille, à lui et à leurs amis, de ne pas faire d'entreprise à la légère, comme aussi de ne pas désespérer trop tôt ; elle ne préjuge pas absolument, en ce qui la concerne, de ce que l'avenir pourra l'amener à décider ; elle semble revenir sur ce premier refus de fuir, et elle n'y mettrait pas d'obstination, dit-elle, si les circonstances empiraient. Pour le moment, elle se plaît à lui faire de la vie qu'elle mène en ce triste lieu une description reposée et presque attrayante : on l'y voit à merveille, dans cette cellule assez large à peine pour souffrir une chaise à côté du lit, devant la petite table où elle lit, écrit ou dessine, avec le portrait de son ami sous ses yeux, ou sur son sein, pour tout ornement de son réduit ayant un bouquet de fleurs que Bosc lui fait envoyer chaque matin du Jardin des Plantes : c'est un joli coin de tableau, que j'appellerais flamand s'il n'était si net et si clair de tout point ; le *clair-obscur* n'est point le fait de Mme Roland. Après cette peinture un peu embellie de sa vie, elle ajoute, revenant à son cher objet, à cette autre existence qui l'occupe :

« Mais, sais-tu que tu me parles bien légèrement du sacrifice de la tienne, et que tu sembles l'avoir résolu fort indépendamment de moi ? De quel œil veux-tu que je l'envisage ? Est-il dit que nous ne puissions nous mériter qu'en nous perdant ? et si le sort ne nous permettait pas de nous réunir bientôt, faudrait-il donc abandonner toute espérance d'être jamais rapprochés, et ne voir que la tombe où nos éléments pussent être confondus ? — Les métaphysiciens et les amants vulgaires parlent beaucoup de persévérance ; mais c'est celle de la conduite qui est plus rare et plus difficile que celle des affections. Certes, tu n'es pas fait pour manquer d'aucune, ni de rien de ce qui appartient à une âme forte et supérieure : ne te laisse donc pas entraîner par l'excès même du courage vers le but où mènerait aussi le désespoir. »

D'après tous ces passages, on voit que s'il y a quelque emphase, elle est rachetée aussitôt par bien des mérites, par des délicatesses infinies de pensées, et que la Romaine en Mme Roland n'a pas absolument la roideur du bas-relief ; elle est touchante, elle est Française encore, elle est femme, et c'est par l'ensemble de ces qualités réunies que les quatre Lettres retrouvées restent, toutes critiques faites, une acquisition hors de prix pour la littérature.

II.

M. Faugère, auquel il est temps de venir, en nous donnant à son tour une édition des *Mémoires* de Mme Roland, semble presque l'organe et le représentant de la famille. C'est d'elle, en effet, c'est des mains d'Eudora Roland, Mme Champagneux, qu'il reçut communication du précieux manuscrit, il y a bien des années déjà, en 1846; il l'eut alors à sa disposition pendant un an, et il prépara le texte de cette édition trop longtemps retardée. En rendant à Mme Champagneux le dépôt qu'elle lui avait confié, il lui exprima le vœu que ce monument authentique d'esprit, de talent et de courage, fût conservé un jour dans un établissement public, et on lui doit ainsi d'avoir suggéré l'idée première de ce legs assez récent qui a été fait à la Bibliothèque Impériale.

M. Faugère, en rétablissant intégralement ces pages dont nous avons indiqué le caractère, et en les publiant presque au nom de la fille de Mme Roland, n'a pas été sans s'adresser à lui-même quelques objections, et il lui a fallu du temps et quelque effort pour en triompher. Il avait d'abord préparé cette restitution, nous dit-il, pour son propre usage. Mme Champagneux, qui avait conçu pour lui une grande estime d'après la lecture de certaines pages traitant de sujets religieux et tout à fait étrangères à l'histoire de la Révolution, avait fait acte d'amitié en lui confiant le manuscrit maternel qui, depuis la première édition des *Mémoires* par Bosc, était rentré entre ses mains et était demeuré caché à tous les yeux dans les archives intimes de la famille :

« Grâce à cette intéressante communication, nous dit M. Faugère, je pus rectifier et compléter en bien des endroits le texte imprimé et posséder un exemplaire des *Mémoires* authentiques de Mme Roland. C'était un de mes trésors bibliographiques dont j'étais le plus jaloux ; mais je m'étais bien promis de ne pas le garder pour moi seul et d'en faire part un jour au public. Petit-neveu par alliance du premier éditeur, M. Bosc, je voyais dans cette circonstance un motif de plus de m'acquitter de cette tâche. Mme Champagneux m'y avait autorisé, en se fiant à moi du soin d'expliquer et de présenter sous leur vrai jour, ou même de passer tout à fait sous silence certaines confidences des *Mémoires,* qu'elle m'avait d'ailleurs à peine indiquées, désirant ou ne trouvant pas mauvais que j'en eusse connaissance, mais évitant elle-même de s'y arrêter. »

Il faut le savoir en effet, et c'est un sujet fort digne de réflexion : la fille de Mme Roland, cette Eudora si cultivée par sa mère et dont elle avait soigné l'éducation jusqu'à l'âge de onze ans avec un zèle éclairé et tendre, Eudora était devenue fort religieuse, — disons le mot, fort dévote avec les années. Cette jeune âme d'abord consternée de son malheur, et qui sur l'arbre où son nid paisible était placé avait senti tomber la foudre, ne trouvait plus de sûreté, ne voulait d'abri et d'asile en définitive que sous l'arbre de la Croix. Effroi bien naturel après la tempête! alternative et recul presque inévitable de l'intelligence humaine! O superbes et vagues pensées d'hommes ou de femmes, combien en a-t-on vu ainsi, de ces âmes en peine, aller et venir au lendemain de l'orage comme des hirondelles effarées! Cette Eudora si souvent nommée et invoquée dans les *Mémoires* de sa mère, elle était devenue à son tour une des preuves vivantes d'une disposition générale des esprits, un des symptômes du temps. Elle offrait le plus sincère et le plus modeste exemple de ces générations intimidées par la Révolution et qui, au grand étonnement, au scandale des pères survivants, redemandaient l'ombre des autels. La réaction, comme on dit, l'avait saisie, sans secousse d'ailleurs et d'un mouvement insensible. Retirée du monde et presque de la vie de famille, cette personne respectable n'aspirait qu'à mener la vie spirituelle selon un régime de plus en plus exact, de moins en moins séculier. L'abbé Combalot, à un moment, était son guide (entre nous, elle en eût pu choisir un meilleur et de meilleur sens). Était-ce la peine, dira-t-on, de tant soulever de montagnes et de tant bouleverser de trônes, d'adresser des lettres si foudroyantes au roi et au pape, pour revenir, dès la première génération, à ce résultat? Et vantez-vous après cela, tribuns, orateurs, philosophes, puissants lutteurs, vaillantes héroïnes, d'avoir remporté des victoires!

Mme Eudora Champagneux, dans son culte pour la

mémoire de ses parents, avait une faiblesse touchante : elle honorait son père au moins à l'égal de sa mère. Elle trouvait que l'on faisait la balance trop inégale entre les deux, et que le contraste s'établissait trop aisément par le sacrifice de la moins brillante des deux figures. « Dans la tendre vénération qu'elle portait à la mémoire de son père, et qui était restée gravée en elle comme l'impression la plus ineffaçable de son enfance, » elle n'avait rien tant à cœur, nous apprend M. Faugère, que la réfutation de ce qu'il y avait de tout à fait injuste, à son avis, dans les appréciations des nouveaux historiens de la Gironde. Ce fut même ce sentiment de réparation qui l'obligea à prendre sur elle et à se remettre à regarder dans ces documents de famille, en exprimant à M. Faugère le désir qu'il en fît usage pour rétablir la vérité et montrer que la part de gloire qui revenait légitimement à Mme Roland était assez grande sans qu'il fût besoin d'y rien ajouter aux dépens de son mari :

« J'acceptai cette mission avec empressement, nous dit le nouvel éditeur, et je m'occupai dès lors à compléter les éléments d'un ouvrage qui sera consacré à faire connaître plus intimement Roland de La Platière, en même temps que la femme supérieure qui ne fut pas tout dans sa destinée, mais qui, en s'unissant à lui, a contribué à donner à son nom un éclat que son seul mérite n'aurait point produit. »

Oserai-je dire à M. Faugère qu'il s'imposerait une tâche bien ingrate, en s'acquittant de cette mission dans toute son étendue à l'égard de Roland ? C'est délicatesse à Mme Champagneux d'avoir éprouvé ce sentiment de souffrance filiale ; mais la postérité, mais les indifférents ne sauraient la suivre en cela ni l'imiter. Une fille est trop voisine des auteurs de ses jours pour les juger froidement et pour faire la part entre eux ; dans le doute et le partage inégal, elle est tentée, par générosité, de se porter du côté du plus faible. L'amitié plus clairvoyante a pu donner un moment raison à la piété filiale, mais ne saurait se régler sur elle. Pour moi, il me semble qu'il n'y a rien à faire de plus en faveur de Roland. Cet homme estimable, intègre, instruit, laborieux, mais sec, épineux et désagréable, est connu, jugé ; il l'est par sa femme même qui, en le louant beaucoup, lui refuse le tact avec lequel on manie les hommes : elle le voulait Caton, et Caton l'Ancien ; il le fut, et avec tous les inconvénients d'un rôle transposé. « Il y a telle femme, dit La Bruyère, qui anéantit ou qui enterre son mari, au point qu'il n'en est fait dans le monde aucune mention... » Elle, elle a trop éclairé le sien, elle l'a mis sur le pinacle, et elle a achevé par là même de l'écraser, de l'enterrer sous ses révélations dernières ; dans ses lettres à Buzot, elle l'appelle d'un ton où perce la pitié « le *malheureux* Roland ; » elle le montre à la fin abattu, baissé, démoralisé (c'était bien permis). Elle donne à entendre qu'il ferait une assez triste figure s'il avait à comparaître en personne. Ce qu'il y a à dire de mieux de lui comme ministre, c'est qu'on pouvait lui reprocher « le pédantisme de toutes les vertus qu'il avait. » Ces deux mots de Daunou suffisent à son épitaphe.

Ajoutez qu'une dernière teinte, — comment dirai-je? de désagrément ou de ridicule, — est désormais attachée au nom de l'austère Roland, depuis qu'on sait, à n'en pouvoir douter, l'infidélité idéale de sa femme et cette passion avouée pour Buzot. Il fait partie dorénavant du calendrier de Bussy, et il est irrévocablement classé parmi ces maris desquels ce libertin a dit qu'ils se sont tirés d'affaire devant les hommes, mais que, devant Dieu, c'est tout autre chose.

Laissons donc Roland, dirai-je à M. Faugère. Vouloir le remettre sur un pied d'égalité avec son illustre compagne en même temps que l'on consentait à donner les *Mémoires* de celle-ci dans l'intégrité de leurs aveux, c'était une erreur filiale d'Eudora et qui n'était permise qu'à elle. Tendre fille d'une femme forte, son cœur faisait illusion à son esprit.

Les habitudes sévères dont M. Faugère a fait preuve dans ses différentes publications, et notamment dans son excellente édition de Pascal, l'ont bien servi dans cette tâche nouvelle, incomparablement plus facile. Son texte est pur, plus pur peut-être que celui de l'édition rivale. Il y joint des notes rares, mais utiles. Il relève avec soin des détails qui tiennent au goût. Il y a un curieux passage dans les *Mémoires* de Mme Roland, ou du moins une curieuse note d'elle au bas d'une page : c'est un jugement sur Mirabeau. Mais Bosc, en le recopiant, et tous les éditeurs d'après lui, l'avaient un peu altéré ; M. Faugère le restitue d'après l'autographe. Voici ce jugement mémorable et souvent cité : « Je vis, je ne fis que voir, dit-elle en parlant d'un de ses voyages à Paris, en février 1791, le puissant Mirabeau, l'étonnant Cazalès, l'audacieux Maury, etc.; » et, se reprenant à ce nom de Mirabeau, elle ajoutait en manière de rétractation et de repentir :

« Le seul homme dans la Révolution, dont le génie pût diriger des hommes, *impulser* une assemblée : grand par ses facultés, petit par ses vices, mais toujours supérieur au vulgaire et immanquablement son maître dès qu'il voulait prendre le soin de le commander. Il mourut bientôt après : je crus que c'était à propos pour sa gloire et la liberté ; mais les événements m'ont appris à le regretter davantage : il fallait le contre-poids d'un homme de cette force pour s'opposer à l'action d'une foule de roquets et nous préserver de la domination des bandits. »

Or, Bosc avait cru bien faire en remplaçant l'expression si énergique : « *impulser* une assemblée, » par cette autre qui n'a plus le même sens : « *en imposer à* une assemblée, » et en mettant : « prendre *la peine,* » au lieu de : « prendre *le soin.* » M. Faugère tire de cette remarque une leçon de goût.

Assez de détails : courons au résultat. Parlant de Mme Roland à l'article de la mort et se faisant sans doute l'écho d'une tradition filiale, M. Faugère nous dit :

« On raconte qu'au pied de l'échafaud, en ces derniers instants où, entrevoyant les ombres redoutables de l'Éternité, les cœurs les plus fermes se troublent, les plus incrédules commencent à douter, Mme Roland demanda qu'il lui fût permis d'écrire des pensées extraordinaires qu'elle avait eues dans le trajet de la Conciergerie à la place de la Révolution. Cette faveur lui fut refusée. »

« Cette âme, à qui le souffle d'en haut avait été si libéralement départi, et qui était, malgré tout, restée intimement religieuse, avait sans doute en ce moment suprême une vision surhumaine, une révélation inattendue, un argument nouveau d'immortalité. Elle avait l'évidence d'une justice divine qui la consolait dans une mesure infinie de l'atroce iniquité dont elle était la victime, et lui donnait cette résignation à la fois enthousiaste et calme qui efface l'horreur de l'agonie et triomphe du supplice et du néant. »

Il m'est impossible, malgré la déférence et le respect que j'ai pour le témoignage de M. Faugère, d'accepter cette variante de la tradition, non plus que ce surcroît d'interprétation qu'il y joint, et puisqu'il faut revenir sur cette mort, l'une des plus belles qui existent, je demande à retracer les faits sans surcharge et dans leur simplicité. Le malheur attaché à ces belles choses est que chacun y revient, et, en y revenant, veut y ajouter et renchérir sur les prédécesseurs. On force les traits : de là une monotonie fastueuse, un *crescendo* d'éloges qui finit par impatienter bien des esprits sensés et délicats : ils s'irritent alors et s'insurgent contre ce qui leur paraît une déclamation. Et puis la légende tend sans cesse à pousser dans ces émouvants récits comme une herbe folle : il faut, à tout moment, l'en arracher.

Encore une fois, Mme Roland, si courageuse qu'elle fût et qu'elle parût à la dernière heure, était femme et ne cessa de l'être, même dans cet acte suprême où elle montra une sérénité qu'auraient enviée bien des hommes. Se sentant vouée par les événements à une fin tragique, elle y avait beaucoup réfléchi et elle s'était dit qu'il fallait, quand on est appelé à représenter en public, faire un peu de toilette, pour le corps et pour l'âme. La femme qui la servait à la Conciergerie disait un jour à Riouffe : « Devant vous elle rassemble toutes ses forces, mais dans la chambre elle reste quelquefois trois heures appuyée sur sa fenêtre à pleurer. » N'oublions pas, quand il s'agit d'elle, cet arrière-fond du tableau. On n'a, à vrai dire, que deux témoins autorisés sur ce qui se passa à la Conciergerie le dernier jour (1), Riouffe et M. Beugnot. Écoutons celui-ci d'abord. Le jour où elle devait paraître à ce tribunal qui ne pardonnait pas, M. Beugnot, chargé par Clavière d'une commission pour elle, épia le moment où elle sortirait de sa chambre et l'alla joindre au passage :

« Elle attendait à la grille qu'on vînt l'appeler. Elle était vêtue avec une sorte de recherche : elle avait une anglaise de mousseline blanche, garnie de blonde et rattachée avec une ceinture de velours noir. Sa coiffure était soignée ; elle portait un bonnet-chapeau d'une élégante simplicité, et ses beaux cheveux flottaient sur ses épaules. Sa figure me parut plus animée qu'à l'ordinaire. Ses couleurs étaient ravissantes, et elle avait le sourire sur les lèvres. D'une main elle soutenait la queue de sa robe, et elle avait abandonné l'autre à une foule de femmes, qui se pressaient pour la baiser. Celles

---

(1) Ce fut le 18 brumaire an II qu'elle passa au tribunal révolutionnaire et qu'elle fut condamnée et exécutée. Et ici, je demanderai à MM. les éditeurs et biographes de vouloir bien se mettre d'accord. M. Dauban la fait mourir le 8 novembre 1793 ; M. Faugère la fait mourir le 10 ; mais il me semble, en comptant bien, que le 18 brumaire répond au 9 novembre.

qui étaient mieux instruites du sort qui l'attendait sanglotaient autour d'elle, et la recommandaient en tout cas à la Providence. Rien ne peut rendre ce tableau : il faut l'avoir vu. Mme Roland répondait à toutes avec une affectueuse bonté, elle ne leur promettait pas son retour, elle ne leur disait pas qu'elle allait à la mort; mais les dernières paroles qu'elle leur adressait étaient autant de recommandations touchantes; elle les invitait à la paix, au courage, à l'espérance, à l'exercice des vertus qui conviennent au malheur. Un vieux geôlier, nommé Fontenay, dont le bon cœur avait résisté à trente ans d'exercice de son cruel métier, vint lui ouvrir la grille en pleurant. Je m'acquittai au passage de la commission de Clavière. Elle me répondit en peu de mots et d'un ton ferme. Elle commençait une phrase lorsque deux guichetiers de l'intérieur l'appelèrent pour le tribunal. A ce cri terrible pour tout autre que pour elle, elle s'arrêta et me dit, en me serrant la main : « Adieu, Monsieur! faisons la paix, il est temps. » En levant les yeux sur moi, elle s'aperçut que je repoussais mes larmes et que j'étais violemment ému : elle y parut sensible, mais n'ajouta que ces deux mots : « Du courage ! »

De son côté, Riouffe, qui était présent également, a dit en quelques traits rapides, mais heureusement touchés :

« Le jour où elle fut condamnée, elle s'était habillée en blanc et avec soin : ses longs cheveux noirs tombaient épars jusqu'à sa ceinture... Elle avait choisi cet habit comme symbole de la pureté de son âme. Après sa condamnation, elle repassa dans le guichet avec une vitesse qui tenait de la joie. Elle indiqua par un signe démonstratif qu'elle était condamnée à mort. Associée à un homme que le même sort attendait, mais dont le courage n'égalait pas le sien; elle parvint à lui en donner avec une gaieté si douce et si vraie, qu'elle fit naître le rire sur ses lèvres à plusieurs reprises. »

Je ne cherche dans ces extraits que la vérité, et je dirai jusqu'au bout ce que je pense. Je m'explique jusqu'à un certain point cette joie de Mme Roland condamnée; je ne réponds nullement de la femme politique en elle, ni de tout ce qu'elle put faire ou conseiller, surtout pendant le premier ministère de son mari. Elle est admirablement morte; mais, comme tous les politiques en temps de révolution, elle a eu à faire de vilaines choses, et si elle n'y a pas mis les bras jusqu'aux coudes, elle y avait trempé les doigts. Lorsqu'elle faisait son examen de conscience, elle sentait bien au fond qu'elle avait, elle et ses amis, quelques petites peccadilles à se reprocher. Dans son amour de la grandeur historique et de la gloire, elle se disait qu'une belle mort, un noble flot de son sang généreux allait laver tout cela. Son deuil fait, elle en était à son jour de fête.

On a cité une page de M. Tissot qui la rencontra, sans la chercher, dans son trajet, sur l'odieuse charrette, de la Conciergerie à la place de la Révolution. Mais, quand on a connu M. Tissot, on attache assez peu d'importance à cette page déclamatoire du vieux rhéteur jacobin, à ce souvenir ressaisi après tant d'années, étalé et comme élargi avec faste. Il suffit qu'il n'y ait eu qu'une voix alors sur la noble attitude de la victime et que sa générosité rayonnante ait éclaté à tous les yeux.

On sait qu'arrivée à la place du supplice, et déjà sur la planche fatale, elle fit un geste vers une statue colossale de la Liberté qui avait été dressée pour la fête du 10 août dernier, et elle prononça ces paroles mémorables : « O Liberté, que de crimes on commet en ton nom ! » ou encore : « O Liberté, comme on t'a jouée ! »

L'instant d'auparavant elle avait fait, pour ainsi dire, les honneurs de l'échafaud à ce compagnon de mort qui n'avait pas tout à fait autant de fermeté qu'elle, et elle lui avait dit avec grâce, en donnant la plus belle excuse à sa faiblesse : « Montez le premier, vous n'auriez pas la force de me voir mourir. » — Et à l'exécuteur qui hésitait à intervertir l'ordre des suppliciés : « Pouvez-vous refuser, avait-elle dit, la dernière prière d'une femme ? »

Et en effet, elle resta femme, femme héroïque jusqu'au dernier soupir. Je sais qu'il y a des personnes qui trouvent cela théâtral ; mais, en vérité, il me semble que l'échafaud est bien réellement un théâtre aussi ; elle ne l'avait pas choisi, il lui échut par le sort ; elle y parut comme il sied, et y joua son personnage d'une manière à la fois aisée, courageuse et supérieure, décente et digne. Ils sont bien difficiles, ceux qui veulent mieux et qui s'amusent aujourd'hui à chicaner une telle mort. Allons ! messieurs les délicats, pour vous plaire, elle fera mieux une autre fois.

Maintenant, que l'idée lui soit venue, comme le prétend M. Faugère, de vouloir écrire ses dernières pensées, conçues pendant le trajet même ; qu'elle ait demandé du papier, une plume et de l'encre au pied de l'échafaud, qu'elle se soit exposée à ce refus, c'est impossible, c'est contradictoire, c'est petit, c'est puéril. Est-ce qu'elle avait besoin d'un argument nouveau pour l'immortalité ? est-ce qu'elle en avait douté jusque-là ? est-ce que, pour confesser sa foi à la vertu, elle n'avait pas assez d'encre dans son sang, dans ce sang qu'elle allait verser ? On aura amusé de cette histoire-là la piété de sa fille (1). Mais la vraie piété n'a pas besoin de ces ressources mesquines, ni de ces expédients matériels. Étendons notre vue ; il y a plus d'une façon de belle mort ; personne n'en a le monopole. On peut mourir comme Mme Roland ou comme Louis XVI, comme sainte Blandine ou comme Socrate, comme Caton ou même comme Atticus. Je laisse à chacun en pareil cas ses préférences. Tâchons nous-mêmes, au lieu de tant juger les autres, de n'y pas faire trop méchante figure, quand nous y serons.

III.

J'aime les extraits et, en les rassemblant, je tâche de faire en sorte que le lecteur tire librement sa con-

---

(1) Champagneux, le beau-père d'Eudora, est le premier qui ait mis en circulation, sept ans après la mort de Mme Roland, cet étrange ouï-dire, et il ne pensait, en le consignant dans son récit un peu solennel, qu'à faire honneur à la philosophie, ou, comme il dit, à la *stoïcité* de la victime. L'interprétation plus religieuse et plus orthodoxe ne s'est glissée que depuis. Nous surprenons des velléités de légende. Oh ! si l'on pouvait faufiler un peu de surnaturel et un aperçu de révélation dans cette mort si fière et si claire, comme bien des gens seraient disposés à s'adoucir envers la noble femme et à changer de langage ! Elle a voulu se rétracter, elle s'est repentie, dirait-on. — Il y a des esprits qui ne peuvent admettre et admirer les autres qu'en les tirant à soi.

clusion et qu'il la dégage des textes mêmes qui lui sont offerts et soumis. *Stendhal* ou Beyle est à la mode aujourd'hui, et on est bien venu de le citer : ce n'est pas qu'il n'ait dit en sa vie beaucoup d'impertinences; mais il y mêle du bons sens et un sel qui pique et qui relève. Voici donc ce qu'il a écrit sur Mme Roland, et qu'on ne s'aviserait guère d'aller chercher dans ses *Mémoires d'un touriste* (1838). Arrivant à Lyon par la Saône, et se faisant débarquer un peu avant l'île Barbe, il entend nommer les jolies maisons de campagne devant lesquelles on passe et dont est bordée cette rive, et il ajoute :

« C'est, je pense, dans les environs de ce pays-ci, qui probablement s'appelle Neuville, que la femme que je respecte le plus au monde avait un petit domaine. Elle comptait y passer tranquillement le reste de ses jours, quand la Révolution appela aux affaires tous les hommes capables, et les ministres comme Roland remplacèrent les ministres comme M. de Calonne.

« J'ai passé deux heures fort agréables, — et pourquoi rougir et ne pas dire le mot? deux heures délicieuses, dans les chemins et sentiers le long de la Saône; j'étais absorbé dans la contemplation des temps héroïques où Mme Roland a vécu. Nous étions alors aussi grands que les premiers Romains. En allant à la mort, elle embrassa tous les prisonniers de sa chambrée, qui étaient devenus ses amis; l'un d'eux, M. R. (*Reboul*), qui me l'a raconté, fondait en larmes.

« Eh quoi! Reboul, lui dit-elle, vous pleurez, mon ami? quelle faiblesse! » Pour elle, elle était animée, riante; le feu sacré brillait dans ses yeux.

« Eh bien! mon ami, dit-elle à un autre prisonnier, je vais mourir pour la patrie et la liberté : n'est-ce pas ce que nous avons toujours demandé? »

« Il faudra du temps avant de revoir une telle âme !

« Après ce grand caractère sont venues les dames de l'Empire, qui pleuraient dans leurs calèches au retour de Saint-Cloud, quand l'Empereur avait trouvé leurs robes de mauvais goût ; ensuite les dames de la Restauration, qui allaient entendre la messe au Sacré-Cœur pour faire leurs maris préfets ; enfin les dames du juste-milieu, modèles de naturel et d'amabilité. Après Mme Roland, l'histoire ne pourra guère nommer que Mme de La Valette et Mme la duchesse de Berry. »

Beyle s'amuse ; il pirouette, il fait le léger et un peu l'insolent, comme c'est son plaisir : mais il a recueilli un souffle vivant, une voix de plus, une impression enthousiaste sur Mme Roland, et c'est pourquoi je l'ai introduit.

Après cela, je dirai que Mme Roland n'est pas si loin qu'il le suppose des dames du juste-milieu, ni de la classe moyenne qui s'élève, et ce n'est au désavantage de personne que j'en fais la remarque. Mme Roland, selon moi, si l'on veut bien laisser de côté en elle la Romaine et si on la sépare un moment des circonstances et des accidents extraordinaires qui ont compliqué sa destinée, nous a donné dans le récit de sa jeunesse, de sa propre éducation et de ce qu'elle enseignait à sa fille un tableau qui est comme l'image d'une quantité d'autres existences individuelles, et il faudrait retrancher peu de chose pour y trouver un modèle d'étude, de moralité, d'énergie bien dirigée, de santé de l'âme et de l'esprit mise à un excellent régime. Un choix irréprochable de ses œuvres serait là faire à ce point de vue (1). On doit à M. Faugère de lire le *Discours,* resté inédit jusqu'ici, qu'elle composa à vingt-trois ans pour répondre à la question proposée par l'Académie de Besançon : *Comment l'éducation des femmes pourrait contribuer à rendre les hommes meilleurs?* Elle y plaide vivement pour la plus grande instruction des jeunes personnes, pour une instruction proportionnée et appropriée. Ce fut de bonne heure sa plus chère préoccupation. Son vœu, son exemple ont fructifié depuis. Je connais et j'ai présentes en ce moment à la pensée un certain nombre de femmes instruites, méritantes, éprouvées, natures vaillantes et probes, qui, sorties du peuple ou presque du peuple, ont conquis l'éducation, les lettres, les sciences, les arts même, — quelques-unes la poésie ; — qui pensent et s'expriment avec fermeté, avec nombre et non sans grâce ; qui comptent dans leur intérieur à tous les titres ; qui doublent et affermissent l'intelligence du frère ou de l'époux, le secondent dans sa carrière, l'aident modestement dans ses travaux, et, à défaut d'une certaine fleur peut-être, font goûter les fruits les plus sûrs et ce qu'il y a de meilleur dans le trésor domestique. Toute cette race nouvelle, cette suite de générations qui s'étend de la plus humble bourgeoisie jusqu'à la plus haute, procède de Mme Roland. J'en suis venu à être là-dessus presque aussi formel et aussi prononcé qu'un juge spirituel et enthousiaste des

(1) On peut recommander en ce sens le petit volume des *Lettres choisies* de Mme Roland, annotées par M. Dauban et publiées chez Plon (1867).

femmes (1). Toutes ces bonnes et justes méthodes d'éducation que je vois appliquées et adressées au sexe et dont des femmes agréablement sérieuses, les Pauline de Meulan, les Tastu ont dès longtemps donné les préceptes et la pratique, se rapportent à la méthode vivante et personnelle de Mme Roland. Un fort bon livre que j'ai là sous les yeux, et qui n'est qu'un cours de rhétorique naturelle et raisonnable, de rhétorique sincère par M. Sayous (2), lui eût fait envie et eût rempli un de ses *desiderata* maternels. Il y aurait bien des idées, bien des aperçus à développer en ce sens ; je dois me borner ; mais je maintiens, en finissant, que Mme Roland, par cet ensemble de raison et de chaleur, d'enthousiasme et de justesse, qui la distingue, par cette impulsion féconde qui part d'elle et qu'on ressent quand on est plébéienne (et même en ne se l'avouant pas), est et restera dans l'avenir le Jean-Jacques Rousseau des femmes.

Après le trouble que venaient de jeter les documents nouveaux dans l'idée qu'on se faisait d'elle, il était nécessaire de repasser sur les traits de son caractère et de dresser de nouveau son image. C'est ce que j'ai essayé, et ce qui explique mon insistance. Je serais fâché que des personnes amies de la société moderne

---

(1) M. Édouard de Pompery, dans le livre intitulé : *la Femme dans l'humanité* (librairie Hachette). Nombre de pages de ce volume sont consacrées à Mme Roland, dont le nom et l'exemple reviennent sans cesse sous la plume de l'auteur.

(2) *Conseils à une mère sur l'éducation littéraire de ses enfants*, par M. Sayous, un vol. in-18 (collection Hetzel).

et du progrès véritable de leur sexe appelassent pédante celle qui n'était que sensée et raisonnable ; théâtrale, celle qui n'a été qu'héroïque jusqu'au bout et généreuse. Il convient de laisser aux organes passionnés des réactions ces représailles et ces injustices ; mais nous, dont les origines sont d'hier, dont les sentiments ont leurs racines dans un principe d'égalité, ne nous fatiguons pas de voir en elle une belle et glorieuse figure; ne nous ennuyons pas de l'honorer.

Lundi 25 juillet 1864.

LA REINE MARIE LECKZINSKA

Étude historique

Par Madame la Comtesse D'ARMAILLÉ, née de SÉGUR (1).

C'est un doux et pur sujet d'étude que la figure et la vie de Marie Leckzinska, et l'on comprend qu'une jeune femme de mérite s'y soit arrêtée. Fille et petite-fille des Ségur historiens, Mme d'Armaillé a fait un livre agréable, bien coupé, sans longueur, sérieux et reposé, exact, édifiant, pas du tout ennuyeux. Elle a profité du livre de l'abbé Proyart sans s'y noyer, et des révélations toutes modernes sans s'y trop distraire. On sent suffisamment ce qu'elle ne dit pas et ce qui est en dehors de son cadre : le cadre se détache avec une figure simple, unie, souriante, touchante, une figure de bonne reine et presque de sainte. L'image est ressemblante, bien qu'un peu flattée et embellie. Nous sommes des

(1) Un vol. in-18, librairie de Didier.

hommes, nous sommes des curieux, non pas grossiers, je l'espère, mais chercheurs et aimant à faire le tour des choses. Nous userons du charmant biographe, et nous ferons un peu autrement. Nous ne pourrons faire mieux, car dans un portrait il n'est rien de tel que la vérité et l'unité de la physionomie, et Mme d'Armaillé y a atteint du premier coup. Mais elle a peint, elle a dessiné, et nous, nous causons, nous écoutons, nous répétons.

I.

La vertueuse épouse de Louis XV n'a eu de romanesque que les commencements. Fille d'un roi électif et détrôné, ayant connu de bonne heure les vicissitudes extrêmes de la fortune, moins princesse que noble et pauvre demoiselle, elle était avec son père et sa mère au château de Wissembourg, profitant de l'hospitalité française à la frontière et vivant avec les siens d'une pension assez mal payée, lorsqu'on vint lui annoncer qu'il ne tenait qu'à elle d'être reine de France.

Au premier avis qui lui en vint (avril 1725), Stanislas ne voulait pas y croire; quand il vit que c'était sérieux, il faillit s'évanouir de joie, et il y en a même qui disent qu'il s'évanouit tout à fait. L'on raconte qu'entrant dans la chambre où étaient sa femme et sa fille, il leur dit pour premier mot à toutes deux : « Mettons-nous à genoux et remercions Dieu. — Ah! mon père, s'écria la princesse Marie, vous êtes donc rappelé au trône de Pologne? — Non, ma fille, reprit Stanislas : le Ciel nous est bien plus favorable, vous êtes reine de France. »

La jeune fille, douce, modeste, soumise, assez peu aimée de sa mère, adorée de son père, voyait se réaliser le plus beau songe. Le père ne savait qu'élever les mains au Ciel, implorer les bénédictions d'en haut sur sa fille et pleurer.

Que s'était-il passé cependant à la Cour de France? qu'avait-il fallu pour produire cette espèce de miracle? A la mort du Régent, une révolution ministérielle et plus que ministérielle s'était accomplie. Le duc de Bourbon, premier ministre, désirait marier Louis XV le plus tôt possible, et assurer au trône des héritiers contre les d'Orléans. Le roi avait quinze ans passés. On se résolut à rompre l'union de famille contractée avec l'Espagne, à éconduire et à renvoyer l'Infante beaucoup trop jeune. Mais qui choisir? On fit une revue des princesses à marier en Europe, et l'on en trouva de prime abord jusqu'à quatre-vingt-dix-neuf : de cette foule le comte de Morville, ministre des Affaires étrangères, avait tiré une élite, une liste de dix-huit princesses réellement en état d'être mariées avec le roi. Chaque nom, dans le rapport, était suivi d'un signalement, d'une note marquant les avantages et les inconvénients. Marie Leckzinska n'y venait qu'au n° 18e et dernier; on y lisait :

« 18. Marie Leckzinska, fille de Stanislas Leckzinski. — Il a plusieurs parents peu riches, mais on ne sait rien de personnel qui soit désavantageux à cette famille. »

Ce maigre éloge tout négatif fut le point de départ. La marquise de Prie, qui gouvernait le duc de Bourbon, ne se tenant pas pour satisfaite, dépêcha en Allemagne un explorateur *ad hoc* qui, sous le titre de chevalier de Méré, fit une véritable tournée matrimoniale et rédigea un rapport qui doit exister aux Affaires étrangères. Le portrait de Marie Leckzinska, par lequel probablement le chevalier commençait sa revue, y était très-flatté. Nous n'en pouvons parler, du reste, que d'après Lemontey qui avait lu la pièce et qui en reproduit indirectement les termes : « Ces mœurs naïves et pures, dit-il, ce mélange d'études graves et de gaieté innocente, ces devoirs pieux et domestiques, cette princesse qui, aussi simple que la fille d'Alcinoüs, ne connaît de fard que l'eau et la neige, et qui, entre sa mère et son aïeule, brode des ornements pour des autels ; tout retraçait dans la commanderie de Wissembourg l'ingénuité des temps héroïques. » L'idylle ici venait singulièrement en aide à la politique. Le duc de Bourbon, du moment qu'il résistait à donner au roi une de ses sœurs, crut ne pouvoir trouver une personne plus à son gré et dans sa main que cette espèce de Nausicaa ou de Noémi si humble et si simple ; on comptait l'avoir à sa dévotion. Le mariage fut décidé sur-le-champ et dut être déclaré aussitôt après le départ de l'Infante.

Un moment, tout avait failli manquer. Une calomnie de fabrique rivale avait insinué que la princesse était épileptique : on envoya de nouveau aux informations ; on dépêcha un médecin : la santé de Marie Leckzinska en sortit à son honneur et parut aussi claire que sa vertu.

« Vertueuse Esther, le temps de l'épreuve est passé, celui de la gloire commence! » Ce mot, qui fut proféré dans son oraison funèbre, aurait pu en effet lui être dit alors. Mais ces comparaisons idéales clochent toujours par quelque côté, et elles ne sont vraies qu'un moment.

Le duc d'Antin, envoyé à Strasbourg au devant de la princesse, fut chargé de la demande solennelle ; on fit partir la maison future de la reine pour aller à sa rencontre. Tout habile courtisan qu'était d'Antin, il commit une faute dans sa harangue qu'il avait concertée avec la marquise de Prie. Il fit comme cet homme qui, assis à table entre Mme de Staël et Mme Récamier, s'échappa à dire : « Me voilà entre l'esprit et la beauté. » Ce qui fit dire à Mme de Staël, relevant la sottise : « C'est la première fois qu'on me dit que je suis belle. » Le duc d'Antin, faisant allusion au projet qu'on avait un moment suggéré à M. le Duc de marier le roi avec la plus jeune de ses sœurs, s'oublia à dire (ou à peu près) qu'ayant à choisir entre les grâces mêmes et la vertu, le prince n'avait cherché que cette dernière. Sur quoi Mademoiselle de Clermont, surintendante de la future maison de la reine, s'était récriée de son ton le plus haut : « Apparemment que d'Antin nous prend, mes sœurs et moi, pour des c.....? Le mot est cru, mais authentique. Mademoiselle de Clermont, dont Mme de Genlis a fait dans un joli roman une héroïne si sentimentale, était une personne qui ne marchandait pas. Je ne relève le trait que pour faire voir qu'involontairement le divorce entre la vertu et les grâces se marquait dès le premier jour.

Voltaire, que l'auteur de la nouvelle Vie de Marie Leckzinska appelle léger, et qui est moins grave en effet que l'abbé Proyart, était à Fontainebleau à l'arrivée de la reine (5 septembre 1725), et il nous a peint à ravir ces premiers instants. Il était lancé alors dans son premier train d'ambitieux et de courtisan poëte. Il n'avait pas reçu encore l'affront sanglant qu'il essuya l'année suivante, et qui changea la direction de sa vie. Il est donc à la Cour sur le pied de poëte bel esprit et voudrait bien y être sur un autre pied encore ; il se plaint par lettres à la présidente de Bernières, mais on voit bien qu'il s'amuse plus qu'il ne le dit, et que l'espérance le mène :

« Cependant, dit-il après quelque plaisanterie (7 septembre), on fait tout ce qu'on peut ici pour réjouir la reine ; le roi s'y prend très-bien pour cela. Il s'est vanté de lui avoir... (Mais il faut toujours sauter un peu en citant du Voltaire). La reine fait très-bonne mine, quoique sa mine ne soit point du tout jolie. Tout le monde est enchanté ici de sa vertu et de sa politesse. La première chose qu'elle a faite a été de distribuer aux princesses et aux dames du palais toutes les bagatelles magnifiques qu'on appelle sa corbeille : cela consistait en bijoux de toute espèce, hors des diamants. Quand elle vit la cassette où tout cela était arrangé : « Voilà, dit-elle, la première fois de ma vie que j'ai pu faire des présents. » Elle avait un peu de rouge le jour du mariage, autant qu'il en faut pour ne pas paraître pâle. Elle s'évanouit un petit instant dans la chapelle, mais seulement pour la forme. Il y eut le même jour comédie. J'avais préparé un petit divertissement que M. de Mortemart ne voulut point faire exécuter. On donna à la place *Amphitryon* et *le Médecin malgré lui*; ce qui ne parut pas trop convenable. Après le souper, il y eut un feu d'artifice avec beaucoup de fusées et très-peu d'invention et de variété; après quoi le roi alla se préparer à faire un dauphin.

Voltaire, en voyant tout et en peignant tout si gaiement, ne s'oublie pas. Dans ce premier moment de presse et de fracas, il n'a garde de se faire présenter à la reine qui le connaît déjà de reputation : il attendra, dit-il, que la foule soit écoulée et que Sa Majesté soit un peu revenue de son étourdissement; alors il tâchera de faire jouer *Œdipe et Marianne* devant elle ; il lui dédiera l'un et l'autre, car elle lui a déjà fait dire qu'elle lui en donnait la permission. A moins de six semaines de là (17 octobre), nous le retrouvons en pleine voie de succès :

« J'ai été ici très-bien reçu de la reine. Elle a pleuré à *Marianne*; elle a ri à l'*Indiscret*; elle me parle souvent, elle m'appelle *mon pauvre Voltaire*. Un sot se contenterait de tout cela ; mais malheureusement j'ai pensé assez solidement pour sentir que des louanges sont peu de chose, et que le rôle d'un poëte à la Cour traîne toujours avec lui un peu de ridicule, et qu'il n'est pas permis d'être en ce pays-ci sans aucun établissement. »

Cet établissement si désiré, même lorsqu'il se flatta de l'avoir obtenu vingt ans plus tard, manqua toujours par quelque endroit. La reine, on le voit par ce début, aimait assez les Lettres ; elle allait un peu vite en appelant d'emblée Voltaire son *pauvre Voltaire*; elle eut bientôt, parmi les gens d'esprit d'alors, d'autres choix et des préférences : on la verra plus tard goûter Fontenelle, le président Hénault, se plaire surtout avec ce dernier et avec Moncrif ; mais pourtant, malgré les lectures sérieuses qu'elle faisait, c'est tout au plus si l'on peut dire, avec son nouveau biographe, « qu'elle ne s'isolait pas du mouvement intellectuel de l'époque. » Cette idée de *mouvement* ne cadrait en rien avec sa nature d'esprit, et si c'est un éloge, ce n'est pas elle, c'est Mme de Pompadour, à son heure, qui le méritera.

La nouvelle reine arrivait dans le monde le plus gâté, le plus embrouillé d'intrigues, le plus capable d'abominations de toute sorte, et il lui eût fallu un vrai génie pour s'y reconnaître de bonne heure et y prendre la place qu'on aurait hésité peut-être à lui disputer ; mais elle n'était pas une Élisabeth de Parme ; elle n'avait que de la droiture et de la vertu.

II.

Elle avait affaire aussi au prince le plus gâté d'avance par le pire des défauts chez un roi, l'inertie, la mollesse, une timidité qui allait jusqu'à la lâcheté. Je ne prétends pas dénigrer Louis XV, ni ajouter au mal qu'on a dit de lui ; j'ai lu bien des Portraits de ce roi : je n'en connais point de plus juste que celui qu'a tracé un homme qui l'aimait assez et qui le voyait tous les jours, Le Roy, lieutenant des chasses de Versailles; on peut s'y fier : c'est un philosophe qui parle et qui, pendant de longues années de service, n'a cessé de voir de près son objet. Je donnerai de ce Portrait peu connu les principaux endroits ; et le physique d'abord, — ayez soin seulement de le rajeunir un peu en idée pour voir Louis XV dans ce premier éclat de beauté dont chacun a été ébloui :

« La figure de Louis XV était véritablement belle ; il avait les cheveux noirs et bien plantés, le front majestueux et serein ; ses yeux étaient grands, son nez bien formé ; sa bouche était petite et agréable ; il n'avait pas les dents belles, mais elles n'étaient pas assez mal pour défigurer son sourire, qui était charmant. Un air de grandeur très-remarquable était empreint sur sa physionomie, qui était encore rehaussée par la manière dont il s'était fait l'habitude de porter sa tête. Cette manière était noble sans être exagérée, et quoique ce prince fût naturellement timide, il avait assez travaillé sur son extérieur pour que sa contenance ordinaire fût ferme, sans la moindre apparence de morgue ; en public, son regard était assuré, peut-être un peu sévère, mais sans autre expression : en particulier, et surtout lorsqu'il adressait la parole à quelqu'un qu'il voulait bien traiter, ses yeux prenaient un singulier caractère de bienveillance, et il avait l'air de solliciter l'affection de ceux auxquels il parlait. La taille de ce prince, quoiqu'un peu au-dessus de la médiocre, était sans noblesse ; ses épaules étaient rondes et un peu ravalées, ses hanches renflées et ses jambes trop grêles : une partie de ces défauts était peut-être due à l'excès avec lequel il se livrait à l'exercice du cheval. »

Il n'acquit sans doute ce dernier défaut qu'avec les années. Le trait dominant de sa nature était, je l'ai dit, la paresse, l'apathie, la timidité. N'ayant jamais été mis en demeure d'en triompher par le travail, il s'y était totalement livré. Son caractère moral en résulta et se forma en conséquence : l'observateur philosophe qui avait chevauché pendant tant d'années à ses côtés, en a démêlé et nous en fait suivre à merveille tous les tours, les déguisements et les replis :

« Cet homme, toujours subjugué, était toujours tourmenté par la crainte de l'être; cette disposition influa constamment sur la conduite qu'il eut avec ses ministres. Son indolence le portait à céder facilement à tout ce qu'ils lui proposaient, sans prendre la peine de l'examiner, encore moins de le contredire ; son jugement sain et l'expérience qu'il avait des affaires lui faisaient souvent désapprouver en secret leur conduite et leurs mesures; rarement il se permettait des représentations, il n'y insistait jamais : la consolation de ces âmes indolentes, que la faiblesse domine sans leur ôter l'intelligence, est le mépris pour ceux qui les conseillent mal, soit par ignorance, soit par des passions particulières. Louis XV savait apprécier ceux qu'il employait ; mais son estime n'influait en rien sur son abandon; peut-être même était-il disposé à céder avec moins de résistance à celui qu'il estimait le moins. Cependant un désir sourd de ne pas paraître toujours dominé lui faisait prendre quelquefois des airs glacés et des regards de maître, qui imprimaient la terreur aux plus audacieux et déconcertaient ceux qui se croyaient le plus avant dans sa confiance : dans ces moments, sa faiblesse semblait vouloir s'étayer de tout ce que le pouvoir a d'imposant; mais les ministres qui le connaissaient bien savaient qu'il ne fallait que gagner du temps et qu'en multipliant les intrigues, la persévérance les ferait toujours venir à bout de leurs desseins. Une chose les inquiétait beaucoup plus, c'est la connaissance qu'ils avaient de la défiance et de la profonde dissimulation de ce prince : on ne sait si elles lui étaient naturelles ou si elles lui avaient été de bonne heure inspirées par le cardinal, mais il en était venu à regarder la dissimulation comme une qualité qui lui était absolument nécessaire, et c'est à dissimuler que se bornait pour lui l'art de gouverner. »

Ce lieutenant des chasses qui avait en lui, à Versailles, du Tacite et du Suétone, n'a pas fini, et il continue d'analyser son maître sur ce ton, *intus et in cute*. Il nous le montre, vers la fin, devenu si défiant qu'on pouvait fort douter s'il croyait encore à la probité : ce qu'il y a de sûr, c'est qu'il regardait les personnes vertueuses comme peu capables, et s'il fallait s'en remettre à quelqu'un, c'étaient les plus malhonnêtes sans hésitation, et les plus signalés au mépris, qu'il employait de préférence et sans réserve : l'excès de défiance l'avait mené ainsi, de degrés en degrés, à son contraire :

« Cette défiance, ajoute Le Roy en terminant, justifiée malheureusement par un grand nombre de faits, avait donné dans les derniers temps de l'immoralité à son caractère et mis le comble à son apathie ; elle avait surtout fait des progrès rapides, depuis qu'on avait attenté à sa vie. Comme jusqu'alors ses intentions avaient été droites, il désespéra de pouvoir jamais faire le bien, parce qu'on est toujours plus disposé à regarder comme impossible en soi ce qu'on n'a pas le courage de faire... C'est à ce point qu'était parvenu par degrés un homme qui, s'il fût né particulier, aurait été jugé, par son intelligence et son caractère, au-dessus du commun et ce qu'on appelle proprement un galant homme. Si, étant né prince, il eût reçu une bonne éducation, s'il se fût trouvé surtout dans des circonstances qui l'eussent obligé d'employer avec un peu d'énergie les facultés que la nature lui avait données, il est vraisemblable que peu de princes eussent mieux mérité du genre humain par la bonté qui aurait sûrement dirigé ses actions, si ses actions avaient été à lui. »

C'est là qu'en était venu le Louis XV des derniers temps, celui qui disait : « Après moi le déluge ! » Il était loin encore de cette profonde démission morale, mais il était déjà sur le chemin, au moment où cette épouse de vingt-deux ans lui fut donnée.

III.

Lorsque Marie Leckzinska arriva en France, l'ancien évêque Fleury, qui eut une si triste influence sur son élève et qui, à l'inverse des bons précepteurs, ne travailla qu'à se rendre toujours nécessaire et indispensable, n'était pas encore cardinal ; mais il s'acheminait tout doucement à l'être, ainsi que premier ministre de fait. L'ambition, si elle avait longtemps tardé, lui poussait avec les années comme une excroissance d'égoïsme, comme une avarice dernière. Le malheur de la reine (qu'on hésite à appeler la jeune reine, puisqu'elle avait six ou sept ans de plus que le roi), ce fut de voir tomber, presque en arrivant, le prince ministre qui l'avait appelée, à qui elle devait reconnaissance, et de voir succéder celui qui la craignait avec une jalousie de vieillard et qui devait tout faire pour établir une glace entre les époux.

Il n'y avait point de glace d'abord et pendant les premiers temps, mais seulement de la timidité de part et d'autre. La reine ne déplaisait pas au jeune roi : plutôt suffisante que charmante, il n'était pas homme encore à faire des comparaisons. Elle n'excitait rien d'extrême. Ni belle ni laide, laide même, si l'on veut, mais assez agréable d'ensemble, ce fut l'impression générale qu'on eut d'elle à première vue, et chacun se louait de sa modestie, de sa raison, de sa bonté. Elle était arrivée en France dans un temps d'affreuse misère, et avait pu voir de ses yeux l'état lamentable des provinces qu'elle traversait. Son âme pieuse et tendre en avait reçu une blessure au milieu de sa joie. Elle se dit qu'elle était vouée, pour ce grand bienfait du Ciel envers elle, à un immmense ministère de bienfaisance et de charité ; elle ne se ralentit jamais là-dessus ; ce fut et ce sera son côté à jamais respectable. Elle était déjà aumônière, étant pauvre : que sera-ce donc, étant reine ? Elle pratiqua saintement cette vertu royale tous les jours de sa vie.

Avant l'exil du duc de Bourbon et le renvoi de Mme de Prie, la reine avait pu voir dans quel monde de cabales, de médisances et de noirceurs elle était tombée, et quel jeu croisé se jouait autour d'elle. On avait remarqué dès son arrivée que Mme de Prie, dont elle était assurément le plus bel ouvrage et qui devait en être fière, l'accompagnait partout et ne la quittait non plus que son ombre. Les bourgeois de Paris eux-mêmes en avaient jasé, et l'avocat Barbier, qui était aux écoutes, parlant du premier voyage de Fontainebleau, disait dans son *journal :* « Cette princesse est obsédée par Mme de Prie. Il ne lui est libre ni de parler à qui elle veut, ni d'écrire. Mme de Prie entre à tous moments dans ses appartements pour voir ce qu'elle fait, et elle n'est maîtresse d'aucune grâce. » Or, un matin, la reine trouva sur sa table un papier d'une fort belle écriture, et elle y lut, sous ce titre d'*Instruction de Mme de Prie à la reine de France et de Navarre*, les mauvais vers suivants qui parodiaient le discours d'Arnolphe à Agnès avec la gaieté de moins :

> Marie, écoutez-moi : laissez là le rosaire,
> Et regardez en moi votre ange tutélaire,
> Moi qui suis de Bourbon l'amante et le conseil,
> Moi qu'il chérit autant et plus que son bon œil (1) :
> Notre roi vous épouse, et cent fois la journée
> Vous devez bénir l'heur de votre destinée,
> Contempler la bassesse où vous avez été,
> Et du prince qui m'aime admirer la bonté ;
> Qui de l'état obscur de simple demoiselle,
> Sur le trône des Lys par mon choix vous appelle.

Après une suite de recommandations insistant sur une parfaite et plate obéissance :

> C'est à vous de chérir ceux que nous chérissons,
> C'est à vous de haïr ceux que nous haïssons,

l'écrit satirique se terminait par une insultante menace, en cas de mécontentement :

> Le renvoi de l'Infante est la preuve certaine
> Qu'à rompre votre hymen on aura peu de peine ;
> Et nous aurons alors de meilleures raisons
> Pour vous faire revoir vos choux et vos dindons.

Elle se dit bien vite qu'il serait heureux pour elle, au milieu de ce monde méchant et corrompu, de pou-

---

(1) On sait que M. le Duc était borgne.

voir se faire une petite société d'honnêtes gens et sûrs ; et en effet, lorsqu'elle les aura une fois distingués et choisis, elle s'y tiendra avec une fidélité inviolable.

De quelque côté que l'on considère cette reine, on aboutit sur son compte à des éloges et à rencontrer en elle d'estimables qualités. Que lui a-t-il manqué ? Je ne sais quel don, quelle supériorité de nature et de caractère, ce qu'il lui aurait fallu d'énergie pour suivre le conseil de Villars qui lui disait dès le lendemain de son arrivée à Fontainebleau : « Madame, la satisfaction est générale du mariage et des commencements, et tout ce qui connaît les grandes qualités qui sont en vous désire que vous preniez empire sur l'esprit du roi. »

Ambition, génie, éclair, étincelle, feu d'enfer ou feu sacré, de quelque nom qu'on vous appelle, quand des particulières qui ne savent qu'en faire vous possèdent, on est en droit de vous réclamer chez les reines! Celle-ci ne faisait que s'approcher du but sans y atteindre. Elle n'avait que l'âme douce, elle n'avait point un grand cœur ; elle avait des vertus, elle ne manquait même pas d'un certain agrément : mais cela n'allait pas jusqu'au charme ; elle en était loin, et l'empire qui ne suit pas toujours la royauté ne lui vint jamais.

Lorsque, avant son arrivée à Fontainebleau, on louait devant elle la figure et les grâces du roi, elle avait répondu : « Hélas! vous redoublez mes alarmes. » Elle resta toujours en sa présence cette personne intimidée et alarmée. Sa modestie, qui exprimait des vertus précieuses, accusait aussi cette défiance secrète.

Elle s'aperçut pour la première fois d'un refroidissement sensible du roi après moins de quatre mois de mariage. C'était en décembre 1725, lors du conflit ministériel, déjà sourdement engagé, entre le duc de Bourbon et l'évêque de Fréjus. Celui-ci prétendait être toujours présent quand M. le Duc travaillait avec le roi, et M. le Duc, de son côté, prétendait avoir des audiences particulières, ce qui était assez raisonnable pour un premier ministre. Fleury ne cédait pas et s'arrangeait pour être toujours chez le roi une demi-heure avant que le prince y arrivât. Un jour M. le Duc essaya de tourner la difficulté et de s'affranchir de cette sujétion par le moyen de la reine qui se prêta au petit complot. Le 18 décembre (1725), sur les six heures du soir, au moment où le roi était en entretien avec M. de Fréjus, la reine envoya le marquis de Nangis, son chevalier d'honneur, prier Sa Majesté de vouloir bien passer chez elle. M. le Duc s'y trouvait : ils gardèrent le roi deux heures, et M. de Fréjus, à qui le roi avait promis de revenir sur-le-champ, s'impatienta et partit.

Le lendemain matin, M. de Fréjus, devenu tout à fait ambitieux et voulant essayer d'un grand moyen, écrivit une lettre au roi bien humble, bien affligée et mortifiée, bien tendre, et le rusé mentor joua sa comédie de se retirer de la Cour pour finir ses jours dans la retraite à Issy. Il croyait le moment venu et risquait le tout pour le tout. Le roi ne reçut la lettre qu'au retour de la chasse; il se montra affligé, pensif, voulut être seul ; l'enfant et le roi se combattaient en lui, ou plutôt s'accordaient en ce moment pour vouloir une seule et même chose. L'enfant redemandait son maître d'habitude; le roi s'irritait d'avoir été joué et disait qu'après tout il était le maître aussi. M. de Mortemart, premier gentilhomme, qui pénétra jusqu'à lui en ce moment, et qui l'encouragea dans sa pensée de révolte, fut dépêché sur l'heure à M. le Duc avec injonction pour lui d'envoyer sans retard à Issy et de notifier à M. de Fréjus l'ordre de revenir. Cela ne se termina point sans quelque reproche à la reine; celle-ci pleura. C'étaient les premiers pleurs, le premier démêlé domestique. Voltaire était encore à Versailles, et il nous a rendu cette impression, comme il sait faire :

« Il y avait ce jour-là spectacle à la Cour : on jouait *Britannicus*. Le roi et la reine arrivèrent une heure plus tard qu'à l'ordinaire. Tout le monde s'aperçut que la reine avait pleuré; et je me souviens que lorsque Narcisse prononça ce vers :

Que tardez-vous, seigneur, à la répudier?

presque toute la salle tourna les yeux sur la reine pour l'observer avec une curiosité plus indiscrète que maligne. »

La reine, par reconnaissance pour M. le Duc, avait commis une faute : elle avait oublié que dès les premiers jours de son mariage, demandant au roi pour sa propre direction s'il aimait M. de Fréjus, il avait répondu : « *Beaucoup;* » et que pour la même question au sujet de M. le Duc, il avait dit sèchement : « *Assez.* » — Le crédit et la considération de la reine parurent tomber dès ce moment; d'autres observateurs encore que Voltaire, et très-attentifs à tous les changements d'air de la Cour, en ont fait la remarque. Pour la première fois qu'elle se mêlait de politique, elle s'était montrée bien faible et médiocre.

Ces petites brouilleries se prolongèrent jusqu'au changement de ministère et à l'avénement définitif de Fleury en juin 1726. Le maréchal de Villars, fort consulté par tout le monde, nous initie volontiers à ces tiraillements et à ces intrigues. Un mois après le retour d'Issy et ce qu'on appelait alors une seconde *Journée des dupes,* il nous fait part d'une confidence de la reine et de ce qu'il répondit :

« La reine, nous dit-il, me mena le même jour (20 janvier) dans son cabinet, et me parla avec une vive douleur des changements qu'elle voyait dans l'amitié du roi. Ses larmes coulaient abondamment. Je lui répondis : « Je crois, Madame, le cœur du roi bien éloigné de ce qu'on appelle amour : vous n'êtes pas de même à son égard ; mais, croyez-moi, ne laissez pas trop éclater votre passion : qu'on ne s'aperçoive pas que vous craignez de la diminution dans ses sentiments, de peur que tant de beaux yeux qui le lorgnent continuellement ne mettent tout en jeu pour profiter de son changement. Au reste, il est plus heureux pour vous que le cœur du roi ne soit pas fort porté à la tendresse, parce qu'en cas de passion la froideur naturelle est moins cruelle que l'infidélité. »

La glace était posée désormais, et c'est le vieux précepteur qui l'avait mise ; elle ne fit que s'entr'ouvrir et ne disparut jamais entièrement depuis. La reine avait de la tendresse et une passion des plus vives pour son jeune époux ; le roi, même dans le temps où il se contenait dans le devoir, ne lui marquait que peu de tendresse ; ces froideurs d'alors, nous assure-t-on, étaient moins éloignement pour la reine que timidité de la part du roi. On pourrait noter à leur date ces alternatives d'indifférence conjugale et de complaisance, mais l'indifférence gagnant toujours. Nous avons presque à nous excuser de savoir si bien et si à point nommé ces choses de l'alcôve ; mais il nous est impossible de n'avoir pas lu les Mémoires de d'Argenson, de Richelieu, de Maurepas, le Journal du duc de Luynes ; nous en savons trop ; aussi, sans y mettre plus de façons qu'il n'est convenable en un cas si éclatant, nous dirons le fait comme il a été, et entre dix versions toutes plus ou moins concordantes, nous donnerons celle de l'un des hommes les moins médisants et les mieux informés, de ce même M. Le Roy, le veneur ordinaire, un La Bruyère à cheval :

« Né avec un goût vif pour les femmes, nous dit-il du roi, des principes de religion, et plus encore beaucoup de timidité naturelle, l'avaient tenu attaché à la reine, dont il avait eu déjà huit ou dix enfants. Le cardinal de Fleury craignit trop peut-être que l'ennui ne lui fît chercher des distractions ailleurs. Il redoutait le moment où il pourrait échapper à sa dépendance, s'il rencontrait quelque maîtresse qui eût du caractère et le désir de se mêler des affaires. On prétend qu'il fit choix lui-même de la comtesse de Mailly qu'il jugea propre à remplir ses vues. Cette dame était fort loin d'être jolie, mais elle avait beaucoup de grâce dans la taille et dans les manières, une sensibilité déjà connue, un caractère de complaisance fait pour abréger les formalités. Cela était nécessaire pour vaincre la timidité d'un prince encore novice, que la moindre réserve eût effarouché. On était sûr d'ailleurs du désintéressement de celle qu'on destinait à devenir favorite, et de son éloignement pour tout projet sérieux d'ambition. Ce ne fut pas sans peine qu'on parvint à établir une familiarité complète entre un prince excessivement timide et une femme à laquelle sa naissance du moins imposait quelques bienséances... Tout le monde sait quelles suites elle eut, quel empire le goût pour les femmes exerça sur Louis XV ; combien la variété lui devint nécessaire, et combien peu la délicatesse et toutes les jouissances des âmes sensibles entrèrent dans ses amusements multipliés. »

Ce qu'on vient de lire est exact, presque à la lettre : cette reine, dont la destinée de loin paraît celle d'une femme délaissée, donna en effet au roi, avant l'éclat des désordres, jusqu'à dix enfants : deux garçons seulement, dont un seul vécut ; tout le reste n'était que des filles, et Louis XV avait fini par ne plus compter sur autre chose avec la reine : il semblait voir dans cette monotonie l'image de leurs froides amours. Car, le croirait-on, ces deux époux, qui avaient eu tant d'enfants, avaient de tout temps très-peu causé ensemble. La familiarité et la confiance ne s'étaient jamais établies entre eux. Ce fut après plus de six ans de mariage et quatre ans avant leur séparation de lit que les infidélités du roi commencèrent. Les courtisans étaient aux aguets ; ils ont noté le jour et l'heure. Dès 1732, le 24 janvier de cette année, le roi étant en orgie à la Muette avec vingt-quatre convives, porta la santé d'une *inconnue*, et après avoir bu il cassa son verre, invitant tout le monde à faire de même. Il avait alors vingt-deux ans. Cette *inconnue* était-elle déjà Mme de Mailly ? Ce n'est pas probable, quoique l'intrigue avec cette dame, ait commencé bien plus qu'on ne le sut généralement alors, et qu'elle ait été menée pendant les premières années très-secrètement.

Il était temps et grand temps au gré de la jeunesse; il ne se pouvait de Cour moins amusée et moins galante que pendant toute cette période de l'étroite habitude du roi avec la reine. Le roi marquait du dégoût pour tout autre plaisir que celui de la chasse ; on n'avait d'autre nouvelle piquante que de savoir qu'après une chute et la légère indisposition qui en était résultée, ou après quelque froideur, il s'était remis à vivre maritalement avec la reine. Ce fut un tort à Marie Leckzinska de ne pas comprendre, de ne pas deviner qu'en France il faut être davantage à la française. Pourquoi le devoir s'arrange-t-il pour être si souvent ennuyeux? Pourquoi la vertu n'est-elle pas visitée aussi du génie ou du démon de plaire? Marie Leckzinska n'y songea pas assez : elle ne voulait d'aucun démon, tandis qu'il aurait fallu y mettre de l'invention, de la fantaisie, même avec de l'honnêteté, quelque chose de français qui fît trêve à l'ennui. Une sage reine n'y suffisait pas ; il aurait fallu quelque fée. Villars, tout vieux qu'il est, nous rend bien ce sentiment de maussaderie et de fatigue que chacun éprouvait alors, et dont on s'est trop revanché plus tard. Un jour qu'en janvier 1729 il y avait eu par extraordinaire quelques courses de traîneaux, il se prenait à dire : « Ces courses de traîneaux ont fait espérer aux dames un peu plus de vivacité au roi pour elles. On a dansé après souper; et, si cela recommence souvent, il n'est pas impossible que

quelque belle courageuse ne mette la main sur le roi. »
Mais il fallut quelques années de stage encore. Mme de
Mailly, très-enhardie par les entours, fut cette première
courageuse.

Ici commence une triste période pour la pauvre
reine : elle put s'y faire, s'y accoutumer par la suite ;
tant qu'elle le put, elle ignora : il est impossible que,
quand elle sut tout à n'en pas douter, elle n'en ait pas
cruellement souffert. Mme de Mailly était dame du palais de la reine ; un jour qu'elle lui demandait sous
quelque prétexte la permission d'aller à une maison de
plaisance où était le roi, la reine lui dit pour toute réponse : « Vous êtes la maîtresse. » Cette bonne reine,
on le voit, ne manquait pas du tout d'esprit.

J'avoue ma perplexité : nous sommes ici avec la
reine devant des portraits assez différents ; c'est bien
la même personne, mais elle est vue par les uns bien
en beau, et par les autres assez en laid. C'est selon les
jours et les moments, c'est selon les âges. Elle ne parut peut-être jamais mieux ni plus à son avantage que
quand elle eut pris son parti et qu'elle ne lutta plus.
La vieillesse ou l'âge tout à fait mûr lui alla bien avec
ses douceurs, ses solidités, ses gaietés même assez fines
et un certain enjouement qui tenait de l'esprit et de
l'âme. Nous tâcherons de ne pas être injuste et de ne
pas trop céder à des caprices de goût, là où domine le
respect.

Lundi 1er août 1864.

LA REINE MARIE LECKZINSKA

Étude historique

Par Madame la Comtesse D'ARMAILLÉ, née de SÉGUR.

(SUITE ET FIN.)

I.

Honneur aux maîtres du crayon et du pinceau ! c'est par eux encore qu'on prend la plus parfaite et la meilleure idée de cette bonne, honnête, charitable, et assez spirituelle reine. Ce côté spirituel et fin, ils l'ont surtout marqué, et il n'est pas permis de le méconnaître quand une fois on a vu de ces portraits qui sont des chefs-d'œuvre. Il y en a plus d'un dans nos galeries de Paris et de Versailles : je ne parlerai que de ceux que j'ai eu le temps de revoir. La Tour, le premier, dans un admirable pastel, nous montre la reine à l'âge de quarante-cinq ans environ : elle est à mi-corps; elle tient d'une main un éventail fermé; elle se retourne vers le spectateur comme quelqu'un qui pense et qui va dire une légère malice, une malice innocente. Le cheveu est légèrement poudré : elle porte sur la tête une pointe de dentelle noire, une sorte de petit fichu dit fanchonnette. Un mantelet de soie bleu pâle avec des rubans ou bouillons d'un jaune éteint tombe sur une robe d'un blanc gris ; les nuances se marient jusqu'à se mêler et se confondre : une harmonie tranquille a passé sur tous les tons. Mais la figure surtout est parfaitement étudiée ; la lèvre fine, un peu mince, retroussée à l'angle, l'œil petit et brillant, le nez un peu mutin, tout respire dans cette physionomie douceur, finesse, malice. Ignorez le rang, ignorez le nom, cette personne entre deux âges a certainement la repartie juste et à propos, le grain de sel sans amertume.

Vous passez à Van Loo, à son grand portrait en pied, de cérémonie et d'apparat : c'est la même physionomie ; l'œil est d'une extrême finesse. On dit que pour la tête il a étudié le pastel de La Tour plus que l'original même. On remarque ici de petites mains charmantes qui sont plus en vue ; de l'une la reine tient une petite fleur blanche, de l'autre un éventail. La taille est pleine et n'est pas belle ; mais l'ensemble est du plus grand air. Les accessoires sont largement entendus : sur une console aux pieds dorés, un buste de Louis XV pose près d'un coussin fleurdelisé et à côté d'un vase de fleurs. La reine, qui a une magnifique robe à ramages, porte sur les épaules le grand manteau royal de velours bleu semé de fleurs de lis d'or, et

dont la doublure d'hermine roule à ses pieds : derrière
elle, le fauteuil du trône. Un petit chien *King's-Charles*
est à ses pieds sur le devant. Une tapisserie jaune,
suspendue dans le fond, laisse un vaste jour ouvert
sur un parc dont on entrevoit de hauts ombrages. Il
règne dans tout ce tableau un ton chaud et doré qui
circule des draperies aux pieds de la console, aux rubans ou soutaches de la robe : c'est la note dominante.
La reine n'y paraît point écrasée, et malgré cette gloire
d'apparat et cette ampleur d'alentour, elle est mignonne.

Le portrait par Tocqué, moins agréable peut-être
au premier aspect, est plus original : elle est plus
jeune, plus en mouvement, un peu théâtrale. Elle est
de face, elle montre d'une main la couronne posée sur
un coussin, elle semble dire : « Après tout, je suis
reine. » Elle a également le manteau royal, une robe
à grands ramages, étoffe de Lyon, soie et or. Ici les tons
sont plus clairs, moins fondus que dans le portrait
précédent. C'est plus hardiment fait et plus de parti
pris. Il y a des bleus qui reviennent de place en place :
c'est le ton dominant. Van Loo est plus riche avec ses
tons dorés : Tocqué est plus gai. Même console d'ailleurs, même coussin fleurdelisé. La figure se détache
plus décidément dans un ton plus clair et demande
qu'on la regarde. Deux petites boucles dites *repentirs*
lui tombent de chaque côté sur le cou, non sans coquetterie. Elle est souriante, maligne et un peu tendre.
Elle n'a pas abdiqué, elle n'a pas renoncé à toute prétention, elle n'a pas perdu toute espérance du côté du

roi. Que vous dirai-je? si la reine avait été plus souvent dans la vie ce qu'elle paraît sur cette toile de Tocqué, elle aurait eu plus d'entrain, plus d'empire ; elle n'aurait pas été si effacée.

Conclusion générale : après avoir vu ces trois portraits de la reine, toute idée de fadeur a disparu ; ces hommes de talent lui ont rendu le plus grand des services auprès de la postérité. Il semble qu'ils se soient défiés de l'insipidité comme d'un écueil : ils ont poussé au piquant (1).

Après des œuvres d'art si distinguées, les portraits écrits vont nous paraître bien pâles et ternes. Voyons pourtant : commençons par le bourgeois avocat Barbier, qui vit la reine après trois ans de mariage. Il faut savoir que cette reine, couronnée en septembre 1725 à Fontainebleau et de là installée à Versailles, n'était pas encore venue à Paris trois ans après; elle y vint pour la première fois le 4 octobre 1728 pour une sorte de vœu ou de pèlerinage. Mais laissons parler l'exact chroniqueur :

« Octobre. — Lundi 4, notre bonne reine a vu Paris ; elle est venue à Notre-Dame demander un Dauphin à la Vierge,

(1) Si j'avais la moindre prétention d'être complet dans des indications si rapides, je n'aurais pas manqué de parler d'autres portraits encore de la reine, et notamment de celui qui se voit à Versailles et qui est l'œuvre célèbre de Nattier. C'est le même qui a été si bien gravé par Tardieu (voir tome II, page 358, des *Mémoires inédits sur la Vie et les Ouvrages des Membres de l'Académie royale de Peinture*, par MM. Dussieux, Soulié, de Chennevières, Mantz et de Montaiglon). Nattier avait reçu l'ordre exprès de la reine de ne la peindre qu'en habit de ville. De tous les portraits

et de là elle est allée à Sainte-Geneviève, à la même fin. Elle a fait ce voyage en quelque façon incognito, c'est-à-dire que ce n'était point une entrée. Elle n'avait que son train ordinaire, qui se compose de quatre carrosses à huit chevaux, dont il y en a deux magnifiques... »

Et après une description minutieuse de la cérémonie :

« Quant à ce qui est de la personne de la reine, elle est petite, plus maigre que grasse, point jolie, sans être désagréable, l'air bon et doux, ce qui ne lui donne pas la majesté requise pour une reine. Elle avait l'air bien contente. Elle a fait un assez grand tour dans Paris, et elle a vu une affluence de monde étonnante. On a jeté de l'argent à la portière de sa voiture pour douze mille livres, dit-on. »

Tel fut l'effet que produisit, à vingt-cinq ans, sur le bourgeois de Paris cette bonne reine, très-aimée et très-populaire.

Après Barbier, prenez d'Argenson, une autre manière de bourgeois sous son nom plus noble. D'Argenson, on le sait de reste aujourd'hui, était un singulier personnage; son arrière-petit-neveu a bien été forcé de nous le livrer à la fin, tel qu'il était, dans sa peau rugueuse et avec toutes ses verrues : l'excellente et complète édition de ses Mémoires, par M. Rathery, nous le déroule dans toutes ses boutades et ses rêveries, relevées d'amour du bien public et assaisonnées de bon sens. Il parle de la reine en cent endroits; il

de Marie Leckzinska, nous dit un bon juge, M. Ph. Burty, « c'est, je crois, le plus intime, et la physionomie de cette reine, si fine et si douce, y a une teinte de résignation qui fait pénétrer plus avant dans l'histoire de ses secrètes douleurs. »

raconte d'elle des histoires de ruelle et d'alcôve, et il les tient de source, dit-il, ayant pris soin de faire causer des dames d'atours ou même des valets de chambre et des domestiques qui lui ont tout dit. Seul, d'Argenson a osé insinuer à un endroit que la reine avait un certain faible pour son vieux chevalier d'honneur, M. de Nangis. Il n'y avait qu'un chroniqueur aussi saugrenu pour se repaître de pareilles incongruités. Que ne nous dit-il pas, au reste, que ne nous apprend-il pas, de ces choses qu'on n'aurait jamais l'idée de demander!

« ... Elle faisait faire de longs jeûnes au roi sous prétexte de sa santé. Elle semblait dédaigner ce qu'elle pleure amèrement aujourd'hui... Il faut savoir que la reine a peur des esprits. Pour la rassurer, il lui faut toujours une de ses femmes à sa portée pendant la nuit, et il faut que cette femme lui fasse des contes pour l'endormir. A peine s'éloignait-elle quand le roi arrivait. La reine ne dort presque pas. Elle se lève cent fois dans une nuit pour chercher sa chienne. Enfin elle met positivement un matelas sur elle, tant elle est frileuse, de sorte que le roi étouffait... »

Mais voici la page historique, qui vise au portrait :

« La marquise de Prie, maîtresse de M. le duc de Bourbon, a élevé la reine au trône, où elle ne donne que de bons exemples. Elle fit en elle un excellent choix, selon ses vues : fécondité, piété, douceur, humanité, surtout grande incapacité aux affaires. Il fallait encore à cette politique de Cour une femme *sans attraits et sans coquetterie*, qui ne retint son mari que par le devoir et le besoin de donner des héritiers à la couronne.

« La reine ignore l'art de s'attacher des créatures dans sa

propre Cour. Elle n'est ni haïe ni aimée. Elle attire par quelques attentions ; elle rebute en rendant son amitié trop banale. L'esprit manque au cœur. Elle n'a rien à elle dans ce qu'elle dit et ce qu'elle prétend sentir ; à peine a-t-elle une contenance à elle. Elle se méprend souvent du rire aux pleurs ; elle se réjouit des causes funestes et s'afflige d'événements comiques. Elle est charitable par bigoterie et dévote d'une superstition étrangère, ce qui est plus ridicule qu'édifiant aux yeux des Français. Cependant elle ne manque pas d'esprit ; mais la nature lui a refusé la suite dans l'esprit.

« Son rang est un drapeau de ralliement, et, depuis que le roi a des maîtresses déclarées, ceux qui crient au scandale s'attachent à elle, pour déplaire au roi et à la favorite... Sans le vouloir, la reine a donc un parti. Le Dauphin et Mesdames ont en elle une confiance d'enfants mal élevés.... »

D'Argenson veut dire que cette confiance les porte à médire en petit comité de leur père et de ses maîtresses. Un seul trait, dans ce rude *crayon*, me paraît tout à fait juste et caractéristique : la reine *ne manque pas d'esprit*, mais elle manque de *suite dans l'esprit*.

Le rédacteur des *Mémoires du Maréchal de Richelieu*, qui travaillait sur de bons documents, a parlé d'elle en termes plus choisis et plus convenables, qui s'accordent mieux avec les traits de nos peintres précédents, les Tocqué et les La Tour. Il nous la montre « aimable dans ses reparties, ingénieuse dans le *détail* de ses réponses et de ses propos ; ayant le cœur droit, excellent, » très-aimée, populaire même ; digne fille d'un vertueux père « qui avait répandu en elle toute la bonté et la candeur d'un monarque honnête homme ; ennemie de la dépense, souffrant des tourments réels et des supplices quand elle apprenait quelque calamité publique; » une vraie mère des Français ; adoptant et admirant tout des grandeurs de la nation ; ne se considérant d'ailleurs que comme la première sujette de son époux :

« Véridique avec le cardinal Fleury, hardie même auprès de lui plutôt que fausse, elle sortait, mais rarement, de cet état d'indifférence où elle s'était mise, et lui reprochait avec esprit et doucement les petites tracasseries qu'il lui faisait auprès du roi ; elle souriait un peu malignement, le déconcertait quelquefois et prenait alors le ton de reine de France ; elle lui disait que c'était à lui qu'elle était redevable d'une telle parole du roi (*Elle faisait allusion à la lettre fort dure que le roi lui avait écrite le jour même de l'avénement de Fleury au ministère, et que cette Éminence en personne lui avait remise*). Mais sur-le-champ elle lui montrait que pour Dieu elle souffrait ces tribulations, et l'attaquait sans cesse du côté de la religion, qui dominait en elle et qui y régnait absolument. »

Toute cette appréciation est fort juste et dans la nuance précise. La reine avait ce genre d'esprit-là ; et quant à son cœur, il était d'une bonté et d'une charité sans réserve. Quand il s'agissait des dépenses de sa maison, il lui arrivait de demander : « Combien cela a-t-il coûté ? — L'argent est le produit, disait-elle, de la sueur des peuples. » Elle était l'aumône même, et sa sollicitude s'étendait au delà des misères et des besoins qui se recommandaient en Cour à divers titres et qui tombaient sous ses regards. Elle avait pensé à établir des retraites pour les *Savoyards* et pour les ouvriers.

Je garde, pour la fin, un dernier portrait de la reine,

un pastel de société par Mme Du Deffand, qui est du La Tour en littérature, et je me hâte vers les dernières années où ce portrait s'applique parfaitement à elle ; mais il faut absolument dire un mot de la période la plus pénible et de ce que souffrit la reine « du temps des *quatre sœurs*. »

II.

On se le représentera facilement, si l'on pense que cette reine aimait à la passion son époux, qu'elle le voyait lui échapper entièrement, dans la fleur encore de sa jeunesse à lui, et à l'âge où elle-même elle commençait à se flétrir ; qu'elle avait pour dames du palais, nommées pour l'accompagner et la servir, précisément ces mêmes sœurs rivales qui lui enlevaient à tour de rôle le cœur du roi et se le disputaient entre elles, de manière à compromettre aussi le salut éternel de son âme.

« Certes, disait ce même d'Argenson qui ne mâche pas ses propos, c'est lui rendre un grand service que de se trouver à l'après-souper en tiers entre elle et Mme de Mailly. La reine croit, et cela paraît certain, que Mme de Mailly l'examine sans cesse pour lui trouver de nouveaux ridicules et égayer le roi à ses dépens dès qu'elle l'a quittée : c'est une indignité. »

Lors même que cela n'était pas (car Mme de Mailly n'avait point ce caractère de méchanceté), il suffisait que la reine se figurât qu'il en était ainsi pour qu'elle éprouvât un lent et continuel supplice.

Il y eut, entre autres, un moment de crise, d'inquiétude suprême et d'amertume dernière, d'une amertume d'autant plus cuisante et plus sensible qu'elle avait été précédée d'un éveil de joie et d'espérance : ce fut pendant la maladie de Metz et à la convalescence du roi. On sait l'histoire : Mme de Mailly ne régnait plus alors, elle faisait déjà pénitence; c'était sa sœur, Mme de Châteauroux, beauté altière, imposante et tendre, de celles qui sont faites pour un rôle historique, pour agir et dominer, c'était cette vaillante qui régnait véritablement sur Louis XV et qui tenait le gouvernail de ce triste cœur. Dans la campagne de 1744, tout ce qui entourait le roi, maîtresse, favoris, ministres, ce qu'on appelait la jeune Cour, avait entrepris de faire décidément de Louis XV un héros et un vainqueur, un vrai petit-fils de Henri IV; Mme de Châteauroux en personne y veillait et y tenait la main, lorsque tout à coup la maladie du roi se déclara et vint effrayer et consterner la France. On l'apprit à Versailles le soir du 9 août. Le roi était tombé malade à Metz le 8, et son mal avait pris aussitôt le plus pernicieux caractère. Il dut être confessé et administré; la condition, la conséquence immédiate des sacrements était le renvoi de Mme de Châteauroux qui l'avait accompagné à l'armée et qui était à Metz avec lui. Le 13 au soir, cette dame eut ordre de quitter la ville avec sa sœur, Mme de Lauraguais. En partant, les deux sœurs n'obéissaient pas moins à la prudence qu'à l'ordre du roi, car le déchaînement du peuple eût mis leur vie en danger. Elles ne s'étaient d'abord retirées qu'à trois lieues de Metz; elles eurent bientôt l'ordre d'aller plus loin et de ne point approcher de la Cour plus près que de cinquante lieues. L'extrémité du roi, son agonie, sa convalescence, se succédèrent rapidement. La reine partit de Versailles dès qu'elle en eut la permission, le samedi 15, s'avança jusqu'à Lunéville et passa outre. Le Dauphin de son côté, ses sœurs aussi, Mesdames filles du roi, partirent le même jour, n'écoutant que leur passion filiale. La reine vit le roi convalescent le 24 au soir seulement; nous avons ici la chronique même, la plus fidèle :

« Dès qu'il vit la reine le lundi au soir vers minuit, il l'embrassa et lui demanda pardon du scandale et des peines qu'il lui avait donnés. Le lendemain il adressa la parole à Mme de Luynes (*dame d'honneur*), et après lui avoir demandé pardon du scandale, il lui fit des excuses des peines qu'elle avait eues et dont il avait été cause. — Le roi était si occupé de cette idée, qu'il envoya le lendemain, dès quatre heures et demie du matin, réveiller Mme de Villars (*dame d'atours*), en qui il sait que la reine a beaucoup de confiance, pour lui demander si la reine lui avait pardonné. »

Il ne manquait à ces excellents sentiments que de se soutenir, et la reine, dans sa piété confiante, dut espérer qu'il en serait ainsi. Elle se trompa. Le séjour de Metz se prolongea tout un mois encore jusqu'au 28 septembre, avec toutes sortes de vicissitudes intérieures plus ou moins dissimulées. La reine aurait bien désiré accompagner le roi le reste de la campagne; elle se risqua un soir à lui dire qu'ayant appris qu'il allait à Saverne et à Strasbourg elle espérait qu'il lui permettrait de l'y suivre.

« Le roi lui répondit assez froidement : « Ce n'est pas la

peine; » et sans paraître vouloir entendre un plus long discours, il alla faire la conversation avec gens qui étaient dans sa chambre; ensuite il commença sa partie de quadrille. La reine n'a pu en savoir davantage. »

La glace, un moment fondue, s'était évidemment reformée. A Lunéville, où l'on se rendit en quittant Metz, la reine fit une nouvelle tentative auprès du roi pour avoir la permission d'aller à Strasbourg, cette permission qui l'eût réintégrée en pied publiquement dans ses honneurs de reine et d'épouse.

« Le roi (nous dit le *Journal* de Luynes) lui a répondu avec la même sécheresse : « Ce n'est pas la peine, je n'y serai presque pas. » Elle lui a demandé ensuite si au moins elle ne pourrait pas rester ici; il lui a répondu sur le même ton : « Il faut partir trois ou quatre jours après moi. » — La reine est, comme l'on peut juger, fort affligée d'un traitement aussi dur. »

Tous ces beaux sentiments, enfants de la maladie et de la peur, étaient dissipés et avec la santé étaient revenus les désirs, les habitudes, toutes les ivresses de la vie. M. de Luynes, l'honnête homme circonspect, en recherche les raisons un peu mollement :

« Dans le commencement que la reine est arrivée ici, dit-il, il y avait assez lieu d'espérer que l'indifférence du roi trop connue pour elle pourrait peut-être changer. Non-seulement il lui avait demandé pardon, comme je l'ai marqué, mais il avait paru lui faire amitié. Depuis le séjour de Metz, les choses paraissent bien changées, et le froid est aussi grand que jamais; soit que les conversations trop vives et trop fréquentes de la reine avec M. le Dauphin en sa présence lui aient déplu ; soit que ce soit l'effet des sentiments qu'il avait pour elle depuis longtemps et que l'on avait cherché à entretenir et à augmenter ; soit enfin que la mauvaise humeur du roi en soit la seule cause : peut-être toutes ces raisons ensemble y contribuent-elles. »

M. de Luynes ne soupçonne pas ou fait semblant d'oublier la vraie raison. Un spirituel observateur qui était du parti de Mme de Châteauroux, la duchesse de Brancas, dans un curieux *Fragment* de mémoires, va nous en dire plus. On ne saurait montrer d'une manière plus maligne et plus piquante qu'elle ne le fait l'état des deux camps et des deux Cours sitôt le danger passé et pendant la convalescence du roi. Louis XV était un peu honteux de tout ce qu'on lui avait fait faire, et comme les gens faibles qui ont baissé pavillon, il en voulait à ceux qui l'avaient mis ou surpris en cet état ; il avait hâte de prendre sa revanche. Les amis de la favorite, voyant la reine paraître et espérer dans sa candeur reconquérir d'une seule fois tout le terrain perdu, y compris le point essentiel du *conjungo,* usèrent de l'arme, alors si en usage, du ridicule. On piqua par cet endroit l'amour-propre du roi, et on refit en ce sens une troisième *Journée des dupes,* ou, si l'on veut, une *Nuit des dupes.* Vous qui voulez prendre idée de ce malin esprit de Cour et d'ancien régime tel qu'on l'attribue sans cesse aux Richelieu, aux d'Ayen, aux Stainville, aux Maurepas, et aux femmes qui les égalaient au moins à ce jeu d'épigrammes, si elles ne les surpassaient point, lisez et relisez la page suivante qui en est le chef-d'œuvre. Mme de Brancas vient de parler des transports frénétiques qui accueillirent partout dans les provinces la nouvelle de la convalescence du roi :

« Pendant ces transports vraiment populaires, la reine et Mesdames, rassurées sur la santé du roi, à mesure qu'elles approchèrent de Metz, y arrivèrent avec bien des espérances nouvelles. La vieille Cour avait peu de peine à se persuader que Dieu, après avoir frappé le roi, toucherait son cœur. La dame d'honneur en était si dévotement persuadée qu'un jour, trouvant le roi en état de donner à la reine des marques certaines d'une réconciliation sincère, elle fit changer le lit de la reine en une couche nuptiale et mettre deux oreillers sur le traversin. Vous comprenez que tant d'espérances furent révélées par la joie des uns et l'étonnement des autres. La reine, depuis la convalescence du roi, était mise à merveille ; elle portait des robes couleur de rose. Les vieilles dames annonçaient leurs espérances par des rubans verts ; enfin, depuis longtemps, la parure de la toilette n'avait été aussi spirituelle : on lui confiait le soin de tout annoncer sans se compromettre ; cela rappelait l'ancienne galanterie. Mais vous concevez également le plaisir qu'eurent le duc de Bouillon et le duc de Richelieu à parler au roi de celui qu'on lui préparait dans l'intérieur du palais de la reine. Il en parut si mécontent que ces messieurs crurent ne pas lui déplaire en avertissant les mères des églises (de l'Église) qu'elles avaient tort de préparer un *Te Deum* qu'elles ne chanteraient pas, et que rien n'était plus incertain que la conversion du roi. C'en était assez pour déterminer ces dames à changer leur toilette. Les unes prirent des couleurs plus modestes, les autres baissèrent leurs coiffures, d'autres mirent moins de rouge ; enfin les vieilles dames poussèrent la prudence jusqu'à replacer dans leurs cheveux le *bec noir*. »

Le *bec noir* est un détail de toilette qui demanderait

tout un commentaire. — Mais n'ai-je pas raison de dire que la méchanceté de cette date (celle du *Méchant de Gresset*), dans toute son allure féminine et avec sa griffe la plus fine, nous a été conservée dans ce passage. C'est une page toute vive de la conversation la plus satirique du moment; elle s'est fixée par hasard sous une plume de grande dame qui s'est mise un matin à écrire et qui bientôt ne s'est plus donné la peine de continuer : parler, entendre, être entendu à demi-mot est si amusant et si facile; écrire est si long et si ennuyeux !

La reine perdit donc une dernière fois la bataille et subit sa dernière mortification. A deux mois de là Mme de Châteauroux était rappelée triomphalement; elle mourut presque aussitôt, emportée d'une mort subite; et comme cette bonne reine qui avait peur des revenants prit effroi dans la nuit qui suivit cette mort, et appela une de ses femmes en s'écriant : « Mon Dieu ! cette pauvre duchesse, si elle revenait ! je crois la voir ! — « Eh ! Madame, répondit la femme de chambre impatientée, si elle revenait, ce ne serait pas Votre Majesté qui aurait sa première visite. » On ne règne pas véritablement quand on a de ces faiblesses et qu'on s'attire de ces réponses.

III.

L'âge paisible avance : on y touche, on y est arrivé : ce n'est pas sans péril et sans peine. Qu'importent main-

tenant à la reine les maîtresses futures? Quand je dis
qu'importe, j'ai tort : la conduite du roi avec la reine,
sa manière d'être en public avec elle, dépendait beaucoup des impressions qu'on lui donnait journellement ;
rien n'était plus facile que de l'indisposer. Mme de
Pompadour, du moins, eut le tact de comprendre qu'elle
ne pouvait avoir vis-à-vis de cette reine vertueuse et
offensée qu'une ligne de conduite et qu'une attitude
tolérable : le respect le plus profond, la soumission la
plus entière, le désir de lui complaire en tout et de la
servir ; faire dire d'elle en un mot : « Mieux vaut
celle-là qu'une autre. » Cet éloge tel quel, Mme de
Pompadour le mérita. Elle agit sur l'esprit du roi de
manière à le rendre moins glacial et plus agréable à
l'égard de la reine. Rassurée de ce côté, Marie Leckzinska, durant quelques années et avant les pertes
cruelles dont elle fut atteinte, put jouir d'une société
douce, intime, amicale, dont les détails nous ont été
conservés par le président Hénault qui avait l'honneur
d'en faire partie, et encore plus par le duc de Luynes.

Et d'abord, pour comprendre ce qu'il pouvait y avoir
de distraction et de soulagement pour elle dans un intérieur si uni et si peu accidenté, il faut se bien rendre
compte de la gêne et de l'ennui immense, solennel,
qu'apportait en ce temps-là l'étiquette de Cour dans une
journée dont tous les actes étaient réglés et consacrés
par des cérémonies invariables. On en peut prendre
idée dans le *Journal* de Luynes, où sont minutieusement relatés toutes les formalités des présentations et
les moindres détails sur la serviette de la reine, sur le

bouillon de la reine, sur les glaces de la reine; les collations elles-mêmes étaient sujettes à pointilleries. Elle ne dînait qu'en public et le plus souvent seule. Casanova, le joyeux conteur, nous a fait assister à l'un de ces dîners dont il fut témoin à Fontainebleau :

« J'arrive dans une salle superbe où je vois une douzaine de courtisans qui se promenaient et une table d'au moins douze couverts, qui cependant n'était préparée que pour une seule personne.

« Pour qui est ce couvert? » — Pour la reine. La voilà qui vient. »

« Je vois la reine de France, sans rouge, simplement vêtue, la tête couverte d'un grand bonnet, ayant l'air vieux et la mine dévote. Dès qu'elle fut près de la table, elle remercia gracieusement deux nonnes qui y déposaient une assiette avec du beurre frais. Elle s'assit, et aussitôt les douze courtisans se placèrent en demi-cercle à dix pas de la table : je me tins auprès d'eux, imitant leur respectueux silence.

« Sa Majesté commence à manger sans regarder personne, tenant les yeux baissés sur son assiette. Ayant trouvé bon un mets qu'on lui avait servi, elle y revint, et alors elle parcourut des yeux le cercle devant elle, sans doute pour voir si, dans le nombre de ses observateurs, il n'y avait pas quelqu'un à qui elle dût compte de sa friandise. Elle le trouva et dit : « Monsieur de Lowendal ! »

« A ce nom, je vois un superbe homme qui s'avance en inclinant la tête, et qui dit : « Madame !

— Je crois que ce ragoût est une fricassée de poulets.
— Je suis de cet avis, Madame. »

« Après cette réponse, faite du ton le plus sérieux, la reine continue à manger, et le maréchal reprend sa place à reculons. La reine acheva de dîner sans dire un mot de plus et rentra dans son appartement comme elle en était venue. Je pensai que si la reine de France faisait ainsi tous ses repas, je n'aurais pas envié l'honneur d'être son commensal. »

De son côté, Voltaire, dont l'esprit était un peu cousin de celui de Casanova, ne put se taire sur cet ennui qui s'exhalait à Versailles autour du jeu de la reine, et il fit ces vers dont il voulut ensuite se justifier, mais qu'elle ne put s'empêcher de prendre pour elle, car elle jouait tous les soirs au cavagnole :

> On croirait que le jeu console,
> Mais l'ennui vient à pas comptés
> S'asseoir entre des Majestés,
> A la table d'un cavagnole.

L'ennui donc, il faut partir de là pour se bien rendre compte des amusements tempérés et des distractions toutes relatives de la reine. Après ce dîner qu'on vient de lui voir faire, elle dérobait dans l'après-midi quelques heures pour causer et travailler. Le président Hénault la suivait alors dans son cabinet :

« C'est ici un autre climat, nous dit-il ; ce n'est plus la reine, c'est une particulière. Là on trouve des ouvrages de tous les genres, de la tapisserie, des métiers de toutes sortes ; et, pendant qu'elle travaille, elle a la bonté de raconter ses lectures ; elle rappelle les endroits qui l'ont frappée, elle les apprécie. Autrefois elle s'amusait à jouer de quelques instruments, de la guitare, de la vielle, du clavecin, et se moquait d'elle-même, quand elle se méprenait... Elle me renvoie vers les trois heures pour aller dîner, et alors commencent ses lectures. »

Pour aller dîner, c'est-à-dire pour que le président

aille dîner, car elle, la reine, avait dîné bien auparavant. — Les lectures de la reine étaient sérieuses et roulaient particulièrement sur l'histoire. Elle faisait grand cas du Père Griffet. Elle lisait au reste en toute langue, et, avec cette facilité des Polonais, elle n'en savait pas moins de cinq. Cette variété d'occupations la menait jusqu'à six heures du soir environ, où la Cour s'assemblait chez elle pour jouer à ce fameux cavagnole, comme qui dirait au loto. Une fois quitte de ce jeu, la reine, tant que vécut le duc de Luynes, se retirait volontiers chez la duchesse, sa dame d'honneur, où elle soupait et où elle continuait assez tard de converser avec sa société intime et ce qu'elle appelait « ses honnêtes gens. » Son bonheur était de pouvoir faire tous les jours de la vie la même chose. On a noté que dans le courant de l'année 1747 la reine soupa 198 fois chez la duchesse de Luynes, sans compter les jours où elle y vint après souper. C'était son moment le plus agréable de récréation et de repos. Dans une Cour où la méchanceté était le genre transcendant et le bel-air, elle s'était fait avant tout une société sans médisance. Le tableau fidèle de ce petit cercle et des menus incidents qui l'occupaient nous a été tracé à merveille par MM. Dussieux et Soulié (1). C'était proprement une coterie, mais une coterie douce et sûre, sans ombre de tracasserie et où l'on ne songeait entre soi qu'à se complaire. Il y régnait de l'affection. On s'y donnait de petits noms d'amitié. Le comte d'Argenson (le doux et le poli,

(1) Voir l'Introduction aux *Mémoires* du duc de Luynes, tome I, pages 25-52.

frère du brusque), s'appelait *Cadet;* Mme de Villars s'appelait *Papète;* la duchesse de Luynes avait nom *la Poule.*
On n'y était point prude ; la reine ne l'était pas (1).
Elle tolérait fort bien le petit mot pour rire. Tressan, du temps qu'il était de cette Cour, risquait quelquefois de légères gaillardises qui faisaient sourire la bonne reine. Moncrif y faisait des niches, et un jour qu'on feuilletait un recueil de vieilles chansons, on était tout surpris d'y rencontrer celle-ci, qui avait échappé jusque-là et qui semblait faite tout exprès pour célébrer la reine sous le nom de *Sophie :*

> Il est une *Sophie,* onc il n'en sera d'autre,
> Ravissant d'un souris mon âme, aussi la vôtre...

Le refrain de ce couplet marotique était :

> Tenez, je vous adore!
> Tenez, je vous adore!

Un autre jour, la reine entrant chez la duchesse de Luynes la trouva occupée à écrire au président Hénault ; elle prit la plume, écrivit quelques lignes en

---

(1) Je dois à l'obligeance de M. Rathery un détail qui montre bien ce coin de bon esprit chez la reine : « L'intendant des menus, Papillon, lui présentant la liste des pièces qu'on devait jouer à la Cour, n'osait nommer *le Cocu imaginaire* et l'avait laissé en blanc. Elle l'interroge et le force de le lui nommer. « Apprenez, Monsieur, lui dit-elle, que jamais ces sortes de mots ne sauraient choquer la pudeur de mes filles, et qu'il vaut mieux jouer devant elles ces excellentes pièces que toutes les pièces à sentiments dont nous sommes inondés. » (*Mémoires* manuscrits de Dufort, introducteur des ambassadeurs sous Louis XV.)

déguisant sa main et en ajoutant : « Devinez qui! »
Ce qui donna l'occasion au président de répondre par
ce madrigal :

> Ces mots, tracés par une main divine,
> Ne m'ont causé que trouble et qu'embarras ;
> C'est trop oser si mon cœur la devine,
> C'est être ingrat s'il ne devine pas.

La reine demandait quelquefois au galant président et à Moncrif, les deux beaux esprits de son petit monde, de lui faire des Cantiques et des poésies chrétiennes qui se chantaient sur des airs assez voisins des romances profanes. On trouve dans les Œuvres de Moncrif de ces Cantiques spirituels à la suite de deux contes mythologiques des plus légers. Ce n'est pas un Voltaire qui eût été homme à se plier à de pareils jeux avec cette facilité de société, et l'on ne se serait pas fié à lui non plus.

Quelques lettres de la reine écrites à Mme de Luynes pendant des maladies ou des absences donnent bien le ton de cette intimité unie et sans orage. Il s'y glisse par-ci par-là de légères plaisanteries, de petites allusions. Un jour, l'évêque de Bayeux (futur cardinal de Luynes) s'était endormi pendant la conversation chez Mme de Luynes devant la reine ; il ronflait presque aussi fort que *Tintamarre*, un des chiens de la duchesse. Tout d'un coup il se réveille en disant : « Il faut assembler le Chapitre. » Il était question de tout autre chose. Je laisse à penser si l'on dut rire. Ceci me rappelle qu'un soir que Dugas-Montbel lisait, chez Mme Récamier, une tragédie traduite d'Eschyle ou de Sophocle, le marquis de Vérac qui s'était endormi se réveilla quand la lecture était déjà finie depuis quelques instants, et il dit tout haut : « L'intérêt se soutient. » On rit beaucoup. Heureuses les sociétés qui ne sont égayées que par des incidents de cette innocence !

Il ne reste plus, ce me semble, qu'à prendre congé de la reine dont Mme d'Armaillé nous a rafraîchi si gracieusement la mémoire, et qu'à présenter le Portrait accompli qu'a tracé d'elle Mme Du Deffand, cette fois toute bonne, toute désarmée et d'autant plus spirituelle :

« *Thémire* a beaucoup d'esprit, le cœur sensible, l'humeur douce, la figure intéressante.

« Son éducation lui a imprimé dans l'âme une piété si véritable qu'elle est devenue un sentiment en elle et qu'elle lui sert à régler tous les autres.

« *Thémire* aime Dieu, et, immédiatement après, tout ce qui est aimable; elle sait accorder les choses agréables et les choses solides; elle s'en occupe successivement et les fait quelquefois aller ensemble.

« Ses vertus ont, pour ainsi dire, le germe et la pointe des passions.

« Elle joint à une pureté de mœurs admirable une sensibilité extrême; à la plus grande modestie, un désir de plaire qui suffirait seul pour y réussir.

« Son discernement lui fait démêler tous les travers et sentir tous les ridicules; sa bonté, sa charité, les lui font supporter sans impatience, et lui permettent rarement d'en rire.

« Les agréments ont tant de pouvoir sur *Thémire*, qu'ils lui font souvent tolérer les plus grands défauts; elle accorde son estime aux personnes vertueuses, son penchant l'entraîne vers celles qui sont aimables.. cette faiblesse, si c'en est une, est peut-être ce qui rend Thémire charmanté.

« Quand on a le bonheur de connaître Thémire, on quitterait tout pour elle; l'espérance de lui plaire ne paraît point une chimère.

« Le respect qu'elle inspire tient plus à ses vertus qu'à sa dignité; il n'interdit ni ne refroidit point l'âme et les sens; on a toute la liberté de son esprit avec elle; on le doit à la pénétration et à la délicatesse du sien : elle entend si promptement et si finement qu'il est facile de lui communiquer toutes les idées qu'on veut, sans s'écarter de la circonspection que son rang exige.

« On oublie, en voyant Thémire, qu'il puisse y avoir d'autres grandeurs, d'autres élévations que celle des sentiments; on se laisserait presque aller à l'illusion de croire qu'il n'y a d'intervalle d'elle à nous que la supériorité de son mérite : mais un fatal réveil nous apprendrait que cette Thémire si parfaite, si aimable, c'est — la Reine. »

Et voilà aussi comme la plume reprend ses avantages en regard du pinceau, et comment la fine analyse morale, la propriété, la concision et le choix des termes, une certaine distribution et un ordre naturel de pensées, une certaine marche graduelle en si petit espace, réussissent, presque en jouant, à faire un Portrait qui a sa beauté et tout son effet. L'indulgence que Marie Leckzinska eut pour Mme Du Deffand, l'amie de son cher président, et à laquelle il est fait allusion en un endroit avec bien de la délicatesse, a été généreusement récompensée. La satire en personne s'est exécutée de bonne grâce et s'est mise en frais pour louer la vertu.

Lundi 8 août 1864.

MARIE-ANTOINETTE

Correspondance inédite

PUBLIÉE

PAR M. LE COMTE PAUL VOGT D'HUNOLSTEIN (1).

LETTRES DE LOUIS XVI, DE MARIE-ANTOINETTE ET DE MADAME ÉLISABETH

PUBLIÉES PAR M. FEUILLET DE CONCHES (2).

Encore Marie-Antoinette ! toujours Marie-Antoinette ! Les Anciens avaient Andromaque, Hector, Priam, les malheurs d'Hécube : ils y revenaient sans cesse; leurs

(1) Un vol. in-8°, chez Dentu, Palais-Royal.
(2) Le premier volume allait paraître (chez Plon), et j'avais sous les yeux, en écrivant ces premiers articles, les *bonnes feuilles* de ce premier volume, mais non l'Introduction, qui n'était pas encore prête et que je n'ai lue qu'après. Je fais cette remarque, parce qu'à voir un passage de cette Introduction il serait naturel de penser que l'un des deux, de M. Feuillet ou de moi, a dû lire l'autre. Si c'avait été moi, je l'aurais dit.

oreilles n'avaient jamais assez d'attente et de silence, leurs yeux n'avaient jamais assez de regards ni de larmes pour ces tragédies funestes. Nous avons aussi nos infortunes d'Ilion, et, à ce sujet, notre curiosité n'est jamais à bout; mais c'est sous forme moderne qu'elle se marque, c'est surtout à l'occasion de documents historiques retrouvés, de lettres inédites; notre manie s'y mêle. Chaque fois que quelques lettres, ainsi arrachées à une armoire secrète, reparaissent au jour, la sensibilité se remet à vibrer; quelques-uns s'animent, quelques-uns s'enflamment; il semble qu'on découvre tout, que l'on ne sût rien la veille, que tout soit changé, et que l'on marche de péripétie en péripétie. Les générations nouvelles, comme si elles étaient jalouses de leurs aînées, prétendent savoir mieux et à neuf ce qu'elles viennent d'apprendre à l'heure même et qui ne date que de leur moment : c'est toujours et surtout le dernier document qui compte et qui prime tous les autres.

Hélas! non; cette histoire des dernières années de la monarchie est sue depuis longtemps, et bien sue : il suffisait, pour l'embrasser et la saisir dans sa vraie suite et sa teneur, d'avoir l'esprit juste, appliqué, le cœur droit, de savoir choisir et démêler entre les divers témoignages et de ne se laisser entraîner à rien d'extrême, même en fait de pitié. L'excellent Droz, qui avait cette bonne et honnête mesure, a donné là-dessus des volumes judicieux qui renferment le verdict des sages. Mais on veut plus, on veut un détail exact, infini; on s'attache à certaines figures plus qu'à la marche de l'action et à l'ensemble même des choses ; on s'intéresse individuellement à ceux qui seront bientôt des victimes, et dès l'abord on épouse leur destinée. De là des biographies émues, animées d'une partialité posthume qui ne déplaît pas et qui tient à la jeunesse sans cesse renaissante des cœurs. MM. de Goncourt ont donné ainsi leur *Histoire de Marie-Antoinette,* si vive de sources, si semée de pièces neuves, et si attachante d'accent. M. de Lescure, après eux, s'est montré plus vif et plus chevaleresque encore dans sa *Vraie Marie-Antoinette.* Tout un courant s'est créé en ce sens, et le vent y pousse. A vrai dire, je trouve que l'on s'exalte un peu trop ; on se montre délicat et chatouilleux à tous les endroits sur cette reine brillante et infortunée ; on ne veut aucune tache ni aucune ombre à cette figure. Aujourd'hui, grâce à ce qu'on nous donne de lettres et de billets d'elle à sa mère, à ses sœurs, à ses frères, on pourra se mieux fixer du moins sur la nature de ses sentiments, sur le tour de ses idées et de ses goûts dès son arrivée en France. Sa biographie va gagner en précision.

Mais, avant tout, il est quelques points à rappeler et à poser. Très-peu d'esprits ont le loisir et la faculté de tout lire, d'avoir présents au même instant à la pensée les différents termes de comparaison, et de ne se décider qu'après examen et toutes pièces vues, toutes parties entendues. Un billet rapide, une lettre aimable, un généreux sentiment exprimé peuvent donner idée d'une nature, mais ne sauraient établir toute une ligne de conduite ni certifier toute une vie. Il faut bien d'autres éléments et d'autres informations pour se prononcer et conclure. Marie-Antoinette, arrivée jeune en France et après des efforts bien sincères pour faire le bien, pour être approuvée et pour réussir, se trompa un peu de chemin et de moyens : rien ne saurait prévaloir contre cette opinion universelle qui est devenue un fait acquis de l'histoire. Elle fut d'abord légère, très-légère, frivole (c'est, à son égard, le mot inévitable); elle se renferma trop dans les amusements et les familiarités d'une coterie. Lorsqu'elle s'occupa de politique (et elle y fut bientôt forcée par les sollicitations et les exigences de sa coterie même), elle ne le fit qu'à son corps défendant sans doute, mais elle dut s'y prêter; elle s'en occupa d'abord par le petit côté, et seulement pour faire prévaloir ses recommandations personnelles, ses propres préférences ou plutôt celles de ses intimes. A un moment, cette reine fière, sensible, élégante, bonne au fond et d'un cœur bienfaisant, s'aperçut avec douleur, avec indignation, qu'elle était méconnue, calomniée, outragée même du peuple de Paris; qu'elle était impopulaire : Versailles était alors bien loin de Paris, et tout ce qu'on en racontait en mal était accueilli avidement et grossi à l'envi par la crédulité ou par la haine. La Révolution commençait déjà dans les esprits. Le jugement rendu par le Parlement dans l'affaire du collier fut un coup de tonnerre qui acheva de réveiller Marie-Antoinette d'un beau songe. Les événements s'accélérant chaque jour et le péril croissant, la reine fut bientôt obligée d'être sérieuse, de peser des résolutions graves, de se former un avis sur le mode d'agir, d'avoir enfin de la décision et de la volonté pour deux : ici s'ouvre tout une autre vie pour elle, et elle suffit avec noblesse à ce second personnage qui put et dut commettre bien des fautes, mais qui ceignit la couronne d'épines, épuisa tous les calices et porta sa croix jusqu'au martyre.

Telle est depuis longtemps mon idée sommaire de Marie-Antoinette, et rien de ce que je viens de lire dans les volumes nouveaux ne m'en a fait revenir et n'a réfuté en moi un jugement qui n'a rien d'ailleurs d'une accusation ni d'un reproche. N'ayant été nourri dans aucune religion monarchique, n'ayant pas, il est vrai, de religion politique contraire, je me borne à considérer la vie et le caractère de cette noble victime avec une attention respectueuse. Quand d'autres font plus et se précipitent dans la question avec une ardeur digne d'un autre temps, je me range et laisse passer : évitons de heurter tout ce qui est culte. Mais je ne puis, malgré tout, m'empêcher tristement de sourire quand je vois de jeunes écrivains venir aujourd'hui se faire forts de la vertu entière de la femme en Marie-Antoinette et y mettre comme la main au feu avec une confiance intrépide; car tous ces chevaliers, dont Burke a parlé dans un éloquent passage, ces jaloux défenseurs qu'avait à son service la reine de France en ses beaux jours et qui lui ont manqué à l'heure du danger, elle les retrouve aujourd'hui un peu tard et après coup. On veut donc qu'elle n'ait, de sa vie, aimé personne, et l'on met un prix extrême à le prouver. Sur ce point délicat je me borne encore à dire, en écartant

tout ce qui est indigne d'être entendu, que si, vers
l'âge de trente ans, Marie-Antoinette en butte à toutes
sortes d'intrigues et d'inimitiés, entourée d'amis qui la
compromettaient fort et qui n'étaient pas tous désintéressés ni bien sincères, avait cherché et distingué dans
son monde et dans son cercle intime un homme droit,
sûr, dévoué, fidèle, un ami courageux, discret, incapable d'épouser d'autre intérêt que le sien, et si elle
s'était appuyée sur son bras à certain jour, même avec
abandon, il n'y aurait à cela rien de si étonnant ni de
fait pour révolter; et de ce qu'on admettrait, sur la foi
des contemporains d'alors les mieux informés, cette
sorte de tradition qui, à son égard, me paraît, si j'ose
l'avouer, la plus probable, il ne s'ensuivrait pas qu'elle
dût rien perdre dans l'estime de ceux qui connaissent
le cœur humain et la vie, ni qu'elle fût moins digne de
tout l'intérêt des honnêtes gens aux jours de l'épreuve
et du malheur. Je ne crains pas de confier ma pensée
à tous ceux qui ont réfléchi sur les principes de la vraie
morale. Cette thèse ou cette manière d'entendre et de
défendre Marie-Antoinette, outre qu'elle a pour soi la
vraisemblance, est plus sûre en même temps, notez-le
bien, plus inexpugnable aux yeux de l'avenir et en
regard de la démocratie survenante, accessible surtout
aux raisons de sentiment et d'humanité, que la gageure
un peu hasardée de ces valeureux champions, qui, dans
leur préjugé de point d'honneur, semblent prendre
pour devise à propos d'elle : *Tout ou rien,* et qui relè-
vent le gant en chaque rencontre sans rien concéder.
Ils ne pensent qu'à la reine; je pense surtout à la

femme, et c'est ainsi que l'avenir de moins en moins royaliste la verra. — Tout cela dit, j'aborde la lecture de ces billets et confidences de famille dont les possesseurs ou ceux qui en avaient copie ne se sont pas, cette fois, montrés avares, et nous les en remercions. Un des mérites de M. le comte d'Hunolstein sera, indépendamment de ce qu'il nous donne, d'avoir piqué d'honneur M. Feuillet de Conches, toujours si libéral, mais qui, dans son désir d'être complet, attendait trop. Grâce à je ne sais quelle conjonction d'étoiles, tous les portefeuilles s'ouvrent d'eux-mêmes et toutes les lettres pleuvent à la fois.

I.

Née en novembre 1755, Marie-Antoinette était dans sa quinzième année lorsqu'elle fut mariée au dauphin de France (Louis XVI). Élevée auprès de sa mère, l'illustre Marie-Thérèse, « dans la simplicité des princes d'Autriche et suivant l'habitude viennoise de vivre au sein d'une société restreinte et familière, » elle dut s'effrayer à l'idée de passer tout à coup dans ce Versailles solennel dont on parlait tant. On peut suivre maintenant, de point en point, tout le détail de ses premières impressions, de ses premiers pas (avril-mai 1770). En quittant la terre natale et au moment de franchir la frontière de l'empire, probablement à Augsbourg, la jeune princesse écrit à son auguste mère une lettre remplie des meilleurs et des plus naturels sentiments :

« Madame ma chère mère,

« Je ne quitte pas sans une vive émotion et un serrement de cœur la dernière ville frontière de votre empire; avant de traverser les derniers États qui me séparent de ma nouvelle patrie, je demande à couvrir vos mains de mes baisers et vous remercier comme je le sens pour toutes les bontés maternelles dont vous m'avez entourée. L'image de ma bonne mère, de toute ma famille, de mes bonheurs d'enfance, me sera toujours présente en même temps que vos conseils seront toujours devant mes yeux; — j'arriverai sans expérience dans un pays nouveau qui m'a adoptée sur votre nom, je tremble à l'idée que je ne répondrai pas à l'attente; le peu que je pourrai valoir, c'est à vous que je le devrai; mais maintenant je sens que je n'ai pas assez profité de vos leçons si tendres : que vos bontés me suivent, je vous en conjure! je les mérite par le respect profond et l'amour sans bornes que je vous porte.

« Adieu, mes frères et sœurs, pensez à la jeune Française et aimez-la; — j'offre tous mes baise-mains et respects fidèles à ma bonne maman. »

Tout cela n'est pas extraordinaire, dira-t-on, de la part d'une jeune fille qui quitte pour la première fois sa mère; mais c'est précisément parce que c'est ordinaire et naturel que c'est bien. Le haut rang n'a rien gâté en elle des sentiments de famille.

Avec sa sœur Marie-Christine elle entre dans plus de détails; elle parle plus à cœur ouvert et ose avouer ses craintes qu'avec un peu de superstition il ne tiendrait qu'à nous de prendre pour des pressentiments :

« Ma chère Christine, la seule à qui j'ose parler à cœur ouvert, je suis arrivée à Augsbourg aussi navrée que la dernière fois que je vous ai écrit. Adieu, bonne sœur, adieu! je suis trempée de larmes, je ne les ai essuyées que pour écrire à notre bonne mère en quittant les frontières de l'empire; pourquoi l'affliger? Que dirait-elle si elle me savait plutôt disposée à rebrousser chemin qu'à courir à l'exil? Oui, l'exil; destinée cruelle que celle des filles du trône, qui ne peuvent guère se marier qu'aux extrémités de la terre! Elle avait bien raison, notre sœur de Naples, quand elle disait qu'on la jetait à la mer. J'étais entourée de soins, de tendresses d'une famille que j'adorais, et je vais à l'inconnu!...(1). »

C'est à elle de parler, de raconter tout ce voyage avec les impressions qu'elle y mêle et avec cette vivacité, ce mouvement de jeune fille qui était alors une des grâces et l'un des enchantements de sa personne :

« Les grandes scènes ont commencé au Rhin; on m'a conduite dans une île où j'aurais été bien heureuse d'être un

(1) Il y a, dans ces lettres données par M. le comte d'Hunolstein, quelques-uns de ces mots tellement à point et significatifs qu'on les croirait mis exprès en vue des événements futurs. Je ne doute pas de l'authenticité garantie par le nom même de l'honorable éditeur; je ferai cependant remarquer que, dans les cas où l'on peut conférer les lettres données par M. d'Hunolstein et les mêmes lettres publiées par M. Feuillet de Conches, il se rencontre quelques légères différences de mots; et dans cette comparaison, c'est la copie de M. Feuillet de Conches qui paraît la plus littérale et la plus exacte. Il ne devrait y avoir qu'une seule manière de transcrire. — Cette note qui accompagnait mon premier article du *Constitutionnel* est l'indice d'une bien délicate question que je m'adressais tout bas le plus timidement du monde, et que je faisais taire aussitôt; mais depuis lors l'authenticité de toutes ces premières lettres a été contestée et combattue par des raisons de diverses sortes, qui semblent décisives. (Voir la note finale que j'ai mise à la suite de ces articles.)

peu seule comme Robinson pour me recueillir, mais on ne m'en a pas laissé la liberté; on m'a comme emportée dans une maisonnette dont un côté était censé l'Allemagne, l'autre la France; à peine m'a-t-on laissé le temps de faire une prière et de penser à notre bonne chère maman et à vous tous, mes bien-aimés du petit cabinet; les femmes se sont emparées de moi, — m'ont changée des pieds à la tête. — Après cela, sans me laisser respirer, on a passé dans une grande salle, on a ouvert le côté de France, et l'on a lu des papiers : c'était le moment où mes pauvres dames devaient se retirer; elles m'ont baisé les mains et ont disparu en pleurant. Dieu! que j'avais envie de les embrasser!

« Alors on m'a présenté ma maison française, et j'ai quitté mon île pour entrer dans Strasbourg : — du canon, des cloches, plus de bruit que n'en mérite votre petite sœur! J'ai logé à la cathédrale, et les présentations, avec des compliments à perte de vue, ont commencé. Je m'en suis tirée en Dauphine un peu novice, mais cela n'a pas mal fait... »

J'aime à observer ce premier développement d'une nature pure, honnête et droite; c'est, quoi qu'il arrive, un premier fonds inestimable. Plus on regardera dans la vie de Marie-Antoinette (et on pourra y voir des imprudences), moins on y verra de replis et encore moins de noirceurs.

A Strasbourg elle écrit à sa mère, et avec elle, elle est plus optimiste, elle voit plus en beau, elle lui dit tout ce qui peut la rassurer et montrer le côté serein des choses (8 mai 1770) :

« Quel bon peuple que les Français! je suis reçue à Strasbourg comme si j'étais une enfant aimée, qui revient chez elle. Le Chapitre m'a dit des choses qui m'auraient fait pleurer. Seulement, on me fait trop de compliments : cela m'effraye, parce que je ne sais comment je pourrai les mériter. J'avais déjà bien du penchant pour les Français, et sans tous ces compliments qui montrent qu'ils attendent trop de moi, je sens que je serais à mon aise avec eux. »

De Strasbourg on va à Nancy. Dans cette capitale de la Lorraine, Marie-Antoinette ne manque pas d'aller visiter les sépultures de sa famille, et elle se rappelle à ce sujet un vers d'*Esther* qu'elle récitait avec ses sœurs :

J'irai pleurer au tombeau de mes pères.

Un autre jour, à propos d'une curée aux flambeaux, spectacle que (par parenthèse) elle n'aime pas du tout, les *chiens acharnés* lui rappelleront ce morceau de Jézabel qu'une de ses sœurs déclamait à ravir. On voit que son éducation à Vienne avait été classique en poésie et qu'on avait choisi les modèles, *Esther, Athalie*. Aussi l'un de ses premiers désirs à la Cour sera de visiter la maison de Saint-Cyr. La montre de la jeune Dauphine retardait sur Versailles d'au moins cinquante ans.

A quelques lieues de Compiègne, à un endroit qu'on appelle le Pont-de-Berne, elle trouve le roi et le dauphin venus à sa rencontre. M. de Choiseul, encore ministre, et qui avait fort contribué au mariage, les précédait de peu :

« A quelques lieues de Compiègne, le duc de Choiseul avait été envoyé au-devant de moi. J'ai vu avec bonheur un homme si estimé de ma chère maman, et je l'ai traité en ami de la famille. Dans la forêt, deux pages à cheval sont accourus vers M. de Choiseul, et peu après j'ai vu arriver un grand cortége : c'était le roi qui avait la bonté de venir me surprendre. Aussitôt que je l'ai aperçu, je me suis jetée toute confuse à ses pieds ; il m'a reçue dans ses bras en m'embrassant à plusieurs reprises et m'appelant sa chère fille avec une bonté dont ma chère maman aurait été touchée. Après cela il m'a présentée à M. le Dauphin, qui m'a saluée à la joue. Le roi m'a parlé aussi de ma chère maman, disant : « Vous étiez déjà de la famille, car votre mère a l'âme de Louis le Grand. »

Quelle belle parole dans la bouche d'un petit-fils de Louis XIV, et quel dommage, quand on sent et qu'on dit si juste, qu'on agisse si peu dignement et si à côté !

Louis XV aimait beaucoup cette jeune belle-fille qui lui arrivait avec toute sa naïveté et sa fraîcheur, et il fut constamment bien pour elle, quoiqu'il la traitât toujours un peu en enfant. Il lui dit tout d'abord qu'elle était mieux que son portrait, ce qui devait être vrai. Elle avait, en effet, l'éclat plus que la beauté, et cette harmonie qui fait que, chacun des traits pris séparément n'ayant rien de très-remarquable, l'ensemble est du plus vif agrément. Elle avait au front cette jeune fierté qui sera de la dignité bientôt, mais qui devait offrir tant de grâce au sortir de l'enfance.

Après avoir couché à Compiègne on partit le lendemain pour la Muette. Quand on fut à Saint-Denis, le duc de Choiseul souffla tout bas à l'oreille de la Dauphine un petit conseil fort à propos : c'était de demander à voir la fille du roi, une nouvelle tante à elle, Madame Louise, qui y était retirée dans son couvent de

Carmélites et tout près de prendre le voile. Le roi embrassa la Dauphine pour avoir eu cette idée-là. Voilà à quoi sert un Mentor homme d'esprit qui parle à demi-mot à qui sait entendre. C'est ce qui fait dire ensuite à chacun : « Cette Dauphine est charmante, elle pense à tout ! » Ce tact et ce bon conseil de M. de Choiseul firent trop vite défaut à Marie-Antoinette.

On la voit qui continue d'obéir à son bon naturel. Aussitôt mariée et à la minute, elle remplit une promesse touchante ; elle trouve moyen de s'échapper un instant en plein cérémonial, en pleine représentation à Versailles, pour écrire un mot à sa mère (16 mai 1770) :

« Madame ma très-chère mère,

« Je me suis échappée du grand cercle, dans ma grande toilette de mariée, pour m'acquitter de la promesse formelle que j'avais faite à ma chère maman de lui écrire ce mot, tout de suite après que la messe de mariage aurait été célébrée. Je suis Dauphine de France. Déjà, à genoux, en présence de Celui qui dispose de tout, j'ai beaucoup pensé aux bons conseils et aux bons exemples de ma chère maman. Je lui baise les mains avec respect, en la priant de me continuer ses bontés. »

On ne saurait avoir meilleur cœur ni meilleur naturel. Les tristes présages se déclarent pourtant ; la journée du mariage ne se termine pas à Versailles sans un orage affreux qui fait fuir tout le monde des jardins et qui noie les illuminations du soir. A Paris, on est plus malheureux encore, et pour les fêtes du 30 mai ce sont d'horribles accidents qu'on a à enregistrer. Le cœur bienfaisant des jeunes époux en est tout contristé jusqu'à rester quelque temps inconsolable.

Ce fut un autre malheur et très-réel pour la jeune Dauphine que le renvoi et l'exil de M. de Choiseul : c'était pour elle un ami et le meilleur des guides. Il arriva à Marie-Antoinette, peu après son arrivée à Versailles, le même contre-temps qu'à Marie Leckzinska : le ministre qui avait contribué à l'appeler au trône ne resta pas auprès d'elle pour diriger ses premiers pas et pour éclairer ses premières démarches. Marie-Antoinnette y perdit plus que Marie Leckzinska assurément ; car, sans compter que les circonstances étaient plus avancées et les temps plus mûrs, elle était plus femme à profiter des avis, et elle avait plus en elle l'étoffe d'une reine active. Sans pouvoir en comprendre d'abord toute l'étendue, elle sentit assez l'importance de cette perte (27 décembre 1770) :

« Le roi a remercié le duc de Choiseul, et le duc s'est retiré dans la Touraine à sa terre. Même compliment a été fait au duc de Choiseul-Praslin. J'ai été bien émue de cet événement, car M. de Choiseul a toujours été un ami de notre famille et m'a toujours à l'occasion donné de bons avis. On a beau être Dauphine de France, on n'en est pas moins, quoi qu'on fasse, une étrangère. Je ne sais si je me trompe, mais autour de moi on a l'air de s'en souvenir ; et si le bon duc s'en souvenait, c'était pour m'indiquer en quelques petits mots, souvent indirects, mais pas équivoques, les moyens de le faire oublier. Je lui suis redevable, et je ne suis pas ingrate. Il est si difficile de contenter tout le monde ! »

Marie-Antoinette a-t-elle été aussi Française qu'elle

aurait pu l'être? On le lui a fort contesté, et on voit que de très-bonne heure, même autour d'elle, on la faisait ressouvenir qu'elle était étrangère. Que sera-ce plus tard quand les haines politiques s'en mêleront et que l'on criera sans cesse à l'Autrichienne? Dans ses premières lettres elle insiste beaucoup sur ce qu'elle est Française, sur ce qu'elle l'est devenue « jusqu'au bout des ongles. » Elle ne demandait pas mieux que de l'être; sa bonne envie est évidente : « Il faut avoir, disait-elle, les vertus de son état. » Mais à la contradiction, à l'incrédulité qu'elle rencontra sans cesse sur ce point irritant, il ne faudrait pas s'étonner si elle se redressait quelquefois et si elle redevenait en définitive la pure fille de Marie-Thérèse.

II.

Elle donne des différents princes et des princesses de la famille Royale, de ses nouveaux parents, d'assez agréables esquisses et qui ressemblent encore. Ces premières impressions d'une âme jeune sont restées justes. La glace a bien réfléchi les traits.

Le roi, avons-nous dit, est très-bien pour elle; quoiqu'il parle très-peu en général, il l'encourage cependant et lui adresse quelquefois la parole plus que d'habitude : il lui arrive même alors de dire des mots « aussi agréables qu'elle en ait jamais entendu. » Mais, malgré tout, on ne voit le roi que très-peu, « au moment où il sort, — un éclair. » Il vit dans son particulier et tout à ce que nous savons.

Les trois tantes, filles du roi, Mesdames Adélaïde, Victoire et Sophie (il n'est plus question de Madame Louise la carmélite) sont assez difficiles à définir dans leur insignifiance, tantôt démonstratives à l'égard de la Dauphine, tantôt froides et piquantes, surtout la moins jeune (Madame Adélaïde) :

« Ma tante Adélaïde m'intimide un peu ; heureusement que je suis favorite de ma tante Victoire, qui est plus simple ; — pour la tante Sophie, elle n'a pas changé ; c'est au fond, j'en suis sûre, une âme d'élite, mais elle a toujours l'air de tomber des nues : elle restera quelquefois des mois sans ouvrir la bouche, et je ne l'ai pas encore pu voir en face... »

Cette tante Sophie, qu'on ne pouvait voir en face et qui était si habile à se dérober, est bien celle dont Mme Campan a dit que « pour reconnaître, sans les regarder, les gens qui étaient sur son passage, elle avait pris l'habitude de voir de côté *à la manière des lièvres.* »

La tante Adélaïde avait de la prétention à l'esprit, aux grands moyens, à l'influence ; elle occupait, avant l'arrivée de la Dauphine, la première position comme princesse ; elle ne pardonnait point à celle-ci de l'avoir détrônée ou reculée. La tante Victoire avait pour la Dauphine des soubresauts de bonté maternelle qui ne tenaient pas, et on aurait dit par moments qu'elle avait fini par être entraînée par les deux autres. Oh ! que ce monde maussade, que cette vie guindée ressemblait peu à l'intimité de la famille impériale à Vienne et contrastait avec l'enjouement qui animait cette couvée de frères et de sœurs! « Ah! ma chère sœur, écrivait Marie-Antoinette à Marie-Christine, que nous étions plus heureuses auprès de notre bonne mère! qu'elle était bonne et grande! Je me vois toujours auprès d'elle ou sur ses genoux dans le grand salon de la Burg où Joseph nous pinçait. » Marie-Antoinette eut beau faire, elle regardait toujours du côté de Vienne et regrettait cet âge d'or du passé.

Parmi les sœurs et belles-sœurs de France, il n'y avait pas infiniment de ressources. L'aînée des sœurs du Dauphin, Clotilde, était la douceur même ; elle se mariera en Savoie. Élisabeth, alors tout enfant, n'annonçait pas encore cette angélique personne qui mourra comme une sainte sur l'échafaud ; elle se montrait dès l'âge de six ans comme une petite sauvage, avec « un air déterminé et doux en même temps, » mais au fond, avec je ne sais quoi « d'entier et de rebelle » qui ne se laissait pas aisément apprivoiser. Elle offre des aspérités, des disparates bizarres de caractère, et elle passerait volontiers d'un excès à l'autre, tantôt fière et hautaine, tantôt sensible et charmante. On a pu la comparer au duc de Bourgogne, sauf les grossièretés, bien entendu, et pour les inégalités seulement. Une fort belle lettre de Marie-Antoinette, déjà reine, nous la montre vers l'âge de quatorze ans se jetant dans la piété avec ardeur et demandant à entrer en religion. Il fallut tourner la difficulté et rompre le courant en lui donnant avant l'âge un état princier et une maison. Marie-Antoinette, par ses soins autour de cette jeune âme, supplée autant qu'elle le peut la tendresse d'une mère. On suit avec intérêt ces degrés et comme ces nœuds de formation chez une personne qui est arrivée à la perfection morale ; il y eut des crises à traverser. Madame Élisabeth demanderait, à elle seule, toute une étude ; on en a maintenant les éléments.

Le Dauphin (Louis XVI), qui n'avait guère que seize ans à l'arrivée de la Dauphine, n'est d'abord montré qu'à peine, « très-timide, très-peu démonstratif. » La Dauphine est trop voisine de lui pour se permettre de le dépeindre et pour indiquer combien peu il était aimable ; mais le comte de Provence (le futur Louis XVIII), avec son grain de pédantisme, le comte d'Artois, dans sa fleur et sa pointe d'espièglerie, sont esquissés à merveille :

« M. de Provence, tout jeune qu'il est, est un homme qui se livre très-peu et se tient dans sa cravate. Je n'ose pas parler devant lui depuis que je l'ai entendu à un cercle reprendre déjà pour une petite faute de langue la pauvre Clotilde qui ne savait où se cacher. Le comte d'Artois est léger comme un page et s'inquiète moins de la grammaire ni de quoi que ce soit. »

Puis vient l'article délicat par excellence, Mme Du Barry, puisqu'il faut la nommer. De quelle façon la Dauphine dut-elle se conduire à son égard, et sur quel pied dès le premier jour ? C'est dans une lettre à Marie-Thérèse qu'elle en rend compte :

« Reste Mme Du B. dont je ne vous ai jamais parlé. Je me suis tenue devant *la faiblesse*, avec toute la réserve que vous m'aviez recommandée. On m'a fait souper avec elle, et elle a pris avec moi un ton demi-respectueux et embarrassé et demi-protection. Je ne me départirai pas de vos conseils, dont je n'ai pas même parlé à M. le Dauphin, qui ne peut la souffrir, mais n'en marque rien par respect pour le roi. Elle a une cour assidue ; les ambassadeurs y vont, et toute personne étrangère de distinction demande à être présentée. J'ai, sans faire semblant d'écouter, entendu dire sur cette Cour des choses curieuses : on fait foule comme chez une princesse ; elle fait cercle, on se précipite, et elle dit un petit mot à chacun. Elle règne. Il pleut dans le moment où je vous écris ; c'est probablement qu'elle l'aura permis. Au fond, ce n'est point une méchante femme, c'est plutôt une bonne personne, et l'on m'a dit qu'elle fait beaucoup de bien à de pauvres gens. »

Et trois ans après, lors du renvoi de Mme Du Barry, et quand Louis XVI, à son avénement, juge à propos de la faire renfermer quelque temps dans une abbaye pour la mettre hors d'état de commettre quelque indiscrétion, le même mot revient sous la plume de Marie-Antoinette, et avec la nuance précise : « Il paraît que si c'était une vilaine femme, ce n'était pas au fond une femme méchante. »

Mais le plus beau mot de Marie-Antoinette au sujet de cette favorite, et qui ne se lit pas dans une lettre, est celui qui courut dans le temps même et qui se trouve partout cité. Une mère, pour obtenir la grace de son fils compromis par un duel, s'était jetée aux pieds de Mme Du Barry et avait été repoussée ; alors elle recourut en second à la Dauphine ; et comme on essayait de lui faire un tort de sa première démarche : « Mais si j'étais mère, s'écria Marie-Antoinette, pour sauver mon fils, je me jetterais aux genoux de *Zamore*. » C'était le petit nègre de Mme Du Barry. Ici le cœur s'en mêle ; il y a image ; l'expression s'est colorée au souffle de l'âme.

Dès l'abord et le premier étourdissement passé, la Dauphine dut chercher à se dérober à l'étiquette si ennuyante ; Mme de Noailles n'était pas une personne à l'alléger. Marie-Antoinette regarde autour d'elle, elle cherche des auxiliaires de son âge ; elle compte un peu sur ses jeunes belles-sœurs, quand elles lui viennent, Madame de Provence, la comtesse d'Artois, pour se faire un petit noyau de société à part. Elle les dépeint toutes deux à leur arrivée de Piémont sous des traits non flattés, non enlaidis, et qui doivent être vrais. Et pour commencer, Madame de Provence :

« La terrible épreuve de la première vue ne paraît pas lui avoir été défavorable du côté de M. de Provence : c'est l'essentiel ; il n'en est pas de même du côté de M. le Dauphin qui ne la trouve point bien du tout, et lui reproche d'avoir des moustaches : elle a de bien beaux yeux, mais avec des sourcils très-épais et un front bas chargé d'une forêt de cheveux qui lui donnent un air dur dont elle n'a pas le caractère ; elle est au contraire douce et timide ; décidément M. de Provence en a l'air très-épris. »

Des curieux qui ont lu certaines lettres de Madame de Provence m'assurent qu'il y avait, à plus d'un égard, en cette princesse de quoi justifier ce premier signalement qui ne mentait pas autant que le croyait la Dauphine. La comtesse d'Artois, qui fait contraste, est assez joliment croquée :

« Ma nouvelle belle-sœur est toute petite de taille, avenante de figure et fraîche comme une rose, avec un nez qui n'en finit pas ; mais tout cela compose un ensemble agréable, souriant, qui plaît. Je ne sais si je me trompe, mais il me semble que je m'entendrai bien avec elle comme je m'entends avec Provence. »

La Dauphine essaye donc de se faire une petite société gaie et jeune dans ce vaste ennui de Versailles ; elle se montre presque bourgeoise, ou du moins très-naturelle dans les premières combinaisons qu'elle met en œuvre :

« J'ai imaginé avec les femmes de mes deux beaux-frères de faire table commune, quand nous ne mangeons pas en public ; j'en ai fait la proposition à M. le Dauphin qui a trouvé la chose à son gré, et ainsi nous sommes toujours six à table au dîner et au souper. L'appartement du comte de Provence étant plus commode, on s'y réunit d'ordinaire. J'ai voulu avoir aussi ma part pour le souper, et Madame d'Artois nous a beaucoup amusés en demandant aussi d'avoir le tour des honneurs. Cela répand entre nous une confiance et une gaieté dont tout le monde se ressent. Le comte d'Artois hasarde pendant les repas des folies que le comte de Provence appelle des entremets ; quand nous avons quitté la table, il y a des jours qu'il redouble de gaieté et fait éclater d'un si gros rire M. le Dauphin qu'il nous en fait tous éclater en larmes. M. de Provence dit que mon mari a le rire homérique... »

Louis XVI était un peu disproportionné, en effet, pour ces petites intimités ; il avait la nature trop forte, trop en plein air : il avait l'écorce rude et rien de poli. On va bientôt plus loin que les repas en commun ; on imagine, on complote de jouer la comédie entre soi. C'est pendant l'hiver qui précède la mort de Louis XV (février 1774); mais on s'arrête bientôt de peur de surprise :

« Il nous était venu aussi une idée folle bien amusante, qu'il avait été convenu de tenir très-secrète de peur que le roi n'y mît opposition, tout innocent que c'était : c'était de jouer, rien qu'entre nous, des comédies toutes portes closes. Ceci convenu, il nous fallait un auditoire. M. le Dauphin qui était enrhumé, ou plutôt qui ne voulait pas être du nombre des acteurs, s'est proposé, et on a décidé à l'unanimité que le rôle d'auditeur serait pour les enrhumés. Non, il est impossible de s'amuser davantage et de reprendre plus drôlement son sérieux que notre auditoire qui tenait sur une chaise. Les trois quarts du plaisir pour nous étaient dans le travestissement; la comtesse de Provence avait des inventions uniques; son mari, qui savait toujours ses rôles par cœur, savait aussi ceux des autres, et nous servait de souffleur quand nous bronchions. Tout à coup nous avons eu des raisons de craindre d'être découverts, et nous avons cru prudent de renoncer à nos plaisirs de pensionnaires. Je crois que nous aurons demain notre dernière représentation. C'est bien dommage, dit M. le Dauphin, car mon frère d'Artois aurait fini par devenir capable de bien gagner sa vie dans les amoureux à la Comédie-Française et à la Foire. Gardez tout cela pour vous; on pourrait nous prendre pour des fous quand nous sommes des sages. »

Tout cela est bien dit, bien conté et à la légère. Si l'on s'en rapportait à Mme Campan, toutes les lettres que Marie-Antoinette écrivait à sa famille auraient été revues, avant d'être envoyées, par l'abbé de Vermond, son bibliothécaire et son ancien maître, resté son confident. L'abbé de Vermond, s'il revit en effet les endroits qu'on vient de lire, put y mettre quelques points et virgules et peut-être l'orthographe ; mais il n'y donna pas le mouvement et ce je ne sais quoi de léger qui tient à la personne. On y sent surtout la grâce de la jeunesse, le rire facile, la joie dont on est rempli et qui se répand. N'allons pas en faire un trop grand sujet d'éloges pour celle qui s'échappe devant nous à ces aimables gaietés; c'est encore plus de son âge que de son esprit. Un des peintres les plus favorables à Marie-Antoinette, Senac de Meilhan, a dit d'elle que son esprit n'avait rien de brillant et qu'elle n'annonçait à cet égard aucune prétention : « Mais il y avait en elle, observe-t-il, quelque chose qui tenait à l'inspiration et qui lui faisait trouver au moment ce qu'il y avait de plus convenable aux circonstances ainsi que les expressions les plus justes : c'était plutôt de l'âme que de l'esprit que partaient alors ses discours et ses réponses. » Ici, elle n'en est pas encore à la représentation ; elle n'est que Dauphine et n'a pas à faire de ces réponses qu'on remarque. On a vu pourtant son mot de tout à l'heure sur *Zamore ;* ce n'était qu'un éclair à la rencontre (1). Mais dans l'habitude de la vie et de la con-

(1) C'est ici le passage où je me suis rencontré tout à fait avec M. Feuillet de Conches, non-seulement pour la citation de Senac de Meilhan, limitée aux mêmes termes, mais aussi pour le rapprochement de cette citation avec le mot sur *Zamore* (voir son Introduction, page xxviii). Je ne le remarque, encore une fois, que parce que M. Feuillet, me remerciant une quinzaine de jours seulement après que ce premier article eut paru, supposait, dans sa lettre, que dans l'intervalle j'avais dû recevoir son Introduction ou Avertissement, ce qui n'était pas ; il m'écrivait : « Après huit jours de repos à Trouville, j'arrive et je trouve votre article dont je vous remercie, bien que vous ne me trouviez pas nouveau : mais je suis

versation, on saisit avec plaisir chez elle ce jet facile et courant, une parole vive, aisée, des plus naturelles, et même spirituelle. Y voir plus serait trop et pourrait véritablement étonner les contemporains s'ils revenaient au monde ; mais on n'y saurait voir moins sans injustice. — Le terrible moment, le moment de régner arrive; quoique bien prévu, il la surprit, il l'étonna et la remplit presque d'épouvante. Nous l'y suivrons.

abondant pour confirmer vos idées... Je présume que ma plomberie (l'imprimeur Plon) vous aura envoyé de ses œuvres et que vous avez eu, *la semaine dernière,* mon Avertissement que je n'ai voulu appeler ni Préface, ni Introduction encore moins : tout cela est bien solennel, etc. » Or, à l'heure où je recevais cette lettre, je n'avais pas encore cet Avertissement et j'en étais à mon troisième article. Il résulte de ces menues circonstances (je demande pardon de les relever), que M. Feuillet tenait à ne pas avoir lu, — à ne pas paraître avoir lu, — ce premier article avant d'avoir publié lui-même son Introduction : or, dans cette Introduction, il me semble, au contraire, qu'il y a trace et indice très-probable qu'il m'a lu, comme il était naturel d'ailleurs qu'il le fît tout en terminant son travail et en corrigeant ses épreuves. « Pourquoi ces finesses? me dis-je alors en moi-même, pourquoi ces semblants inutiles, et tout cet appareil pour des riens? A quelle habileté diplomatique ai-je donc affaire? » Et j'en inférai tout bas que, s'il y avait plus tard à demander des explications bien catégoriques sur quelque point obscur et délicat de la publication, on ne les aurait peut-être pas sans difficulté. Un doute, un germe de méfiance, je l'avoue, se glissa dans mon esprit; ce germe mit du temps à se développer, et il fallut que la discussion publique extérieure y aidât.

Lundi 15 août 1864.

MARIE-ANTOINETTE

Correspondance inédite

PUBLIÉE

PAR M. LE COMTE PAUL VOGT D'HUNOLSTEIN.

LETTRES DE LOUIS XVI, DE MARIE-ANTOINETTE
ET DE MADAME ÉLISABETH

PUBLIÉES PAR M. FEUILLET DE CONCHES.

(SUITE.)

I.

Il est impossible, au moment où la mort de Louis XV les porta un peu prématurément au trône, d'avoir une plus grande envie de faire le bien, un plus haut sentiment de la responsabilité que ne l'avaient Marie-Antoinette et Louis XVI. « Nous avions beau nous attendre, écrivait-elle à sa mère, à l'événement devenu inévitable depuis deux jours, le premier moment a été atterrant, et nous n'avions pas plus l'un que l'autre de parole. Quelque chose me serrait à la gorge comme un étau. » Leur premier mouvement est de se jeter à genoux et d'invoquer les lumières du Ciel. Puis elle écrit le jour même à sa mère (10 mai 1774) et se montre à elle dans la vérité de son trouble et de sa sollicitude : « Mon Dieu, qu'allons-nous devenir? M. le Dauphin et moi, nous sommes épouvantés de régner si jeunes. O ma bonne mère! ne ménagez pas vos conseils à vos malheureux enfants. » Jamais deux souverains jeunes, honnêtes et bons, ne furent animés d'un plus ardent désir de suffire à leurs immenses devoirs, et il fallait qu'il y eût dans la force inhérente des choses et dans les difficultés accumulées dont ils héritaient une bien grande résistance pour qu'avec cette bonne volonté si sincère, un esprit juste, chacun, et des idées qui n'étaient pas tant en désaccord avec celles de l'époque, ils n'y aient pas réussi.

Peut-être tout n'échoua-t-il que parce qu'il manqua à Louis XVI, à ce souverain de vieille race, une seule petite chose, ce qui fait le souverain même, la fermeté. Il était trop bon, de cette bonté naïve, expansive, qui se confie en celle des autres, qui va au-devant, qui abonde dans l'idée de l'amour des peuples comme en des amours de nourrice; qui ne compte pas assez sur les sentiments très-mélangés, très-équivoques, dont est formée en soi et par lesquels se présente surtout à un prince la nature humaine. Serait-il vrai que les peuples ne savent gré à un souverain de sa bonté que quand il a commencé par leur prouver sa force et par montrer à tous qu'il pouvait se faire craindre? Entre les divers sentiments publics, c'est le mépris avant tout, et à tout prix, qu'il faut éviter et dont celui qui gouverne ne doit jamais laisser approcher de lui l'ombre même et le soupçon. Or, les hommes sont ainsi faits qu'ils se sentent portés à mépriser jusqu'à la bonté en personne chez un supérieur, s'il est faible.

Oserai-je éclairer ici ma pensée par un exemple? Au moment le plus beau et le moins endommagé encore de son règne, Louis XVI, pénétré de la lecture des Voyages de Cook et jaloux pour la France de cette gloire des conquêtes géographiques, voulut donner lui-même à Laperouse, en le chargeant d'une expédition lointaine, des instructions en quelque sorte morales, et, dans sa sollicitude de philanthrope, il les rédigeait ainsi :

« Si des circonstances impérieuses, qu'il est de la prudence de prévoir, obligeaient jamais le sieur de La Peyrouse à faire usage de la supériorité de ses armes sur celles des peuples sauvages, pour se procurer, malgré leur opposition, les objets nécessaires à la vie, telles que des subsistances, du bois, de l'eau, il n'userait de la force qu'avec la plus grande modération et punirait avec une extrême rigueur ceux de ses gens qui auraient outre-passé ses ordres. Dans tous les autres cas, s'il ne peut obtenir l'amitié des sauvages par les bons traitements, il cherchera à les contenir par la crainte et les menaces, mais il ne recourra aux armes qu'à la dernière extrémité, seulement pour sa défense et dans les occasions où tout ménagement compromettrait décidément la sûreté des bâtiments et la vie des Français dont la conservation lui est confiée. Sa Majesté regarderait comme un des succès les plus heureux de l'expédition qu'elle pût être terminée sans qu'il en eût coûté la vie à un seul homme. »

C'est touchant, c'est honorable dans son principe ; mais, faut-il le dire? cet excès de précaution contre soi-même poussé à ce degré est puéril. Se flatter d'exécuter de si grandes choses sans un seul accident et sans coup férir, décèle aussi par trop d'innocence ; c'est méconnaître la part de péril nécessaire que contient toute entreprise humaine et ce qu'il faut y hasarder. La civilisation est et sera longtemps encore une œuvre coûteuse en sacrifices de tout genre. Sans tomber dans le machiavélisme, on peut assurer que si les sauvages, qui sont fins en tout pays, s'aperçoivent d'abord et viennent à soupçonner qu'on ne fera usage de ses armes qu'à la dernière extrémité, ils en abuseront. Et ces sauvages-là se retrouvent partout : ils n'étaient pas alors dans la Polynésie seulement ; Louis XVI les eut plus d'une fois autour de son palais. Dès qu'on fut bien assuré de sa faiblesse et de sa répugnance à se défendre, on s'enhardit à l'insulte, on osa tout, et la vie des hommes, si précieuse et si chère à Louis XVI, n'en fut pas plus épargnée pour cela. Il est des faiblesses plus meurtrières dans leurs conséquences que ne le serait une première et mâle énergie (1).

(1) Louis XVI, au mois de juin 1789 et dès les premières divisions qui signalèrent l'ouverture des États-Généraux, dit au duc de Luxembourg qui lui proposait, à tort ou à raison, l'appui résolu de sa fidèle noblesse : « Je suis déterminé à tous les sacrifices ;

Mais la catastrophe involontairement m'attire ; quand on parle de Louis XVI, on a toujours, quoi qu'on fasse, le cinquième acte devant les yeux, et j'anticipe trop. — La reine, en ces commencements du règne, prise à partie par son frère Joseph qui ne demandait qu'à la conseiller, et questionnée par lui sur les qualités et défauts de son époux, lui répondait (27 juin 1774) :

« Vous voulez, pour m'en dire davantage, que j'entre dans des détails particuliers et confidentiels, et à cœur ouvert, sur le caractère du roi : c'est quelque chose de bien délicat à écrire. Je ne sais pas s'il est possible d'être meilleur que lui et d'avoir en tout une conscience plus sévère ; il n'a pas d'autre pensée, j'en suis sûre, que de faire du bien ; mais par quels moyens ? Je ne sais ce qui lui roule dans l'esprit, il ne s'en ouvre pas tout à fait, et il est très-agité. Je ne peux pas dire qu'il me traite en dessous et en enfant, et qu'il ait de la défiance pour moi : au contraire ; il lui échappait l'autre jour un long discours devant moi et comme s'il parlait à lui-même sur les améliorations à introduire dans les finances et dans la justice ; il disait que je devais l'aider, que je devais être la bienfaisance du trône et le faire aimer, qu'il voulait être aimé ; mais il n'a pas énuméré ses moyens d'action, soit qu'il ne les ait pas encore combinés, soit qu'il les garde pour ses ministres ; il leur écrit beaucoup ; c'est au vrai un homme qui est tout en lui, qui a l'air d'être fort inquiet de la tâche qui lui est tombée tout à coup sur la tête, qui veut gouverner en père. Comme je ne veux pas le blesser, je ne le questionne pas trop. Il fait tout aussi bien de ne pas me consulter ; je suis plus embarrassée que lui, et je suis déterminée à suivre

je ne veux pas qu'il périsse un seul homme pour ma querelle. » Toujours le même esprit d'abdication. Il redira le même mot dans la nuit du 10 août. Que n'abdiquait-il dès le premier jour ! Pauvre roi qui n'était bon qu'à être martyr !

le conseil de notre bonne maman, c'est-à-dire d'aller tout droit devant mon chemin et de profiter de toutes les occasions de faire bien. »

Ce que la reine disait là de son inaptitude aux affaires et de son peu de goût d'y entrer était très-véritable. Dix années, et plus de dix années, se passèrent en effet sans qu'elle se mêlât directement et essentiellement de politique ; elle contribua à faire M. de Castries ministre de la marine (1780), et, peu après, elle fit remplacer M. de Montbarey à la Guerre par M. de Ségur : son monde intérieur la détermina à intervenir activement dans ces deux cas. En ce temps de jeunesse, lorsqu'elle voulait quelque chose, elle le voulait avec vivacité, ardeur, exigence même ; elle se piquait et s'irritait des contradictions, des résistances ; elle y mettait aussi de la séduction et de l'adresse, l'art de la femme ; et l'objet qu'elle avait en vue une fois atteint, elle revenait à ses jeux, à ses distractions de chaque heure, aux surprises aimables où elle excellait et dont elle animait ses journées, aux habitudes délicieuses de l'amitié la plus charmante. Elle caressait et réalisait le mieux qu'elle pouvait le doux roman d'une royauté simple et pastorale, élégante et familière. Le roi, après bien des timidités, commençait à lui témoigner quelque attachement et avait pour elle un faible bien naturel. Quand, dès les premières années du règne, d'infâmes chansons (comme c'était alors l'usage) cherchaient à diffamer les gaietés et les étourderies innocentes, elle n'en tenait compte, s'en consolait aisément, et il lui suffisait de répondre à qui lui en parlait, que le roi en était plus indigné qu'elle. Elle disait de lui cette belle parole : « Son estime est ma protection. »

Détail singulier pourtant, presque incroyable et inimaginable, mais qui depuis la publication des Mémoires de Mme Campan est devenu l'un des points avérés de l'histoire : après six ou sept ans de mariage, Marie-Antoinette n'était pas encore mère et n'avait pas lieu d'espérer de l'être. Près d'elle, grâce à je ne sais quelle particularité obscure, ce roi de 22 ans n'osait être un homme ; il ne paraissait pas songer à donner au trône un héritier. On a entendu Marie-Antoinette s'écrier dans cette réponse où elle parlait du Zamore de Mme Du Barry : « Si j'étais mère !... » Elle souffrait de ne pas l'être, elle en était humiliée tout bas ; elle voyait sa jeune belle-sœur, la comtesse d'Artois, mère déjà de deux enfants, et elle n'avait pour elle-même aucun commencement d'espérance. Il fallut, le croirait-on ? que son frère Joseph vînt en France, qu'il accablât de questions les époux, qu'il morigénât son royal beau-frère, pour qu'un tel état de choses cessât. Nous n'inventons rien, et nous ne pouvons éviter les textes que nous rencontrons en chemin et qui tous concordent. Dans une des lettres à sa sœur Marie-Christine, publiée par M. d'Hunolstein, la reine dit, à la date du 19 mai 1777, ces paroles bien vagues et qui renferment une allusion que les rapprochements confirment : « Non... mais taisez-vous, voilà ma réponse ; mais tout maintenant fait espérer le contraire. » De son côté, Louis XVI, dans son curieux Journal-itinéraire, conservé aux Archives de l'Empire, inscrivait à la date du

18 août 1777 un mot décisif. D'autre part encore, dans une lettre du jour de l'an 1778, publiée par M. Feuillet de Conches, Joseph II écrivait à Louis XVI avec une véritable cordialité et de l'effusion :

« Vous savez que je ne suis pas un diseur de belles phrases ; mais ce n'en sont certainement point, si je vous assure que je vous aime de tout mon cœur et que mon estime et amitié la plus sincère vous sont vouées pour la vie. Jugez de là ce que je vous désire pour l'année que nous venons de commencer. Les nouvelles que vous voulez bien me donner des heureux progrès dans votre lien conjugal me font le plus grand plaisir, et vous voulez même presque me laisser l'espérance d'y avoir contribué par mes propos, qui étaient bien épurés par l'intention unique de cimenter par là les liens et le bonheur de deux personnes qui me sont si chères et précieuses. »

Enfin le 19 décembre 1778, la reine accouche de son premier enfant qui sera Madame, duchesse d'Angoulême. En annonçant sa naissance à Marie-Thérèse, elle parlait du roi, de « son bien-aimé roi, » d'un ton de tendresse :

« Je ne lui ai pas donné un Dauphin, disait-elle, mais la pauvre petite qui est venue ne m'en sera pas moins chère. Un fils ne m'eût pas appartenu ; elle sera toujours auprès de moi, elle m'aidera à vivre, me consolera dans mes peines, et nous serons heureuses à deux. Elle est ici à mes côtés qui ne demanderait qu'à me tendre ses petits bras et à me sourire. Le roi est pour moi d'une attention de mère... »

C'est d'elle, c'est de cet enfant son premier-né, que quelques années après, Marie-Antoinette, dont on a déjà vu la justesse de coup d'œil en ce genre d'observations familières, écrivait (25 décembre 1784) :

« Ma fille qui a six ans fait beaucoup de progrès ; elle a le caractère un peu difficile et d'une fierté excessive ; elle sent trop qu'elle a du sang de Marie-Thérèse et de Louis le Grand dans les veines ; il faut qu'elle s'en souvienne pour être digne de son sang, mais la douceur est une qualité aussi nécessaire et aussi puissante que la dignité, et une nature orgueilleuse éloigne les affections... »

On sent dans ce peu de lignes le trait de nature et la ligne primitive qui fera de la plus vertueuse et de la plus respectable des princesses une personne moins aimable qu'on n'aurait voulu.

Durant les douze ou treize premières années de règne (1774-1787) les lettres qu'on a de Marie-Antoinette, même après cette dernière collecte et cette double publication rivale, sont très-clair-semées. On en a vu de très-vives et agréables sur son intérieur, quand elle n'était que Dauphine ; il ne paraît pas qu'elle ait continué avec ce détail depuis qu'elle était reine. Que faisait-elle cette reine de vingt ans? Elle vivait, elle plaisait, elle se jouait aux enchantements de la vie : on n'écrit pas les riens, les mille inventions fugitives, les dissipations, les plaisirs.

II.

Tandis que nous en sommes encore avec Marie-Antoinette à la période de première jeunesse, je dirai pourtant un mot en passant d'une question incidente qui s'y rattache. Il s'est élevé dans ces dernières années une assez bizarre et assez vive querelle à son sujet, et cette querelle s'est produite sous une forme qui est particulière à ce temps-ci, et qui, nous paraissant très-simple à nous, paraîtra peut-être ridicule plus tard et pédantesque : c'est à propos de catalogues. On s'est avisé d'imprimer et d'éditer le catalogue — et même plusieurs catalogues —. des livres que Marie-Antoinette avait dans ses bibliothèques, soit à Versailles, soit au Petit-Trianon, livres qu'elle lisait ou qu'elle ne lisait pas, et l'on a raisonné là-dessus à perte de vue ; on a voulu tirer ou du moins insinuer des conséquences : frivolité, et plus que frivolité, galanterie, que sais-je? Il y a eu toute une dispute à cette occasion, dits et contredits, attaque, apologie, défense (1). C'est, en vérité, choisir bien étrangement son champ de bataille. Avant même de parcourir ces catalogues, on au-

(1) Il y eut même un procès devant les tribunaux et un acquittement. Une note que je reçois à l'instant m'apprend ce détail qui m'avait échappé. M. Louis Lacour, qui avait publié le catalogue des *Livres du Boudoir* de la reine, et M. Gay, son libraire-éditeur, furent mis en cause comme prévenus d'avoir commis le délit de contrefaçon, en éditant, sans autorisation du Gouvernement, un manuscrit (c'est-à-dire le catalogue même) appartenant à une bibliothèque publique et conséquemment à l'État. Il y avait déjà une saisie opérée à la poursuite du ministère public pour ce volume et quelques autres d'une même collection, sous l'imputation d'outrage à la morale publique. On incriminait à ce titre les extraits de livres galants produits en manière d'échantillons dans le catalogue. Il est résulté des explications données par M. Louis Lacour, qu'il n'avait jamais eu l'intention, en imprimant cette liste de romans et en produisant ces extraits, de faire tort à la mémoire de Marie-Antoinette. « Et d'abord, comme le remarquait très-opportunément

rait pu gager, ce me semble, que du moment où Marie-Antoinette avait une bibliothèque de boudoir, on devait y trouver à peu près indifféremment tous les romans, bons ou mauvais, qui avaient fait quelque bruit dans le temps, toutes les *nouveautés* dont on avait parlé autour d'elle et qu'elle avait fait prendre, sauf, à elle, à les rejeter bien vite après en avoir lu les premières pages. La vérité est que Marie-Antoinette lisait peu, qu'elle devait en avoir très-peu le temps, et que dans ses courts intervalles de loisir, si elle en avait, elle n'allait pas apparemment ouvrir des livres qui l'auraient ennuyée. Un mot de Louis XVI nous apprend que la lecture de *Vert-Vert* avait fort amusé la reine. Elle avait lu *Vert-Vert* et n'avait pas lu Montesquieu. Qu'y a-t-il là d'étonnant? Le sérieux lui viendra par les choses, non pas les livres. Ses premiers goûts étaient ailleurs. Mme Campan, plus sévère en cela que tous les catalo-

---

son avocat M. Gallien, ce n'est pas elle sans doute qui a composé sa bibliothèque. Et puis toutes les grandes dames de ce temps, les plus honnêtes et les plus vertueuses, avaient dans leur bibliothèque ces livres en vogue, ces romans à la mode qui nous paraissent aujourd'hui scandaleux et qui alors ne produisaient pas cet effet. » — De son côté, le bibliophile Paul Lacroix, qui a publié le catalogue des livres du *Petit-Trianon,* et qui a mis en tête une préface sous forme de lettre adressée à Jules Janin, ne dit pas autre chose : « Car pour être reine, on n'en est pas moins femme, et les femmes, avant la Révolution, ne lisaient guère que des romans, des poésies et des pièces de théâtre. » Si tout le monde est à peu près d'accord, on se demande pourquoi donc tout ce bruit et cette querelle. C'est ce qu'on pourrait souvent se demander six mois après bien des querelles. — Et puis (car il faut tout voir) on s'est peut-être fait après coup un peu plus inoffensif d'intention et plus candide qu'on ne l'était dans le principe.

gueurs du monde, est allée jusqu'à dire d'elle « qu'il n'a jamais existé de princesse qui eût un éloignement plus marqué pour toutes les lectures sérieuses. » Soyez bien sûrs, Messieurs les savants, que, dans cette suite de volumes, même frivoles, que vous inventoriez si minutieusement, il y en a eu bien plus d'essayés que de lus, et bien plus d'oubliés encore que d'essayés. Et puis, le bibliothécaire, l'abbé de Vermond, avait aussi sans doute, ses goûts particuliers, et ce que M. l'abbé avait envie de lire, il le faisait acheter à la reine. La bibliothèque d'une princesse si peu liseuse me peint bien plus le bibliothécaire que la princesse même.

Mais il est un point sur lequel je tiendrai ferme et protesterai à l'égal des plus vifs défenseurs de Marie-Antoinette : non, cette reine charmante, noble et fière, aimable, sensible, élégante, n'aimait pas et ne pouvait pas aimer les vilaines lectures, et si elle avait de la prédilection pour quelques romans, je pourrais bien vous dire lesquels : c'était pour ceux de Mme Riccoboni ; là et non ailleurs serait sa nuance ; les *Lettres de Juliette Catesby* lui plaisaient, et si elle avait été condamnée à lire un peu trop longtemps par pénitence, c'est de ce joli roman ou de l'*Histoire d'Ernestine* qu'elle eût fait volontiers son livre d'*Heures* (1).

(1) Je ne plaisante pas, il existe, — ou, pour parler plus exactement, il existait encore, il y a une quinzaine d'années, — à la Bibliothèque dite alors nationale, et dans le lieu le plus réservé, appelé l'*Enfer*, un volume relié aux armes de Marie-Antoinette et lui ayant appartenu, portant le mot d'*Heures* au titre. On ouvrait, et c'était un roman de Mme Riccoboni. Évidemment, un jour que l'office lui avait paru trop long, elle avait eu l'idée de faire ainsi

III.

Revenons aux choses graves et aux événements qui changèrent toute la direction de sa vie. L'affaire du Collier, l'impudence des vils agents, auteurs de l'intrigue, la crédulité et la fatuité béate du principal personnage, l'éclatante connivence de l'opinion publique, avide de tout scandale, l'espèce de complicité du Parlement lui-même, indulgent à l'excès pour le premier accusé, cette sorte d'impunité triomphante, firent monter la rougeur et la flamme au front de Marie-Antoinette indignée, et c'est de ce moment qu'elle dut commencer à sentir que tout est sérieux dans de certains rôles, que les personnages le plus en vue ne s'appartiennent pas, qu'il n'y a pas lieu à la moindre distraction ni à l'oubli, même innocent, en face d'un public curieux, médisant, malveillant, et qu'en politique on n'est pas simplement ce qu'on est : on est ce qu'on paraît être.

---

arranger le volume pour le prendre une autre fois et se désennuyer en le lisant. Mᵐᵉ Roland, enfant, nous dit qu'elle emportait son *Plutarque* à l'église pendant le carême en guise de *Semaine Sainte;* Marie-Antoinette emportait Mᵐᵉ *Riccoboni.* Les voilà bien toutes les deux qui se décèlent dans leurs choix. — Que si l'on se rejette à l'extrémité opposée, aux années de la captivité et du Temple, j'ai su de source certaine que le seul livre qu'eut Marie-Antoinette dans sa prison était Thomas, les *OEuvres* de Thomas ; elle avait marqué sur l'exemplaire tous les passages qui l'avaient frappée et qu'elle s'appliquait. M. Courtois, fils du conventionnel et de qui je tiens le fait, possédait cet exemplaire annoté, que son père avait trouvé dans les papiers de Robespierre.

Je date de cette époque le sérieux auquel elle dut s'efforcer de plier son aimable esprit.

La leçon pourtant fut lente à se dégager et à se démêler en elle : elle ne connut d'abord que la colère et l'indignation. L'acquittement honorable du cardinal qui avait eu d'elle une pareille idée diffamante, lui parut l'outrage personnel le plus sanglant. Quand on le lui annonça, elle ne pouvait y croire ; elle accusa la justice française ; elle plaignit ceux qui y étaient soumis. Une lettre écrite dans les premiers moments à sa sœur Marie-Christine nous la livre dans tout le feu de sa douleur et dans le cri de sa conscience révoltée (1er septembre 1786) :

« Je n'ai pas besoin de vous dire, ma chère sœur, quelle est toute mon indignation du jugement que vient de prononcer le Parlement, pour qui la loi du respect est trop lourde ; c'est une insulte affreuse, et je suis noyée dans des larmes de désespoir. Quoi ! un homme qui a pu avoir l'audace de se prêter à cette sotte et infâme scène du bosquet, qui a supposé qu'il avait eu un rendez-vous de la reine de France, de la femme de son roi, que la reine avait reçu de lui une rose (1) et avait souffert qu'il se jetât à ses pieds, ne

(1) Marie-Antoinette, dans son indignation, se trompe ici sur un détail du procès, ce qui est bien permis : dans la scène du bosquet la prétendue reine n'avait pas reçu la rose, mais l'avait elle-même laissé tomber. — On remarque, à l'examen, une autre inadvertance, mais celle-ci moins explicable ou plutôt tout à fait inexplicable : il y avait trois mois, à cette date du 1er septembre, que l'arrêt du Parlement était rendu : il est en effet du 31 mai 1786. (Au surplus cette lettre, comme toutes les précédentes de la même branche à Marie-Christine, est à présent démontrée apocryphe aux yeux des bons juges.)

serait pas, quand il y a un trône, un criminel de lèse-majesté? Ce serait seulement un homme qui s'est trompé! C'est odieux et révoltant; plaignez-moi, ma bonne sœur, je ne méritais pas cette injure, moi qui ai cherché à faire tant de bien à tout ce qui m'entoure, et qui ne me suis souvenue que j'étais fille de Marie-Thérèse que pour me montrer toujours ce qu'elle m'avait recommandé en m'embrassant à mon départ, Française jusqu'au fond du cœur! Être sacrifiée à un prêtre parjure, à un intrigant impudique! quelle douleur! Mais ne croyez pas que je me laisse aller à rien d'indigne de moi; j'ai déclaré que je ne me vengerais jamais qu'en redoublant le bien que j'ai fait... »

On reconnut trop tard alors qu'on avait fait fausse route et qu'au lieu de déférer au conseil de M. de Breteuil qui avait voulu un procès et un éclat, on aurait mieux fait d'étouffer l'affaire, selon l'avis prudent de M. de Vergennes. Mais cet étouffement était-il possible, et, très-incomplet de toute manière, n'avait-il pas aussi ses inconvénients? Il est des moments où l'opinion publique est avide de mal et comme altérée d'infamie; on était à l'un de ces moments de dépravation. Quelque chose du génie infernal qui combina *les Liaisons dangereuses* s'acharnait alors à la réputation de la reine pour la noircir. La calomnie habile était à l'œuvre et la travaillait. Vouloir étouffer l'affaire, c'était laisser le champ libre à toutes les suppositions les plus odieuses et paraître craindre le grand jour. Dans la disposition détestable des esprits, on n'avait guère de choix qu'entre cette explosion pleine de scandale et un assoupissement vénéneux et sourd, ouvert aux rumeurs malignes.

Les premiers effets de l'influence suivie que Marie-Antoinette commença à exercer en politique ne furent pas heureux. Ce fut elle qui décida le remplacement de M. de Calonne par l'archevêque de Toulouse, Brienne, dont on s'était fort engoué dans sa société. Calonne, en assemblant les Notables et en se flattant de tirer d'eux l'abolition des priviléges, la proscription des abus et la règle dans les finances de l'État, procédait comme s'il ne s'était agi, en vérité, que de passer le rouleau sur un gazon ; il y fallait la sape et la charrue. La reine n'avait pas été mise dans le secret des projets de Calonne. Bien que peu favorable au personnage, elle n'eût pas été fâchée que quelques-unes des mesures proposées réussissent ; elle s'étonnait de cette résistance à des vues adoptées et présentées au nom du roi. Elle écrivait le 9 avril 1787 à la duchesse de Polignac, alors en Angleterre où elle était allée prendre les eaux de Bath :

« Où vous êtes, vous pouvez jouir du moins de la douceur de ne point entendre parler d'affaires. Quoique dans le pays des Chambres haute et basse, des oppositions et des motions, vous pouvez vous fermer les oreilles et laisser dire. Mais ici c'est un bruit assourdissant, malgré que j'en aie. Ces mots d'opposition et de motions sont établis comme au Parlement d'Angleterre, avec cette différence que lorsqu'on passe à Londres dans le parti de l'opposition, on commence par se dépouiller des grâces du roi, au lieu qu'ici beaucoup s'opposent à toutes les vues sages et bienfaisantes du plus vertueux des maîtres, et gardent ses bienfaits. Cela est peut-être plus habile, mais cela n'est pas si noble. Le temps des illusions est passé, et nous faisons des expériences bien cruelles... »

Elle revenait sur le même sujet deux jours après, et en citant des noms à l'appui :

« La répugnance que vous me savez de tout temps de me mêler d'affaires est aujourd'hui fortement à l'épreuve, et vous seriez fatiguée comme moi de tout ce qui se passe. Je vous ai déjà parlé de notre Chambre haute et basse et de toutes les ridiculités qui s'y passent et qui s'y disent. Être accablé des bienfaits du roi, par exemple, comme M. de B. (*Beauvau*), être de l'opposition et ne rendre rien, c'est ce qu'on appelle avoir de l'esprit et du courage. C'est bien en effet le courage de la honte. Je ne suis entourée que de gens qui en sont révoltés. — Un duc (*le duc de Guines*), grand faiseur de motions, et ayant toujours la larme à l'œil quand il parle, est du nombre. M. L. (*de La Fayette*) motive toujours son avis d'après ce qui se fait à Philadelphie. Dix autres, que leur naissance, leurs anciens engagements, leurs charges, devraient mettre aux pieds du roi, sont aussi dans l'opposition. Hors M. de Mirepoix, tous sont acccablés des dons et des grâces du roi, et personne ne les rend... Heureusement que tous les moyens sont encore dans les mains du roi et qu'il arrêtera tout le mal que les imprudents veulent faire. »

On se croyait maître de la situation, on ne l'était déjà plus, et il y avait des hommes qu'on allait être obligé de subir.

On le voit pourtant, la reine commence à causer assez bien politique; bon gré, mal gré, elle s'y fait. Mais autre chose est causer politique et avoir une tête politique. Après l'échauffourée de la convocation des Notables et cet échec de Calonne qui ne s'en montrait que plus entreprenant et présomptueux, la reine entra en lutte à son sujet, et, pleine de confiance en Brienne, elle l'imposa presque au roi qui l'estimait peu, et qui finit par l'accepter en disant à ceux qui le pressaient : « Vous le voulez, vous vous en repentirez peut-être. » Il dit le mot pour Brienne; il le redira pour Necker seize mois après et presque dans les mêmes termes. C'est ainsi qu'on se perd, qu'on s'annule quand on est roi, et qu'avec toute la droiture intérieure on démoralise sa propre action. Personne n'était plus consciencieux que Louis XVI : eh bien ! depuis qu'il fut sorti des ministres de son choix et selon son cœur, des Turgot, des Malesherbes, sa faiblesse le fit presque toujours double.

IV.

Le choix de Brienne pour ministre fut la première grande erreur politique de la reine, et, dès ce jour, malgré un reste de répugnance, elle dut s'occuper de manœuvres et d'affaires d'État avec suite; elle avait marqué son influence, elle se vit dans l'obligation de la maintenir. Elle avait fait Brienne ministre; il fallut le suivre jusqu'au bout, l'appuyer dans ses prétentions : elle le fit principal ministre. Lorsqu'il eut compromis la situation, excité et grandi l'opposition des Parlements, comblé la mesure de l'impopularité et qu'il fut aux abois, il pensa à se refaire un peu de crédit en s'adjoignant Necker que la voix publique désignait comme le restaurateur futur des finances, et qui était plus qu'indiqué, qui semblait l'homme nécessaire. La reine se prêta vivement à cette idée sans se rendre assez compte que Brienne dès lors était un homme perdu sans ressources ; elle en a bien le soupçon, non la vue nette. Les lettres qu'on a d'elle au comte de Mercy-Argenteau, ambassadeur d'Autriche et son confident, qu'elle mit en mouvement pour sonder M. Necker et le gagner à cette combinaison, prouvent toute la vivacité de son attache pour Brienne (19 août 1788) :

« Je crains bien, dit-elle, que M. Necker ne veuille pas accepter, l'archevêque restant. L'animosité du public est poussée si loin qu'il craindra d'être compromis, et vraiment peut-être cela ferait tort à son crédit. Mais en même temps que faire ? En vérité et en conscience, nous ne pouvons pas sacrifier un homme qui nous a fait tous *ceux* (les sacrifices) de sa réputation, de son existence dans le monde, et peut-être de sa vie, car je crains bien que tout ceci ne le tue. Il y a encore Foulon, si M. Necker refusait absolument ; mais je le crois un très-malhonnête homme, et la confiance ne s'établirait pas avec lui. Je crains aussi que le public (ne) nous force à prendre un parti beaucoup plus humiliant pour les ministres et beaucoup plus fâcheux pour nous, en ce que nous n'aurons rien fait d'après notre volonté. Enfin je suis bien malheureuse...

« Je crains beaucoup, dit-elle encore, que l'archevêque ne soit obligé de partir tout à fait, et alors quel homme prendre pour mettre à la tête de tout ? car il en faut un, surtout avec M. Necker ; il lui faut un frein. Le *personnage au-dessus de moi* n'en est pas en état, et moi, quelque chose qu'on dise et qui arrive, je ne suis jamais qu'en second ; et malgré la confiance du premier, il me le fait sentir souvent. »

Nous dirons les belles qualités de Marie-Antoinette, son courage surtout, sa fermeté, sa générosité d'âme quand le moment sera venu ; mais ici on la surprend dans toute la misère et l'inexpérience de son apprentissage politique. Prétendre adjoindre M. Necker à M. de Brienne à la date où elle écrit cela, un homme intact, tout fort et tout fier de sa popularité, à un personnage usé et décrié, était une idée invraisemblable, une impossibilité, un caprice. Sa répugnance à sacrifier l'archevêque, qui avait fait ses tristes preuves depuis une année, pouvait témoigner de sa bonté ou même de sa « grandeur d'âme, » comme le lui disait poliment M. de Mercy, mais non de sa justesse de vue. La raison d'État (et il est peu de femmes qui en soient capables, je suis loin de les en blâmer), ne connaît pas de ces tendresses. M. Necker refusa et devait refuser ; touché des avances et des instances de l'ambassadeur, il lui répondait très-sensément :

« L'animadversion est au comble, et je vous demanderais comme mon ami de me retenir, si le désir de me rapprocher de Leurs Majestés et de travailler au bien public me rendait faible un moment ; car je serais sans force et sans moyens si j'étais associé avec une personne malheureusement perdue dans l'opinion, et à qui l'on croit encore néanmoins le plus grand crédit. »

Dès ce moment, c'est la reine qui semble tenir le gouvernail, ce n'est plus *le personnage d'au-dessus* dont elle parlait tout à l'heure, ce n'est plus Louis XVI, qui n'a plus pour rôle que de céder sans cesse et qui se fait prophète de malheur en cédant. D'une part, la reine qui a bien conscience de l'énorme responsabilité qu'elle prend, écrit au comte de Mercy le 25 août 1788 :

« L'archevêque est parti. Je ne saurais vous dire, Monsieur, combien la journée d'aujourd'hui m'affecte. Je crois que ce parti était nécessaire; mais je crains en même temps qu'il n'entraîne dans bien des malheurs vis-à-vis des Parlements. Je viens d'écrire trois lignes à M. Necker pour le faire venir demain à dix heures, chez moi ici. Il n'y a plus à hésiter; si demain il peut se mettre à la besogne, c'est le mieux. Elle est bien urgente. Je tremble, passez-moi cette faiblesse, de ce que c'est moi qui le fais revenir. Mon sort est de porter malheur; et si des machinations infernales le font encore manquer ou qu'il fasse reculer l'autorité du roi, on m'en détestera davantage. »

D'un autre côté, le roi en subissant le choix de M. Necker avait dit à sa famille réunie : « On m'a fait rappeler Necker, je ne le voulais pas; mais on ne sera pas longtemps à s'en repentir. Je ferai tout ce qu'il me dira, et on verra ce qui en résultera. »

Vouloir et ne pas vouloir, s'abandonner et ne pas se confier, retirer au moral ce qu'on accorde en fait, triste rôle, rôle de perdition à certains moments critiques et aux heures où toute résolution est décisive! On assiste une fois de plus à ce spectacle dans cette Correspondance aujourd'hui publiée, et il n'y a que des esprits bien prompts, bien peu historiques, qui puissent y voir matière à une glorification sans ombre et sans mélange. Mais n'avez-vous pas remarqué cela depuis longtemps? il y a peu de gens qui sachent lire.

Avec la Révolution s'ouvre un autre champ d'action, une autre époque. Marie-Antoinette y déploie des qualités qui la recommanderont à jamais à l'estime, à l'admiration même de tous les honnêtes gens. Elle paye à tout moment de sa personne. Captive en réalité après les affreuses journées d'octobre, où elle montra tant de bonne grâce et de courage, elle dérobe sous le sourire ses douleurs et ses angoisses; elle apprend à dissimuler pour les siens. Sa tête y blanchit. L'idée de quitter son poste, ce poste d'honneur et de danger à côté du roi, ne lui entre pas un seul instant dans l'esprit : elle rougirait de honte à une telle pensée et se croirait l'indigne fille de sa magnanime mère. Occupée jour et nuit de politique, puisqu'il le faut, elle est obligée de peser les projets, de machiner des complots et d'inventer des menées secrètes. L'idée fixe, il faut le dire, dès le lendemain des journées d'octobre et pendant toute l'année suivante et au delà, est de fuir et de sortir des griffes où l'on est tombé. Mais on n'en témoigne rien, on affecte la confiance. Mieux vaut rester prisonnier un an de plus que de tout compromettre par une imprudence. Les princes émigrés, eux, sont imprudents et veulent se hâter : on leur fait signifier des défenses, on les contient. Est-ce à dire qu'on ait de la répugnance à agir par l'étranger, à se servir de ces moyens extérieurs ? Non pas : ne créons point un mérite imaginaire, ne déplaçons pas la question. La cause que soutient et personnifie Marie-Antoinette, la pure cause royale est trop légitime et trop sacrée à ses yeux pour qu'elle ait de ces scrupules sur les moyens : si elle hésite, c'est qu'elle n'est occupée que des meilleures chances de succès. A un moment, elle négocie avec Mirabeau; elle prend sur elle et triomphe de ses préventions de femme en consentant à voir le monstre : elle le trouve de près

plus séduisant qu'effrayant. Elle serait disposée à le
mieux comprendre et à tirer de lui meilleur parti que
Louis XVI qui n'entend rien à cette nature puissante
d'homme public, de tribun éloquent, et au double rôle
qu'elle est obligée de jouer dans le temps même où
elle se donne. Cette négociation avec Mirabeau échoue,
on peut le dire, par la faute de Louis XVI toujours timide, toujours empêché par des scrupules de conscience
qui lui cachaient les incertitudes de sa propre volonté.
On ne se serait pas confié à Mirabeau, même s'il avait
vécu. On veut agir, mais non comme il le voudrait et
selon la devise : *Tout par la France et rien qu'avec la
France*; non en faisant de la Révolution et de la restauration même du pouvoir royal une vaste querelle
domestique, patriotique, sans intervention d'aucun voisin : au contraire, on ne cesse d'avoir son arrière-pensée, on fait toujours entrer l'étranger, sa menace du
moins et sa pression, pour une part essentielle dans
les projets d'avenir. Là est l'erreur, là est le vice *anti-
français* de tous ces plans conçus aux Tuileries en 90
et 91. Marie-Antoinette qui ne vient qu'*en second,* comme
elle nous a dit, ne songe pas à en détourner Louis XVI ;
elle n'est pas assez convaincue elle-même pour cela, ni
assez pénétrée des nécessités de l'opinion. L'un et
l'autre, dans leur état d'enchaînement et de contrainte,
ne visaient qu'au plus pressé, — à en sortir. Mais au
milieu de cette infirmité de vue politique qui n'allait
pas à autre chose, en cas de succès, qu'à faire une
contre-révolution plus ou moins clémente et mitigée,
que de qualités personnelles, héroïques, charmantes

et touchantes! La femme de cœur, voilà ce qu'il faut à jamais admirer en Marie-Antoinette, non la femme politique. Il me reste à lui rendre par ce côté un plein et sincère hommage.

Lundi 22 août 1864.

MARIE-ANTOINETTE

Correspondance inédite

PUBLIÉE

PAR M. LE COMTE PAUL VOGT D'HUNOLSTEIN.

LETTRES DE LOUIS XVI, DE MARIE-ANTOINETTE ET DE MADAME ÉLISABETH

PUBLIÉES PAR M. FEUILLET DE CONCHES.

(SUITE ET FIN.)

I.

Nous entrons dans une voie pleine d'embûches et de fausses routes. On donna dans presque toutes successivement.

Marie-Antoinette, qui avait fait rappeler M. Necker au pouvoir, ne le soutint pas jusqu'au bout. On n'a sur le rôle de la reine pendant les dix premiers mois du ministère Necker (août 1788-juillet 1789) que de rares indications, mais non douteuses. Elle fut éprouvée dans cet intervalle par une vive douleur : le premier Dauphin, tombé depuis quelque temps dans une sorte de rachitisme, mourut le 2 juin 1789 à l'âge de sept ans. La reine fut très-sensible au peu d'effet que causa cette mort, au milieu des graves événements qui se préparaient. La nation avait bien autre chose à quoi penser, et l'attention publique était ailleurs. Les États-Généraux venaient d'être convoqués. La reine avait commencé par appuyer M. Necker et par donner son assentiment à la double représentation accordée au Tiers-État. Elle avait visiblement la main aux affaires. « Elle assista, contre tous les usages, aux séances du Conseil où furent délibérés les principes et les formalités des élections et de la convocation des États-Généraux (1). » Elle ne se montra point contraire à ce qui fut résolu ; en cela elle se séparait dès lors de son monde intime et du comte d'Artois, aveuglément voué aux intérêts de la Noblesse. Elle avait vu cette Noblesse à l'œuvre dans la première assemblée des Notables, et ses lettres nous ont appris comment elle l'avait jugée ; on se flattait d'abord d'avoir meilleur marché du Tiers-Ordre. M. Necker, indécis sur bien des points, trop renfermé dans la préoccupation de sa dignité, et sans vigueur d'initiative, était un pilote bien insuffisant ; mais enfin il y était, on l'avait mis au gouvernail,

---

(1) Voir M. de Barante dans l'Introduction de l'ouvrage intitulé : *Lettres et Instructions de Louis XVIII au comte de Saint-Priest.*

et lorsqu'il se décida à donner le mouvement, à poser les bases d'une Constitution, à faire parler le roi en roi, mais en roi constitutionnel, il ne fallait pas le lâcher : c'est pourtant ce que fit la reine, cette fois regagnée et reprise par la coterie des princes. Son influence dans la question se marqua par un incident qui parut alors sans exemple. La Cour était à Marly dans le premier deuil de la mort du petit Dauphin ; avant le Conseil, la reine voulut voir M. Necker, et de concert avec les frères du roi présents à l'entretien, elle s'efforça de le dissuader de présenter le projet de déclaration royale. M. Necker tint bon. Le Conseil se réunit au sortir de là ; il venait de s'ouvrir lorsqu'un officier de service entra, s'approcha du roi et lui parla à voix basse : le roi, appelé par la reine, sortit, et en rentrant il ajourna la délibération, disant qu'elle serait reprise à Versailles. La reine, qu'on avait retournée, faisant un dernier effort, venait elle-même de retourner le roi. On sait les suites. La séance royale fut retardée, le projet de déclaration de M. Necker tout à fait changé, et le ministre, désavouant tacitement ce qui n'était plus sa pensée, s'abstint de paraître à la séance du 23 juin. L'effet de cette séance qui aurait pu être aussi nationale que royale fut manqué. La Noblesse crut dans le premier instant à un triomphe ; les gentilshommes, en quittant la séance, allèrent chez la reine qui leur présenta son dernier fils, le nouveau Dauphin, et leur dit : « Je le confie à la Noblesse ; je lui apprendrai à la chérir, à la regarder toujours comme le plus ferme appui du trône. » Cependant, après que le roi était sorti, suivi de la Noblesse et d'une partie du Clergé, la séance continuait ; Mirabeau lançait à M. de Dreux-Brézé le mot mémorable ; l'Assemblée s'enhardissait, s'investissait du pouvoir et faisait acte de souveraineté. Au dehors, on applaudissait M. Necker ; des manifestations populaires entouraient son hôtel, et lorsqu'il offrait sa démission le jour même, le roi dut insister pour qu'il restât à son poste ; la reine, qui pour la première fois entendait de près ces sortes de clameurs, déjà menaçantes, ajouta que « la sûreté personnelle du roi y était intéressée. » Necker céda aux royales instances ; et aussitôt après, dès le lendemain, on recommençait le même jeu ; la cabale du comte d'Artois reprenait le dessus ; on faisait un rassemblement de troupes ; on menaçait l'Assemblée nationale. La reine lâchait de nouveau Necker et obéissait aux suggestions de M. de Breteuil. Elle écrivait, le 11 juillet 1789, à la duchesse de Polignac :

« Je ne peux me coucher, mon cher cœur, sans vous dire que M. Necker est parti. MM. de Breteuil et de La Vauguyon seront demain appelés au Conseil. Dieu veuille qu'enfin nous puissions faire le bien dont nous sommes uniquement occupés ! Le moment sera affreux, mais j'ai du courage, et pourvu que les honnêtes gens nous soutiennent sans s'exposer inutilement, je crois avoir assez de force en moi pour en donner aux autres. Mais il faut plus que jamais penser que toutes les classes d'hommes, quand ils sont honnêtes, sont nos sujets également, et savoir distinguer ceux qui le sont, partout et dans tous les états. Mon Dieu ! si l'on pouvait croire que c'est là ma véritable pensée, peut-être m'aimerait-on un peu ; mais il ne faut pas penser à moi. La gloire du roi, celle de son fils et le bonheur de cette ingrate nation, voilà tout ce que je peux, tout ce que je dois désirer; car, pour votre amitié, mon cher cœur, j'y compte toujours : elle fait ma consolation... »

On voit par cette lettre tout le cœur de la reine avec ses bonnes intentions, et aussi les incertitudes de son esprit. Il est besoin pourtant de quelque explication. Les *honnêtes gens* dont parle la reine écrivant à la duchesse de Polignac, ce sont messieurs de la Noblesse à qui elle demande de soutenir le roi, sans toutefois s'exposer inutilement ; mais, en bonne souveraine, elle ajoute qu'il y a d'honnêtes gens ailleurs, dans toutes les classes d'hommes, c'est-à-dire même dans le Tiers-État, et que le roi et elle ne veulent que du bien aux bons, dans quelque condition qu'ils soient. C'est là le sens. Cette *ingrate nation* reviendra souvent sous sa plume. Qui oserait l'en blâmer? Mais il est à remarquer qu'elle dit toujours *cette* nation, et jamais *notre* : elle n'était pas devenue, malgré tout son effort et son désir, partie intégrante de cette nation. Elle s'en distingue toujours (1) !

C'est par de telles inconséquences et tergiversations, on ne doit jamais l'oublier, que cette Cour imprudente et inconsistante se vit amenée à un conflit déclaré avec cette ingrate nation : ces deux imputations opposées, *ingrate* et *inconsistante*, appliquées chacune à qui de

(1) Une fois pourtant, dans une lettre du 6 décembre 1791, il lui échappe de dire *nous*, en parlant des Français, mais c'est pour y joindre la plus sanglante et la plus imméritée des injures : « Nous sommes *trop lâches* pour cela (pour déclarer la guerre). » On voudrait effacer cette lettre, qu'on lit à la page 273 du volume de M. d'Hunolstein.

droit, s'appellent et se répondent; il serait injuste de faire aller l'une sans l'autre. Le 14 Juillet et les journées qui suivirent brisèrent la résistance de la Cour; mais ce ne fut pas encore du premier coup : les imprudences qui devaient amener le mouvement d'octobre se renouvelèrent; l'illusion de la reine dura jusqu'à la dernière heure, et vers la fin de septembre 1789, comme un de ses fidèles et dévoués serviteurs, le comte de La Marck, fort lié avec Mirabeau, faisait dire par une voie confidentielle qu'on n'eût pas à se défier de cette liaison, et qu'il avait pour objet de modérer le plus possible le grand tribun et de le préparer à être utile au roi quand on jugerait le moment venu, la reine répondit, après quelque politesse pour M. de La Marck : « Nous ne serons jamais assez malheureux, je pense, pour en être réduits à la pénible extrémité de recourir à Mirabeau. »

II.

Le beau moment moral de la reine — un long moment — commence avec les journées d'octobre, c'est-à-dire avec sa captivité. On a, à partir d'alors, toute une série de lettres d'elle adressées au comte de Mercy-Argenteau, ambassadeur de l'empereur, et dont elle avait fait l'homme de son entière confiance (1).

(1) L'importance du rôle que remplit le comte de Mercy auprès de la reine, était connue depuis la publication des documents donnés par M. Taschereau dans la *Revue rétrospective* en 1835; la *Correspondance de Mirabeau et du comte de La Marck,* publiée par M. de Bacourt en 1851, avait achevé de mettre le personnage et le caractère du comte de Mercy en pleine lumière.

Dans ces lettres toutefois il y a à distinguer les plus confidentielles et qui sont tenues par des mains sûres, de celles qui pouvaient, à la rigueur, être surprises et lues en chemin. Dès le 7 octobre 1789, la reine, à peine installée aux Tuileries, lui écrivait, comme si sa lettre pouvait être vue, ou du moins dans une intention évidente de le rassurer :

« Je me porte bien, soyez tranquille. En oubliant où nous sommes et comment nous y sommes arrivés, nous devons être contents du mouvement du peuple, surtout ce matin. J'espère, si le pain ne manque pas, que beaucoup de choses se remettront. Je parle au peuple : milices, poissardes, tous me tendent la main : je la leur donne. Dans l'intérieur de l'Hôtel de Ville, j'ai été personnellement très-bien reçue. Le peuple, ce matin, nous demandait de rester. Je leur ai dit de la part du roi, qui était à côté de moi, qu'il dépendait d'eux que nous restions ; que nous ne demandions pas mieux ; que toute haine devait cesser ; que le moindre sang répandu nous ferait fuir avec horreur. Les plus près m'ont juré que tout était fini. J'ai dit aux poissardes d'aller répéter tout ce que nous venions de nous dire... »

Trois jours après, le 10, elle écrivait plus à cœur ouvert :

« Je n'ai reçu qu'aujourd'hui, monsieur, votre lettre du mardi 6. Je conçois toutes vos inquiétudes, ne doutant pas de votre parfait attachement. J'espère que vous avez reçu ma lettre de mercredi, qui vous aura un peu rassuré. Je me porte bien, et malgré toutes les méchancetés qu'on ne cesse de me faire, j'espère pourtant ramener la partie saine et honnête de la bourgeoisie et du peuple. Malheureusement, quoiqu'en assez grand nombre, ils ne sont pas les plus forts ;

mais, avec de la douceur et une patience à toute épreuve, il faut espérer qu'au moins nous parviendrons à détruire l'horrible méfiance qui existait dans toutes les têtes, et qui a toujours entraîné dans les abîmes où nous sommes. »

Elle annonçait que l'Assemblée allait venir s'installer à Paris, bien que réduite par la désertion de quelques membres ; elle exprimait le vœu que ceux qui étaient partis pour les provinces travailleraient à les calmer, au lieu de les animer sur les événements accomplis : « Car tout, disait-elle, est préférable aux horreurs d'une guerre civile. » Revenant sur les journées des 5 et 6 octobre, elle les résumait sommairement en disant :

« Jamais on ne pourra croire ce qui s'y est passé (à Versailles) dans les dernières vingt-quatre heures. On aura beau dire, rien ne sera exagéré, et au contraire tout sera au-dessous de ce que nous avons vu et éprouvé. »

Elle écrivait encore au comte de Mercy dans le même temps :

« Vous n'avez pas besoin de me dire votre douleur, et je n'exprimerai pas ce que je sens ; il me suffit d'être sûre que vous avez apprécié tout ce que j'éprouve. Je ne me découragerai sûrement pas plus que vous, mais l'âme a un furieux travail à faire pour supporter les peines du cœur et pour renfermer tout ce que l'on sent. Pour m'armer de courage, je n'en suis pas davantage rassurée sur les suites du plus horrible de tous les attentats. J'ai vu la mort de près ; on s'y fait, monsieur le comte. Le roi a une grâce d'état ; il se porte aussi bien que si rien n'était arrivé...»

Tout à côté des paroles douloureuses et concentrées

de la reine, on a de ces journées un récit complet, circonstancié, par une correspondante qui ne va plus cesser d'écrire durant ces trois années, et qui est du caractère le plus naturel, le plus accentué, le plus vif, je veux dire Madame Élisabeth. C'est dans le recueil de M. Feuillet de Conches que l'on apprend à la bien connaître. La princesse écrit tantôt à Mme de Bombelles, tantôt à Mme de Raigecour, ses intimes amies; elle cause sans réticence, avec familiarité, avec effusion et d'un ton dégagé, presque gai, presque leste, qui contraste singulièrement avec ce qu'elle raconte et avec tout ce qui l'entoure. Cette gaieté et cette sérénité, Madame Élisabeth les puisait dans son humeur et surtout dans sa piété, dans sa confiance absolue en Dieu. Tout d'abord je dois dire, pour qu'il n'y ait pas à se méprendre sur les éloges si dus à cet état d'une belle âme inaltérable et pure, que l'angélique princesse est au fond dans l'inintelligence politique la plus entière de la situation; elle voit nettement les faits, et elle les rend comme elle les voit; mais la raison, la nécessité qui les produit et les enchaîne lui échappe. Elle a du cœur, elle a du ressort, et si elle était homme, elle voudrait combattre; si elle était roi, elle ne se laisserait pas ainsi enlever la couronne morceau par morceau sans mot dire. Ce sentiment est noble; il est chevaleresque; elle est tout à fait à cet égard comme une émigrée du dedans. Les idées modernes n'ont point de prise sur elle. Elle sent et pense comme une personne de son sang et de son éducation doit sentir; religieuse avant tout; elle a tous les préjugés d'une princesse de la race et presque du siècle de saint Louis : le jour où l'Assemblée accordera aux Juifs la possibilité d'être admis à tous les emplois lui paraîtra le plus horrible des jours et marqué d'une note sacrilége; elle attribue tout ce qui se passe à la colère du Ciel, à sa vengeance; puis elle espère qu'il se laissera toucher aux prières des bonnes âmes. En attendant, elle assiste à ces horreurs ou à ces tumultes comme à une étrange comédie, qui n'a ni raison ni sens. La nuit du 4 août racontée par elle est d'une vivacité pittoresque; quelques jours après, elle écrit : « Samedi au soir, il a été décidé que l'on porterait au roi l'arrêté du 4 août, pour qu'il y *campât* sa sanction. » Les journées des 5 et 6 octobre sous sa plume se dessinent en traits d'une exacte et parlante réalité : ce qu'elles ont d'atroce y est montré, mais sans rien de chargé; ce qu'il y a eu de bien s'y entremêle; tout se succède et court. Il règne et circule dans son récit comme un rayon venu on ne sait d'où. C'est vu nettement, d'une manière légère, comme à vol d'oiseau, — quelqu'un me dit, à vol de colombe. Écoutez plutôt : je donnerai toute la dernière partie; on est sur la route de Versailles; on a passé Sèvres, on approche de Paris :

«... Au Point-du-Jour, les cris les plus continus de *Vive le Roi! la Nation!* ont commencé et n'ont pas discontinué jusqu'à l'Hôtel de Ville. A la porte de Paris, M. Bailly avait présenté au roi les clefs de la ville, en lui faisant un petit discours très-respectueux, fort bon, auquel le roi répondit qu'il se verrait toujours avec plaisir et confiance dans sa bonne ville de Paris. M. Bailly le répéta à la ville; mais il oublia la *confiance*. La reine le lui rappela, et pour lors il reprit avec esprit : « Messieurs, vous êtes bien plus heureux que si je « ne m'étais pas trompé. » Ce fut beaucoup de cris de : *Vive le Roi! la Reine!* et nous tous ! Il n'y a à Paris que le roi, la reine, Monsieur, Madame, les enfants et moi. Mes tantes sont à Bellevue. Mon appartement donne dans la cour. Le mercredi il s'assembla beaucoup de monde sous mes fenêtres qui demandèrent le roi et la reine. Je les fus chercher. La reine parla avec toute la grâce que vous lui connaissez. Cette matinée fit très-bien pour elle. Toute la journée il fallut se montrer aux fenêtres ; la cour et le jardin ne se désemplissaient pas. A présent il y a moins de monde : la garde nationale y a mis ordre. Le jeudi il y eut un peu de bruit au Mont-de-Piété, parce que l'on avait mis dans les papiers publics que la reine avait dit qu'elle payerait tout ce qui serait au-dessous d'un louis : c'était l'affaire de trois millions. Vous jugez dans quelle intention ce bruit avait été répandu. Il est impossible de mettre plus de grâce et de courage que la reine n'en a mis depuis huit jours. Tout est tranquille ici; je m'y plais bien plus qu'avec les gens de Versailles. M. de La Fayette s'est parfaitement conduit; la garde nationale aussi. Tout est tranquille. Le pain est en abondance. La Cour est établie presque comme autrefois. On voit du monde tous les jours. Il y a jeu dimanche, mardi et jeudi ; dîners en public dimanche et jeudi, et peut-être grand couvert dimanche. Tout cela, mon cœur, ne me déplaît point; vous savez que je suis aisée à m'accommoder de tout...

« Dis à ton mari, de ma part, de se tranquilliser; que l'on ne pouvait pas prendre un meilleur parti que de venir habiter Paris; que nous y serons mieux que partout ailleurs. Ce n'est pas parce que ma lettre sera lue que je te parle ainsi; non, mon cœur, c'est que je le pense de bien bonne foi. Rappelle à ton mari qu'il me dit au mois de juillet que j'étais à peu près la seule qui vît juste dans ce moment. Rappelle-le-lui, pour qu'il prenne confiance en ce que je te mande, qui est ma véritable manière de voir. Adieu, mon cœur... »

Je ne sais trop si, en effet, dans les premiers jours de cette installation à Paris, la famille royale ne crut pas avoir été amenée par force à prendre le meilleur parti et si la reine elle-même ne se flatta point de pouvoir agir de près sur les esprits; mais on dut vite s'apercevoir que la situation était et restait affreuse. On était mis directement en contact avec la mer montante et avec les flots, et on ne pouvait ni céder toujours sans se perdre, ni résister le moins du monde sans émouvoir et irriter l'élément mobile. On n'allait pas sans doute à sa perte d'un train égal et continu : il y avait des instants de calme et de bonace, des temps de répit assez longs; mais, à chaque crise, on restait à la merci du mouvement fatal. M. de La Fayette, en ces années, était le véritable maître de Paris, et sa probité roide, son étroitesse de vue et de ligne ne permettaient de rien concerter avec lui. Il y avait, sans doute, des têtes dans l'Assemblée, une entre autres, qui sentaient où l'on allait et que la monarchie, déjà désemparée, était près de s'abîmer si l'on n'y mettait au plus tôt bon ordre. Mais comment discerner ces têtes capables et d'une arrière-pensée bienveillante, comment avoir l'idée de les rapprocher de soi, quand elles apparaissaient chargées de toutes les souillures, presque de tous les crimes, et quand on était soi-même avec un triple bandeau de préventions sur les yeux? M. de Mercy-Argenteau eût été sans doute un bon conseiller pour la reine; mais cette qualité d'ambassadeur de l'empereur son frère le rendait suspect, et sa présence seule était un inconvénient. Le soupçon veillait de toutes parts. La reine, dans ce cercle resserré qu'elle parcourt d'un coup d'œil juste, se rend compte désormais de tous les périls : du premier jour elle s'est mise à la raison par nécessité ; c'en est fait de toutes ses vivacités passées : « Le seul moyen, pense-t-elle, de nous tirer d'ici est la patience, le temps, et une grande confiance qu'il faut leur inspirer. » Elle se fait d'ailleurs bien peu d'illusions ; après les premiers mois écoulés, elle ne voit qu'accroissement de dangers autour d'elle et sombres présages pour l'avenir ; de faibles et rares retours de l'opinion, des fluctuations d'une heure en sens favorable ne l'abusent point ; le courant général est trop fort ; les violents et les ardents entraînent les faibles. « On aurait pu, dit-elle, espérer d'abord que le temps ramènerait les esprits, mais je ne rencontre que de bonnes intentions et pas un courage. » (10 mars 1790.)

III.

Ce fut vers ce moment que l'idée de recourir à Mirabeau germa dans les têtes royales, soit qu'elle y vînt d'elle-même, soit qu'elle eût été suggérée. Une lettre de la reine au baron de Flachslanden, publiée par M. Feuillet de Conches, si la date qu'il lui assigne est exacte (22 avril 1790), ne cadre point parfaitement avec les indications, d'ailleurs si précises, données par le comte de La Marck, et qu'il faut chercher dans la publication de M. de Bacourt. Il y a d'un côté ou de l'autre un mois d'erreur. Cela s'explique très-bien par une inadvertance, par un *lapsus* de plume ou de mémoire. Quoi qu'il en soit, la reine, en abordant l'idée d'une relation directe avec Mirabeau, n'avait pas encore surmonté sa prévention violente. Le 26 février 1790, elle écrivait à son frère l'empereur Joseph, déjà mort depuis quelques jours sans qu'elle le sût :

« Mon cher frère, la situation des choses, je le reconnais avec vous, est très-mauvaise, et votre dernière lettre apprécie très-juste les dangers que nous courons ; vous craignez que je ne me fasse encore trop d'illusions : j'en ai bien peu. On est à côté de moi très-résigné à accepter une part très-modeste ; pour mon compte je ne ferais pas si bon marché du pouvoir du trône ; plus on accorde aux factions, plus elles se montrent exigeantes ; nous en avons la preuve chaque jour. Je me suis beaucoup entretenue à ce sujet avec le comte de M. (*Mercy*), et il partage entièrement ma manière de voir. L'Assemblée est le foyer du mal ; elle tend à s'emparer de tous les pouvoirs et à annihiler complétement le roi : il m'avait semblé qu'on aurait dû essayer de composer avec les meneurs et de les gagner. Le premier et le plus dangereux de tous est Mirabeau dont je vous ai déjà parlé ; mais son immoralité inspire une telle horreur, et on a fait un tel portrait de lui aux journées des 5 et 6 octobre dont il a été le fauteur et le meneur, qu'on ne saurait se déterminer à avoir de près ni de loin aucun rapprochement avec cet homme... (1). »

(1) Cette lettre de la reine à son frère Joseph se trouve dans le recueil de M. d'Hunolstein ; elle ne se retrouve pas dans celui de M. Feuillet de Conches : d'où viennent ces désaccords, si la source où l'on a puisé est la même ? est-ce que toutes les lettres du premier de ces recueils ne sont pas également authentiques et au même titre ? celle-ci n'a-t-elle donc point paru assez curieuse et assez importante ? Pourquoi, d'ailleurs, dans aucun des deux recueils, cha-

C'était faux. Mirabeau n'était pour rien dans ces journées. M. de La Marck, qui ne le quitta point pendant toute la journée du 5, l'atteste. Quand Mirabeau sut que la reine avait eu de lui cette pensée, il changea de visage. « Il en devint jaune, vert, hideux. L'horreur qu'il éprouvait était frappante. » Cette calomnie des journées d'octobre c'était son affaire du Collier, à lui.

La même prévention obstinée que la reine avait contre Mirabeau, elle l'eut aussi contre Barnave, et elle la manifesta vivement quand M. de Laborde, son banquier, lui dit un jour qu'il était bien disposé pour elle et pour le roi. Elle recommença la même erreur. Elle s'aperçut ensuite qu'elle s'était trop prévenue et que Barnave revenait à eux. C'est ainsi que l'horloge des Tuileries retardait toujours : le cadran de l'Hôtel de Ville avançait.

L'entrevue avec Mirabeau eut lieu à Saint-Cloud le 3 juillet 1790, dans l'appartement de la reine. On a le compte rendu de la reine à son frère l'empereur Léopold, dans une lettre du 7 :

« Mon cher frère, M. de Mercy vous a sans doute fait connaître après combien d'incertitudes nous nous sommes déterminés à faire parler à Mirabeau. J'avais cherché un moyen qui m'a longtemps échappé; il me fallait une personne sûre

que lettre imprimée ne porte-elle pas avec elle l'indication précise de la provenance et du lieu où l'on pourrait, à la rigueur, vérifier sur l'original ? On aurait plus d'une explication de ce genre à demander... Mais nous ne sommes en ce moment qu'un simple lecteur; les historiens à venir seront, j'en avertis, plus curieux et plus exigeants.

et bien posée (1), qu'il ne pût pas déjouer... Enfin, la personne la plus propre à une pareille négociation, le comte de La Marck, s'est rencontré sous ma main et je l'ai employé sur-le-champ. Il paraît qu'il était avec Mirabeau pendant la plus grande partie des funestes journées d'octobre de l'année dernière : il m'a affirmé que Mirabeau, loin d'y avoir pris aucune part, s'était montré dans cette circonstance exaspéré contre. J'avais besoin de cette assurance pour me décider ; le frisson me restait encore malgré cette affirmation, qui cependant devait être une certitude, vu le caractère de celui qui parlait. Mirabeau a été mis d'abord en rapport avec le comte de Mercy, qui m'a dit en avoir été complétement satisfait, et a même ajouté que depuis longtemps Mirabeau, dégoûté de la marche des affaires, se sentait en disposition de s'entendre avec la Cour et s'attendait à des ouvertures de ce genre; qu'on pouvait voir d'ailleurs, par ses travaux dans l'Assemblée, qu'au fond il avait toujours été l'homme des principes monarchiques. L'accord a été bientôt conclu. Mirabeau a fait remettre au roi des mémoires d'un très-bon esprit... Après la lecture de plusieurs mémoires de Mirabeau, un surtout très-fort, on a trouvé qu'il serait à propos qu'il me vît pour prendre des instructions générales. J'avoue que le frisson d'horreur me reprit plus que jamais à cette idée; mais comme, en le voyant, on pouvait résumer en une demi-heure beaucoup d'idées dont il faudrait rechercher le détail

(1) Comme simple lecteur, je ne puis m'empêcher de faire une observation : Marie-Antoinette parle d'une personne sûre et *bien posée;* cette dernière locution m'étonne un peu au xviiie siècle. Je suis aussi un peu étonné de rencontrer sous cette plume de reine le mot *annihiler* (citation précédente), un mot qui est difficile à prononcer et à écrire. — (On voit que, sans soupçonner encore précisément l'authenticité de certaines lettres, je n'étais pas sans quelque vague inquiétude : malgré ma bonne volonté à croire à tout ce qui nous était donné, il y avait un instinct qui ne me faisait pas complétement défaut; j'avais comme une démangeaison de doute.)

en cent lettres éparses, et qu'on pouvait s'entendre et se concerter sur toute chose une bonne fois pour toutes, j'ai consenti à une entrevue secrète. J'ai donc vu le monstre ces jours derniers avec une émotion à être malade, mais que son langage a bien vite contre-balancée sur le moment. C'était à Saint-Cloud, il y a quatre jours; le roi était auprès de moi et a été fort content de Mirabeau, qui lui a paru de la meilleure foi et tout à fait dévoué; on croit tout sauvé. La première condition du plan de Mirabeau est notre éloignement avec toute la famille hors de Paris, non pas à l'étranger, mais en France... »

Si la reine avait été charmée de Mirabeau, celui-ci, comme nous l'apprend de son côté M. de La Marck, sortit de l'entrevue plein de flamme et d'enthousiasme. « La dignité de la reine, la grâce répandue sur toute sa personne, son affabilité lorsque avec un attendrissement mêlé de remords il s'était accusé lui-même d'avoir été une des principales causes de ses peines, tout en elle l'avait charmé au delà de toute expression. » Quand on la voit plus tard produire exactement le même effet sur Barnave, il faut reconnaître qu'elle avait de près ce don des femmes, le charme, la fascination.

Ce n'est pas le lieu de revenir ici sur le plan de Mirabeau : il ne fut suivi qu'incomplétement et d'après la méthode *éclectique* de Louis XVI ; on y substitua en partie celui de M. de Breteuil. Mirabeau voulait que le roi sortît de Paris en roi, en plein jour, non déguisé ni, certes, en domestique, sans rien de ce qui avilit aux yeux d'une nation; il voulait aussi l'appui d'un général, de M. de Bouillé; la guerre civile peut-être, non la guerre étrangère... La reine, cependant, commençait à reconnaître qu'il y aurait eu avantage et peut-être salut à suivre plus tôt cette voie de conciliation et d'intelligence avec quelques-uns des hommes influents de l'Assemblée. « Je crains de m'être bien trompée, disait-elle, sur la route qu'il aurait fallu suivre. »

Que de variations, que de vicissitudes durant cette année (avril 1790-avril 1791) jusqu'à l'heure de la mort de Mirabeau! Il est fort douteux, malgré tout, que le plan de celui-ci eût jamais pu réussir. Mirabeau, avec tout son génie et avec les vues de haut bon sens qui y entraient, avait des écarts d'imagination, des bouffées subites, et il était sujet à illusion, à optimisme ; il n'avait pas la géométrie de l'exécution. Et, de plus, on n'avait pas absolument confiance en lui ; on l'écoutait, et on en écoutait d'autres. Il y avait des jours où, sentant le besoin de maintenir, de raviver sa popularité en souffrance, et cédant sans doute aussi à son tempérament d'orateur révolutionnaire, il reprenait sa voix tonnante dans l'Assemblée, et alors on se croyait trahi comme par un transfuge, on était furieux contre lui aux Tuileries. Louis XVI qui, dans son apathie de nature, n'était peut-être pas fâché d'échapper à ce puissant conseiller qui le pressait trop d'agir, disait : « Voilà ce que c'est que d'employer des gens peu estimables! » La reine elle-même, pleine de doutes et d'anxiétés, écrivait le 22 octobre 1790 à son frère Léopold :

« Nous voilà retombés dans le chaos et dans toutes nos défiances. Mirabeau avait fait remettre quelques notes un peu vives, mais raisonnées, sur la nécessité de prévenir les usurpations de l'Assemblée, et de ne pas lui laisser lancer un décret déclarant la compétence à la nomination des ministres. Il avait proposé plusieurs noms, et le roi était disposé à examiner la question quand, à propos de troubles survenus sur une escadre, il a prononcé un discours de violent démagogue, à épouvanter les honnêtes gens. Voilà encore nos espérances toutes renversées de ce côté; le roi est indigné, et moi désespérée. Il a écrit à un de ses amis (*M. de La Marck*) en qui j'ai beaucoup de confiance et qui est un galant homme, très-dévoué, une lettre explicative que l'on m'apporte à l'instant et qui me semble fort peu de nature à rien expliquer ni excuser. Cet homme est un volcan qui mettrait le feu à un empire; comptez donc sur lui pour éteindre l'incendie qui nous dévore! Il aura fort à faire avant que nous ayons repris en lui confiance... Comment faire goûter ses avis, quand d'un autre côté on donne dans les excès incendiaires?... La Marck défend Mirabeau et soutient que s'il a parfois des *par delà* comme il dit, il est de bonne foi pour la monarchie et fidèle, et qu'il réparera cet écart de son imagination, où son cœur n'est pour rien. Voilà ce que le roi ne voudra pas croire; je l'ai vu hier fort irrité. La Marck dit qu'il ne doute pas que Mirabeau a cru bien faire en parlant ainsi, pour donner le change à l'Assemblée et trouver plus de crédit dans des circonstances plus graves encore. *O mon Dieu! si nous avons commis des fautes, nous les avons bien expiées!* »

IV.

Il faut distinguer, ai-je dit, entre les lettres où la reine se contient un peu et celles où elle peut découvrir le fond de son cœur. Je choisis naturellement celles-ci. L'empereur Léopold, prince sage, prudent, peu disposé à intervenir, très-occupé à contenir les émigrés, n'était pas toujours bien au fait des dispositions de sa sœur ; il la croyait quelquefois affaiblie, découragée ; il lui écrit un jour en ce sens et lui donne le conseil de quitter la partie, d'échapper à ce rôle de victime. Elle lui répond en déchargeant son cœur et en le dégorgeant à outrance (27 décembre 1790) :

« Oui, mon cher frère, notre situation est affreuse, je le sens, je le vois, et votre lettre a tout deviné. La nature humaine est bien méchante et monstrueuse; et cependant cette nation, j'en ai eu des preuves singulières, n'est pas mauvaise au fond. Son défaut est d'être trop mobile. Elle a des élans généreux qui ne se soutiennent pas; elle se laisse enflammer comme un enfant et mener, et, une fois égarée, on lui ferait commettre tous les crimes, sauf à se repentir avec des larmes de sang. Il est bien temps quand le mal est fait ! Vous me rappelez que j'avais considéré les États-Généraux comme un foyer de trouble et l'espoir des factieux ; ah ! depuis ce temps-là, nous avons fait bien du chemin. Je suis journellement abreuvée d'injures et de menaces. A la mort de mon pauvre cher petit Dauphin (1), la nation n'a pas seulement eu l'air de s'en apercevoir. A partir de ce jour-là, le peuple est en délire, et je ne cesse de dévorer des larmes. Quand on a subi les horreurs des 5 et 6 octobre, on peut s'attendre à tout. L'assassinat est à nos portes. Je ne puis paraître à une fenêtre, même avec mes enfants, sans être insultée par une populace ivre, à qui je n'ai jamais fait le moindre mal, bien au contraire, et il se trouve assurément là des malheureux que j'aurai secourus de ma main. Je suis prête à tout événement, et j'entends aujourd'hui de sang-froid demander ma tête. Mes chagrins s'augmentent, mon cher frère, de l'état de votre santé; je ne saurais vous dire combien j'ai été touchée de la bonne longue lettre que vous m'avez écrite de votre lit de souffrance. Je reconnais bien là votre cœur, et je vous

(1) Le premier Dauphin mort en juin 1789.

remercie de toutes mes forces; mais, pardonnez-moi, je vous en conjure, si je continue à me refuser à votre conseil de quitter : songez donc que je ne m'appartiens pas; mon devoir est de rester où la Providence m'a placée et d'opposer mon corps, s'il le faut, aux couteaux des assassins qui voudraient arriver jusqu'au roi. Je serais indigne du nom de notre mère, qui vous est aussi cher qu'à moi, si le danger me faisait fuir loin du roi et de mes enfants. »

Et un autre jour, aux discours qu'on lui rapporte de Vienne, et qui feraient supposer que son frère la considère comme menée par La Fayette ou tel autre personnage du dedans, elle s'indigne, elle se révolte (20 janvier 1791) :

« Nous sortons tous d'un sang trop noble, écrit-elle à M. de Mercy, pour qu'aucun de nous puisse soupçonner l'autre d'une telle bassesse; mais il y a des moments où il faut savoir dissimuler, et ma position est telle et si unique que, pour le bien même, il faut que je change mon caractère franc et indépendant. »

Elle chargeait le comte de Mercy de réfuter en bon lieu ces bruits malveillants que semaient les émigrés exaltés et la cabale du comte d'Artois, afin de donner prétexte et carrière à leurs plans aventureux. Elle ajoutait dans tout le feu de son indignation et l'ardeur profonde de son mépris :

« Je ne vous charge pas de faire mon apologie; vous connaissez depuis longtemps le fond de toute mon âme, et jamais le malheur n'y pourra faire entrer la moindre idée vile ni basse; mais aussi ce n'est que pour la gloire du roi et de son fils que je veux me livrer en entier, car tout le reste que je vois ici m'est en horreur, et il n'y en a pas un, dans aucun parti, dans aucune classe, qui mérite qu'on fasse la moindre chose pour lui. »

Voilà les accents du cœur, l'âme même qui déborde. Telle était Marie-Antoinette dans les mois qui précédèrent la fuite de Varennes et lorsque le projet de cette évasion était déjà arrêté en idée. Elle n'a pas d'elle-même de plan général de politique, et eût-elle eu la capacité d'en concevoir un, elle n'aurait pas été assez influente auprès du roi pour l'y fixer. On ne fixait pas Louis XVI, on ne le tenait pas. Le comte de Provence (Louis XVIII) disait du caractère de son frère : « Figurez-vous des boules d'ivoire huilées, que vous vous efforceriez de retenir ensemble. » Marie-Antoinette pouvait donner un moment d'impulsion, mais cela ne durait pas. Il fallut sans doute, pour déterminer Louis XVI à cette fuite même de Varennes, les événements des 17 et 18 avril 1791, c'est-à-dire l'obstacle que mit la populace à ce qu'il partît pour Saint-Cloud, où il voulait aller passer la semaine sainte et faire ses Pâques en catimini par le ministère de prêtres non constitutionnels. Ce scrupule de conscience atteint et blessé en lui le détermina à exécuter enfin cette fuite toujours retardée. La reine, dans ces longs mois de captivité aux Tuileries, s'était mise avec courage à tout ce qu'exigeait sa position nouvelle. Elle écoutait les donneurs d'avis, lisait des mémoires, des notes, en copiait de sa main, étudiait même, comme nous dirions, de certaines questions, même de finances. Elle avait l'esprit juste, elle comprenait; mais la suite et l'ensemble n'étaient guère son fait. Ce qui la caractérise à jamais durant ce long supplice qui date du 6 octobre, c'était le motif qui l'inspirait, la source élevée de ses sentiments, la conscience de ce qu'elle était et de ce que la nature l'avait faite, le dévouement à ses devoirs de royale épouse et de mère, un courage de chaque heure, une constance qui ne se démentit en public à aucun moment, non plus que son air de dignité et de grâce. C'est ce diadème doublé d'épines que, dans tout portrait fidèle, il faut lui voir nuit et jour attaché au front.

Il y aurait, comme accompagnement et contraste, à citer la correspondance de Madame Élisabeth, qui fait une manière d'aparté perpétuel. Cette sainte et dévote princesse, je l'ai dit, a son franc parler à elle et exprime son libre avis sur toute chose et sur chacun; elle n'a pas le sens commun ou moderne, le sens politique : elle pense comme une enragée d'émigrée, mais elle est soumise comme une sœur, son abandon à la Providence fait sa joie. Ce qui est certain, c'est qu'elle est gaie dans sa cage et qu'elle chante comme un oiseau du bon Dieu. « La sérénité d'Élisabeth, disait la reine, nous soutient et nous relève tous. » — Madame Élisabeth, telle qu'elle ressort de cette Correspondance aujourd'hui complétée, se révèle comme une sainte des plus originales. Réservons cette noble, innocente et spirituelle figure, pour nous y consacrer un jour.

Nous n'en sommes qu'à la fin du premier volume donné par M. Feuillet de Conches. La suite de ce riche présent historique, dont on ne saurait trop le remercier, la marche même de la publication, nous obligera à revenir plus d'une fois sur les personnages et les événements qui y gagnent en lumière.

Et maintenant, il me faut rendre compte brièvement des raisons et des réflexions qui m'ont conduit un peu tard, à la suite de M. de Sybel, de M. Scherer, de M. Élie Reclus, et, en dernier lieu, de M. A. Geffroy, à être convaincu que la plupart des lettres données par M. d'Hunolstein, et conséquemment toutes celles au moins que la collection de M. Feuillet de Conches a en commun avec l'autre Recueil, sans préjudice des lettres voisines qui rentrent dans le même ton, sont mensongères et apocryphes, et qu'elles ont été assez ingénieusement rédigées par un sophiste ou rhéteur habile : je dis *rhéteur,* parce que dans l'Antiquité ces sortes de supercheries étaient fréquentes et qu'elles constituaient même un genre de littérature épistolaire qui n'est pas tout à fait méprisable. Les modernes sont moins indulgents, et l'on flétrit aujourd'hui d'un nom très-peu littéraire ces frauduleux pastiches en matière historique, qui, une fois mis en circulation, et quand ils rencontrent leur homme, atteignent souvent à une valeur vénale fort élevée.

Il y a une règle assez générale qui ne trompe guère, c'est qu'il ne faut pas que ces prétendues découvertes qui se font dans le champ de l'inédit arrivent trop à point nommé et à souhait. Je le disais moi-même dans une lettre à M. Feuillet de Conches, au moment où la discussion avec M. de Sybel était déjà engagée et où, comme pour me tâter, il m'écrivait que le baron de Reumont, alors à Aix-la-Chapelle, lui apprenait que *j'inclinais de ce côté-là.* Je lui répondais, le 2 septembre 1865 :

« Je n'ai pas l'honneur de connaître personnellement M. de Reumont ; je n'ai certainement rien écrit et je ne me rappelle avoir rien dit qui puisse motiver cette conclusion. Je vous avouerai, cependant, que votre Réponse (1) n'est pas celle qui convient. Vous la mêlez à des remercîments pour les uns, à des compliments pour les autres : ceci est un procès, et il faut traiter les affaires en affaires.

---

(1) La Réponse qui se trouve en tête du tome III de la collection de M. Feuillet.

Il ne s'agit pas de *querelle d'Allemand,* quoi que vous en disiez : dans les trois quarts des questions de textes ou de critique proprement dite, les Allemands ont raison contre nous. Cela est perpétuellement vrai pour tout ce qui est de littérature ancienne. Il faut faire de cela, ce me semble, une question de fait et pas autre chose. Vous ne pouvez absolument séparer votre cause de celle du comte d'Hunolstein, et je crois qu'il serait bon là-dessus, votre intérêt étant le même, de vous entendre. M. d'Hunolstein m'a, deux ou trois fois, proposé de voir ses originaux. La rencontre a manqué, un peu de ma faute. Je suis paresseux de corps, et d'ailleurs je ne me sens pas très-compétent en ces sortes de questions. Les lettres de Marie-Antoinette ont pu paraître un peu suspectes, *par cela même qu'elles étaient trop ce qu'on pouvait désirer.* »

Cette dernière pensée est la même que je trouve exprimée d'une manière plus formelle par M. Gaston Paris, dans la *Revue critique* du 6 octobre 1866 ; il s'agit de ces découvertes à la fois imprévues et trop prévues, qui viennent satisfaire si agréablement à un vœu secret du lecteur ; le jeune et savant critique disait à ce propos :

« Quand des documents, de quelque nature qu'ils soient, se présentant sans garanties absolues, sont justement ceux que, dans l'état de nos connaissances, nous aurions pu fabriquer ou que nous aurions simplement attendus, ces documents sont presque toujours faux. C'est ainsi que récemment un fabricateur sarde, voulant illustrer l'histoire littéraire de son île il y a deux mille ans, a publié des renseignements curieux sur le *Sardus ille Tigellius* d'Horace et même des vers de ce chanteur du temps d'Auguste ; on aurait pu parier à coup sûr que Tigellius, le seul auteur sarde aussi anciennement connu, ferait les frais d'une partie de ce faux. C'est la même règle de critique qui fait que des lettres, des mémoires, etc., où se trouvent rapportées les anecdotes, les scènes que, d'après d'autres sources, devait raconter l'auteur, sont au moins suspects. En général, les documents authentiques modifient et le plus souvent démentent sur certains points, les informations précédentes ; on n'y trouve jamais exactement ce qu'on croit y trouver, et ceux qui répondent trop bien à notre attente ont presque toujours de bonnes raisons pour cela. »

Cette remarque peut s'appliquer directement à la plupart des lettres produites par M. d'Hunolstein et reproduites par M. Feuillet de Conches, et à quelques-unes même qui ne sont que dans le Recueil de ce dernier.

Pour prendre un exemple contraire, mais par où la remarque se vérifie également, M. George Guiffrey a publié dernièrement (1866) des *Lettres inédites* de Diane de Poitiers : ces lettres sont authentiques. Y a-t-il rien d'agréable dedans? y retrouve-t-on une Diane de convention, la Diane des ombrages de Fontainebleau et d'Anet, celle des poëtes et de la légende, la chasseresse, l'enchanteresse, répondant aux portraits que l'imagination de loin a pu se créer? Nullement. Ces lettres sont sèches, positives; elles sont vraies. Que si l'on retrouvait une lettre d'Henri IV où il fût question de la *poule au pot,* il faudrait que cette lettre fût trois fois authentique pour qu'un bon esprit, aguerri à ces sortes de recherches, se décidât à y croire.

Au lieu de cela, tout est à souhait pour l'amateur dans les lettres, si heureusement retrouvées, de cette Dauphine qui sera une reine si calomniée et si malheureuse. M. Feuillet l'a si bien compris, qu'avant même de donner sa Collection, il n'a pu y tenir et que, dans son tome II des *Causeries d'un Curieux* (1862), il a pris les devants et a publié, comme la plus délicate des primeurs et bien faite pour affriander, la première lettre de Marie-Antoinette à l'impératrice sa mère, dès son arrivée sur la terre de France (Strasbourg, 8 mai 1770). Il vient de faire un tableau peu flatteur de la Cour de Louis XV, et des intrigues qui s'y croisent : « C'est au milieu, dit-il, de ces luttes sourdes et intestines que parut Marie-Antoinette, parée de sa candeur, de ses quinze ans, de sa beauté et de cette noblesse native, tempérée de sensibilité, qui, sans qu'elle y songeât, lui donnait un si grand air et la rendait si touchante. *Le drame commence.* » C'est donc un drame; et, en regard de cette première lettre, il n'y aurait plus qu'à placer pour plus d'effet cette autre lettre, la toute dernière, de la reine captive, « lettre encore tachée de ses larmes, » et qui est aux Archives de l'Empire, où elle doit prochainement être exposée, dit-on, sous vitrine, aux regards des curieux. Voilà qui est bien conforme et « en parfaite harmonie avec le goût théâtral du moment où nous vivons (1). » Pour peu donc qu'on ait le sentiment dramatique et qu'on se mette à envisager les choses à ce point de vue, on indiquerait d'avance, comme dans un bon cours de rhétorique, les endroits, les motifs qui prêtent à une jolie lettre et qui font canevas ou thème :

(1) J'emprunte ces paroles à un fort bon écrit de M. Henri Bordier, *les Inventaires des Archives de l'Empire* (1867).

Le moment où la Dauphine quitte les terres de l'empire ;
Le moment où elle met le pied sur la terre de France ;
Le moment, la minute qui suit la célébration du mariage ;
Le moment, la minute où elle devient reine, Louis XV venant de rendre le dernier soupir ;
Le moment où, souveraine outragée, elle apprend l'Arrêt du Parlement dans l'affaire du Collier, etc., etc.

Et en effet, n'est-ce pas extraordinaire à force d'à-propos? aucun de ces moments intéressants et décisifs n'est manqué soit dans le recueil de M. d'Hunolstein, soit dans celui de M. de Conches (1). C'est merveille comme le hasard est tombé juste et s'est montré cette fois un parfait rhétoricien.

Mais il y a eu un malheur, un contre-temps qu'on n'attendait pas : de vraies lettres, et cette fois toutes rudes et un peu brutes, adressées bien réellement à l'impératrice par sa fille, ont été publiées à Vienne par M. d'Arneth ; et dès ce moment le contraste a sauté aux yeux. L'invraisemblable et l'impossible se sont dessinés et tranchés comme par une ligne distincte. On avait en main désormais un instrument précis pour mesurer le degré de l'artifice. Les preuves intrinsèques du faux ont été recherchées et administrées par M. de Sybel avec la sagacité critique et la fermeté d'esprit qui lui appartient. Mais il manquait encore la vérification matérielle, la confrontation. M. d'Hunolstein s'y est loyalement prêté pour sa part, et dès lors le problème dans son ensemble a été résolu. Il n'y a plus de doute et de discussion possible que pour quelques lettres de date plus récente et postérieure à 1788. M. Feuillet de Conches a cherché à prendre sa revanche en étendant de

(1) Le Recueil de M. d'Hunolstein commence au moment où la Dauphine quitte la dernière ville frontière de l'empire ; le recueil de M. Feuillet ne commence qu'au moment où elle a mis le pied en France, à Strasbourg. Je me suis étonné, dans les premiers temps, de ce que le Recueil de M. Feuillet, qui a tant de pièces en commun avec celui de M. d'Hunolstein, ne les donnait pas toutes. Il ne m'a été répondu à cette question que très-vaguement : « Vous vous êtes étonné que je ne donnasse pas telle ou telle lettre donnée déjà par M. d'Hunolstein ; mais il faut être prudent en semblable matière avec notre législation. La priorité de publication constitue un droit. » C'est là une réponse insuffisante. Les rapports de ressemblance et de différence de ces deux Recueils connexes et solidaires, qu'on s'est appliqué à disjoindre dans la défense, sont restés, pour moi comme pour le public, un problème obscur et non résolu ; il y a un coin de mystère.

préférence ses dissertations et apologies sur les parties dernières de la Correspondance qui peuvent faire doute encore, tandis que c'étaient surtout les lettres de la première partie qu'il s'agissait de justifier, et de représenter dans des autographes sincères, s'il pouvait en exister de tels en regard de ceux que M. d'Hunolstein avait produits et qui ont été convaincus de fausseté. Ces deux textes mis à côté l'un de l'autre eussent été l'objet, assurément, d'un bien curieux examen : il n'a pas été donné au public — j'entends le public des amateurs et connaisseurs — de se livrer à cette comparaison (1).

Mais on s'explique maintenant très-bien qu'il y ait de si jolies choses, et propres à être citées, dans cette première partie de la Correspondance; les gentillesses sur la Du Barry; le mot attribué à Marie-Antoinette, « Française *jusqu'au bout des ongles,* » qui répond si bien à l'accusation d'être Autrichienne: les croquis du comte de Provence, du comte d'Artois, qui ne sont que les portraits connus, un peu rajeunis, de ces personnages; tout cela a été assez artistement contrefait pour séduire à première vue. C'était comme un fait exprès qui offrait le piquant de la surprise dans l'à-propos de la rencontre.

Je n'en dirai pas plus, et je renvoie ceux qui veulent une discussion véritable et complète au travail de M. Geffroy, publié à la fin du tome II de son ouvrage sur *Gustave III*, et qui est jusqu'ici le dernier mot de la question. Ce n'est pas sans un sentiment pénible que je suis arrivé bien lentement, et après beaucoup de réflexions, à me déjuger de la sorte; mais la vérité avant tout! Supprimer mes articles et me taire sur les raisons qui m'y auraient déterminé n'eut pas suffi. Et puis il est impossible qu'on ait été crédule et dupe jusqu'à un certain point, sans en dire quelque

(1) Je dois reconnaître toutefois qu'à un certain moment de la discussion, M. Feuillet de Conches m'a envoyé trois *minutes* de lettres de Marie-Antoinette, retouchées, m'a-t-il dit, par l'abbé de Vermond, à savoir une lettre de la reine à l'impératrice sa mère, du 16 avril 1778, et deux lettres à sa sœur Marie-Christine, l'une du 21 juin 1782 et l'autre du 6 novembre 1783. J'aurais aimé voir les brouillons des autres lettres antérieures de date et plus décisives. Et puis cet examen des brouillons, de ce qui est censé de la main de la reine et des surcharges attribuées à Vermond, ne saurait se faire utilement que dans des conditions différentes, non point par portions congrues, non point par parcelles choisies, mais tout à fait cartes sur table et par-devant de vrais experts contradictoirement entendus.

chose, comme excuse au moins, au public. Quant à la Collection de M. Feuillet de Conches, je ne puis mieux faire que d'exprimer publiquement le regret que je lui ai témoigné à lui-même : « J'ai regret, lui ai-je dit en terminant et en brisant des relations qui m'avaient été agréables, qu'une Collection aussi considérable, aussi précieuse que la vôtre, un si riche Recueil, contienne un début et une *mise en train* de drame, qui demeurent à bon droit suspects. »

Il sera question encore de Marie-Antoinette dans les volumes suivants, à l'occasion des publications de M. d'Arneth.

Lundi 29 août 1864.

CATINAT.

La figure du maréchal de Catinat, même en la dégageant de l'espèce de légende philosophique dont on l'avait un peu obscurcie, en ne se gardant pas moins de l'admiration routinière qui arrondit les traits et ôte à la physionomie son accent, est et restera une des plus belles, des plus pures et des plus originales du xviie siècle. De tout temps je me suis senti attiré par elle; mais la publication des deux derniers volumes de l'ouvrage de M. Camille Rousset sur Louvois (1) est venue raviver et satisfaire à la fois ce désir. Catinat y est montré au vrai, au naturel, en action, d'après ses œuvres et ses paroles; il n'y a guère qu'à l'y découper pour le dessiner aux yeux et le faire saillir avec plus de relief et de singularité qu'on ne se le permettait autrefois dans les plus beaux Éloges académiques. Des notes manuscrites, puisées aux sources, et dont je dois

(1) Voir surtout, dans le IIIe et le IVe volume, les chapitres qui traitent des affaires du Piémont.

communication à l'obligeance de M. C. Rousset, m'aideront aussi moi-même à renouveler le portrait et à le continuer dans les parties que l'historien n'a pas traitées.

Un principe bien simple me dirige dans ces reprises d'études déjà faites tant de fois par des écrivains de talent, et qu'il peut sembler inutile de recommencer. Notre siècle, un peu revenu depuis quelque temps du goût des révolutions en politique, a reporté cette passion assez innocemment dans l'histoire littéraire : il n'aime rien tant en ce genre que de défaire et de refaire, de détruire ou de créer ; il a un goût décidé pour déterrer ou réhabiliter des inconnus de la veille, et pour renverser de grands noms, des noms consacrés. Parce qu'on a réussi dans quelques exemples notables à ce jeu d'élévation et de rabaissement, voilà qu'il prend à chacun les idées et les fantaisies les plus singulières à propos des personnages célèbres du passé : ceux-ci, on se contente de les diminuer, de les amoindrir ; ceux-là, on veut les dégrader à tout prix, les abîmer et les abattre ; quelques autres, au contraire, en petit nombre, on n'est occupé qu'à les grandir et à les transfigurer, c'est-à-dire encore à défigurer leur caractère. A la moindre découverte d'un papier, d'un document nouveau, on se récrie, on est transporté : il semble que jusqu'ici on n'y avait rien entendu et que c'est d'à présent que la lumière se fait. Au lieu d'introduire, en l'interprétant, le renseignement nouveau, de le combiner avec les anciens et de rectifier les erreurs, s'il y a lieu, de réparer ou de combler les lacunes, on aime mieux jeter à bas et reprendre à neuf dès la base la statue, le monument. On entre dans son sujet comme dans une place prise d'assaut, avec le nouveau document déployé en guise de drapeau, et l'on chante tout d'abord victoire. Je crois cette méthode fort hasardée et injuste pour le passé : c'est, me dira-t-on, celle du génie qui procède volontiers en maître et en conquérant; mais, comme le génie est rare, c'est aussi celle de la prétention et de l'effort ambitieux, bruyant, une méthode tapageuse et qui prête fort au charlatanisme. Dans la plupart des cas, à mon sens, il y a mieux à faire : c'est de profiter de l'accroissement de connaissances et des nouvelles lumières en chaque chose, sans mettre à néant ce qui nous a été transmis de longue main et qui a ses raisons de subsister, ses racines cachées et qu'on ne sait plus bien toujours. Pour mon compte, je respecte la tradition, et j'aime aussi la nouveauté : je ne suis jamais plus heureux que quand je parviens à les accorder et réconcilier ensemble. Si votre nouveauté vient me faire brèche dans la tradition et me trouer la muraille, la faire sauter par places, j'examine, je fais la part de la nécessité, de la vérité neuve; et quand vous croyez avoir tout gagné et n'avoir plus qu'à raser le reste, holà! j'ai rebâti une nouvelle muraille derrière la première, et je tâche que cette seconde soit plus solide et inattaquable. Quand je dis *je,* veuillez supposer tout autre à ma place et pratiquant avec supériorité la même méthode. C'est de cette façon, du moins, et en ce sens que j'entends et je conçois la défense de la tradition en matière littéraire, — moyennant une vigilance de chaque jour et une réparation infatigable. Ainsi pour Pascal, ainsi pour Boileau, ainsi pour Louis XIV ; nous obligeons ceux qui se croyaient vainqueurs à compter avec nous et à composer. Il suffit pour cela de rafraîchir la défense, de la mieux revêtir, en raison des récents et plus puissants moyens d'attaque, et de l'étayer en partie sur de nouveaux fondements, en partie sur les anciens, là où ils ont droit de subsister. Et dans le cas présent encore, qu'y a-t-il à faire au sujet de Catinat, à ce point de vue de précaution raisonnable et en prévision de quelque prochain paradoxe? Précisément ce qui était à faire et ce que nous faisions, pas plus tard qu'hier encore, au sujet de Marie-Antoinette, au sujet de Mme Roland. Y avait-il lieu à une révolution dans l'idée qu'on doit se former dorénavant de ces illustres personnes, à un bouleversement d'opinion du tout au tout? Pas le moins du monde ; il ne s'agissait, comme il ne s'agit encore ici, que d'une prise sérieuse en considération, d'un renouvellement d'étude, d'une révision attentive et courageuse ; je dis courageuse : il faut du courage en effet pour se remettre sans cesse à l'œuvre et pour contrôler ses premiers jugements, pour les réformer. Faire dans nos jugements des réformes continuelles, si besoin est, mais des réformes seulement et non des révolutions, voilà le plus sûr résultat de la critique littéraire, telle que je l'entends.

Ne vous attendez donc pas à trouver dans ce qui suit un Catinat nouveau, étonnant, le contraire de ce que chacun sait. Tout considéré, et sauf quelques ombres, quelques grains plus marqués çà et là dans la physionomie, nous verrons le même Catinat, le vrai Catinat déjà connu, le plus vertueux des hommes de guerre de son temps, obéissant pourtant à sa consigne, et docile de point en point à Louis XIV, à Louvois ; puis, le guerrier une fois quitte de son service, nous aurons le philosophe et le sage, non pas absolument celui qu'on a arrangé au xviiie siècle, et sur lequel on avait répandu une légère teinte de liberté de pensée, mais enfin un modèle de modestie, de raison, de piété morale, et un bon citoyen, celui qui disait : « J'aime mon maître et j'aime ma patrie. »

I.

NAISSANCE. — FAMILLE ET RACE. — APPRENTISSAGE. — QUALITÉS. — PREMIERS EMPLOIS.

Ce guerrier, si véritablement guerrier par le courage, par l'esprit de discipline, par l'entente des opérations et la science consommée du détail, n'était pas nécessairement destiné à l'être. Né (1637) d'une famille de robe originaire du Perche, qui se rattachait depuis deux générations au Parlement de Paris, l'un des cadets de seize enfants, il avait commencé, dit-on, par l'étude du droit et le barreau. Une première cause qu'il perdit l'aurait dégoûté de la profession d'avocat et rejeté du côté des armes. Deux de ses frères y étaient déjà. Il reste beaucoup à faire pour établir avec sûreté et précision les premières années de Catinat : une Vie *critique* de ce guerrier de tant de mérite n'est pas écrite encore. Les Mémoires et Correspondance qu'on a donnés de lui, excellents par le fond, ne sont que des matériaux (1). Des deux frères qui étaient dans l'armée en même temps que lui, l'un mourut au siége de Lille en 1667; l'autre appelé Croisilles, avec qui il resta lié de tout temps d'une étroite tendresse, était capitaine au régiment des gardes; retiré du métier des armes pour cause de santé et à la suite de blessures, il devint le tendre ami de Fénelon et paraît avoir été doué de toutes les délicatesses morales; il refusa d'être sous-gouverneur du duc de Bourgogne. Le célèbre abbé Pucelle, conseiller clerc au Parlement de Paris, une des hautes vertus, une vertu proverbiale de son temps, et le modèle des magistrats parlementaires, que les Jansénites ont appelé cet *homme incomparable,* était par sa mère un propre neveu de Catinat. La probité, la droiture, le désintéressement, la modération dans les désirs, la prudhomie, faisaient comme partie de leur fonds domestique héréditaire. Massillon, dans ce magnifique Discours pour la bénédiction des drapeaux, rendait à Catinat cette justice entre tous les guerriers que « la sagesse était comme née avec lui. » Catinat, enfant de Paris, élevé dans une obscure maison de la rue de Sorbonne, aimait sa ville natale, son quartier, l'approbation de

(1) *Mémoires et Correspondance* du maréchal de Catinat, mis en ordre et publiés par M. Bernard Le Bouyer de Saint-Gervais (3 vol. in-8°, 1819). On a dit que le véritable éditeur était Auguis. Au reste l'intérêt de ces volumes est tout entier dans les pièces. Le texte même ou le corps du récit est fort mauvais.

ses voisins et proches ; nourri dans ces besoins et ces habitudes d'estime, il porta au milieu des camps un principe d'honnêteté, de rectitude et de scrupule que rien n'altéra jamais. Il y en a qui s'amollissent en avançant dans la vie et se corrompent par le repos ou par les honneurs : lui, il resta intègre jusqu'au dernier jour, et si la sagesse était née avec lui, on peut dire que sa vertu ne parut jamais plus pure qu'au sortir de l'action et dans ces années de retraite où il se disposait à mourir.

Sa carrière militaire s'était faite de bonne heure sous les yeux du roi, jeune alors, avide de gloire et attentif aux excellents sujets (1). Il eut d'abord des emplois de cavalerie ; il était fait lieutenant dans les chevau-légers en 1665. Il se distingua au siége de Lille (1667) dans les attaques de la contrescarpe et de la demi-lune ; Louis XIV, présent au siége, le nomma lieutenant au régiment des gardes ; puis, trois ans après, capitaine d'une compagnie au même régiment (1670). Il rendit d'importants services dans les trois premières campagnes de la guerre qui commença en 1672, et principalement en 1673 à l'attaque de l'ouvrage à corne de Maëstricht. Dans la conquête de Franche-Comté (1674), il ne se distingua pas moins à la prise du fort Saint-Étienne et des dehors de la citadelle

(1) Il ne faudrait pourtant pas dire, comme cela m'était échappé d'abord, par trop de confiance dans le rédacteur des *Mémoires de Catinat*, qu'il commença par être « aide de camp du roi » en 1664, à l'âge de vingt-sept ans. On n'est pas aide de camp du roi d'emblée en commençant. Le brevet, bien lu, dit simplement que le roi l'a établi « en la charge d'aide de ses camps et armées. » Je me figure que c'était un grade qui répondait assez à celui d'adjudant.

de Besançon que le régiment des gardes emporta l'épée à la main. Catinat, même plus tard devenu général, se montra toujours d'une rare intrépidité personnelle, d'une bravoure presque excessive dans un chef; cet homme si prudent et concerté dans ses mouvements et sa stratégie en tant que commandant d'armée, se retrouvait sur le terrain, en un jour de bataille, le capitaine du régiment des gardes, et s'exposait comme un simple grenadier jusqu'à se faire plus d'une fois réprimander par Louis XIV. Ceux qui l'ont vu en ces sortes d'action, et qui étaient disposés, d'ailleurs, à blâmer son trop de circonspection dans l'ensemble, disaient que personne n'était plus fier que lui l'épée à la main (1). Louis XIV lui donna, en 1676, l'emploi de major général de l'infanterie dans son armée de Flandre. On rapporte que M. de la Feuillade voulant empêcher Catinat d'être major dans le régiment des gardes, idée première qu'avait eue le roi, lui avait dit pour l'en détourner : « On peut faire de lui un général, un ministre, un ambassadeur, un chancelier, mais non pas un major du régiment des gardes. »

Si l'on cherche le sens précis de cette épigramme tournée en éloge, il me semble y voir quelque chose

---

(1) Tous les biographes disent qu'en cette même année de la conquête de la Franche-Comté (1674), Catinat présent à la bataille de Senef y fut blessé et reçut à ce sujet un billet du grand Condé, dont on cite même les termes. Les *provisions* ou états de service de Catinat, dressés lorsqu'il fut nommé maréchal de France, ne parlent pas de Senef. Il y a, je l'ai dit, beaucoup à faire pour cette première partie de la vie de Catinat. Il attend son Floquet, comme Bossuet; il le mérite.

de la même intention d'ironie qu'un inspecteur général employait un jour à l'égard d'un officier distingué qui a percé depuis, et de qui il disait en note : « Ferait un excellent préfet. » On tournait contre Catinat ses mérites mêmes, ses qualités d'ordre, de régularité ; on ne lui trouvait peut-être pas le ton assez soldat, ni sans doute assez de facilité et de souplesse pour ce régiment des gardes, un corps privilégié et si délicat à manier.

Catinat savait mieux que personne tout ce qu'exige de qualités cet emploi de major et, qui plus est, de major général d'une armée, et, interrogé un jour par le duc de Savoie sur le détail et les prérogatives de la charge, il répondait avec esprit :

« Monseigneur, le major général est un distributeur d'ordres, le porte-voix du général, sans aucune autorité que celle qu'il emprunte de son estime ou de son amitié ; mais ces sentiments changent sa place. Il ordonne alors souvent ce qu'il juge à propos, et les troupes supposent qu'il en a reçu l'ordre. Si le major général est réduit à sa charge, et que l'estime, l'amitié, l'amour de la patrie et de la gloire ne l'unissent point avec le général, la machine ne se meut que lourdement, et la présence d'une seule personne étant impossible en tous lieux dans le même instant, on ne peut remédier aux accidents parce qu'on ignore l'intention du général.

« Les officiers généraux sont les supérieurs du major général ; mais il devient en effet leur supérieur lorsqu'il est l'ami du général. S'ils demandent des détachements, il doit les fournir sans autres ordres, sauf à lui d'en rendre compte au général ; mais pas un ne lui en demandera s'il possède sa confiance (1)... »

(1) Ces textes, que je prends dans les *Mémoires* de Catinat, au-

Cette définition que nous donne Catinat, me fait revenir encore sur le mot du duc de la Feuillade à son sujet, et elle achève pour moi de l'éclairer d'une manière plus particulière. S'il fallait que le major ou major général, pour avoir action, fût tellement en rapport d'esprit et de bonne intelligence avec son chef, comme M. de La Feuillade était colonel du régiment des gardes, il s'ensuit de son refus qu'il jugeait que Catinat, devenu son major, ne serait point du tout à l'unisson avec lui; et pour peu qu'on y songe et qu'on se rappelle le caractère connu de M. de La Feuillade, rien ne paraît alors plus naturel que ce refus de prendre Catinat pour son canal habituel et son porte-voix. Qu'était-ce que M. de La Feuillade, en effet, à ne le voir que par les contrastes évidents qu'il nous offre avec Catinat? Un homme vain, fastueux, un roué habile, un ambitieux toujours aux aguets, allant à ses fins sous des airs d'extravagance, tout occupé de faire sa cour, à se trouver sur le passage du roi, à le lasser de son assiduité jusqu'au moment où il enleva la faveur; à la guerre, un homme qui n'était pas embarrassé à se donner les honneurs des services d'autrui et à leur ravir leur part de récompense, comme il le fit pour Coligny dans cette croisade de 1664 en Hongrie; pendant la paix, le plus effronté des courtisans et un somptueux flatteur en plein soleil et en place publique; mais que dis-je et de quoi me mêlé-je avec mes couleurs délayées? laissons Saint Simon parler et peindre : « De

raient besoin de quelque vérification, ce me semble, pour une entière exactitude.

l'esprit, dit-il, dans son admirable et brûlant croquis de La Feuillade, une grande valeur, une plus grande audace, une pointe de folie gouvernée toutefois par l'ambition, et la probité et son contraire fort à la main, avec une flatterie et une bassesse insignes pour le roi, firent sa fortune et le rendirent un personnage à la Cour, craint des ministres et surtout aux couteaux continuels avec M. de Louvois. » Quoi de plus naturel alors que La Feuillade ait flairé Catinat, encore simple officier des gardes, et qu'il se soit dit : « Ce n'est pas mon homme? » Quoi de plus logique et de plus nécessaire qu'il n'ait pas voulu de lui pour son major et son *alter ego?* Son mot de tout à l'heure revient à ceci : « Catinat m'est antipathique. » Il en devait être ainsi. Catinat, le probe, l'homme de la règle et du devoir, l'ennemi des passe-droits et des exactions, était son contraire; on le savait de reste, mais on aurait pu l'oublier : le propos cité nous le rappelle. Un tel mot n'est pas une bonne note pour M. de La Feuillade.

Louis XIV, satisfait des services de Catinat comme major général dans l'armée de Flandre pendant la campagne de 1676, l'employa encore en cette qualité l'année suivante, sous ses ordres, aux siéges de Valenciennes, Cambrai et Saint-Omer; il l'avait fait brigadier dès le mois de février 1677. Lorsqu'on eut pris Saint-Ghislain en décembre, il lui en confia le gouvernement, comme, à la fin de l'année précédente, il lui avait donné le commandement des troupes de Cateau-Cambrésis, pour tenir Cambrai bloqué pendant l'hiver. Ce gouvernement de Saint-Ghislain était un poste de

grande confiance, une guérite de sentinelle avancée :
il ne s'agissait pas d'être un simple commandant de
place ; il fallait avoir l'œil au vis-à-vis et s'opposer aux
courses de la garnison de Mons qui était considérable,
la tenir constamment en respect et en échec. Une lettre
de Louvois nous montre le genre et le degré de confiance qu'on avait en Catinat; on lui avait donné pour
collègue à Saint-Ghislain M. de Quincy, chargé du commandement de la cavalerie, un caractère épineux, un
homme difficile à vivre :

« M. de Quincy, lui écrivait Louvois (16 décembre 1677),
est chargé du commandement de la cavalerie et des dragons
de Saint-Ghislain, et des autres villes des environs. Il a les
intentions tout à fait bonnes pour le service du roi; mais
comme ses manières ne sont pas tout à fait polies, Sa Majesté vous recommande de bien vivre avec lui et de ne pas
relever de petites choses dont un homme moins sage que
vous aurait peine à s'accommoder. »

Catinat devait se concerter avec M. de Quincy pour
tout ce qui pourrait incommoder Mons, et pour empêcher qu'il n'y entrât rien ; il dut démolir des moulins
à eau qui étaient dans les dehors et qui servaient à alimenter la place de farines. Quant à la défensive même,
tant qu'il n'y avait pas de gelée, Saint-Ghislain était à
l'abri d'une approche; mais en temps de gelée, Catinat
était autorisé à requérir des garnisons voisines jusqu'à
mille mousquetaires, afin d'aider à casser la glace ; tout
était prévu :

« Vous pouvez même, dans le temps des fortes gelées,
faire venir deux ou trois cents paysans des environs pour

aider aux troupes à casser la glace. Sa Majesté ne donnerait pas cette liberté à un autre qu'à vous, mais elle est bien persuadée que vous ne souffrirez pas qu'on en abuse. »

Il importait aussi de favoriser la désertion dans les troupes de la garnison de Mons, de faire semer des billets aux environs et, s'il était possible, jusqu'à l'intérieur de la ville, pour assurer aux déserteurs, s'ils voulaient venir à Saint-Ghislain, une prime de cinq écus qu'ils toucheraient argent comptant : « que ceux qui voudraient prendre parti trouveraient emploi, et que ceux qui voudraient retourner dans leur pays auraient des passe-ports pour y aller librement. » On estimait que c'était un moyen sûr de réduire bientôt cette garnison, à laquelle d'ailleurs on s'appliquait à couper les vivres.

« Vous jugez bien, lui écrivait Louvois, que pour que le projet de Sa Majesté réussisse, il faut que les déserteurs de Mons soient effectivement payés des quinze livres qu'on leur promettra, qu'ils aient la liberté de se retirer chez eux, s'ils ne voulaient pas prendre parti. Sa Majesté s'attend que vous satisferez au premier, en leur donnant vous-même, sans vous en rapporter à personne, les susdits cinq écus, et en interrogeant si bien ceux qui se diront déserteurs de Mons, que vous ne soyez pas pris pour dupe, et ne donniez pas d'argent à ceux qui n'en viendront pas...

« Je ne vous dis point que Sa Majesté ne confierait point son argent à un autre que vous, étant fort persuadée que vous l'administrerez de manière qu'elle aura tout sujet de s'en louer : je lui en répondrais bien, s'il en était besoin... »

Ainsi sa sagesse, son égalité d'humeur et son ménagement des hommes (dans ses rapports avec M. de Quincy), sa probité et son intégrité dans le maniement et l'emploi rigoureux des fonds, étaient reconnus autant que ses talents militaires; il avait l'entière confiance du ministre et du maître.

Ces détails semblent minutieux; ne les négligeons point pourtant; il est heureux qu'on les ait. S'ils faisaient défaut, quelque historien à imagination ardente et prompt à la réaction pourrait venir un jour, qui traiterait ces premiers débuts à la légère et les sacrifierait d'un trait de plume, ennuyé d'entendre appeler Aristide *le Juste*. N'oublions jamais de combien d'éléments nombreux, multiples, continus, et qui ne sauraient être remis en question (même quand on n'en a pas toujours les preuves comme ici), se forment et se composent ces sortes de réputations solides et assises, du genre de celle qui constituait le renom universel et avéré de Catinat. Pourquoi un maréchal de Luxembourg, même au milieu de ses victoires et tout en tapissant Notre-Dame des drapeaux conquis, emporte-t-il avec soi, attaché à son nom, je ne sais quel vernis opiniâtre de déconsidération et de mésestime? Pourquoi Catinat est-il tant estimé et vénéré, même après ses disgrâces? Il y a à cela des raisons sans nombre et de tous les instants, que sentent les contemporains, qu'on respire dans l'air, dont l'impression se communique dans la tradition immédiate, et que rien ne peut suppléer. C'est le résumé moral et, comme on disait autrefois, la *bonne* ou la *mauvaise odeur* qui émane de toute une vie. Commençons donc avec un tel homme que Catinat par le respect total et souverain, avant d'essayer sur quelques points la restriction et la réserve. C'est au sein du respect même, pour ainsi parler, que plus tard notre critique, si elle a lieu, s'exercera.

II.

MISSION DE CONFIANCE. — GOUVERNEMENT DE CASAL. — NÉGOCIATION A MANTOUE.

De gouverneur de Saint-Ghislain, Catinat redevint en 1678 major général dans l'armée du roi aux siéges de Gand et d'Ypres; puis il fut nommé gouverneur de Dunkerque, mais pour peu de temps. Ici commence une nouvelle série de fonctions et de services qui décideront de la carrière future de Catinat. Le roi l'ayant vu à l'œuvre de longues années sous ses yeux, a l'idée de l'émanciper et de s'en servir au loin. Et d'abord, il jugea à propos de l'envoyer à Pignerol, à la frontière du Piémont, sur la fin de cette année 1678, pour une mission très-secrète, mystérieuse même, et des plus importantes. Quelle était-elle ? L'ouvrage de M. Camille Rousset nous édifie à ce sujet complétement.

On voulait s'assurer du Piémont et, à cet effet, le brider et le tenir entre deux places fortes, d'un côté Pignerol, et Casal à l'autre bout, dans le Montferrat ; cette dernière place appartenait au duc de Mantoue, prince dépensier, endetté, homme de plaisir, et l'on crut en avoir bon marché moyennant finance. On s'adressa dès 1677 à l'un de ses ministres, le comte Mattioli, qui se prêta aux ouvertures, promit beaucoup au nom du duc et parut donner entièrement les mains au projet. Mattioli se rendit lui-même en France au mois de décembre 1678 : introduit à Versailles avec les précautions les plus mystérieuses, il remit à Louis XIV en personne une lettre du duc de Mantoue, reçut la réponse du roi ; et la cession de Casal, pour laquelle M. de Pomponne, ministre des affaires étrangères, déjà bien voisin d'une disgrâce, n'intervint que pour les formalités de signature, fut arrangée directement avec Louvois, vrai ministre, fut ordonnée et réglée par lui dans le dernier détail. La prise de possession devait avoir lieu vers le milieu de février 1679.

Ce n'était qu'une fourberie : les plus habiles y furent trompés. Croyant à la prochaine *livraison* de Casal, Louvois fit partir secrètement Catinat sur la fin de décembre 1678 ou dès les premiers jours de janvier suivant. Catinat dut arriver à Pignerol sous un nom supposé, y rester caché comme un prisonnier d'État et attendre l'effet des engagements contractés par Mattioli. Il était dès lors désigné pour être gouverneur de Casal. Mais tout d'un coup on apprend à Versailles, par un avis venu de la Cour même de Savoie, que Mattioli trompe tout le monde, qu'il s'est avancé sans y être autorisé, qu'il a menti impudemment, et il n'est plus question pour le moment que d'étouffer l'affaire. L'abbé d'Estrades, ambassadeur du roi à Turin, trouve moyen d'attirer Mattioli hors de cette ville, où il était imprudemment venu ; faisant semblant de croire à ses excuses et à ses mensonges, lui promettant le payement d'une somme que Catinat, disait-il, avait entre les mains, il l'emmène dans son carrosse vers une hôtellerie, à la frontière, sur le territoire français. Arrivés en ce lieu, ils y trouvèrent Catinat, comme c'était convenu avec celui-ci. Mattioli le croyait seul; on s'enferma à trois dans une chambre; on parut traiter sérieusement de l'affaire, et, à un moment, l'abbé d'Estrades étant sorti sans affectation, donna le signal : des dragons qui étaient apostés entrèrent brusquement, se saisirent de Mattioli, le bâillonnèrent, le garrottèrent, et une demi-heure après il était dans la citadelle de Pignerol. Il disparut du monde, et l'on a même dit que le fameux masque de fer n'était autre que ce petit ministre du duc de Mantoue, qu'on avait eu grand intérêt pour lors à supprimer. Il est possible qu'il ait été, en effet, à un moment l'un des masques de fer, car il est probable qu'il y en eut plus d'un. On sourit de voir Catinat dans cette auberge, dans ce conciliabule à trois et ce guet-apens, — un guet-apens pour le bon motif, — jouer si bien le rôle qu'on supposerait chez un personnage d'un de nos mélodrames modernes.

L'affaire manquée, Catinat revint vite à son métier de guerre; il fut nommé gouverneur de Longwy, puis de Condé, puis de Tournai. Cependant la négociation ayant été renouée avec le duc de Mantoue au sujet de cette reddition de Casal, Catinat reçut une nouvelle mission pour l'Italie. Bien des précautions furent prises encore, comme la première fois, pour dérober son voyage, de peur de donner l'éveil et de démasquer avant l'heure la présence d'un officier aussi considérable à la frontière. Louvois lui écrivait à Tournai, où il commandait alors, le 22 juillet 1681 :

« Monsieur, le service du roi désirant que vous fassiez incessamment un voyage pareil à celui du commencement de l'année passée (1), je vous en donne avis, afin que, prétextant quelque affaire de famille, vous mandiez à vos amis en Flandre que M. votre père vous a obtenu votre congé pour deux mois, et qu'en effet vous partiez pour vous rendre entre ci et douze ou quinze jours, sous mystère, à Fontainebleau, où je vous entretiendrai et vous remettrai les ordres du roi de ce que vous aurez à faire. Je vous dirai cependant que j'espère que vous réussirez mieux au voyage que vous ferez ensuite, que vous n'avez fait au précédent. »

Pour mieux déguiser son arrivée à Pignerol, Catinat, en approchant, avertit M. de Saint-Mars, qui en était gouverneur, de le faire arrêter la nuit par la compagnie franche de la place et conduire incontinent à la citadelle. Il rendait compte assez gaiement de ces circonstances à Louvois, dans une lettre du 6 septembre :

« Je suis arrivé ici le 3ᵉ du mois, et j'y serais même arrivé le 2ᵉ, sans les mesures que j'ai prises avec M. de Saint-Mars pour y entrer secrètement. Je m'y fais appeler *Guibert*, et j'y suis comme ingénieur qui a été arrêté par ordre du roi, parce que je me retirais avec quantité de plans des places de la frontière de Flandre. M. de Saint-Mars me tient ici prisonnier dans toutes les formes, néanmoins avec une profusion de figues d'une grosseur et d'une bonté admirables. Cela joint à la porte par où il a plu à Sa Majesté de me faire voir que j'en sortirai, me fait souffrir ma détention avec une bien facile patience. »

La porte dont il parle était son brevet de maréchal

(1) C'est une erreur de date ; il faudrait dire : « d'il y a deux ans. »

de camp, déjà signé depuis quelques jours, et ce gouvernement d'importance.

Cependant le marquis de Boufflers était chargé du commandement des troupes qui devaient prendre possession de Casal, dont Catinat allait devenir à l'instant gouverneur. Le jeu joué était celui-ci. Le duc de Mantoue désirait, en cédant la citadelle de Casal, non la ville ni le château, que l'on crût qu'il avait la main forcée, et à cette fin, pour lui servir d'excuse envers ses voisins, Espagnols ou Italiens, il était nécessaire qu'on fît montre de rassembler en Dauphiné un corps de troupes fort supérieur à celui qu'on réunissait effectivement. On envoya donc en Dauphiné, au commandant de la province et à l'intendant, avec ordre de donner passage et logement, des contrôles fort enflés et uniquement destinés à faire au dehors tout le bruit que le duc de Mantoue désirait pour paraître céder à la menace. La marche de la petite armée de Boufflers était réglée de point en point et d'étape en étape par M. de Louvois; le jour de l'arrivée de son infanterie sous Pignerol était marqué pour le 27 septembre, et Catinat, qui était dans cette place, après trois semaines d'une prison simulée, jetant le masque et rentrant dans son rôle actif de guerre, devait lui donner toutes les munitions et les vivres pour quatre ou cinq jours.

Boufflers suivit exactement ses instructions, et, sans rencontrer d'obstacles, il entra le 30 septembre, jour indiqué, dans la citadelle de Casal. C'était le jour même où Louvois entrait, pour en prendre possession, dans Strasbourg. *Casal et Strasbourg en un même jour et pers-*

que à *la même heure!* c'est ce que chacun bientôt se répéta et qui retentit en tous lieux et tout d'un cri comme dans un écho; c'est ce que Boufflers et Catinat lui-même, dans leurs lettres à Louvois, ne purent s'empêcher de relever avec admiration comme pour un coup de théâtre où ils avaient joué leur rôle sans en sentir d'abord tout l'étonnant et toute la grandeur. « Quel jour pour l'Europe que le 20 septembre 1681, et quel point de gloire pour le roi et pour vous! » écrivait Boufflers.

Quel jour pour l'Europe, et non pas *quelle joie!* comme un éditeur irréfléchi et maladroit lui a longtemps fait dire.

Catinat, averti aussitôt par M. de Boufflers du succès de l'entreprise, se hâta de le rejoindre; il conduisait lui-même un corps de troupes, et en traversant les terres de Madame de Savoie, il s'attacha, selon son habitude, à réparer les désordres inévitables qu'on avait causés en pays ami, mais qui cette fois étaient bien légers. Sa lettre à Louvois du 2 octobre, porte la marque de cette sollicitude, et en même temps il plaisante du peu que cela lui a coûté :

« Les troupes que j'ai conduites ont passé, dit-il, sans aucun désordre. J'ai réparé généralement toutes les plaintes pour *six écus.* Je vous avoue que, passant dans un pays si plein de toutes choses, j'ai été surpris que cette grande obéissance ait subsisté pendant quatre jours sans châtiment exemplaire... »

Sans *châtiment exemplaire,* notez ce mot. Alors on ne maintenait guère la discipline qu'à ce prix. Catinat, pour son compte, était sévère; il en avait la réputation. Je ne sais plus qui a dit : « On pendait beaucoup dans l'armée de Catinat. » Ce renom de sévérité dispensait ensuite du trop de rigueur.

Arrivé à Casal, Catinat avait à se concerter avec M. de Boufflers pour la fin de l'entreprise. La possession de la citadelle n'était pas tout en effet; c'était la seule chose qui eût été stipulée avec le duc de Mantoue et à laquelle il avait consenti; mais pour Louis XIV et pour Louvois, ce n'était qu'une partie du plan : il était sous-entendu par eux qu'une fois maître de la citadelle on en trouverait les fortifications insuffisantes, en trop mauvais état, et que ce serait prétexte pour demeurer et prendre ses quartiers d'hiver dans le pays, et pour occuper la ville ainsi que le château attenant. A peine avait-on un pied dans la maison d'autrui qu'on voulait avoir les deux. Il fallait obtenir du duc cette nouvelle concession, cette aggravation non mentionnée au traité, et l'on comptait bien, en dépêchant un officier entendu à la petite Cour de Mantoue, avoir bon marché d'elle et la faire consentir à la raison du plus fort. Ici Catinat va devenir négociateur; on le charge d'une assez vilaine besogne et d'obtenir, d'arracher d'une manière ou d'une autre, et bon gré, mal gré, ce qui n'était pas dû en parfaite bonne foi.

Je crois volontiers que la politique s'est fort épurée de nos jours, ou du moins que partout où pénètre vite la lumière, la publicité, on n'ose plus se permettre de telles fourberies. Mais alors c'était chose avouée et censée permise; la diplomatie vivait là-dessus : c'était une guerre de ruses et de mensonges. Il y avait auprès du duc de Mantoue un chargé d'affaires de Louis XIV, fort sage, fort entendu, l'abbé Morel, un « parfaitement bon esprit; » pourtant on ne se fia pas à lui d'abord pour traiter et trancher des questions plus militaires que politiques; Catinat eut ordre d'aller en personne à Mantoue pour forcer la main le plus doucement possible au duc et tirer de lui plus qu'il n'avait été convenu.

C'est ce que j'appelle un mauvais rôle pour Catinat : il est obligé de mentir, au moins à demi; il fait semblant de n'avoir point reçu d'ordre récent de Louis XIV, de n'obéir dans ses exigences et dans celles de M. de Boufflers qu'à la nécessité du service du roi; il emploie tous les moyens de persuasion, même de corruption, auprès des ministres du duc : il échoue. On ne se laisse point payer de mots, ni même d'espèces; on a des restes d'honneur; on ne veut voir qu'abus de la force dans cette première et si prompte inexécution du traité; on ne peut croire à un pareil oubli de générosité chez Louis XIV, un si puissant roi ! on en appelle à lui-même, à sa loyauté, et, comme disait le duc, à sa *sacrosainte* parole; on ne pourrait que se résigner sans doute à la soumission, étant le plus faible, mais on se refuse à ratifier. Il est permis de penser qu'en plaidant cette mauvaise cause Catinat sentait le côté juste des raisons qu'on lui opposait; il a des expressions d'estime et presque des éloges pour la partie adverse :

« J'ai trouvé, disait-il dans sa lettre à Louvois (15 octobre 1681), ces gens-ci tout autrement que je n'avais pensé; j'espérais beaucoup de la permission d'offrir de l'argent; à quoi ils m'ont paru fort insensibles, et toutes les offres qui ont tendu à cela ont été très-mal reçues. Il y a de l'esprit et de la fermeté dans leurs sentiments. Ils se sont regardés comme des hommes perdus et déshonorés, s'ils paraissaient si promptement consentir à une entière dépouille de leur maître. Il faut que ce soit le temps qui fournisse les occasions d'obtenir ce que Sa Majesté désire. Ces raisons si subtiles et si pressantes sans leur donner de relâche, n'ont pu leur paraître qu'un prétexte pour les opprimer. »

Pour adoucir et remettre un peu ces gens-là, dit-il, qu'on a fort effarouchés, Catinat fait proposer au roi de les désavouer officiellement, M. de Boufflers et lui, et de faire dire par l'abbé Morel qu'ils ont trop pris sur eux et dépassé leurs instructions par trop de zèle. On suit ce conseil : pourtant l'affaire se continue avec instance, et l'on désire à Versailles que, nonobstant tous les désaveux, et coupant court à toutes les négociations reprises, Catinat aille de l'avant, fasse son métier de soldat, et s'empare le plus honnêtement qu'il pourra de la ville et du château que le traité laissait au duc. Mais faire honnêtement une chose peu honnête n'est pas si aisé qu'on croit. Le gouverneur et commandant des troupes du duc, le marquis de Gonzague, est un homme d'esprit et qui ne se laisse pas jouer. Comme Catinat diffère, hésite, demande et attend de nouveaux ordres pour consommer cette petite iniquité, Louvois s'impatiente et lui répond (2 janvier 1682) :

« J'avais toujours espéré qu'après avoir lu la lettre de l'abbé Morel, par laquelle il vous a dû apprendre que c'est par commandement exprès de Sa Majesté qu'il a sollicité M. de Mantoue d'envoyer ordre au marquis de Gonzague de vous remettre le château, vous n'auriez pas hésité à lui en demander l'exécution. Cependant je vois avec beaucoup de surprise que vous attendiez les ordres de Sa Majesté, sur quoi vous êtes d'autant moins excusable que, si vous aviez cru avoir besoin desdits ordres, vous n'auriez pas dû manquer de l'écrire par un courrier exprès, qui vous en aurait apporté la réponse en huit ou neuf jours... Quoique j'espère que les dépêches qui vous ont été remises par le courrier La Neuville, il y a plus de quatre jours, vous auront porté à demander audit marquis l'entrée dudit château, je ne laisse pas de vous dépêcher ce courrier exprès pour vous témoigner la mauvaise satisfaction que le roi a du retardement que vous avez apporté, etc... »

Louis XIV, pas plus que Napoléon, n'aimait qu'on se le fît dire deux fois ni qu'on lui fît répéter un ordre. Malgré cette rude semonce d'un ministre ami et ces gronderies passagères, qui n'étaient qu'un coup d'éperon, on était, d'ailleurs, fort satisfait de Catinat. Il sut, dans le cas présent, exécuter les volontés impérieuses du maître sans faire d'éclat, et s'accommoder encore avec le marquis de Gonzague, de manière à sauver quelque apparence et à ménager sa délicatesse. Dans une mission de ce genre, où il fallait des coups de main improvisés et peu corrects, on éprouvait sans doute, à Versailles, l'inconvénient d'avoir pour instrument un homme à scrupules; mais on avait aussi les avantages d'avoir dans un guerrier ferme un bon esprit, sage, respectant les mœurs et les usages des populations, ménageant les amours-propres, équitable, soigneux d'alléger les charges et de tempérer les rigueurs d'une occupation étrangère, sachant maintenir la discipline dans ses troupes, leur procurer des occupations, des divertissements même, sans licence et sans ennui ; assez habile pour aller, suivi de tous ses officiers, demander à l'évêque de Casal la permission de faire gras en carême, ce qui fut fort goûté des habitants, mais résistant d'autre part à toute ingérence ultramontaine au sein de sa garnison, et disant : « Je veux rester autant qu'il est possible dans nos mœurs. » — J'en ai dit assez pour montrer déjà la réunion de qualités précieuses et rares qui firent de Catinat le plus admirable officier de guerre, si elles n'en devaient pas faire précisément un grand général.

Lundi 5 septembre 1864.

CATINAT.

—

(SUITE.)

—

GUERRE DES BARBETS. — HORREURS. — INIQUITÉS. — IMPUISSANCE.

Catinat resta six ans gouverneur de Casal (1680-1687). Sur la fin de ce séjour et pendant l'exercice de cette garnison si bien établie et consolidée, Louis XIV jugea à propos de le détacher pour lui confier le commandement de la petite armée qu'il envoya en 1686 au duc de Savoie : elle devait l'aider à chasser des vallées des Alpes les religionnaires désignés sous le nom de *Vaudois* et qui vivaient là cantonnés depuis des siècles; on les appelait aussi *Barbets* les jours de mépris et d'insulte, à cause de l'ancien nom de leurs pasteurs (*barbas*). Le prétexte de l'intervention française, outre l'intérêt général de la religion, était que les réformés du midi de la France, pressés par les Édits, désertaient et trouvaient un asile tout proche chez leurs frères dans les vallées du Piémont. Le duc de Savoie ne se portait pas de gaieté de cœur à une telle guerre; bien des fois la Cour de Turin avait essayé d'avoir raison de ces petites tribus croyantes et n'y avait pas réussi. Trente ans auparavant, d'atroces exécutions, des massacres connus sous le nom de *Pâques piémontaises* (1655) n'avaient amené d'autre résultat qu'une vaste effusion de sang, un cri d'horreur dans toute l'Europe protestante, des réclamations énergiques, et la haute intervention de Cromwell, dont le bras protecteur s'étendit jusqu'à ceux qu'on immolait. Un admirable sonnet de Milton, comme un écho immortel et vengeur, a consacré la mémoire de ces martyres et de leurs gémissements « que les vallées répétaient aux monts, et que les monts renvoyèrent jusqu'au Ciel. » Toutes les fois qu'on était sage à Turin, on s'abstenait de toute propagande de ce côté, et l'on se disait ce que Mazarin disait aussi des Protestants de France en son temps : « Le petit troupeau broute de la mauvaise herbe, mais il est tranquille. » On laissait ces vallées paisibles adorer Dieu à leur manière, selon l'esprit, et par une sorte de culte biblique et chrétien tout primitif. En 1686, sous la pression et sur l'instance comminatoire de Louis XIV, Victor-Amédée se vit forcé, cependant, de faire à son tour sa révocation de l'Édit de Nantes, et le 31 janvier 1686 il déclara révoqués et abolis, à l'égard de ses sujets des vallées, tous les anciens priviléges qu'il avait ratifiés lui-même à son avénement. Mais en même temps, sur le prompt effet que produisit l'odieux édit, devant la soudaine résistance qui s'organisa et l'attitude résolue des montagnards, il crut devoir accepter l'assistance armée de Louis XIV, qui lui était offerte depuis des mois et déjà toute préparée à la frontière. C'est alors que Catinat fut désigné pour général du corps de troupes qui devait opérer conjointement avec le duc de Savoie.

Catinat, il faut le dire, ne vit dans cette guerre si mauvaise qu'il allait faire à de pauvres montagnards pour leur religion, et dans la part principale qu'il y devait prendre, qu'une marque nouvelle de la confiance du roi et une occasion d'avancement : il était militaire avant tout, et chargé en chef, pour la première fois, d'une expédition difficile, il eut un mouvement de joie; il ne raisonna point sur la légitimité de l'entreprise, il ne s'occupa que de prendre ses mesures pour la conduire le mieux possible et le plus vivement. Il écrivait à Louvois, le 5 mars (1686), dans le premier mouvement de sa reconnaissance :

« Je ne saurais rien dire, Monseigneur, que vous exprimer mes sentiments sur l'honneur que vous m'avez procuré d'un si beau commandement. Je ne songe au monde qu'à m'en bien acquitter, pour mériter avec quelque justice cette marque de votre estime. »

Catinat se rendit aussitôt à Turin pour se renseigner et se concerter avec la Cour. Il y vit pour la première fois le jeune duc qui devait être le grand adversaire de sa vie, son élève dans cette prochaine guerre, puis son rival, son vaincu, son dupeur éternel, celui avec qui il aura maille à partir sous toutes les formes et avec qui son écheveau devra s'entremêler et se brouiller sans cesse. Victor-Amédée allait avoir vingt ans; Catinat le jugea d'abord un enfant indécis, encore incapable de se rendre compte au net d'une affaire et de se fixer à une résolution ferme; il se trompait : c'était déjà un homme à double et triple fond, qui jouait plus d'un jeu à la fois. Il aurait pu dès lors s'en apercevoir. A la nouvelle du fatal édit rendu le 31 janvier contre le libre exercice du culte dans les vallées, la Suisse protestante s'était émue; les Vaudois ayant sollicité l'assistance de leurs conseils, une assemblée des Cantons protestants avait eu lieu le 26 février à Baden; en conséquence, deux députés extraordinaires, MM. Gaspard et Bernard de Murat, conseillers d'État, étaient allés à Turin, et avec un peu de peine ils avaient trouvé moyen de se faire écouter. Cependant les passions étaient surexcitées au dernier degré, et les haines religieuses, dès qu'on les attise, sont promptes. De petits corps de volontaires catholiques s'étaient mis en campagne, devançant le mot d'ordre, et l'on escarmouchait déjà. Les Vaudois en armes organisaient la défense, et quoi qu'on puisse dire de ce qui arriva dans la suite de cette atroce guerre, cette première levée de boucliers, avec les instructions à la fois militaires et morales qui y présidèrent, et dont on a tous les articles, est d'une simplicité naïve et d'une générosité exemplaire. Si la justice, à ce moment, était tout entière d'un seul côté, l'ardeur se montrait égale dans les deux camps. Les troupes françaises, concentrées à Pignerol, attendaient elles-mêmes le signal de donner, avec impatience. « On ne parle ici que de tout exterminer et de tout détruire, de faire pendre les grands et les petits. » C'est ce qu'un officier français écrivait de Pignerol dès les premiers mois de cette année. Catinat, lui aussi, était un peu comme cet officier et comme tous ceux dont il allait diriger l'ardeur ; muni de son premier commandement en chef, il redoutait une solution pacifique et de voir s'échapper l'occasion de montrer son savoir-faire. Les députés suisses avaient obtenu de la Cour de Turin de se rendre dans les vallées et de tâcher d'amener les Vaudois menacés à une composition qui épargnât les voies de violence ; leur représentant la situation désespérée et sans issue où on les voyait, cernés qu'ils étaient de toutes parts et hors d'état de résister à des forces si supérieures, à des puissances conjurées, ils proposèrent à ce petit peuple d'émigrer en masse et d'emporter avec lui ailleurs le flambeau de sa foi.

Écoutons des deux côtés : prêtons l'oreille aux opprimés comme aux persécuteurs. Un historien de ces humbles religionnaires a retracé avec feu et piété toutes ces scènes de désolation (1). La proposition des députés

(1) M. Alexis Muston, dans l'ouvrage intitulé : *Israël des Alpes, première histoire complète des Vaudois du Piémont et de leurs colonies* (4 volumes in-18, 1851). On ne désire dans ce livre ni plus de travail, ni plus de recherches, ni plus de mouvement, ni plus d'intérêt : on y voudrait seulement un peu plus de critique à l'égard des adversaires. Comme chez tous les persécutés, il n'y a qu'une seule corde qui résonne et qui crie sans cesse.

suisses fut faite dans une assemblée générale convoquée au Chiabas le 23 mars; la séance s'ouvrit par une prière que prononça le pasteur Arnaud; retenez ce nom, déjà porté avec tant d'honneur en France depuis plus de quarante ans par un illustre persécuté : ici, dans les vallées, cet Arnaud n'est pas seulement un théologien, c'est un homme pratique, un grand caractère en action; né dans le Dauphiné et d'abord pasteur français, il était devenu pasteur vaudois, et de pasteur il devint capitaine quand il le fallut, et plus tard, comme Josué, conducteur de peuple. Il ouvrit donc la séance par une fervente prière.

« Les messieurs de Murat exposèrent ensuite toutes les démarches qu'ils avaient faites depuis leur arrivée à Turin, et demandèrent aux Vaudois quelle était leur résolution.

— « Veuillez nous conseiller vous-mêmes, » répondirent-ils.

— « Consentiriez-vous à quitter votre patrie, si nous obtenions du duc qu'il vous laissât disposer de vos biens et sortir de ses États avec vos familles ? »

« La stupeur dont fut saisie l'assemblée à cette proposition ne saurait se dépeindre : les Vaudois demandaient du secours, s'attendaient à la lutte, espéraient la victoire, et avant même qu'ils eussent combattu, on leur parlait d'accepter toutes les conséquences de la défaite. Encore une défaite peut-elle se réparer; mais l'exil... un exil éternel ?

« Alors les ambassadeurs représentèrent avec énergie l'impossibilité où ils étaient de leur porter secours autrement que par des négociations :

« Vos vallées sont enclavées dans les États de vos ennemis; tous les passages sont gardés; aucune nation n'est en mesure de faire la guerre à la France dans votre seul intérêt; nulle armée ne pourrait même pénétrer jusqu'ici, et vous seuls, enfin, vous avez à peine trois mille combattants. Vous n'aurez pas même de quoi les nourrir; les provisions vous manquent; vous devrez néanmoins nourrir plus de douze mille bouches. On observe toutes vos démarches; les troupes réglées n'attendent que le signal du massacre. Comment pourrez-vous résister ? »

« Mais l'amour de la patrie luttait encore dans l'esprit des Vaudois contre la lumière qu'y faisaient pénétrer ces paroles et contre l'évidence désolante :

« Ce serait une lâcheté, s'écriaient-ils, de perdre courage devant Dieu, qui a si souvent délivré nos pères, et qui a sauvé de tant de périls le peuple d'Israël. »

— « Ce serait une folie, répondaient les prudents et sensés médiateurs, de compter aujourd'hui sur des événements miraculeux. Il vous est impossible de lutter de vive force contre vos ennemis; il vous est impossible d'être secourus ! Réfléchissez... Une issue vous reste... Ne vaut-il pas mieux transporter ailleurs le flambeau de l'Évangile dont vous êtes dépositaires, que de le laisser ici s'éteindre dans le sang ? »

« A la suite de ces paroles, l'assemblée se trouva divisée, et répondit qu'elle ne pourrait s'engager sur un objet aussi grave sans avoir consulté tout le peuple. »

Le peuple consulté se divisa à son tour : quelques communes consentaient à l'émigration, d'autres étaient pour la résistance jusqu'à la mort. Les pasteurs, fidèles à leur mission de paix, opinaient pour le départ en terre étrangère. On tira parti à Turin de leur division; on était aux dernières limites de l'atermoiement en face de Louis XIV; on supposa, pour couper court, que l'émigration était chose décidée, et un édit fut rendu en conséquence le 9 avril. Cet édit avait pour objet de régler l'entière évacuation du pays, l'ordre et la marche des détachements : les exilés avaient dix jours pour vendre leurs biens; ils devaient déposer les armes sur l'heure, et démolir tous leurs temples de leurs propres mains avant leur départ. A l'annonce de cet acte d'exécution, le courage du désespoir se ranima dans les pauvres vallées, et tous, à l'unanimité, se décidèrent à s'en remettre à la Providence et à défendre leurs toits et leurs autels, à l'exemple de leurs pères.

Les ambassadeurs suisses firent alors un dernier et suprême effort de médiation; dans une lettre des plus pressantes qui fut lue en chaire par toutes les paroisses vaudoises, ils disaient (1) :

« Nous avons vu que vous avez beaucoup de peine à vous résoudre de quitter votre patrie, qui vous est d'autant plus chère que vos ancêtres l'ont possédée par plusieurs siècles et défendue valeureusement avec la perte de leur sang; que vous vous confiez que Dieu, qui les a soutenus plusieurs fois, vous assistera aussi et que vous appréhendez même qu'une déclaration pour la sortie ne soit qu'un piége pour vous surprendre et accabler : nous vous dirons pour réponse que nous convenons avec vous que la loi qui oblige à quitter une chère patrie est fort dure; vous avouerez que celle qui oblige à quitter l'Éternel et son culte est encore plus rude, et que de pouvoir faire le choix de l'un avec l'autre est un bonheur qui, en France, est refusé à des personnes de haute naissance

(1) Je cite cette lettre des ambassadeurs suisses d'après M. Camille Rousset, qui la donne textuellement dans le tome IV, page 17, de son *Histoire de Louvois*, et non d'après M. Alexis Muston, qui se contente de l'analyser et qui l'énerve en voulant la rendre plus aisée et plus coulante. Pourquoi, dirai-je à M. Muston, quand on a par devers soi de vrais et précieux textes, s'aviser de les arranger ainsi à la moderne par une fausse idée d'élégance ? Cela ôte du prix à la meilleure histoire.

et d'un éminent mérite, et qui s'estimeraient heureuses si elles pouvaient préférer une retraite à l'idolâtrie. »

Quelle tache et quelle honte pour la France de Louis le Grand qu'une atroce injustice comme celle-ci trouve presque à se glorifier et à s'absoudre par l'exemple d'une injustice plus abominable encore, dont elle offrait alors au monde l'odieux et parfait modèle! Toute mesure paraissait clémente, en effet, et comme bienfaisante au prix de celles qu'inventait le génie des Louvois et des Bâville pour retenir et *interner* les honnêtes gens qu'on voulait convertir.

« Il faut, disaient encore les auteurs de cette lettre éloquemment résignée et presque aussi apostolique que politique, il faut subir les lois de la Providence divine qui, par les révolutions, met la foi de ses enfants à l'épreuve pour leur détacher les cœurs de ce monde, afin de chercher avec d'autant plus d'ardeur la patrie et cité permanente du Ciel. Il est vrai que le bras de Dieu, qui vous a soutenus dans les guerres passées, n'est pas encore raccourci ; mais si vous faites réflexion qu'un puissant roi s'est joint aux forces de votre prince, que les provisions, les officiers et l'union vous manquent, et que même vos obstinations vous feront abandonner de tous les princes et des États protestants..., vous ne pouvez pas espérer que la Providence divine, qui n'agit pas miraculeusement comme autrefois parmi les Israélites, veuille faire de vos ennemis ce qu'elle fit de Sennacherib ; et la parole de Dieu vous apprend que de se jeter dans les dangers sans prévoir humainement aucun moyen d'en sortir, c'est tenter Dieu qui laisse périr ceux qui aiment témérairement le danger... »

On peut se figurer l'effet que dut produire la lecture

d'une telle épître sur un auditoire mêlé de personnes timides, de vieillards, de femmes et d'enfants. Un redoublement de douleur éclata, mais sans que la faiblesse prît le dessus. Par égard pour les conseillers amis, et comme concession dernière, il fut demandé qu'on n'imposât pas du moins un temps déterminé pour la vente des maisons et des terres ; cette idée d'un répit qu'on ne proposait, du reste, que pour la forme, et sans aucune espérance, ne fut pas même discutée à Turin. Cependant tous les temples des vallées retentissaient de larmes et de gémissements, et les cœurs aussi se retrempaient dans la prière. On se raffermissait dans la résolution de défendre sa religion et sa patrie jusqu'à la mort. Une assemblée solennelle de tous les délégués des vallées se tint à Rocheplate le 19 avril ; c'était le vendredi saint. Le pasteur Arnaud y prononça cette prière :

« Seigneur Jésus, toi qui as tant souffert et qui es mort pour nous, accorde-nous la grâce de pouvoir souffrir aussi et de sacrifier notre vie pour toi ! Ceux qui persévéreront jusqu'à la fin seront sauvés. Que chacun de nous s'écrie avec l'Apôtre : *Je puis tout par Christ qui me fortifie !* »

La guerre était décidée ; Catinat, qui n'a que son objet en vue, qui n'a d'yeux que par Louis XIV et par Louvois, s'en réjouit ; il écrivait, dès le 14 avril :

« Toutes les allées et venues des ambassadeurs suisses n'ont point eu de succès ; le prince ne les écoute plus que pour leur dire que sa volonté paraît par son dernier édit. Enfin *il s'est mis sur son trône,* et commence à se conduire comme un maître qui a la force à main. »

Victor-Amédée donc, en personne, et Catinat général, son allié, s'avancèrent en forces pour tout réduire, pour nettoyer ces vallées de leurs habitants et les purger d'un des cultes les plus sincères et les plus innocents qui aient jamais été adressés à l'Éternel. Les mesures pour cerner et traquer ces petites bandes valeureuses étaient prises par un guerrier expérimenté et probe à qui pareille fonction ne donnait nul remords. Tout fut combiné pour une entrée simultanée par deux vallées, et pour une marche en colonnes convergentes sur un même point. Le signal se donna le lundi de Pâques 29 avril, par trois coups de canon tirés au petit point du jour du haut de la colline de Briquéras. La défense des montagnards fut sanglante, énergique en quelques endroits, mais elle ne pouvait avoir d'autre issue que la défaite. A la fin d'avril tout semblait terminé ; les troupes avaient ramassé plus de six mille prisonniers de tout âge et de toute condition qu'on poussait devant soi comme des troupeaux ; il ne restait plus que quelques malheureux échappés au carnage, des enfants perdus sur des hauteurs inaccessibles. Catinat, son œuvre faite ou à peu près, rendait compte à Louvois d'un air de contentement trop visible :

« Ce pays est parfaitement désolé, écrivait-il (9 mai) ; il n'y a plus du tout ni peuple ni bestiaux. Les troupes ont eu de la peine par l'âpreté du pays ; mais le soldat en a été bien récompensé par le butin. M. le duc de Savoie a autour de 8,000 âmes entre ses mains. J'espère que nous ne quitterons point ce pays-ci, que cette race de Barbets n'en soit entièrement extirpée. J'ai ordonné que l'on eût un peu de cruauté pour ceux que l'on trouve cachés dans les montagnes, qui donnent la peine de les aller chercher, et qui ont soin de paraître sans armes lorsqu'ils se voient surpris étant les plus faibles. Ceux que l'on peut prendre les armes à la main et qui ne sont pas tués, passent par les mains du bourreau. »

Atrocité à jamais regrettable chez un guerrier humain ! erreur chez un esprit sage ! On ne vint point à bout des Barbets ni de la race ; il le reconnut plus tard. La masse des prisonniers, après tout ce qu'on ramassa, montait bien à 10,000 hommes, dont on ne savait que faire. On crut d'abord que la maladie et le typhus en débarrasseraient le vainqueur et dispenseraient de prendre un parti. A la fin du mois de juin, Catinat, dont c'était le pronostic, écrivait à Louvois :

« La maladie et l'infection s'est mise dans ce malheureux peuple ; la moitié en périra cet été. Ils sont mal couchés, mal nourris, et les uns sur les autres ; et celui qui se porte bien ne peut respirer qu'un air empesté : par-dessus tous ces maux, la tristesse et la mélancolie causée *avec justice* par la perte de leurs biens, par une captivité dont ils ne voient point la fin ; la perte ou au moins la séparation de leurs femmes et de leurs enfants, qu'ils ne voient plus et qu'ils ne savent ce qu'ils sont devenus. Beaucoup, dans cet état, tiennent des discours séditieux qui les consolent de leurs malheurs et de leurs misères. »

Bientôt réduits en effet et diminués de plus de moitié par le mal et la contagion, les débris des Vaudois, ne montant guère en tout qu'à 3,500 âmes, purent émigrer et partir par bandes, du gré du duc de Savoie, et se diriger vers des pays hospitaliers ; ils allèrent à Genève, dans les Cantons protestants, en Wurtemberg et jusque dans le Brandebourg. Ils marchaient par petites brigades, obligés souvent de prendre le chemin le plus long parce qu'on leur refusait passage. On raconte que ceux qui arrivèrent à Genève y entrèrent en chantant d'une voix grave un psaume des Hébreux fugitifs, traduit par Théodore de Bèze :

Faut-il, grand Dieu, que nous soyons épars!...

Deux ou trois années se passèrent; le mal du pays tenait à cœur aux Vaudois exilés; ils se comparaient aux Hébreux en captivité, et, comme le peuple de Dieu, ils croyaient fermement au retour et à la délivrance. Quelques-uns conçurent dès lors le projet de rentrer à tout prix dans leurs chères vallées et de reconstituer la nation. Deux hommes de grand caractère, un de leurs vieux pasteurs et guerriers, Javanel, depuis des années réfugié à Genève, et Arnaud, leur nouveau conducteur, organisèrent cette marche secrète et savante. On envoya à la découverte trois hommes dévoués, déguisés en marchands, pour explorer le pays, les hautes crêtes et les cols des Alpes, et savoir ce qui était possible. Il s'agissait, pour ce peuple errant et dispersé, de se donner un rendez-vous à l'extrémité du lac de Genève, à Bex, aux portes du Valais, d'entrer en Savoie, « de l'effleurer par le territoire de Saint-Maurice, de passer à Martigny, de suivre la vallée du grand Saint-Bernard jusqu'à Orsières, de remonter le val Ferret, puis traverser le col Letrevre, descendre à Courmayeur, passer de là au petit Saint-Bernard, tourner ainsi le Mont-Blanc, et venir retomber en Savoie entre le col Bon-

Homme et le mont Iseran du côté de Scez, sur la route qu'avaient reconnue leurs premiers éclaireurs. » Cet itinéraire habile et hardi ne fut pas suivi comme il avait été tracé d'abord ; le premier projet échoua ; la pratique et la nécessité en suggérèrent un autre : ce fut à Prangins, près de Nyon, que le rendez-vous patriotique eut lieu ; on traversa le lac à cet endroit (16 août 1689) ; on passa par Cluse, Sallanches, on attaqua le Mont-Blanc et le col du Bon-Homme par un autre côté. Bref, le résultat désiré fut obtenu et le miraculeux retour s'accomplit ; après une marche des plus aventurées et des plus périlleuses le long des hautes frontières, le petit troupeau vaudois conduit par Arnaud était rentré et avait repris pied dans ses vallées dès le 1er septembre. Ils en tenaient les postes les plus escarpés ; pour cela, il avait fallu combattre, et c'était toute une guerre qui recommençait. Ils allaient avoir contre eux Catinat encore, général en chef alors de l'armée d'Italie, mais Catinat seul : le vent avait tourné, la politique de Victor-Amédée avait changé sur ces entrefaites ; ce prince avait besoin désormais de ces mêmes sujets qu'il avait exterminés et qui venaient de se rapatrier malgré lui. Il ferma l'œil, puis les protégea et s'en servit. Dès lors les Barbets s'éternisèrent, et Catinat, durant toute cette guerre de 1690 à 1695, les eut sur ses derrières et sur ses flancs, sans pouvoir s'en débarrasser jamais. Appelez cela fanatisme ou foi, peu importe (1). Feuquières,

(1) Je ne suis pas très-content de Bayle sur l'article des Vaudois ; il a parlé d'eux en plus d'un endroit, et dans son *Avis aux Réfugiés*, et dans sa *Réponse aux questions d'un Provincial ;* au milieu des

particulièrement chargé d'en finir avec l'une des vallées, écrivait à M. de Louvois (6 mai 1691) :

« Ces gens-là n'ont pas une botte de paille pour se coucher... On ne peut comprendre, à moins de l'avoir vu, combien la vie qu'ils mènent est dure ; car enfin, Monseigneur, ils ne se font pas seulement un gîte en terre. Il n'y a point de salaire en ce monde qui puisse obliger les hommes à tant souffrir. Aussi toutes les lettres que nous trouvons sur eux ne sont-elles remplies que d'exhortations dont le texte est pris sur les Machabées. »

M. de Chaulnay, qui était venu en mission à l'armée de Piémont, écrivait au roi le 4 mars 1692 :

« Il faudra que M. de Catinat fasse encore donner une bonne *touche* aux Barbets, rompre les eaux et détruire les vignes et les arbres fruitiers, afin de tâcher d'extirper entièrement cette *canaille*... »

Sachons, pour être juste, ce que les Barbets aussi étaient devenus. La guerre démoralise vite et ensauvage les cœurs, en se prolongeant trop. Il ne faut pas beaucoup tenter l'homme et le défier pour qu'il redevienne cruel et barbare. Le sang versé donne la soif du sang. Toute Vendée, en particulier, pour peu qu'elle dure, tourne vite à la chouannerie et au brigandage. Les cruautés ici et les horreurs furent bientôt réciproques, et personne ne fut en reste. La pureté du petit trou-

raisonnements qu'il fait et des choses justes qu'il ne peut manquer de dire, on y désirerait un mouvement d'humanité et un cri d'indignation qui n'y est pas. Le sage sceptique ne rend pas justice comme il faut au principe qui les anime.

peau d'Israël ramené par Arnaud s'était, d'ailleurs, fort altérée et mélangée d'éléments impurs. Catinat écrivait au roi au mois d'octobre 1694, en insistant sur la nécessité d'assurer ses communications :

« Il ne faut plus regarder les Barbets comme les simples Vaudois retirés dans les montagnes : c'est un grand nombre de sujets de Sa Majesté, des vagabonds de toute nation, des déserteurs de ses troupes, qui n'ont ni feu ni lieu, ni établissement, bien armés, bien vêtus, qui pendant douze lieues peuvent entreprendre sur vos convois, sur vos entrepôts. »

Il écrivait encore au roi le 25 mars 1695 : « On peut détruire les habitations des Barbets, *on ne réduira jamais les Barbets.* » M. de Tessé enfin, bon observateur, était, à cette date, du même avis : on ne doit rien entreprendre de sérieux contre eux.

« L'on ne peut leur faire un mal bien effectif ni décisif, et l'on peut, en les agaçant, disait-il, leur faire connaître le mal qu'ils nous pourraient faire et qu'ils ne nous font pas... Leur totale destruction est imaginaire... »

En prenant exemple de ce qui se passait dans le même temps en Catalogne, Tessé ajoutait :

« Les Espagnols étaient tranquilles et ne demandaient que paix et simplesse; l'on y a porté une guerre qui leur a fait prendre des mesures auxquelles ils ne pensaient pas. Le roi connaîtra dans la suite de quel poids lui seront les conquêtes qu'il a faites... »

Cette guerre de guérillas, on l'a trop su à toutes les époques, dans un pays qui la favorise et avec le ferment de la religion et du patriotisme, est indestructible et quasi-immortelle. On fut donc puni, pendant toute la durée de cette guerre qui se fit en Savoie depuis 1690, d'avoir *agacé* impolitiquement et sans motif les Vaudois en 1686, et d'avoir mis dans ces vallées un foyer sans cesse renaissant de haine et de vengeance. Pour ce qui est de Catinat, il n'y a aucun reproche à lui faire au point de vue de la morale de son temps; il fut militaire, et bon militaire dans une expédition injuste; il fit son devoir, et avec zèle. C'est pourtant là une affreuse conséquence de la guerre, qu'il y ait un lieu au monde où le nom de Catinat soit en exécration, comme celui de Mélac dans le Palatinat.

On aime à croire que lorsque Catinat, sur la fin de sa vie, se promenait à Saint-Gratien en philosophe et sans épée, il se disait qu'il avait parfois employé cette noble épée à une œuvre plus qu'équivoque, et qu'il en avait un léger remords comme sage ou même comme chrétien.

Il n'est point de tableau sans ombres : j'ai dû ne pas dissimuler ces taches dans un portrait fidèle. Catinat était un homme de droiture et de vérité. Cette vérité qu'il a aimée et pratiquée lui tourne à bien et à honneur dans presque tous les cas : là où elle lui est, par exception, défavorable et dure, il est juste qu'il la subisse tout entière.

II.

SIÉGE DE PHILISBOURG. — GUERRE DE PIÉMONT ;
SON CARACTÈRE. — VICTOIRE DE STAFFARDE.

Il est temps d'aborder en lui le général en chef. Il fut encore deux ou trois ans avant de le devenir. Catinat était encore à Casal en janvier 1687, et lorsque Louvois lui annonça, comme à tous les gouverneurs de place, la guérison du roi après la grande opération, il reçut de lui cette lettre d'un tour original et franc ;

« J'en ai, de bon cœur, célébré la joie à souper avec bonne compagnie de notre garnison. S'il m'arrivait de boire souvent comme j'ai fait ce jour-là, je recevrais bientôt une correction sur mon déréglement. »

Le roi le retira de Casal en ce temps-là pour lui donner le gouvernement de la ville et province de Luxembourg. Il y entra, dit-on, le 8 février (1687) à pied, couvert de son manteau sans que personne l'attendît, pour éviter toutes les cérémonies qui n'étaient pas de son goût et pour épargner les dépenses vaines. Il s'y montra des plus désintéressés et parfait gouverneur comme à Casal. Mais bientôt, la guerre recommençant, on le jugea plus utile ailleurs. Nommé lieutenant général, il fut envoyé à l'armée que commandait le Dauphin pour le siége de Philisbourg (1688). Vauban menait le siége ; Catinat s'y distingua par sa valeur et sa vigueur. On disait que, quand il était de tranchée, « la besogne avançait du double. » Le siége fut long, difficile; M. de Vauban prétendait que « jamais place n'avait *désiré* plus de canon que celle-ci pour la réduire. » Il disait aussi que « Monseigneur était si *affriandé* à la tranchée qu'il y voulait retourner toujours. » Le roi s'étonnait de cette longueur (relative) du siége ; Louvois, pour s'éclairer, réclamait des relations précises et presque journalières des meilleurs officiers, et il en voulait surtout de Catinat, « Sa Majesté, lui disait-il, ayant une fort grande foi à vos relations et me les ayant demandées souvent. » Louis XIV savait que Catinat ne mentait pas, — ne brodait pas. Une nuit, les ennemis firent une sortie considérable à la tête d'une tranchée; ils avaient déjà fait plier les troupes de garde et auraient causé un grand désordre, si Catinat « qui était de jour » n'eût ramené ces mêmes troupes avec tous les officiers du régiment d'Auvergne ; il y reçut un coup de mousquet qui, heureusement, ne fit que percer son chapeau et couper sa perruque.

C'est à la suite de tous ces faits notables et de ces beaux services que, l'alliance avec le duc de Savoie paraissant très-compromise, Catinat fut fait général de l'armée d'Italie (mars 1690). Les premières instructions qui lui furent données étaient restreintes et conditionnelles : détruire les Barbets d'abord, traverser le Piémont, porter la contribution dans le Milanais en assurant par l'occupation des postes nécessaires ses communications avec Pignerol ; puis, par de secondes instructions plus circonstanciées, on lui recommandait d'avoir raison à Turin des tergiversations du duc que l'ambassadeur du roi, M. de Rébenac, ne serrait point d'assez près ; de forcer ce prince à donner satisfaction au roi sur les points en litige, tels que l'envoi des régiments piémontais en France, et la remise immédiate de deux places fortes, Verrue et surtout la citadelle de Turin, le menaçant de toute la sévérité du roi s'il n'obtempérait. Catinat était encore une fois sur le pied d'un négociateur en armes ; ce n'était pas le rôle qu'il eût choisi de préférence. Il craignait de n'en pas faire assez ou d'en faire trop. J'omets l'entier détail de ces négociations, où l'on voit Catinat toujours un peu en retard sur sa Cour, et plus disposé à restreindre qu'à étendre le sens ou la lettre de ses instructions : c'était sa nature d'esprit. M. Camille Rousset explique fort bien sans doute les hésitations de Catinat par une erreur de plume et un malentendu de rédaction dans l'une des dépêches qu'il reçut ; mais un autre que Catinat, saisissant plus hardiment l'esprit de son rôle et s'en pénétrant plus au vif, serait allé de l'avant sans tant marchander. Le duc de Savoie, qui n'était pas prêt pour la guerre, ne cherchait qu'à gagner du temps, des semaines et des jours : au lieu de songer à la livrer, il fortifiait et munissait en toute hâte sa citadelle de Turin. Catinat menaçait toujours de passer le Rubicon, mais il ne le passait point, et tout en étant ferme dans sa consigne, il eut quelque lenteur dont l'ennemi profita. Il commençait à connaître à quel vis-à-vis dissimulé il avait affaire. Enfin le masque tomba, l'épée sortit du fourreau ; les hostilités s'ouvrirent le 4 juin 1690.

Ici commence une guerre de cinq ou de six ans (1690

1696), et qui, plus ou moins vivement menée et d'après des principes plus ou moins contestables, fit, somme toute, le plus grand honneur à Catinat. Il remporta deux victoires en bataille rangée, celle de Staffarde (18 août 1690), et celle de La Marsaille (4 octobre 1693), eut quantité de beaux siéges, notamment celui de Nice et de Montmélian, n'éprouva que des échecs sans grande conséquence, ne compromit jamais rien, suffit à tout et maintint les affaires en tel point que le duc de Savoie revenu à résipiscence put lui dire en toute bonne grâce « qu'il avait reçu de lui des leçons et corrections dont il espérait profiter à l'avenir pour le service du roi. »

Lorsque l'on considère l'ensemble de cette guerre après la conclusion, il semble qu'elle fasse un tout qui aurait perdu à être conduit autrement et qui est bien en harmonie avec les personnages en présence et avec les résultats obtenus. C'était une guerre toute politique en effet; il y avait dans le duc de Savoie un ancien et un futur allié, celui qui devait donner en définitive la duchesse de Bourgogne à la France ; il semble qu'il ne convenait pas de le pousser trop à bout, de l'écraser ni de l'exterminer, quand même on l'aurait pu, mais qu'il suffisait de lui infliger, selon son propre mot, quelques corrections : et les deux victoires de Catinat en furent de sévères et d'éclatantes. Catinat vainquit autant qu'il le fallait, pas davantage. Son procédé, tout en combattant le prince qu'il avait eu pour élève dans la première expédition vaudoise, était de continuer à s'en faire estimer et de ne rien porter à l'extrémité, d'épargner les moyens violents, même quand ils lui étaient commandés; il ne s'agissait pas d'envenimer la lutte : le plus souvent on ne cessait de négocier sous main, d'échanger des pourparlers, tout en se combattant. Détacher le duc de Savoie de la ligue était l'objet de cette guerre, bien plus que de l'aigrir, de l'outrer et de l'humilier. Des divers généraux que Louis XIV avait alors sous la main, nul n'était plus propre que Catinat à cette guerre du Piémont qui était devenue en quelque sorte sa spécialité, sa *partie d'échecs*, et ses qualités, ses défauts même de trop de réserve et de prudence convenaient également aux fins proposées.

J'ai dit l'effet que produit de loin et historiquement l'ensemble de cette guerre ; mais, si on l'examine en détail et au point de vue stratégique, les observations et les critiques s'élèvent en foule. Ce n'est point moi (bien entendu) qui parle en ce moment, je ne suis que l'écho des écrivains militaires les plus instruits et les plus capables. L'art de la guerre a existé de tout temps, a dit Jomini; mais les traités sur l'art de la guerre sont récents. Parmi les modernes qui ont ouvert ou rouvert la carrière, l'un des premiers, le premier peut-être en date chez nous, est Feuquières, l'un des généraux qui, précisément, servirent sous Catinat. Ses relations « critiques et dogmatiques » sont des plus intéressantes; il a fait l'histoire critique de quelques-unes des campagnes de son temps en s'appliquant à juger les opérations selon les principes de l'art et « à mettre en lumière les rapports des événements avec ces principes ». Je sais que, toutes les fois qu'on parle de Catinat, il est de mode de dire beaucoup de mal de Feuquières ; Catinat n'eut pas à se louer de lui en deux circonstances, et il est plus que possible que Feuquières, en effet, par son caractère, et dans la pratique, ait eu quelques-uns des inconvénients qu'on lui a reprochés ; il faut bien croire, puisque tous l'ont dit, qu'il avait des vices de cœur : il n'en est pas moins vrai que, comme écrivain militaire, Feuquières est un esprit supérieur, et que la lecture de ses Mémoires ne soit un des livres qui donnent le plus à réfléchir. Formé à la grande école des Condé, des Turenne, des Créqui, des Luxembourg, il expose, analyse et critique avec beaucoup de précision les quatre premières campagnes de Catinat (1690, 91, 92 et 93) ; il discute les deux batailles de Staffarde et de La Marsaille, et fait sa part exacte à chacun des combattants. Aucun sentiment étranger à la pure raison et à l'amour de son art ne perce dans ces critiques du précurseur de Saint-Cyr et de Jomini. Un professeur d'art militaire, tel par exemple que M. de La Barre Duparcq qui a tracé un si juste portrait de Catinat, pourrait faire, j'imagine, du thème de ces deux batailles un sujet d'exercice pour les jeunes théoriciens.

Aujourd'hui il est bien clair et démontré pour tous que Catinat, en 1690, aurait pu entrer plus tôt en campagne, qu'il perdit du temps avec le duc de Savoie ; il aurait pu assiéger Turin avant que le duc fût prêt. Il tâtonna lui-même dans la manière d'assembler son armée ; il paraît bien qu'il pouvait la concentrer plus promptement devant Turin ; il se comporta trop avec le duc de Savoie comme avec une puissance égale et ne brusqua pas assez l'offensive. Mais aussi il inspira par là à ce prince la confiance de l'attaquer peu après dans une marche sur Saluces, — marche habile et bien calculée; il prêta flanc exprès dans la route, sauf à laisser l'expédition contre Saluces pour faire face à l'attaquant si celui-ci donnait dans le piége, et le duc céda en effet à la tentation, à l'impatience de combattre, sans attendre l'arrivée de ses secours d'Allemagne. Il en résulta la bataille de Staffarde, dont les avantages furent si grands que Catinat aurait pu, ce semble, en profiter plus qu'il ne fit. Il se contenta de faire subsister son armée dans la plaine de Piémont entre le Pô et le Tanaro jusqu'au moment ordonné pour la retraite, et de terminer la campagne par la prise de Suse. Mais chacun a son génie à soi et sa façon de faire, et il n'y a pas de sûreté à en sortir ni à en vouloir changer. Il faut savoir de plus que l'armée de Catinat était désolée par les maladies et que tous ses mouvements s'en ressentaient. Enfin il était bridé par les ordres de la Cour.

Le combat de Staffarde fut des plus disputés, des plus opiniâtres et des plus sanglants; il dura six heures et fut contesté pendant presque tout le temps, jusqu'à la dernière heure. L'ennemi perdit 4,000 hommes environ, et nous en eûmes plus de 2,000 hors de combat. La retraite des vaincus se fit avec assez de fermeté; Catinat suppose qu'elle était conduite par le prince Eugène, et il lui en fait honneur. On a le récit que Catinat adressa à M. de Louvois le soir même de la bataille (18 août). Ce rapport est des plus simples, et le vainqueur y paraît surtout occupé de rendre justice à tous;

après qu'il a nommé tout le monde, il craint encore d'avoir oublié quelqu'un :

« Je puis manquer dans cette Relation, disait-il, à rendre les bons offices que plusieurs particuliers, et même des troupes, méritent dans cette occasion où tout le monde s'est bien employé; je dois à leur bonne volonté et à leur secours la gloire qui peut retomber sur moi de ce combat. »

Il faut lire d'autres relations que la sienne pour apprendre que Catinat, voyant que la lutte s'opiniâtrait, se mit à la tête de troupes fraîches tirées de la brigade Du Plessis-Bellière, les mena à la charge, et décida la victoire. Il reçut plusieurs coups dans ses habits. Sa relation, en tout, est plus exacte que lucide. Fénelon, ami de Croisilles, ne put s'empêcher de lui dire que son frère avait un peu trop négligé le style dans sa narration, sur quoi Catinat répondait :

« Je l'ai écrite naturellement et *currente calamo,* ayant été extraordinairement occupé depuis que l'armée a passé en Piémont. Je n'ai eu d'autre application en l'écrivant que de rendre promptement compte au roi sans aucune attention de donner de l'ornement et de l'agrément à cette narration. »

Il y a de lui une autre relation écrite deux jours après, et de tout point meilleure. — Louis XIV, à la nouvelle de la victoire, écrivait de sa main à Catinat, le 22 août :

« L'action que vous venez de faire me donne tant de joie, que je suis bien aise de vous le dire moi-même et de vous assurer que je vous sais le gré qu'elle mérite. Elle n'augmente point l'estime que j'avais pour vous, mais elle me fait connaître que je ne me suis point trompé lorsque je vous ai donné le commandement de mon armée. Je souhaite que vous continuiez comme vous avez commencé, et de trouver les occasions de vous marquer les sentiments que j'ai pour vous. »

La joie fut grande à Paris parmi les nombreux amis que s'était faits le mérite modeste de Catinat. La haute bourgeoisie était fière du général sorti de son sein. Quelques-uns se demandaient déjà après cette première victoire signalée : « Pourquoi ne pas le faire maréchal de France ? » Bussy écrivait à cette occasion : « Il mettra la robe en honneur. » Pour lui, heureux d'avoir fait son devoir et contenté son maître, il se félicita presque de n'avoir plus à suivre pour le reste de la campagne que les ordres de Versailles. Il écrivait le 9 novembre à son frère Croisilles :

« Je n'ai pas eu d'avis sur ce que j'ai proposé. Depuis la bataille, je me conduis sur les lumières de la Cour, et mon mérite ne pourra être que dans l'exécution. A bon entendeur ! »

Il dégageait ainsi sa responsabilité, un peu trop volontiers peut-être. Un général qui vient de gagner une bataille a droit d'être écouté et d'insister sur l'avis qu'il propose. Catinat rentrait trop aisément dans le second rôle : bien faire le jour de l'action, et puis se tenir en deçà plutôt qu'aller au delà. Un autre, à sa place, aurait frémi d'être ainsi tenu en laisse après un triomphe ; lui, il s'en accommode, il n'en est pas fâché au fond et s'en lave les mains. Il n'avait pas en lui l'entrain, l'essor, le diable au corps et le démon. Le héros tournait vite au philosophe. Je l'ai appelé autrefois « le héros sans désir. »

Lundi 12 septembre 1864.

CATINAT.

(SUITE.)

I.

CAMPAGNES PÉNIBLES, MÉRITANTES. — CRITIQUE ET APOLOGIE. — GENRE DE TALENT.

Nous en sommes à la période ascendante de la gloire de Catinat et au plus beau moment de sa carrière militaire. Il a fait sa première campagne de Piémont, illustrée par la victoire de Staffarde. On est au commencement de l'année 1691, année des plus accidentées et des plus pénibles, mal inaugurée en janvier par la tentative manquée sur Veillane, relevée et signalée en mars-avril par la prompte et brillante conquête de Nice, qui se fit comme d'un revers de main, continuée et poursuivie en Piémont avec des succès divers et fort balancés. Louvois, qui devait mourir foudroyé le

16 juillet et manquer irréparablement à Louis XIV, à la France et à Catinat, avait conçu, au début de cette campagne (M. Camille Rousset nous l'a appris), une combinaison stratégique digne d'un grand capitaine : c'était de concerter une double invasion des troupes françaises en Piémont, Catinat y entrant de front par Pignerol et Suse, et une autre armée arrivant par la Savoie, pénétrant par le petit Saint-Bernard, la vallée d'Aoste, et prenant à revers et à dos l'armée ennemie pour venir rejoindre sur ses débris l'armée principale. Mais de telles combinaisons sans la volonté qui les surveille de près, et sans le bras qui les exécute, ne sont que des lueurs et restent à l'état d'idées pures : Louvois, tout absolu qu'il était, dut bientôt céder aux objections. Catinat lui en fit beaucoup ; La Hoguette, le général chargé de l'autre partie de l'expédition, lui en fit encore plus, et s'étant engagé sans entrain dans un commencement d'exécution ou plutôt dans une simple reconnaissance du pays, il vint échouer faute de canon au fort de Bard. On se contenta donc, au lieu de préluder à la grande guerre et, par un coup d'essai immortel, de frayer la route à la campagne de Marengo, de faire une campagne dans le vieux style, le style ordinaire, selon la bonne méthode chicanière, savante, manœuvrière, pied à pied. On fit des siéges. Catinat prit en mai Veillane qu'on avait manquée en janvier ; il s'y exposa tellement de sa personne qu'il en reçut des réprimandes du roi, de Louvois, de sa famille ; il promit de se corriger, mais il n'y réussit qu'imparfaitement ; tout général en chef qu'il était, les jours d'action

il aimait à être au feu. Il prit encore Carmagnole. On manqua en revanche Coni, dont l'entreprise avait été confiée par Catinat à un officier, M. de Bulonde, qui ne répondit point à ses vues et que Feuquières conseilla mal, et, assure-t-on, malignement. Ce fut un échec qui fit beaucoup parler et sur lequel il courut plus d'une version. La violente contrariété que ressentit Louvois à cette nouvelle fut peut-être de quelque chose dans sa mort. Catinat, en apprenant la perte soudaine de l'homme qui l'avait toujours apprécié, poussé, protégé et aimé jusque dans les rudesses et brusqueries qu'il ne ménageait à personne, écrivait à Barbezieux, son fils et son successeur (20 juillet) :

« Je suis dans une situation où je me fais de grandes violences pour ne me point laisser aller à la vive douleur que je ressens de la grande perte que vient de faire le roi, l'État, et moi de mon protecteur, dont l'affection m'a toujours cent fois plus touché que tous les biens qu'il pouvait me faire. »

Louvois de moins, tout changeait; Catinat perdait un point d'appui solide et puissant; il dut être porté à en devenir plus circonspect encore. Louis XIV, pris au dépourvu, envoyait Chamlay, un militaire de confiance, le meilleur officier d'état-major et l'homme des bureaux de la guerre, auprès de Catinat pour se renseigner, tout voir de ses yeux et lui rapporter une idée nette des choses. L'ennemi était en forces; l'Électeur de Bavière, avec un corps considérable de troupes, ayant joint le duc de Savoie, Catinat n'eut plus qu'à se tenir sur la défensive, et il parut, dans le reste de cette campagne, « prendre continuellement la leçon de ses adversaires et ne régler ses mouvements que sur les leurs. » C'est ainsi, du moins, qu'en jugeaient les critiques sévères. Il ne put éviter que les alliés ne reprissent Carmagnole; mais il déconcerta par de savantes manœuvres leur dessin sur Suse, les força à y renoncer et termina cette campagne en battant leur arrière-garde. Catinat, se jugeant lui-même, appréciant sa propre conduite durant cette année 1691, mérite bien pourtant d'être entendu, et ce qu'il dit là-dessus à son avantage est peut-être la meilleure définition de sa méthode de guerre et de son *moral* de général d'armée. Après la reprise de Carmagnole par les alliés, il écrivait à son frère Croisilles, du camp de Saluces, le 6 octobre 1691 :

« Je te répéterai que je n'ai nul lieu de me repentir de la conduite que j'ai tenue; je n'en aurais pas d'autre si cela était à recommencer. Les affaires difficiles, et dont le succès a quelque chose de fâcheux, laissent toujours beaucoup à raisonner, et la bonne conduite que l'on y tient est peu connue et peu pénétrée. Il faut que ce soit des gens du métier et qui suivent bien une affaire. »

Et dans le même temps :

« Notre campagne n'est pas brillante, mais je te réponds qu'elle a été difficile, et qu'il a fallu bien prévoir des choses pour qu'elle ne fût pas dangereuse, ou au moins d'être obligé de sortir bien plus tôt du Piémont. Les gens de bien, d'honneur, bons juges en pareil cas, et témoins de tout ce qui s'est passé, me feront peut-être plus d'honneur que je n'en mérite, par l'approbation qu'ils donneront à ma conduite. Ceux qui en jugeront malicieusement et superficiellement, n'étant touchés que des événements heureux, diront ce qu'ils voudront de quantité de choses mal arrangées et qui pourraient se détruire par maintes bonnes raisons et sans réplique. Je crois que M. de Feuquières pourra bien jouer des siennes et faire valoir des sentiments fondés sur des raisons bonnes pour ceux qui ne voient pas les choses... »

Je ne me fais pas juge entre Catinat et Feuquières, ce serait une grande impertinence ; je ne me fais point le défenseur de Feuquières, ce n'est point mon rôle, et il y aurait à ceci de l'impertinence encore et, qui plus est, de l'injustice ; mais enfin, pour voir le double côté de la question, pour l'envisager à sa juste hauteur et la dégager autant que possible des personnalités dont elle est restée masquée jusqu'à ce jour, qu'on veuille supposer un instant ceci : il y a dans l'armée de Catinat un militaire, incomplet dans la pratique, mais d'un génie élevé, qui a, dès 1690, l'instinct et le pressentiment des grandes opérations possibles sur cet admirable échiquier de la haute Italie ; ce militaire, à tout moment, conçoit ce qu'on pourrait faire et ce qu'on ne fait pas ; il blâme, il critique, il raille même, il hausse les épaules, il est ce qu'on appelle un *mauvais coucheur*, et ce qu'on appelait alors être *incompatible* : tel était Feuquières, qui à des vues supérieures joignait, il faut en convenir, une malignité particulière. Mais, spéculativement parlant, il n'avait pas si tort en jugeant comme il fit Catinat. Qu'a dit Napoléon sur le même sujet ? « L'Empereur, parlant de Catinat, disait l'avoir trouvé fort au-dessous de sa réputation, à l'inspection des lieux où il avait opéré en Italie et à la lecture de sa Correspondance avec Louvois. ». Napoléon ne le trouvait nullement comparable à Vendôme ; il eût dit de Catinat, servant sous ses ordres, ce qu'il disait de Saint-Cyr : « Saint-Cyr, général très-prudent. »

Toute la manière de voir et d'agir de Catinat a été exposée au long par lui-même dans ses lettres confidentielles à son frère Croisilles ; il le fait dans une langue naïve et forte, un peu enveloppée, médiocrement polie, grosse de raisons, et qui sent son fonds d'esprit solide ; il faut en passer par là, si on veut le comprendre, et bien posséder son Catinat, nature originale et compliquée, un peu difficile à déchiffrer, et qui ne se laisse pas lire couramment :

« Si je t'entretenais au coin du feu de notre campagne, disait-il à ce frère qui était un autre lui-même (31 octobre 1694), j'aurais bien du plaisir à te faire toucher au doigt et à l'œil ma conduite et les prévoyances que j'ai eues sur ce qui pouvait arriver, et comme il a fallu charrier droit pour faire aller la campagne aussi loin qu'elle a été, sans exposer tout le gros des affaires. Il est vrai que les ennemis auraient pu faire des démarches qui l'auraient abrégée ; mais celles de notre armée ont pu contribuer à leur en ôter les vues. Enfin, pour te le faire court, les ennemis avaient une armée fraîche, entrée en campagne seulement les premiers jours d'août ; ils avaient trente escadrons de la plus vieille et meilleure cavalerie de l'Empereur, et douze des meilleures troupes de M. l'Électeur, et trois vieux régiments de dragons... Ils avaient assurément cent escadrons dans leur armée, cavalerie ou dragons, et quinze à seize mille hommes de pied. Cette armée connaissait son avantage et ne demandait qu'à combattre. Il n'y avait que nos démarches et le choix de nos postes qui pouvaient nous le faire éviter.

« Nous n'avions dans notre armée que quarante-huit escadrons de cavalerie, dont seulement treize de vieux régiments. Le reste était tous nouveaux régiments, dont plusieurs étaient à demi ruinés, dix-neuf escadrons de dragons... Nous leur avons abandonné Carmagnole que l'on ne pouvait soutenir et que l'on voulait quitter. Les mesures ont été prises juste pour se défaire de la cavalerie que l'on ne pouvait plus faire subsister, et soutenir notre frontière avec l'infanterie. L'affaire qui vient d'arriver à Suse est un bon témoignage. Je ne sais quel jugement fera le public de cette campagne; mais je t'assure qu'à la suivre de près, j'ai plus de mérite que de celle de l'année passée. *La fortune en a décidé l'année passée, et, si j'ose le dire, la bonne conduite à celle-ci.* Je crois que j'en recevrai plus de louanges chez nos ennemis que parmi nous ; car je sais bien tous les discours qu'ils tiennent là-dessus. Je te parle confidemment comme à mon frère, et tu crois bien que je ne m'étale pas de cette manière en public. M. de Saint-Sylvestre (*l'un de ses généraux*), qui est un bon cœur et de mes amis, me faisait encore, il n'y a que deux jours, le même reproche qu'il m'a fait plusieurs fois : que j'étais trop modeste et que je ne faisais pas assez valoir cette campagne et ce qui venait de se passer ; que j'en étais la dupe. Je lui ai répondu qu'il fallait se laisser juger; que les campagnes heureuses sautaient aux yeux, que les autres demandaient trop de discours en public pour en faire connaître le mérite. Comme j'ai tenu le roi au courant de cette campagne et que j'ai pu en donner des idées à M. de Chamlay et de la nature de cette guerre, Sa Majesté me paraît très-contente de la conduite que j'ai tenue. Voilà bien t'entretenir. »

L'apologie est un peu longue ; je n'ai pas promis qu'elle serait élégante ; il manque un coup de rabot à cette façon d'écrire de Catinat ; mais on a l'homme, on a la forme d'esprit, on a les raisons. Ce sera presque toujours ainsi avec lui : il a besoin d'être écouté, et sur la fin on ne l'écoutera pas assez, et lui-même il ne prendra plus guère la peine de s'ouvrir et de s'expliquer. Mais on n'en est plus à deviner après cela quelles pouvaient être ses réponses aux critiques de Feuquières : si l'on prend la peine de chercher celles-ci dans les Mémoires de leur auteur, on aura sous les yeux les pièces du procès, et surtout (car c'est le seul point qui nous intéresse aujourd'hui) l'on verra nettement dans quelle catégorie de capitaines, dans quelle école et quelle famille d'hommes de guerre il convient de ranger Catinat.

Il était, du reste, alors dans sa meilleure veine, et sa prudence savait se relever au besoin d'actions de vigueur. C'est ainsi que la forteresse de Montmélian, seule place du duché de Savoie qui ne fût pas encore en notre pouvoir, lui parut une conquête possible malgré la saison avancée et la forte position qui était « hideuse pour un assiégeant »; il s'en rendit maître le 21 décembre de cette année 1691 si remplie.

Les conséquences de la mort de Louvois se faisaient sentir : on n'embrassait plus tous les points de la circonférence à la fois. En 1692, l'attention qui se portait presque exclusivement à l'armée de Flandre et vers le siége de Namur fit négliger le Piémont. Louis XIV se refusa de ce côté aux dépenses nécessaires, et l'on se borna au *statu quo* comme si c'était possible. Catinat, qu'on avait laissé en sentinelle à la frontière durant tout l'hiver, ne reçut que plus tard les dernières instructions de Louis XIV écrites au pied levé et au moment même où le roi partait pour l'armée de Flandre (10 mai). Tout rempli des projets de conquête qu'on lui préparait sur ce prochain théâtre, le roi s'en remettait à Catinat de tout ce qui était à faire dans la guerre restreinte qu'il désirait à cette autre frontière. Il se résumait ainsi :

« Au surplus, je suis fort persuadé de votre application : que vous voyez tout et que vous prendrez tous les partis qui seront les plus avantageux pour le bien de mes affaires. Il vaut mieux hasarder que les ennemis fassent quelques petites courses dans mon pays ou dans la Savoie que d'abandonner les lieux les plus importants. »

Le dernier cas prévu arriva, et au delà de ce qu'on supposait. Le duc de Savoie, sentant la faiblesse à laquelle était réduit l'adversaire, s'enhardit, passa à l'offensive et à l'invasion de notre territoire, pénétra jusqu'à Embrun qu'il assiégea, s'en rendit maître sur les derrières de Catinat, brûla le pays jusqu'à Gap, et il serait même descendu dans la plaine du Dauphiné sans la petite vérole qui le prit à Embrun et dont il fut fort mal. Catinat, asservi à ses ordres, ne s'en écarta en rien, garda ses postes et points importants de Pignerol, Suse, Nice et la Savoie, mais n'entreprit rien d'actif pour inquiéter le duc et l'obliger à lâcher prise dans sa pointe en France. Ce fut un léger affront pour nous que cette invasion, même interrompue et arrêtée sitôt par un accident. Il est difficile de ne pas être de l'avis de Feuquières dans la double critique qu'il fait de cette campagne, la première remontant à

Louis XIV, la seconde s'adressant à Catinat qui se tint trop longtemps sur des hauteurs près de Pignerol et ne rayonna pas assez vivement. Il n'y a pas de système absolu ; la défensive n'est bonne qu'autant qu'elle peut se convertir, à un moment donné, en offensive rapide, et l'un des plus grands talents d'un général est de savoir saisir à point l'initiative, même dans une lutte de pure défense. Je répète les préceptes des maîtres. Catinat aurait eu sans doute à faire de bonnes réponses ; s'il n'avait pas la soudaineté, l'éclair et le coup de foudre, il avait le reste. Au mois de septembre 1692, à son camp d'Aspre, pendant la petite vérole du duc à Embrun, il se considérait dans une situation fort bonne pour être à portée de tout, et fort dangereuse pour les ennemis, s'ils faisaient un mouvement de plus en avant dans notre pays. Il écrivait de là à son frère, le 13 septembre :

« Je crois toujours de plus en plus que nos ennemis seront hors des États du roi dans la fin de ce mois et que le mal qu'ils nous auront fait aura plus de réputation que d'effet. L'on en tirera le profit que Sa Majesté connaîtra l'attention que mérite cette frontière et qu'il ne sera pas si aisément détourné de ce qui lui est proposé pour sa sûreté, par le sentiment de ceux qui ne la connaissent point, et qui ont pu lui faire concevoir là-dessus des facilités qui n'y sont point. »

Catinat ne croyait pas cette utilité réelle pour l'avenir trop payée d'un léger désagrément personnel. Voilà bien l'homme avec son principe d'abnégation.

Louis XIV, qui devait savoir mieux que personne à quoi s'en tenir, était content de Catinat et mettait cette fin de campagne au nombre de ses bons services. Ce fut (chose assez piquante) pendant cette suite de marches destinées à couper à l'ennemi les moyens de subsister et à l'obliger à la retraite, que les amis de Catinat en Cour, M. le Peletier, Mme de Noailles, songèrent à le marier et lui en firent des propositions, même des instances. Il était en belle passe et à la veille d'être maréchal de France; en vieillissant il était devenu un parti. Ses amis, sa famille, désiraient qu'il fît souche et qu'il plantât sa race. Lui, il s'y refusa : il avait cinquante-cinq ans; il était amoureux de sa liberté à laquelle un tel lien porterait une grande atteinte :

« Je me fais vieux, écrivait-il à Croisilles, et je me trouve même assez défiguré (1). Ma foi ! mon ami, je crois qu'il faut que je continue à vivre comme j'ai vécu... Défais-moi des propositions de mariage et laisse-moi la liberté : j'appelle assurément liberté que d'être garçon.

« Toutes les considérations, disait-il encore, que l'on peut me représenter là-dessus me sont connues; mais, en vérité, elles regardent plutôt les successeurs que les vivants. »

Il resta donc ce qu'il était, célibataire et philosophe, « génie libre et sans façon ». En tout, l'une des marques de son caractère et de son tempérament, c'est la continuité des mêmes mœurs, l'égalité, la constance.

(1) *Défiguré,* l'expression est un peu forte. On aura déjà remarqué que, dans sa langue inélégante mais saine, Catinat prend volontiers les mots dans une acception un peu plus ancienne que sous Louis XIV; quand il écrit, il est comme Vauban, un peu suranné de langage. Cela ne sied pas mal à des hommes d'un caractère antique.

II.

LE BATON DE MARÉCHAL. — JOIE, MODESTIE. — FÉLICITATIONS.

Au moment où la campagne de 1693 allait s'ouvrir, le roi fit une promotion de sept maréchaux de France, et Catinat y fut compris. Il était à son poste, à la frontière d'Italie : le roi lui écrivit de sa main, de Versailles, le 27 mars 1693 :

« Les services que vous me rendez me sont si utiles et agréables, que je crois ne pouvoir mieux vous le témoigner qu'en vous faisant maréchal de France. Vous pouvez en prendre la qualité et en recevoir les honneurs. Vous en prêterez le serment quand le bien de mes affaires vous permettra de vous rendre auprès de moi. »

Catinat, tout ému, s'empressa de répondre :

« A Oulx, le 1er avril 1693.

« Votre Majesté a donné un témoignage de sa puissance et de sa bonté en me faisant maréchal de France ; c'est une élévation qui ne me fera que mieux connaître qui je suis, et d'où elle m'a tiré. Cette grâce si grande et si distinguée dont elle vient de m'honorer, donne une exemple qui doit élever les sentiments et le courage de tout ce qui a l'honneur de la servir. J'ai assurément reçu, Sire, cette nouvelle *avec tout le trouble de joie* qu'elle mérite, et je ne puis exprimer à Votre Majesté combien l'on est agité de sentiments d'obligation et de reconnaissance, quand on reçoit une pareille marque de l'honneur de son estime et de son affection. »

Le trouble de joie! Catinat, en écrivant, avait de ces

mots heureux et d'autant plus remarqués qu'ils ne lui sortaient pas en abondance. Il parlait du cœur plutôt que des lèvres. — Catinat ressentit en effet, avec un esprit d'humilité et un vrai trouble, ce « comble d'élévation » que le roi mettait dans sa famille ; sa correspondance avec son frère, à ce moment, est touchante et d'un naturel charmant. Les grâces du roi avaient alors un tel pouvoir de grandir, que le frère de Catinat, Croisilles, si tendrement lié avec lui dès l'enfance, n'osait plus le traiter par lettres sur le même pied qu'auparavant, et qu'il changea de ton aussitôt. Depuis que le roi appelait Catinat son *cousin,* Croisilles ne se permettait plus de tutoyer son illustre frère. Catinat s'en fâcha :

« Tes lettres cérémonieuses me chagrinent ; comme je les lis toujours de la vue, j'y mets le *tu* et le *toi,* à la place du *vous ;* de bonne foi je ne te ferai plus réponse si tu continues... Tu te moques de moi de penser à m'écrire autrement qu'à l'ordinaire. »

Catinat connut bientôt des circonstances particulièrement flatteuses pour lui dans cette nomination du roi, et il les apprit de l'intendant des vivres Bouchu, qui était l'homme de son armée. Bouchu se trouvait dans la chambre du roi au moment où Louis XIV, dans son cabinet, déclara les nouveaux maréchaux, et les personnes qui étaient dans la chambre, c'est-à-dire dans la pièce voisine, en eurent la première nouvelle : ce fut l'archevêque de Paris, M. de Harlay, qui, sortant du cabinet, le dit à Bouchu, et le pria de mander à Catinat cette circonstance que le roi, en lisant au Père de La Chaise et à lui archevêque la liste des sept nouveaux maréchaux, avait dit, en répétant le nom de Catinat ; « *C'est bien la vertu couronnée!* » Catinat, répétant confidemment cet éloge à Croisilles, ajoutait, de peur de l'ébruiter : « Épargne, je te prie, cela à ma sœur Pucelle, et même à tout autre, c'est le plus sûr. » Mme Pucelle, la mère du célèbre abbé de ce nom, méritait-elle donc qu'on lui appliquât le mot de La Fontaine :

> Rien ne pèse tant qu'un secret :
> Le porter loin est difficile aux dames.

La lettre de Catinat au roi réussit fort par sa simplicité; le roi dit qu'il la trouvait très-bien. Catinat avait là-dessus une certaine inquiétude :

« Je l'ai faite si agité et avec tant de précipitation, écrivait-il à son frère, que je ne sais si tu la trouveras bien; je te prie que le tout ne soit que pour toi. »

Et en apprenant l'approbation qu'elle avait reçue :

« Je l'écrivis dans l'enthousiasme; quand elle fut partie, je la relus et je n'en avais pas trop bonne opinion, je te l'ai même mandé : c'est qu'il y a des occasions où il faut laisser parler la nature. Je crois que c'est l'approbation qu'elle mérite. »

Tout cela est d'une grande bonhomie et simplicité d'âme. Les embarras dont Catinat s'ouvre à son frère sur la manière de répondre aux compliments qui lui pleuvent en foule et de varier le thème selon les rangs et les convenaces, font sourire et nous initient aux mœurs de cette digne et honnête bourgeoisie, non gâtée par les honneurs :

« Je suis accablé de réponses à faire à tous les compliments dont petits et grands m'honorent. Il y en a une infinité à me donner la vanité que tu m'inspires dans tes lettres; mais, de bonne foi, cela ne me change point sur le jugement que je fais de moi-même, et je réfléchis combien aisément la fortune pouvait changer les événements qui m'ont procuré tant d'honneur, et *toutes les raisons pour une affaire deviennent bien faibles contre une seule qui les fait manquer.* Ne me vas-tu pas trouver bien moral pour un homme qui doit être enivré? »

Dans la quantité de félicitations qu'il reçoit, il faut distinguer celles de l'abbé de Fénelon, non archevêque encore :

« Je viens de lui faire réponse à une lettre toute des plus obligeantes qu'il m'a fait l'honneur de m'écrire, où ton nom est mêlé : il paraît bien qu'il t'aime ou pour mieux dire, qu'il te chérit. »

Croisilles, fort pieux et d'une piété tendre, était un des fils spirituels de Fénelon. On distingue aussi ce que Catinat dit de Vauban; ce grand homme de bien dont on aime à unir le nom avec le sien l'avait félicité de l'honneur auquel il était promu, et Catinat l'en avait remercié en exprimant l'espérance d'une réciprocité prochaine. Vauban était un peu chagrin à cette heure; il avait perdu Louvois, son grand appui; il avait dit plus d'une fois à Catinat en l'entretenant à Pignerol quand il était allé visiter les positions de cette frontière : « Vous serez maréchal de France; je vois bien que je ne le serai point et que l'on pense autrement sur moi. » Catinat faisait tout pour le rassurer et lui ôter de ces ombrages. Vauban dut attendre dix années encore.

A côté des amis chagrins, des amis inattendus, des amis enthousiastes que vous fait tout grand bonheur, il y avait aussi les ulcérés et les irréconciliables. Catinat en fit l'épreuve en un ancien camarade du régiment des gardes, M. de Rubentel, excellent officier, mais qui ne pardonnait pas chez un autre une élévation à laquelle il s'était cru en état de prétendre. Catinat le connaissait bien; à peine apprend-il sa nomination : « Ah! pour le coup, écrit-il à son frère, je crois que me voilà bien achevé d'être brouillé avec Rubentel. après ce qui vient d'arriver, il n'y a plus de retour; je l'ai trop offensé. » Catinat ne s'est pas trompé; il n'y a pas de retour de la part d'un jaloux : « Le parfait silence de M. de Rubentel, écrit-il quelques jours après, ne t'a point surpris ainsi que moi; je suis bien sûr que ce sera très-fort malgré lui s'il se trouve dans quelque endroit où tu seras... »

Cherchez vite si vous êtes curieux, lisez dans Saint-Simon le portrait de ce Rubentel, ancien lieutenant-colonel du régiment des gardes, ancien lieutenant-général, brave homme de guerre, mais difficile à vivre, d'une humeur à faire damner les gens, d'autant plus roide et plus cassant qu'on lui fait plus d'avances, et furieux si on le néglige; enfin un fagot d'épines. Alceste paraît avoir été un Philinte auprès de ce Rubentel qu'on ne put garder au service malgré son mérite et qui s'en alla vivre et mourir seul à Paris, disgracié, irrité, pestant contre les humains et gardant une dent contre quiconque était plus heureux que lui. Le mot de Catinat achève de nous le peindre.

Demandez à La Rochefoucauld, à La Bruyère ! L'humanité est ainsi faite : après tout grand succès et pour le compléter, il y a toujours un M. de Rubentel, un monsieur aigri, outré, impossible, qui vous en veut à mort de ce jour-là, qui vous saluait la veille et qui ne vous salue plus.

III.

CAMPAGNE INGRATE, LENTE, PATIENTE. — TESSÉ NÉGOCIATEUR. — VICTOIRE DE LA MARSAILLE.

Le bâton obtenu, il s'agissait de le justifier par quelque action d'éclat, et Catinat n'y manqua point en cette année même. Il y eut pourtant bien de la peine et de la difficulté avant d'en pouvoir saisir l'occasion. L'exposé de cette campagne de 1693 et de tout ce qui s'y mêla d'accessoire ou d'essentiel sous main dépasserait ce que nous pouvons nous permettre ici. On avait donné à Catinat pour servir sous lui depuis 1691 M. de Tessé, homme d'infiniment d'esprit et plus propre certainement à être habile négociateur que grand général. M. de Tessé, obéissant à ses instincts et donnant cours à ses talents, s'était arrangé pour entrer en relations secrètes avec le duc de Savoie, et Catinat, informé de ce double rôle qu'autorisait la Cour, n'en avait conçu nulle jalousie; il croyait peu à la réussite de cette intrigue et s'occupait surtout de son métier. Cependant la maladie du duc de Savoie, le ralentissement qui s'en était suivi dans les opérations militaires, avaient donné naturellement à Tessé l'occasion de renouer les fils si souvent rompus. Le fait est qu'à cette date il était on ne saurait mieux informé de tout ce qui se passait jusque dans l'intimité de l'alcôve, pendant cette convalescence du duc de Savoie, entrecoupée parfois de rechutes; il écrivait, de ce ton plaisant et badin qui était le sien, au ministre de la guerre Barbezieux, qui ne manquait pas d'en amuser le roi (29 mars 1693) :

« ... La comtesse de Verrue a eu des conversations particulières qui dérangent en un instant ce que les médecins ont cru arranger... Une fois pour toutes, le roi doit être informé que cette dame a part aux affaires et qu'elle est aimée. Elle est jeune et plus belle que jamais. Elle a jusqu'à présent tout le crédit qu'une jolie femme peut avoir; elle a dans l'esprit tout l'enjouement et l'amusement qui peut plaire, menteuse avec un air naïf, n'aimant rien, point de vues pour l'avenir, hardie, ordurière, nulle teinture de modestie, livrée aux présents de M. le prince d'Orange, prenant de l'Empereur et du roi d'Espagne, et ce qu'il y a de beau, c'est que M. de Savoie le sait et qu'il trouve en cela le ménagement d'un méchant cœur ravi que sa maîtresse rencontre dans la libéralité d'autrui ce qu'elle ne pourrait pas trouver dans la sienne... Il redit tout à sa maîtresse, et sa maîtresse redit tout aux alliés... Dans tout cela Mme la Duchesse Royale ne fait qu'aimer son mari, le servir, vouloir ce qu'il veut et ne se mêler de rien; Madame Royale (*la mère*) n'ose parler, et M. et Mme de Carignan sont dans une circonspection si craintive que, si M. de Savoie meurt, vingt-quatre heures après ils craindront qu'il n'en revienne.. »

Toute cette correspondance de Tessé que nous connaissons par des extraits de M. Camille Rousset est des plus piquantes et souvent des plus comiques ; ces lettres d'un homme de qualité que Mme de Maintenon appelait « la politesse même » font le plus parfait contraste avec le ton et le sans-façon assez rudes de celles de Catinat. Ainsi il se jouait en Piémont une partie double: Tessé, à la fois homme d'épée et diplomate officieux, menant une intrigue en vue de la paix; Catinat faisant son métier de général, et le faisant en toute conscience, mais bien péniblement, à cause du peu de secours qu'on lui donnait et du manque d'argent, de moyens de transport, de subsistances, de tout. Le jeu du duc de Savoie qui envoyait de temps à autre à Tessé son intendant des finances, Grupel, déguisé en paysan, en attendant que Tessé allât lui-même à Turin travesti en postillon, sa ressource habituelle et son excuse étaient de dire qu'il ne pouvait rien sur ses alliés que de les ralentir tout au plus un peu, et que c'était bien à contre-cœur qu'il faisait la guerre au roi. Cependant, dans ces allées et venues il cherchait à tirer des lumières, pour se guider et nous duper. Catinat, sourd à tout, ne pensait qu'à justifier la confiance du roi, à se rendre digne de son nouvel honneur, et dès que le duc fut remis de sa maladie et que les hostilités recommencèrent, il se vit avec peine réduit d'abord à l'immobilité, à une défensive presque inerte ; il dut se résigner à voir Pignerol investi et se retirer du poste de La Pérouse qu'il jugea intenable. Il écrivait à son frère, du camp de Fénestrelles, le 29 juillet 1693 :

« J'ai envoyé un courrier exprès pour avertir le roi que Pignerol était investi. Je n'ai pu éviter ce coup; les raisons seraient longues à t'en déduire; tu peux compter que ma conduite n'est exposée qu'aux mauvais discours des gens qui ne connaissent point la nature de cette guerre; c'est une ample matière à en tenir. Je t'assure que c'est ma moindre inquiétude, et que je ne suis agité d'aucune attention ni réflexion là-dessus : je suis dans une douleur qui me perce le cœur, par rapport aux affaires du roi. J'ai été quatre ou cinq jours bourrelé et n'ai presque point dormi, ayant besoin d'efforts pour manger; à quoi j'ai suppléé pour aliment en prenant quelques écuellées de lait pour apaiser le sang... »

C'était pour un homme de cœur une position cruelle en effet que de se voir obligé d'attendre des renforts, des moyens d'agir, et de supporter cette infériorité évidente d'un air d'indécision et de timidité. Les discours à Paris ne tarissaient pas; d'honnêtes gens blâmaient sans rien y entendre; M. de Pomponne, parent de Feuquières, parlait plus qu'il n'était séant à un homme si sage et si ignorant de la matière. Mais, ce qui était pis, Vauban, l'autorité même, Vauban semblait croire que Catinat aurait pu agir autrement et tenir le poste de La Pérouse; il le disait à qui voulait l'entendre :

« Je t'assure, écrivait Catinat à son frère, qu'il n'y a ombre de raison à ce dire, et qu'il aurait de la confusion de l'avoir avancé s'il était sur les lieux et qu'on lui dît de disposer ce poste pour être soutenu contre une armée qui a du canon...

Je suis assurément rempli d'un grand fonds d'estime et d'affection pour M. de Vauban ; mais je voudrais bien voir jusqu'où iraient ses lumières et la tranquillité de son esprit, s'il était chargé en chef des affaires de ce pays-ci : je crois qu'il y serait pour le moins aussi *fécond en inquiétudes* qu'il l'était à Namur, où il était demeuré après la prise. »

Catinat d'ailleurs n'en veut point à Vauban, et il trouve, pour l'excuser de ce léger tort à son égard, une belle explication amicale :

« M. de Vauban est de mes amis ; *sa franchise naturelle l'a surpris* et l'a fait parler d'une chose qu'il a pensée et qu'il ne sait point, et avec peu de ménagement pour un homme qu'il aime ou qui est en droit de le croire. »

Bien qu'endurci par l'expérience à tous les propos, Catinat était donc en ce moment fort *fécond* en soucis et des plus travaillés d'esprit ; toutes ses lettres adressées du camp de Fénestrelles à son frère nous ouvrent le fond de son âme :

« Personne n'est à l'abri du discours, c'est un mal commun à tous ceux qui sont honorés du commandement : il faudrait que je fusse bien abîmé dans un esprit de présomption pour que je pusse imaginer que cela fût autrement à mon égard. Aussi, puis-je t'assurer que je ne suis point travaillé de tout ce qui se dit, mais bien de la dureté et de la difficulté des affaires dont je suis chargé. »

La patience lui donna finalement raison. Le duc de Savoie avait bloqué Pignerol ; il venait de prendre le fort de Sainte-Brigitte tout proche et au-dessus ; il se disposait à bombarder Pignerol avant de l'assiéger, ce qui n'était pas d'usage dans une guerre polie et entre honnêtes gens. Ce duc, fertile en expédients, imagine alors une nouvelle batterie, et il dépêche à Tessé, qui commandait dans Pignerol, Grupel, ce messager ordinaire de l'intrigue. Grupel se glisse dans la place le 22 septembre, à la faveur d'un travestissement qui le rendait méconnaissable ; il est porteur de belles paroles. Le duc s'excusait de la marche des alliés sur sa maladie ; il affirmait avoir ralenti leurs opérations et promettait de les ralentir encore. Il proposait de reprendre un projet de traité qui avait été discuté précédemment. Tessé répondit avec fierté et comme il sied à un homme que le canon menace :

« Mais que faire donc ? dit Grupel ; car ce qui est fait est fait. » — Nous bombarder, lui dis-je (*c'est Tessé qui parle*), ce qui sera pour lui et pour ses alliés un divertissement de quatre jours, et puis Son Altesse le payera par le bombardement que nous ferons dix jours après de Turin. Quand le roi est mécontent de Gênes ou d'Alger et qu'il abîme leur ville pour les punir de leur mauvaise conduite, c'est une dépense et une vengeance de grand seigneur qui peut convenir au roi à l'égard de ses inférieurs ; mais que M. de Savoie prenne avec le roi, pour une ville qu'il ne peut pas assiéger, les mêmes airs que le roi prend avec une république, c'est ce que Son Altesse doit croire que Sa Majesté ne lui pardonnera peut-être jamais... »

En même temps le duc, pour mieux en venir à ses fins, faisait demander à Tessé de prier Catinat « de sauver son honneur en s'avançant dans la vallée de Suse, de façon à lui permettre de partir honorablement de devant Pignerol sous prétexte de le combattre. » On était au 23 septembre ; il promettait, pour donner de la marge, que le bombardement serait différé jusqu'au 26 inclusivement ; mais Catinat informé par Tessé ne put ni ne voulut faire ce mouvement qu'on lui demandait. Pignerol, d'ailleurs, fut bombardé dès le 25 et jusqu'au 1ᵉʳ octobre. Tout cela n'était que feinte et fourberie ; c'était un piége que le duc tendait à Catinat. « Ce prince, disait Tessé qui le connaissait bien, en sait plus à 27 ans en subtilités, en mauvaises finesses et en indécisions que le vieux duc de Lorraine n'en savait à 60. » Les faibles qui ont de l'esprit apprennent vite la ruse.

C'est alors que Catinat, qui avait employé le temps à se mettre en mesure, sentit que le moment était venu de prendre sa revanche et de jouer vaillamment de l'épée. Il a tout prévu et tout préparé. Catinat n'est pas un gros joueur ; il joue serré. Il sait qu'il y a cinquante manières d'échouer et qu'il n'y en a qu'une de réussir ; mais, s'il voit celle-ci à sa portée, il ne la manque pas. Il a de ces lenteurs, de ces ardeurs concentrées qui se résolvent en exécutions vigoureuses ; ce fut le cas ici.

« Nous aurons, écrivait-il au roi le 15 septembre, toutes les troupes que Votre Majesté a fait marcher (*on attendait de jour en jour un renfort*) ; tout est rempli de désir et d'envie d'agir et de contribuer glorieusement au bien de l'État, et avec confiance à l'heureuse étoile de Votre Majesté. »

C'est la seconde fois que je surprends Catinat parlant de l'étoile du roi ; il en avait déjà parlé après le prompt et heureux siége de Nice. Jamais général n'a moins cru à son *étoile* que Catinat; mais l'étoile du roi, il y croit encore; il a besoin d'y croire, car il va risquer un grand coup, et elle va en effet le conduire à sa plus belle et sa plus glorieuse journée.

Sans se laisser amuser par les espions, par les messages perfides, il tient l'ennemi en suspens jusqu'à la fin sur le point par où il doit entrer en Piémont. Sera-ce par La Pérouse? sera-ce par Suse? C'est ce dernier côté qu'il a choisi. Il trouve cette fois, pour assembler son armée et la porter au delà des monts, une vivacité de mouvement inaccoutumée; il était rendu en Italie le 1er octobre et tenait la plaine. Il envoya, par attention expresse et par suite des ordres reçus, brûler et dévaster la maison de plaisance du duc de Savoie dite La Vénerie, et la maison de campagne également de M. de Saint-Thomas, premier ministre du duc : c'était un prêté-rendu pour le bombardement inutile de Pignerol et pour les ravages du Dauphiné de l'année précédente. Le duc de Savoie était surpris à son tour et au dépourvu; Catinat, vif et joyeux comme il ne l'était guère volontiers que les jours d'action. Il avait écrit gaiement et pour dernier mot à Tessé enfermé et bloqué dans Pignerol, en lui promettant une prompte délivrance : « Préparez de l'oseille pour nous faire des soupes vertes. » Catinat chercha immédiatement l'ennemi et le joignit entre Turin et Pignerol; il lui livra bataille le 4 octobre, à La Marsaille.

On a et l'on peut connaître par une conversation fort curieuse que Tessé eut deux mois après, à Turin même, avec le marquis de Saint-Thomas, toute la version piémontaise des préliminaires de cette bataille. Tessé ayant reproché à M. de Saint-Thomas la ruse du duc et le panneau dans lequel il avait voulu faire tomber Catinat à propos du bombardement de Pignerol, comme si un mouvement en avant du général français eût suffi pour l'en détourner, Saint-Thomas l'interrompit et lui dit :

« Moi, je vais vous conter l'histoire de la bataille que nous avons perdue, et je vous jure par tout ce qu'il y a de plus saint et de plus sacré que je vous parlerai vrai. Son Altesse royale a été trompée en tout... *Il* vous envoya dire qu'il différerait le bombardement de Pignerol jusqu'au 27 ; c'était non-seulement son intention, mais fiez-vous à ma parole que le marquis de Leganez commença d'un jour plus tôt qu'il ne l'avait promis, et malgré Son Altesse qui ne commença le bombardement qu'*il* ne pouvait plus différer que le 26 ; encore fut-ce faiblement... Quant à la bataille qui s'est donnée, en voici l'histoire : nous n'avons jamais cru jusqu'au 2, — et la bataille s'est donnée le 4, — que M. de Catinat vînt par la plaine ; l'on n'a pas cru praticable que l'armée de secours vînt par la vallée de Suse, persuadé qu'on était que l'armée du roi entrerait en Piémont par la vallée de Barcelonnette. Leganez et Caprara (1) étaient d'avis de se retirer par Orbassan, mais le duc dit qu'*il fallait bien boire le vin tiré* et que, puisqu'il y avait au moins autant de péril à ne pas combattre qu'à combattre, le temps était cher et qu'il ne fallait plus songer qu'à mettre l'armée en bataille. On la mit tout le plus diligemment que l'on put, et voilà comment se passa cette journée que l'on avait résolu la veille d'éviter ; à six heures du matin du même jour, il n'était pas décidé encore si l'on en viendrait à une affaire décisive. »

(1) C'étaient les généraux alliés qui commandaient les troupes d'Espagne et celles de l'Empereur.

On en croira ce qu'on voudra, mais il paraît bien certain que c'est le duc de Savoie qui, dans sa présomption, décida en effet de livrer la bataille. Elle fut rude, menée par Catinat avec une forte et sûre tactique. Elle dura de huit ou neuf heures du matin à trois heures du soir, sur un terrain fourré et couvert, semé de haies et de vignes. On s'était tâté la veille, et on avait prévenu l'ennemi en occupant avec lui une hauteur que nous avions à droite. La victoire fut des plus complètes et vraiment parfaite selon l'art, exécutée et gagnée (en grande partie au pas de charge et à la baïonnette) dans l'ordre même où elle avait été conçue. Marcher en avant, la baïonnette au bout du fusil, sans tirer un coup, c'était l'ordre du maréchal :

« D'abord que nous fûmes dans l'ordre que je viens de marquer, dit-il dans sa Relation au roi, nous marchâmes droit devant nous pour charger tout ce que nous trouverions. Du moment que notre attaque fut indiquée par notre marche et le feu des décharges, toute la ligne s'ébranla comme en même temps et marcha dans le plus bel ordre que l'on saurait dire à Votre Majesté et avec une telle furie qu'elle enfonça tout. Les ennemis avaient mêlé des escadrons de distance en distance, surtout en front de bandière. Ceux qui se trouvèrent dans l'infanterie furent chargés sans tirer, la baïonnette au bout du fusil, et furent renversés. »

Et dans un second rapport :

« Je ne crois pas, Sire, qu'il y ait encore eu d'action où l'on ait mieux connu de quoi l'infanterie de Votre Majesté est capable. »

Le brave La Hoguette, officier de vertu et de mérite,

qui commandait notre centre, fut blessé à mort. Le duc de Vendôme, ayant avec lui son frère le Grand-Prieur, qui y fut blessé, commandait à gauche, où il y eut le plus de difficultés et d'inégalités dans le choc, et où la gendarmerie, nouvellement arrivée à l'armée d'Italie, fit merveille : elle avait à soutenir sa réputation d'invincible. L'artillerie aussi servit en perfection. Chacun fit bien et de son mieux. *Valeur et bon ordre jusqu'en pleine action,* c'est le trait qui distingue cette journée : Catinat avait obtenu ce résultat et imprimé son caractère et ses propres qualités à sa victoire. C'était, du reste, si l'on excepte cette gendarmerie d'élite arrivée de l'avant-veille, une armée toute formée par lui, toute dans sa main ; elle avait pleine et entière confiance dans son guide, le *père La Pensée,* comme on l'appelait familièrement. L'ennemi perdit 8,000 hommes tués sur place, et au delà ; nous en eûmes 2,000 au plus hors de combat ; on prit 30 pièces de canon, 99 drapeaux et 4 étendards. On raconte que Catinat le soir, s'étant endormi sous une tente improvisée, se trouva au réveil entouré de tous ces drapeaux que les soldats avaient plantés en manière de trophée pour décorer son triomphe. On n'avait pris que quatre drapeaux à Staffarde : ici on en eut des quantités, de quoi ombrager le sommeil du vainqueur. Un rayon brille sur ce point de la vie de Catinat, un beau rayon d'automne ; c'est l'endroit le plus lumineux de sa carrière, son moment de plein éclat. Notons-le bien : depuis lors, il aura presque toujours le contraire de la bonne étoile.

Lundi 18 septembre 1864.

CATINAT.

(SUITE ET FIN.)

I.

FIN DE LA GUERRE DU PIÉMONT. — LENTEURS. — L'HOMME EXPLIQUÉ PAR TESSÉ.

« Dans cette guerre je ne puis avoir que des joies bien courtes », écrivait Catinat à son frère trois semaines après La Marsaille. La victoire en effet, si complète qu'elle fût, n'eut au point de vue stratégique aucun grand résultat; on ne put ni rien entreprendre sur Turin, ni faire le siége de Coni, malgré le désir et l'ordre exprès de Louis XIV, ni même prendre ses quartiers d'hiver dans le Piémont. Il ne semble pas qu'on doive en faire aucun reproche à Catinat : il exposa et fit goûter toutes ses raisons à Chamlay, qui vint sur les lieux pour en juger par lui-même. Il paraît bien que le manque de munitions, de vivres, de mulets, était porté sur cette frontière à un degré qu'on a peine à se figurer. Un général comme Catinat qui veut qu'il y ait discipline dans ses troupes, qu'on ne pille pas l'habitant, qu'on ne mange pas le pays ennemi, et qui a de ces perpétuels scrupules de probité et d'humanité, est toujours dans l'embarras des subsistances et devient naturellement l'homme des objections. Ses vertus mêmes bridaient son talent. Catinat, qui rappelle Saint-Cyr, était le contraire de ces grands maréchaux de guerre, comme on en a vu, que rien n'arrête ni n'embarrasse, mais qui sont le fléau des populations. Il écrivait au roi, en lui adressant un mémoire sur les besoins de son armée (8 décembre 1693) :

« Je connais parfaitement, Sire, la conséquence des dépenses; mais il vaudrait mieux qu'elles fussent diminuées sur le nombre des troupes et que celles que l'on a fussent servies de leurs besoins essentiels et nécessaires... J'importune Sa Majesté dans ce mémoire de grands et petits détails, parce qu'il n'y en a aucun d'indifférent sur cette frontière, où les choses les plus nécessaires manquent tout d'un coup, pour lesquelles on n'a presque pas d'attention ailleurs. L'on commence à penser les grandes choses à la guerre, mais pour les secrets de l'exécution, il faut en revenir à de grands détails, même à des choses qui mériteraient presque être traitées de minuties... »

La fin de l'année 1693 avait été signalée en France par une crise d'argent, une disette et une misère extrêmes. Tessé écrivait à Barbezieux, à la fin de janvier 1694 : « L'important, c'est de cacher sur cette frontière l'indigence d'argent; il y a six mois que nous vivons d'emprunt. » Cet état de pénurie se prolongea ; au mois de mai suivant il y avait tout à craindre du manque de payement des troupes ; dans une apostille de lettre au ministre, Tessé se risquait à glisser ces mots significatifs :

« Il n'y a aucun bon serviteur du roi qui ne doive tout craindre du non-payement des troupes assemblées, et c'est tromper Sa Majesté que de ne lui pas faire connaître à quelle extrémité ce désordre peut aller, et nous y sommes actuellement. »

Catinat, témoin de cette misère et de ce dénûment dont son armée et lui étaient victimes, s'abstenait délicatement d'insister auprès de M. de Pontchartrain pour le payement d'une gratification qui lui avait été accordée. Il souffrait et l'on souffrait autour de lui d'être hors d'état de rien entreprendre et de ne pouvoir renouveler la leçon de La Marsaille :

« Au nom de Dieu, écrivait Tessé le 30 juin 1694, que le roi se détermine à prendre la vaisselle d'argent de cent hommes qui la lui enverront de bon cœur, et ayons une fois dans la vie de quoi donner les étrivières à tous ces gens-là. Je vous avoue que je ne me consolerai jamais de voir tout ce que je vois, faute de crédit. »

Voilà ce qu'il ne faut jamais oublier quand on juge Catinat sur ces dernières campagnes de Piémont en 1694, 1695. Ajoutons que si, au point de vue militaire et immédiat, la victoire de La Marsaille ne parut guère rien changer à l'état général des affaires, l'effet moral fut produit. Cette bataille perdue, le duc de Savoie avait reçu sa leçon, et la paix était virtuellement conquise; mais il fallut bien des façons encore et des manéges qui durèrent plus de deux ans. Cependant on peut dire que cette victoire fut capitale en ce qu'elle substitua dans l'esprit du duc de Savoie l'idée de paix à l'idée de guerre, et que la paix avec lui amena le démembrement de la ligue et, par suite, la pacification générale de Ryswick.

Il n'est pas moins vrai que Catinat, aux prises avec les difficultés de chaque jour, et sentant aussi les négociations engagées, se retrancha beaucoup plus que Louis XIV n'aurait voulu dans la défensive. Louis XIV n'eût pas été fâché qu'il infligeât ou parût prêt à infliger une troisième et dernière correction aux artifices et fourberies du duc; cela eût donné le coup de pouce à ses lenteurs toutes calculées. Il n'en fut rien. Mais l'histoire de ce qui se passa en Piémont depuis la fin de l'année 1693 jusqu'à la signature du traité, dans l'été de 1696, appartient moins encore à la biographie de Catinat qu'à celle de Tessé : c'est sur ce dernier que le principal de l'affaire semble rouler désormais, et la diplomatie prime la guerre. Autant les lettres de Tessé racontant ses visites clandestines à Turin, ses conversations avec le duc et avec son ministre, sont gaies, vives, amusantes, cachant le sérieux sous le badin (1), autant la correspondance de Catinat qui prêche

(1) Ces lettres de Tessé, qu'on n'a jusqu'ici que morcelées et comme par échantillons, mériteraient qu'on les publiât *in extenso;* nous croyons savoir que M. C. Rousset en a la pensée. Ce serait de la part de M. le maréchal ministre de la guerre un bienfait non moins littéraire qu'historique que de vouloir bien l'y autoriser; ce serait vraiment donner en la personne de Tessé un épistolaire de

misère, qui ne parle que vivres, rations, farines, mulets, caissons et charrettes, est sèche, ingrate, toute spéciale et monotone. Louis XIV, malgré son amitié pour Catinat, avait fini par être un peu ennuyé de cette disposition rétive, raisonneuse, de cette résistance continuelle ; et un jour Barbezieux, écrivant au maréchal, crut devoir lui en toucher un mot (22 décembre 1694) :

« Par toutes les lettres que le roi reçoit de vous, il lui paraît que vous faites beaucoup de difficultés sur l'entrée de l'armée de Sa Majesté en Italie, et elle estime par tout ce que vous lui mettez devant les yeux sur cela, que votre goût n'est point de faire une guerre offensive. Rien n'est cependant plus du sien, et Sa Majesté est persuadée qu'il convient tout à fait à son service de faire entrer son armée en Piémont la campagne prochaine... Vous devez avoir reçu une lettre de Sa Majesté par laquelle elle vous marque que, voulant absolument que son armée entre en Piémont la campagne prochaine, elle ne vous rendra en aucune façon responsable des événements de la campagne, et c'est ce qu'elle m'a encore ordonné de vous confirmer... Comme je crois que vous voulez bien me compter au nombre de vos amis, j'ai cru ne pouvoir vous donner une plus grande marque que j'en suis que de vous avertir pour vous seul, s'il vous plaît, que Sa Majesté est persuadée que, si votre goût n'était point aheurté à une guerre défensive, il ne se trouverait peut-être pas tant de difficultés à en faire une offensive cette année : ainsi, quoique je ne sois pas capable de vous donner des conseils, cepen-

---

plus et un écrivain de qualité à notre littérature. Tessé est un chevalier de Grammont sérieux, et qui s'est appliqué aux grandes affaires. — Je crois que M. le maréchal Randon avait en effet donné son agrément à ce travail. Il est à désirer que ces publications historiquement pacifiques ne semblent pas aujourd'hui hors de saison.

dant je crois devoir vous donner celui de renouveler de soins et d'attentions pour essayer de rendre facile, par l'avancement de la voiture (*du voiturage*) des farines, une chose que le roi désire aussi ardemment. »

Catinat répondait en remerciant Barbezieux de cet avis amical, et il protestait que la défensive n'était point chez lui un parti pris et que son goût n'était point *aheurté* à ce genre de guerre; qu'elle lui tenait, au contraire, l'esprit dans une continuelle inquiétude dont il aimerait mieux se décharger en agissant; il ajoutait :

« Le roi me demande des mémoires sur les dispositions de l'offensive : je ne puis que me donner l'honneur de les lui envoyer aussi détaillés qu'il m'est possible avec les difficultés qui se rencontrent dans leur exécution, afin qu'il lui plaise de donner ses ordres pour les surmonter. »

Louis XIV se rendait en dernier ressort aux raisons et démonstrations de Catinat; mais il se formait de lui peu à peu une idée qui n'était plus aussi avantageuse qu'auparavant, ni aussi brillante. Il avait touché, en quelque sorte, les bornes de son mérite.

Vers l'automne de 1695, le roi voyant que le duc de Savoie le lanternait toujours et qu'on ne concluait pas, voulut décidément être en mesure d'agir la campagne suivante; et Tessé, qu'il fit interroger sur cet article et sur le point précis où gisait la difficulté, répondait avec sa finesse habituelle, et à la fois avec tout le respect qu'il devait et qu'il portait en effet à Catinat; — c'est un dernier jour ouvert, et selon moi définitif, sur l'esprit et le moral du très-brave, mais très-prudent maréchal :

« Je vais parler franchement, écrivait donc Tessé (16 septembre 1695), puisque le roi l'ordonne. Le tempérament des hommes est quasi ineffaçable : celui de M. le maréchal de Catinat, fier l'épée à la main, est *pétri de précaution* et de tous les talents qui tendent à l'épargne. Il aime le roi et l'État; il sent que l'un et l'autre sont chargés d'une guerre qui ne peut se soutenir partout avec supériorité. Celle de Flandre est à la vue du roi, celle d'Allemagne est de même; l'une et l'autre intéressent sa gloire particulière, de sorte que nous regardons ici que nos besoins ne peuvent être regardés que comme les troisièmes; car, à l'égard de la Catalogne, j'espère que cette guerre va reprendre son train de défensive... Je dis donc que ne nous regardant ici qu'après les besoins de Flandre et d'Allemagne, M. le maréchal de Catinat est prévenu que soit en qualité de troupes, soit en nombre, le roi ne nous fournira que les troisièmes. Or, nous avons affaire ici à tout ce que l'Empereur a de meilleures et de plus vieilles troupes. Ce que je dis pour la nature des troupes, je le dis pour l'argent, pour les vivres, pour les voitures, et pour tout ce qui regarde la dépense : on ne peut pas ôter de la tête de M. le maréchal de Catinat que le roi et l'État ne seront pas en état de la fournir, de sorte que l'amas de toutes ces difficultés le prévient qu'il n'y a rien de bon dans la suite de cette guerre-ci que de l'entretenir sur le pied de l'épargne, d'où dérive la défensive. M. le maréchal de Catinat craint toujours qu'il ne se trouve en nécessité de marchander, pour ainsi dire, avec le roi, sur le plus ou sur le moins, et que ne voulant pas décider avec Sa Majesté en lui disant : *Il me faut tant de bataillons et tant d'escadrons,* Sa Majesté ne décide de son côté et ne retranche despotiquement. Je vous avoue que tout cela ne tente pas un général à hasarder l'honneur des armes du roi, et que, pour peu que l'on soit naturellement précautionné, les réflexions et difficultés viennent en foule. »

Catinat n'avait plus Louvois; il se méfiait de Versailles ; il commençait, à tout ce qu'on proposait d'un peu hardi, par se mettre en garde et par faire toutes les difficultés « que la prévoyance et la pratique de l'algèbre lui pouvaient fournir. » Après cela, il était autant et plus que personne en état, comme disait Tessé, de « faire le possible ; » car il n'était pas de la race de ceux qui font l'impossible. Telle est l'idée juste et nullement malveillante que donne de lui Tessé, qui n'est pas un jaloux ni un rival de guerre.

A la fin, pressé par tous les bouts, après avoir bien marchandé et chicané, le duc de Savoie capitula; il remercia ses alliés espagnols et allemands, leur fit des adieux un peu ironiques en leur souhaitant de bons quartiers d'hiver, mais hors d'Italie, et se tourna du côté de la France. Catinat put écrire au roi, le 22 juillet 1696 :

« L'échange des otages va se faire aujourd'hui... C'est une grande affaire que d'avoir l'épine de cette guerre ici hors du pied, et je suis persuadé que ceux qui en parleront autrement et qui en contrôleront les conditions, c'est qu'ils ne la connaissent pas. »

Il y a peu de militaires qui, pour tout chant de triomphe, à la fin d'une guerre où ils ont acquis de la gloire, se félicitent et félicitent leur pays d'avoir *une épine hors du pied*. C'est ce qu'on appelle du bon sens.

II.

SECONDE GUERRE D'ITALIE. — DISGRACES. — GRANDEUR D'AME. — CAMPAGNE D'ALSACE.

Le duc de Savoie avait fait son arrangement ; la ligue était fort malade, mais la paix générale n'était pas conclue encore. Louis XIV jugea à propos de ne pas laisser Catinat inutile, et, au retour d'Italie, il lui donna le commandement d'une armée sur la Lys. Catinat fit le siége d'Ath, qu'il prit le 5 juin 1697 ; la défense en avait été médiocre. Puis on signa la paix, et Catinat ne reparaît sur la scène qu'au commencement de la guerre de la Succession, en 1701. Ce qu'il fit dans ces trois années de repos ? on aimerait à le savoir ; les ombrages seuls de Saint-Gratien pourraient nous le dire.

Le roi le chargea de nouveau, en 1701, du commandement de l'armée d'Italie, pour lequel il était naturellement désigné par sa connaissance du pays et par ses succès dans la guerre précédente. Ce commandement devait être compliqué : il s'agissait pour Catinat de se concerter avec le prince de Vaudemont, général pour le roi d'Espagne notre allié, et de plus d'être ainsi que lui sous les ordres du duc de Savoie notre allié également, lorsque ce prince serait arrivé à l'armée. Louis XIV, en annonçant au prince de Vaudemont la nomination de Catinat, disait de lui : « C'est un homme sage que son expérience et son mérite ont élevé à la place où il est, et dont vous aurez autant de sujet d'être content que vous l'avez été jusqu'à présent du comte de Tessé. » L'adversaire était le prince Eugène, généralisme des troupes de l'Empereur, que sa campagne contre les Turcs venait de rendre célèbre et qui marchait à pas rapides dans la grande carrière. Inaugurant dès le début une guerre nouvelle, Eugène entra en Italie par Trente, passa l'Adige à Carpi, pénétra dans le Bressan, déjoua partout Catinat et le rejeta derrière l'Oglio. Ce fut l'affaire de deux mois.

Ici tout change, tout a changé, et nous n'aurions plus à enregistrer que des mécomptes et des revers. Catinat, gêné d'abord par ses instructions, plus gêné encore par son allure naturelle et par le fond de son tempérament, se montre plus que jamais le général embarrassé qu'on a précédemment entrevu ; il tâtonne, il est incertain ; il ne connaît pas bien cet échiquier nouveau, étendu, qui n'est plus celui du Piémont et des frontières ; toujours en retard de coup d'œil sur l'ennemi, à force de prévision éparse et inquiète il n'a nulle invention, tandis que celui qu'il a en face de lui en est rempli et abonde en conceptions hardies et neuves. Catinat a trouvé son maître ; c'est un bon général qui a affaire à un grand capitaine. La méthode qui veut être en règle se sent déroutée devant le génie.

Il faut tout dire : Catinat, à son âge et avec ses habitudes d'esprit, était peu propre à recommencer une telle guerre. Les hommes en général, même les meilleurs, n'ont qu'un temps, soit par le ressort même de leur nature, soit par le concours et le rapport bien ajusté des circonstances. Heureux ceux qui meurent ou qui se retirent à propos et qui ne passent point la mesure! les contemporains et l'histoire, adoratrice elle-même du succès, leur accordent souvent plus qu'il n'est juste et au delà de ce qu'ils ont mérité. Dans le cas particulier et présent, on s'explique parfaitement le temps d'arrêt pour Catinat, tel que nous l'avons étudié et vu, et comment il se trouvait un peu au-dessous de la tâche nouvelle. Cette disposition à ne jamais agir qu'après avoir tout considéré mène à ne plus agir du tout en vieillissant. La volonté chez la plupart des hommes est sujette à se rouiller avant l'intelligence, et celle-ci même demeurant des plus nettes et des plus lucides. La vieillesse est l'âge de la paresse, de la lenteur, des délais indéfinis, des irrésolutions. Un homme naturellement indéterminé le devient bien plus encore avec les ans. A force de vouloir prendre garde à tout, Catinat ne se décidait plus à rien. On dira, à un moment, qu'il avait baissé; il le donnera à entendre lui-même dans sa méfiance et son esprit de mortification; ce n'était pas exact : son esprit n'avait pas baissé, mais son initiative, lente de tout temps, s'était ralentie encore.

A tous les embarras dont le principe était en lui, il faut en ajouter un des plus singuliers et pour le moins égal : le duc de Savoie avait changé de parti; il était en sa qualité de prince souverain le général en chef de toute l'armée, quand il y était présent; mais il faisait toujours le même métier, un métier double; il n'y allait pas franchement; il s'entendait sous main avec le parti contraire et dénonçait, dit-on, nos mouvements à l'ennemi, bien que résolu dans le même temps de se battre en brave dans nos rangs et à notre tête. Catinat s'en aperçut ou s'en douta ; le soupçon seul, une fois entré dans son esprit, devait achever de le déconcerter et le rejeter à l'excès du côté de la prudence. Le mécontentement de Louis XIV fut des plus vifs en apprenant les disgrâces de son armée d'Italie et les fâcheuses conséquences de toutes ces marches en arrière de Catinat ; il en était informé, à n'en pas douter, par des lettres de Tessé, qui servait dans cette armée, et que nous retrouvons avec tout son entrain habituel et son pittoresque de langage. Tessé écrivait à M. de Chamillard, du camp de Vavre sur l'Adda, le 7 août 1701 :

« Il faut, je crois, cacher au roi la désolation de Milan. Tout y fuit, personne n'y croit être en sûreté : ceux qui sont à la campagne s'y réfugient, et ceux qui sont dans la ville se réfugient à la campagne. La noblesse, le sénat, les femmes, tout déloge depuis que l'armée du roi a repassé l'Oglio... Je n'ai jamais cru, conçu ni compris que, la défense du Milanais étant l'objet principal, ce fût le défendre que de repasser l'Oglio. Pour moi, je deviens fou par tout ce que je vois ; M. de Vaudemont fait pitié, et nous nous consolons comme de bons serviteurs qui vont aux expédients et qui les cherchent. Il y a quelque chose d'invisible, et un enchantement perpétuel et impénétrable qui conduit cette machine... Encore une fois je deviens fou, mais mon état ne fait rien au roi... »

Je suis forcé de supprimer les détails et les raisons à l'appui. — Et dans une autre lettre du 10 août, Tessé indiquant les mouvements en sens divers et les incertitudes multipliées de Catinat, allait jusqu'à dire :

« Le pauvre Pleneuf (*le munitionnaire*) fait au delà de

l'imagination; mais les ordres changent trois fois dans un jour; encore si le bon maréchal voulait se faire servir ou se laisser servir, patience ! mais il a ses opiniâtretés, et dans le moment qu'il parle de remarcher aux ennemis, il songe à repasser l'Adda et dit qu'il n'y a que cela à faire... Au bout du compte, le roi doit être informé qu'il n'y a en vérité plus, comme l'on dit, personne au logis, et que sa pauvre tête s'échauffe, s'embarrasse et puis qu'il n'en sort rien. »

En rabattant de ces vivacités d'esprit et de plume tout ce qu'on voudra, il reste bien démontré, quand on a lu les pièces, que Louis XIV avait raison d'être peu satisfait; son armée d'Italie avait perdu confiance en son général et n'était plus conduite :

« Je vous avais mandé, écrivait-il à cette même date à Catinat, que vous aviez affaire à un jeune prince entreprenant : il s'est engagé contre les règles de la guerre; vous voulez les suivre et vous le laissez faire tout ce qu'il veut. »

Ce n'est pas d'avoir remplacé Catinat, c'est de l'avoir remplacé par Villeroy qu'on peut blâmer Louis XIV. La substitution fut brusque, et Villeroy tomba à l'armée d'Italie presque aussitôt que la nouvelle. Catinat, dès ce moment se relève; en voyant arriver son successeur, il va regagner dans un autre ordre, par sa grandeur d'âme, au delà de ce qu'il a perdu en renommée militaire; il accepte l'infériorité, il se soumet sans réserve au désagrément amer, et n'a qu'un désir, contribuer encore au succès des affaires, à leur rétablissement, et payer de ses conseils si on l'écoute, ou, en tout cas, de sa personne. Cependant à la première nouvelle de l'événement, ses amis de Paris s'agitaient, s'émouvaient avec plus de délicatesse et de susceptibilité qu'il n'en avait lui-même ; ils conféraient entre eux sur la conduite la plus convenable qu'il aurait à tenir et lui dépêchaient courrier sur courrier pour lui faire part de leurs avis et du résultat de leurs délibérations. Catinat les calmait de son mieux, et aurait voulu leur inspirer quelque chose de son abnégation. On a d'admirables lettres de lui à ce sujet, adressées à son frère, non plus son cher Croisilles (il était mort depuis peu, et la douleur de cette perte s'ajoutait aux autres douleurs), mais à son frère aîné, conseiller d'honneur au Parlement ; il lui disait :

« Au camp d'Antignate, le 22 août 1701.

« J'ai reçu, mon très-cher frère, votre lettre du 12, par laquelle vous m'informez de tout ce qui se débite contre moi sur les affaires d'Italie. J'y ai fait de mon mieux ; les événements en sont désagréables ; il faudrait bien des pages d'écriture pour montrer comment ces disgrâces sont arrivées, les motifs qui y ont donné occasion, et comment les fautes y ont été commises. Je ne vous en dirai pas davantage là-dessus. Je suis bien persuadé de la part sensible que vous prenez à mon état présent. L'on n'est pas toujours heureux à la guerre ; c'est un métier où la fortune met beaucoup du sien. Ce qui me donne le plus grand déplaisir dans ces tristes conjonctures, c'est que j'en connais les grandes conséquences pour les affaires générales de l'État ; la perte de mes biens me laisserait plus de force à m'en consoler. J'ai reçu avant-hier une lettre du roi et une autre de M. de Chamillart, par laquelle le départ de M. le maréchal de Villeroy m'est mandé. Cela ne m'a pas fait de peine, et je suis disposé de la meilleure foi du monde et du fond de mon cœur de joindre mes soins, mes peines et les connaissances que je puis avoir, pour contribuer au rétablissement de la gloire et de la réputation des armes du roi. J'aime mon maître et ma patrie. Je suis frappé de cet objet au milieu de ma disgrâce, et de la mauvaise satisfaction que le roi a de mes services pendant cette campagne; j'y vois reluire quelques égards de sa bonté pour ne me pas abattre; je ressens cela comme je dois. Adieu, mon cher frère; c'est vous en dire assez sur ce sujet triste. »

Il écrivait encore à son frère le lendemain 23, après avoir vu le nouveau général arrivé de la veille au soir :

« Je vous ai déjà écrit, par l'ordinaire, sur l'arrivée de M. le maréchal de Villeroy; je vous répéterai que *je m'y mettrai jusqu'au cou* pour contribuer au rétablissement de la réputation des armées des deux couronnes en Italie. Mon cœur et mon imagination ne sont point blessés en aucune manière de la gloire que le maréchal de Villeroy pourra y acquérir, tant parce que je le crois un honnête homme et de mes amis, que parce qu'elle est inséparable du bien et de l'utilité du service. Je crois que bien des gens seraient surpris s'ils connaissaient jusqu'où va mon intérieur sur ce sujet; j'ai bien fait des réflexions en ma vie sur les révolutions qui peuvent arriver aux hommes, et particulièrement à ceux qui sont honorés d'être en place; j'y ai trouvé quelque appui et quelque consolation dans l'étourdissement où ce coup m'a mis. Je me recueillerai et me soutiendrai de toutes mes forces pour rendre mes services utiles dans les opérations de guerre auxquelles on se prépare, et je n'oublierai rien pour effacer la mauvaise satisfaction que Sa Majesté a témoignée de mes services pendant cette campagne. Je vous expose, mon très-cher frère, avec sincérité de cœur, les sentiments dans lesquels je suis, non sans bien des réflexions sur le passé et l'avenir de ce qui me regarde. »

Et il terminait en s'appliquant cette parole de l'Écriture : « *Deus dedit, Deus abstulit...* Dieu me l'a donné, Dieu me l'a ôté : que son saint nom soit béni! »

Admirables sentiments qu'il justifia par toute sa conduite ! Je ne sais rien de plus beau en tout Marc-Aurèle. Dans ce dévouement même, il ne mît aucune affectation et ne voulut point y donner une couleur de sacrifice. Il ne se posa point en victime. Il fit demander au roi que, tout en restant à l'armée pour la fin de cette campagne, il lui fût permis de se retirer après, et il en donna les raisons suivantes, ne craignant point de fournir lui-même des motifs d'excuses et presque des armes à la sévérité dont il était l'objet :

« Je ne suis plus jeune, écrivait-il à Chamillart (28 août), je suis près d'entrer dans ma soixante-quatrième année. Les machines les mieux composées ont leur déclin : je ne dis point que la mienne ait été de cette nature ; mais, quelle qu'elle ait été, je suis assez homme de réflexion pour y reconnaître de la diminution et du dépérissement. Nous ne finirions jamais si la vigueur de l'esprit et du corps était égale dans tous les âges : joignez à cela que j'ai une infirmité qui ne laisse pas de me rendre dures et pénibles les grandes fatigues à cheval. »

Il continua donc de servir, en évitant tout air de plainte. Il assista à l'affaire de Chiari (1er septembre), où Villeroy fut battu à son tour par le prince Eugène : il s'y exposa avec son intrépidité habituelle, et, on peut le croire, avec un certain désir d'en finir. Il continuait d'ailleurs de conférer et de s'entendre en tout avec les généraux et vivait sur le meilleur pied avec eux. Le 13 novembre, dans une marche près d'Urago, l'ennemi ayant fait mine d'attaquer, Catinat, qui avait mis pied à terre pour regarder plus commodément avec une lunette, fut blessé à l'avant-bras gauche d'un coup de carabine qui lui déchira ensuite son justaucorps au-dessous de la mamelle; la balle ne fit que traverser les chairs. Louis XIV lui écrivit une lettre d'intérêt sur cette blessure. L'hiver approchait; Catinat, sa dette au devoir payée, quitta peu après l'armée et revint en France.

La campagne suivante ne fut pas plus heureuse pour lui ni plus flatteuse. Louis XIV, par manière de réparation, lui donna, dès le 2 mars 1702, le commandement de l'armée du Rhin. Catinat y porta le même esprit de réserve et de circonspection qui avait fini par ressembler à de l'abstention pure. C'est à n'y pas croire si l'on n'a lu les pièces et preuves mêmes. Il ne propose rien pour secourir Landau menacé, puis investi; il ne voit partout que des difficultés, des impossibilités d'agir. Sa prévoyance est devenue de plus en plus sombre; il engendre les craintes et n'est occupé qu'à se précautionner en cas d'insuccès. C'est un général résigné. Les stimulants de la Cour n'y font rien. Villars au contraire, qu'on lui donne pour lieutenant, a des idées en nombre et suggère toutes sortes de moyens. C'est un peu comme le prince Eugène, dont l'astre monte chaque jour et éclate à tous les yeux : l'astre de Villars se lève, celui de Catinat baisse, et il est déjà couché. On s'explique peu de voir un général de cette réputation être témoin, sans rien tenter pour s'y opposer, de la prise de Landau (9 septembre); il est témoin encore plus passivement, dans la seconde moitié de la campagne, témoin tout à fait effacé et comme annulé de la victoire de Friedlingen (14 octobre) remportée par Villars, et où le vainqueur est acclamé maréchal par ses soldats sur le champ de bataille. Dès lors la présence de Catinat à l'armée d'Allemagne est un hors-d'œuvre : il en a assez ; il n'aspire plus qu'à l'ombre de ses bois et à la retraite ; il donne à ses troupes pour dernier mot d'ordre trop différé le vœu du sage : « *Paris et Saint-Gratien.* »

Bien des points de cette dernière partie de la vie de Catinat en ce qui concerne ses rapports exacts avec la Cour, avec Mme de Maintenon, avec le ministre Chamillart, restent à éclaircir ; car il ne conviendrait pas de prendre à la lettre les dires de Saint-Simon. Nous laissons à ceux qui ont plus de loisir que nous le soin de démêler le vrai du faux, là où un véritable esprit de critique n'a point encore passé.

Soyons seulement avertis que, dès ce moment et pour les dernières années du règne de Louis XIV, Catinat, sans le vouloir, était un peu devenu un nom d'opposition. Le vertueux Catinat sacrifié par Chamillart ou à Chamillart était un thème des mécontents ; on l'entrevoit par les Mémoires de La Fare, on fait plus que de l'entrevoir par Saint-Simon. On sait aussi par Bayle une partie des propos qui coururent dans le public, en France et hors de France, au sujet de la disgrâce de Catinat. Les deux lettres de lui qu'on a lues précédemment, adressées à son frère, ne restèrent pas secrètes ; des copies circulèrent ; elles furent imprimées. Une des curiosités de Bayle était de savoir si ces lettres étaient bien authentiques ; il en écrivit à son correspondant de Paris, l'avocat Matthieu Marais : on lui répondit que la famille les désavouait ; mais ce désaveu tout verbal ne prouvait qu'une seule chose : c'est que la famille n'entendait pas être responsable ni complice de l'impression. Bayle, dans sa *Réponse aux questions d'un Provincial* (1703), a tout un chapitre là-dessus ; son doute n'existait qu'avant d'avoir lu les lettres ; dès qu'il les a vues, il n'hésite pas à exprimer son sentiment ; les faussaires n'ont pas de ces accents-là :

« J'y trouvai, dit-il, tant de caractères d'ingénuité et la nature si parlante, qu'il me sembla qu'un imposteur n'aurait jamais pu déguiser si heureusement son artifice. Je ne voyais point le *cui bono* de la supposition. Il n'y a rien de satirique dans ces deux lettres : on n'y médit de personne ni directement, ni indirectement. Ainsi l'imposteur n'aurait eu rien qui le payât de sa peine... »

A cette date, dans le public, on s'occupait donc beaucoup de Catinat, et l'on commentait sa conduite et celle que la Cour avait tenue envers lui. On était dans une de ces dispositions bien connues où l'opinion a besoin d'apprendre quelque injustice du pouvoir et où elle s'en empare avidement, tout heureuse de l'exagérer.

III.

ANNÉES DE RETRAITE. — SIMPLICITÉ. — JUGEMENTS ET TÉMOIGNAGES.

Il y aurait maintenant à suivre Catinat dans cette retraite de Saint-Gratien si souvent célébrée, et où il aimait tant à réfléchir et à se taire. On possède peu de détails originaux et de renseignements écrits sur ces dix années de sa fin : la tradition presque seule a parlé. Il est toujours délicat de prétendre analyser cette voix publique que l'antique poëte en son temps appelait la voix divine. Rendons-nous compte cependant. L'admiration presque excessive et légendaire qu'on a pour le Catinat final est fondée sur cette idée qui, pour être vulgaire, n'en est pas plus fausse, que d'ordinaire « les honneurs changent les mœurs. » Il n'en fut rien pour Catinat : bon esprit, de tout temps ennemi de l'ostentation, simple par goût, contenu et ramené au juste sentiment de lui-même, et à un sentiment moins que juste peut-être, depuis ses disgrâces, poussant la modestie jusqu'à l'humilité, il fut après ce qu'il était devant. Les pauvres gens savent gré au delà de tout de cette bonté, de cet esprit d'égalité dans un supérieur et un homme célèbre, à plus forte raison dans un guerrier. Il se promenait sans épée; il était mis comme un bonhomme; il jouait avec les enfants, il parlait au premier venu. Il cultivait lui-même un espalier qu'il avait planté, et là-dessus on se montait l'imagination, et l'on faisait des vers qu'insérait le *Mercure galant*; l'un rimait une idylle ou des stances, Gacon faisait une ode, et Rousseau ripostait par l'épigramme :

> O Catinat, quelle voix enrhumée
> De te chanter ose usurper l'emploi?...

Catinat n'allait plus à la Cour, et le moins possible à Paris. Compris en 1705 dans la nomination qui, de tous les maréchaux de France, faisait des chevaliers de l'Ordre, il remercia humblement le roi dans un entretien particulier, et s'excusa sur ce qu'il n'aurait pu, sans supercherie, faire ses preuves de noblesse; ce refus d'un homme revenu de tout, et d'un ami de la vérité, fut plus applaudi au dehors qu'il n'aurait voulu. Les malheurs de la France l'affligeaient, et, pour mieux en prendre sa part, il ne réclamait plus ses pensions et traitements. On le consultait quelquefois encore, et il n'était nullement boudeur. Dès qu'il s'agissait du Piémont et de la frontière d'Italie, le souvenir de ses anciens succès, de son expérience et de sa spécialité en pareil sujet, ramenait à lui; on lui demandait des mémoires détaillés, et il se faisait un plaisir de les donner. Ce côté de Catinat général consultant, a été mis en pleine lumière depuis la publication de *Mémoires militaires* sur la guerre de la Succession (années 1707, 1708, 1709). Il ne faudrait donc pas se figurer Catinat plus méconnu et plus mal avec le ministre qu'il ne l'a réellement été; on a dû beaucoup grossir les choses. Mᵐᵉ de Coulanges, qui voyait de près et qui savait les nuances, nous a montré Catinat au commencement de sa retraite sous le jour le plus agréable et le plus vrai. Elle écrivait d'Ormesson, le 7 juillet 1703, à Mᵐᵉ de Grignan; — elle vient de parler de MM. de Boufflers et de Villars :

« Mais, madame, je m'amuse à vous parler des maréchaux de France employés, et je ne vous dis rien de celui (*Catinat*) dont le loisir et la sagesse sont au-dessus de tout ce que l'on en peut dire; il me paraît avoir bien de l'esprit, une modestie charmante; il ne me parle jamais de lui, et c'est par là qu'il me fait souvenir du maréchal de Choiseul ; tout cela me fait trouver bien partagée à Ormesson : c'est un parfait philosophe, et philosophe chrétien ; enfin, si j'avais eu un voisin à choisir, ne pouvant m'approcher de Grignon, j'aurais choisi celui-là... »

De son côté, Fénelon, en décembre 1708, énumérant toutes les qualités nécessaires à un général qui eût commandé une armée sous le duc de Bourgogne et qui, en même temps, lui eût servi de mentor, écrivait au duc de Chevreuse :

« Il faudrait qu'au lieu de M. de Vendôme, qui n'est capable que de le déshonorer et de hasarder la France, on lui donnât un homme sage et ferme, qui commandât sous lui, qui méritât sa confiance, qui le soulageât, qui l'instruisît, qui lui fît honneur de tout ce qui réussirait, qui ne rejetât jamais sur lui aucun fâcheux événement, et qui rétablît la réputation de nos armes. Cet homme, où est-il ? Ce serait M. de Catinat s'il se portait bien ; mais ce n'est ni M. de Villars, ni la plupart des autres que nous connaissons. »

Voilà l'idée vraie et juste de Catinat, qui nous est donnée par les plus fins connaisseurs en mérite et en vertu. Saint-Simon enfin, le grand peintre, — et aussi grand par là qu'il est hasardé en ses anecdotes, — a achevé de le fixer au vif dans la mémoire, quand il a dit à l'occasion de sa mort (22 février 1712) :

« J'ai si souvent parlé du maréchal Catinat, de sa vertu, de sa sagesse, de sa modestie, de son désintéressement, de la supériorité si rare de ses sentiments, de ses grandes parties de capitaine, qu'il ne me reste plus à dire que sa mort dans un âge très-avancé (*74 ans*), sans avoir été marié, ni avoir acquis aucunes richesses, dans sa petite maison de Saint-Gratien, près Saint-Denis, où il s'était retiré, d'où il ne sortait plus depuis quelques années, et où il ne voulait presque plus recevoir personne. Il y rappela par sa simplicité, par sa frugalité, par le mépris du monde, par la paix de son âme et l'uniformité de sa conduite, le souvenir de ces grands hommes qui, après les triomphes les mieux mérités, retournaient tranquillement à leur charrue, toujours amoureux de leur patrie, et peu sensibles à l'ingratitude de Rome qu'ils avaient si bien servie. Catinat mit sa philosophie à profit par une grande piété. Il avait de l'esprit, un grand sens, une réflexion mûre; il n'oublia jamais le peu qu'il était. Ses habits, ses équipages, ses meubles, sa maison, tout était de la dernière simplicité; son air l'était aussi, et tout son maintien. Il était grand, brun, maigre, un air pensif et assez lent, assez bas, de beaux yeux et fort spirituels. Il déplorait les fautes signalées qu'il voyait se succéder sans cesse, l'extinction suivie de toute émulation, le luxe, le vide, l'ignorance, la confusion des états, l'inquisition mise à la place de la police; il voyait tous les signes de destruction, et il disait qu'il n'y avait qu'un comble très-dangereux de désordre qui pût enfin rappeler l'ordre dans ce royaume. »

Le corps de Catinat, enterré en l'église de Saint-Gratien, y reposa en paix jusqu'en 1793. A cette date, on ouvrit le cercueil pour enlever le plomb; mais les gens du lieu, toujours pleins de vénération pour les restes illustres, les remirent religieusement dans la tombe. Saint-Gratien a gardé le culte de Catinat. De nos jours, il y a quelques années, le 25 juin 1860, le corps du vertueux maréchal fut exhumé et déposé dans un sarcophage qui se voit dans la nouvelle église du pays. Les pierres et marbres, dont les inscriptions sont à peine mutilées, ont été replacés avec piété et avec goût;

on y retrouve intacte l'élégante et ingénieuse épitaphe latine du Père Sanadon. Le jour de cette translation à la fois solennelle et modeste, une oraison funèbre de Catinat a été prononcée par Mgr Coquereau, et je crois que ç'a été la première, Catinat n'ayant jamais reçu pareil hommage en son temps. Ceux qui l'ont entendu, ont gardé le meilleur souvenir de cet Éloge véridique et approprié au sujet ; des allusions à nos récentes victoires d'Italie fournirent d'heureux mouvements à l'orateur. Toute cette cérémonie et les soins donnés à la tombe nouvelle ont été suggérés, inspirés et surveillés par l'esprit et le cœur d'une princesse bien digne de posséder le domaine historique de Saint-Gratien, et qui, aimant de prédilection sans doute les grandeurs et les beautés de l'art et tout ce qui fait le charme de la vie, met encore au-dessus le patriotisme, l'esprit de vérité, la droiture et les honnêtes gens.

Les années n'ôteront rien à Catinat, et il est arrivé à la consécration dans son genre. Il est plus qu'un homme, qu'un simple individu, c'est un caractère et un type. Il est le chef, presque le père et le patron de toute une famille militaire. Quand on est un guerrier brave, simple, modeste, dévoué, tout au devoir, sans jactance, quand on arrive et quand on avance par son seul mérite, quand on garde et qu'on observe un esprit de modération et d'équité dans un métier de violence, c'est qu'on a les yeux sur Catinat ; on prend de loin Catinat pour exemple et pour modèle. Toutes les fois qu'une vertu morale éclate dans les camps, un désintéressement parfait, une abnégation simple — et, par exemple, ce qu'on a vu de nos jours, un général en chef remplacé et servant avec dévouement, avec joie, sous son successeur; — toutes les fois que le guerrier, heureux ou malheureux, pensera plus à son pays qu'à lui-même et qu'il s'oubliera en servant, on dit et l'on dira par une appellation bien méritée et toute française: *C'est du Catinat* (1).

(1) Voulez-vous des noms pour cette famille militaire de Catinat, je dirai ceux qui se présentent : maréchal Sérurier, maréchal Macdonald, maréchal Saint-Cyr, général Reynier, Drouot...; ses contraires sont les violents, les terribles, maréchal Davout, Vandamme, etc.

APPENDICE.

(SE RAPPORTE A L'ARTICLE SUR M. TAINE, PAGE 76.)

Voici la lettre que j'ai reçue de l'un des anciens élèves de l'École normale, contemporain de MM. Taine, About, et qui se trouvait encore à l'École après la retraite de M. Dubois, directeur, et sous le régime mortifiant de M. Michelle.

« La Flèche, le 5 juin 1864.

« J'ai lu avec une grande émotion votre très-vive et très-exacte peinture de l'École normale de 1849 à 1852. C'est une période vraiment marquante dans son existence que celle de ces trois années. Taine lisait Kant et Spinoza pour se distraire et passait le reste de son temps à *feuilleter* ses camarades; c'était son mot. About nous faisait de beaux contes pour rire, et dans ses moments graves étudiait Homère et la Bible, tout comme Bossuet. Les autres lisaient les journaux ou en faisaient, rimaient des chansons, dont quelques-unes sont restées populaires dans l'Université, lisaient Balzac, George Sand ou Proudhon. Nous étions rangés en deux camps, qui s'appelaient *voltairiens* et *athées* avec le même esprit de charité que les jeunes gens de l'autre révolution s'appelaient *classiques* et *romantiques*.

« Les exercices les plus pacifiques de l'École devenaient des armes de guerre aux mains des deux partis. La dissertation prenait l'allure agressive, et le vers latin était séditieux. Quant au thème grec, il avait de brillants partisans, mais peu nombreux, parce que cette forme se prête mal à l'exposition des principes politiques et religieux. En résumé nous disputions beaucoup et nous ne travaillions guère...

« Votre portrait de notre excellent professeur demi-gaulois est frappant de ressemblance et touché avec une grâce champenoise. Il est très-vrai que nous épargnions à M. Gérusez l'ennui de corriger nos devoirs, en les discutant devant lui. J'avoue même que j'ai été (pour parler la langue de M. Michelle) un des promoteurs et des instigateurs de cette utile innovation. Il arrivait bien quelquefois que tel élève, après avoir fait complaisamment la tâche d'un camarade paresseux, rendait compte lui-même de son œuvre et se critiquait aux dépens de son obligé : mais toutes les bonnes institutions ont leurs abus.

« A ce propos me pardonnerez-vous, monsieur, à moi qui n'ai pas d'autre titre que mes obscurs souvenirs d'École, et dont la réputation est restée *intra muros*, de rappeler un trait assez piquant, où j'ai joué mon petit bout de rôle ?

« Un de nos camarades nommé Vignon, avait fait un travail sur Louise Labé, dans lequel, en sa qualité de Lyonnais et de fervent catholique, il avait surfait beaucoup le mérite et surtout la chasteté de son héroïne. Je fis, au sortir de la conférence, ce petit pastiche, que, sur le conseil d'About et de Sarcey, je présentai à M. Gérusez comme une pièce authentique, omise à dessein par Vignon, dans un sentiment de patriotisme exagéré ; la voici :

Où me cacher, sans que Amour ne voye ?
Larron d'Amour, qui ha mon cueur en proye,
Et comme oyseau l'ha prins à la pipée.
Ha ! mauvais jour où je fus occupée

APPENDICE.

A veoir passer archiers et gens du roy!
Ha! mauvais jour où la vile en esmoy
Portant ès cieulx chants et cris d'alégresse
Devers iceulx courut en grant liesse!
Dames, plaignez ma jeunesse perdue,
Fleur primtanière en sa tige mordue
Et desséchée! Ha! povre Lyonnoise,
Que ce voïage, hélas! à ton cueur poise!
Tu has trop tost cogneu pour ton malheur
De ses yeux bruns le charme enmielleur;
Tu has trop tost en tes baisers de flame
Laissé fûir sur ses lèvres ton ame.
Mais quoi? Amour au berceau m'ha faict sienne,
Comme jadis Sappho, la Lesbienne.
Ce fol Amour, archier de grant renom,
M'ha dans les camps de Mars, son compaignon,
Faict enroller, moi gentille fillette
De seize hyvers, et m'ha donné sajette
De son carquois, et m'ha dict : — « Belle amie,
Avec ce fer frape et n'espargne mie
Gents cavaliers; cil que tu frapera,
Tant dur qu'il soit, je dys qu'il t'aimera. » —
Ainsi ha dict et juré sur sa foy;
Mais n'ha pas dict: « Il n'aimera que toi! »

« M. Gérusez lut la pièce du ton grave dont il nous disait dans la Chanson de Turold :

Compaing Rolland, sonnez votre olifan!

« Il fut ou parut être la dupe de cette espièglerie, reprocha à Vignon d'avoir omis ce texte important, reçut ses excuses et mit le manuscrit dans sa poche... »

En prenant sur moi de citer cette jolie lettre qui vaut mieux que tous les commentaires et qui en dispense, je ne puis m'empêcher de nommer et de remercier M. D. Ordinaire, trop modeste, et qui soutient si bien l'honneur de l'Université dans son enseignement comme professeur de rhétorique au Prytanée de La Flèche. Il a publié assez récemment, chez Hetzel, deux petits volumes sur la Rhétorique même et sur la Mythologie, et en rajeunissant par la forme des sujets dont le fond semble épuisé, il s'y montre plus dégagé de ton et plus alerte qu'on ne l'est volontiers dans l'Université, il n'a pas prétendu creuser, il s'est joué sans pédanterie à la surface : on sent un auteur maître de sa matière et qui en dispose à son gré. Je crois reconnaître, même dans le sérieux, l'homme d'esprit qui a fait l'espièglerie de Louise Labé.

Il n'y a pas de bonne édition sans *errata*. Au tome précédent, tome VII, page 39, ligne 23, une correction est à faire; c'est à l'endroit où j'ai dit : « ... Wood, arraché un moment aux Lettres, occupait, à cette date, le poste de sous-secrétaire d'État dans le ministère dont le comte de Granville était le président. » Il faut lire : « ... dans le ministère dont le comte de Granville faisait partie à titre de Président du Conseil. » Cette dernière dénomination, en effet, n'a point, en Angleterre, la même portée que chez nous; et même en ayant sous les yeux le texte de l'ouvrage de Robert Wood sur Homère, où le fait est raconté, et en n'y mettant rien du mien, je m'y étais mépris; j'avais trop accordé à celui dont il était dit « qu'il présidait les Conseils de Sa Majesté ». Le ministre effectivement dirigeant était lord Bute.—Tant est vrai le mot que m'écrivait l'autre jour dans sa modestie un homme d'un beau nom et d'un vrai mérite, qui vient de donner une bonne édition de l'un des classiques épistolaires du xviiie siècle : « Je sens mieux de jour en jour combien il faut savoir de choses pour parler de n'importe quoi sans dire une bêtise! » Tout homme vraiment instruit, s'il est sincère, signerait cela.

Mais que ce soit ici, pour moi, l'occasion de remercier l'un de mes amis, M. P. Grimblot, à qui je dois cette correction ainsi que beaucoup d'autres remarques dont j'ai maintes fois profité ailleurs. M. Grimblot, qui, dans ses missions et ses fonctions consulaires à l'étranger, ne perd jamais de vue la littérature, non content de rapporter du fond de l'Orient toute une bibliothèque sanscrite et sacrée dont il vient d'enrichir, d'armer la science et l'érudition françaises, veut bien lire nos simples essais d'un œil à la fois vigilant et amical, et il m'a souvent aidé par ses bons avis à les rendre moins imparfaits.

FIN DU TOME HUITIÈME.

TABLE DES MATIÈRES.

		Pages.
Don Quichotte	I.	1
	II.	21
	III	43
Histoire de la Littérature anglaise, par M. *Taine*.	I.	66
	II.	89
	III.	114
Jean-Bon Saint-André	I.	138
	II.	161
Mémoires de madame Roland	I.	190
	II.	214
	III.	238
La reine Marie Leckzinska	I.	266
	II.	288
Marie-Antoinette	I.	311
	II.	335
	III.	359
Catinat	I.	388
	II.	413
	III.	440
	IV.	467
Appendice. Sur l'École normale.		493

F. Aureau. — Imprimerie de Lagny.